KB036445

한국전쟁과
기독교

The Korean War and Protestantism

한국전쟁과 기독교

윤정란 지음

한울
아카데미

이 저서는 2010년도 정부(교육과학기술부)의 재원으로
한국학중앙연구원의 지원을 받아 수행된 연구임(AKS-2010-DZZ-3104).

책머리에

한국 기독교사 연구에 입문한 후, 일제강점기부터 1960년대까지 근현대사에 특별한 관심을 가지고 연구하는 동안 풀리지 않은 문제가 있었다.

그것은 19세기 말 이후, 조선 신분제 사회를 뒤흔들면서 새로운 시민사회를 꿈꾸었던 한국 기독교인들의 근대 민족운동이 광복 이후 정치와 사회에 어떤 영향을 미쳤는지에 대해서는 왜 연구가 되지 않았는가 하는 의문이었다. 1990년대 중반 이후 한국 사학계에서는 한국 근현대사를 설명하기 위해 식민지 근대화론 또는 식민지 수탈론을 주장하면서 뜨거운 논쟁을 펼쳐왔다. 이 논쟁의 키워드는 식민지 유산이었다. 특히 '박정희 정권의 경제성장'과 '일본 제국주의의 식민지 지배' 간의 연속과 단절에 대한 것이 핵심이었다. 그러나 이 논쟁에서 항상 공백 상태로 남아 있던 것이 광복 이후 한국전쟁을 분수령으로 박정희 정권이 성립하기까지 15년간의 기독교 역사였다. 일본 제국주의가 남겨놓은 식민지 유산이라는 문제에 너무 깊이 몰두한 탓에 19세기 말 이후 정치·사회의 핵심 세력으로 등장한 기독교인들이 전개했던 근대 민족운동이 1945년 이후 탈식민과 냉전이라는 새로운 세계 질서 속에서 정치적·사회적으로 어떻게 영향을 미치고 재편되었는지에 대한 부분은 거의 관심 밖으로 밀려나 있었던 것이다.

이러한 한국 근현대사 논쟁을 지켜보면서 15년간의 공백을 채우기 위해서는 한국 기독교인들의 근대 민족운동이 광복 이후 한국전쟁을 거쳐 박정희 정권의 성립까지 끼친 정치적·사회적 영향력이 반드시 설명되어야 한다고 생각했다. 특히 근대 민족운동의 역사적인 정체성과 그 자장 속에 있었던, 월남한 서북 출신 기독교인들이 탈식민과 냉전의 새로운 세계 질서 체제에 어떻게 대응했는지, 그리고 한국전쟁을 계기로 어떻게 한국 사회의 정치적·사회적인 세력으로 부상하면서 박정희 정권과도 어떤 관련을 가지게 되었는지에 대한 이해가 중요하다고 보았다. 여기에 대한 설명과 이해가 있어야만 한국전쟁뿐 아니라, 박정희 시대의 영향력이 오늘날까지 미치고 있는 한국 사회를 좀 더 선명하게 볼 수 있을 것이라고 생각했다.

오랜 과제였던 이 문제를 풀기 위해 연구를 시작한 지 5년 만에 이 책을 세상에 내놓게 되었다. 이 책을 기회로 한국 근현대사 연구 영역이 보다 확장되고 새로운 논의의 장이 만들어지기를 기대한다.

• • •

이 책은 많은 분의 도움으로 완성될 수 있었기에, 이 자리를 빌려 기쁜 마음으로 감사 인사를 드린다. 한국전쟁연구국제사업단(Beyond the Korean War) 단장이며 영국 케임브리지 대학교 트리니티 칼리지 석좌교수이신 권헌익 선생님께서는 이 연구를 위해 최대한의 지원을 아끼지 않으셨다. 좋은 연구 성과가 나올 수 있도록 연구 과정 동안 연구비 지원에서부터 지속적인 격려와 감수에 이르기까지 너무나 많은 도움을 주셨다. 존경하는 선생님께 이런 과분한 지원을 받은 것은 인생 최대의 행운이었다.

한신대학교의 강인철 선생님과 연세대학교 명예교수이며 예람교회 공동 목사이신 박영신 선생님께서는 연구단의 감수 부탁에 기꺼이 응해주셨다. 두 선생님들께서는 2014년 바쁜 중에도 불구하고 더운 여름방학을 모두 반납하면서까지 부족한 이 책의 초고를 꼼꼼히 읽고 논평해주셨다. 두 분의 논평 덕분에 제대로 체계를 갖출 수 있게 되었다. 두 선생님들의 학문에 대한 열정과 자세를 통해 존경심과 함께 많은 것을 배웠다.

연구단의 여러 선생님께서는 연구에 즐겁게 매진할 수 있는 원동력이 되어주셨다. 제주대학교의 권귀숙 선생님, 서강대학교의 김성례 선생님, 연세대학교의 김성보 선생님과 박명림 선생님, 뉴욕 대학교의 메릴린 영(Marilyn B. Young) 선생님, 시카고 대학교의 브루스 커밍스(Bruce Cumings) 선생님, 캐나다 브리티시 컬럼비아 대학교의 스티븐 리(Steven Lee) 선생님, 보스턴 대학교의 크리스티나 클라인(Christiana Klein) 선생님께서는 연구 과정에서 든든한 큰 힘이 되어주셨다. 연세대학교, 서강대학교, 서울대학교, 제주도와 미국 시카고(Chicago) 등에서 진행되었던 여러 차례의 학술 대회와 세미나, 워크숍 등에서 연구단과 함께하며 받았던 지적 자극과 그로 말미암아 누린 즐거웠던 시간은 결코 잊지 못할 것이다.

서울대학교 정용욱 선생님의 논평과 격려도 참으로 큰 도움이 되었다. 미국 시애틀(Seattle)의 워싱턴 대학교 도서관에서 필요한 자료를 찾을 수 있도록 모든 편의를 제공해준 카이스트의 이상경 선생님, 워싱턴 대학교의 남화숙 선생님, 워싱턴 대학교 동아시아 도서관의 이효경 선생님, 워싱턴 대학교 박사과정에 있는 정하연 씨의 도움도 잊을 수 없는 일이다. 대구가톨릭대학교의 김혜경 선생님과 인천 열방교회의 장성진 목사님이 해주신 교정과 논평도 잊지 못할 것이다. 그리고 변함없는 믿음으로 사랑과 격려만을 아낌없이 해주신 부모님께도 고마움을 전하고 싶다.

마지막으로 이 책의 출판을 기꺼이 맡아주신 도서출판 한울의 김종수 대표님, 좋은 책을 만들기 위해 수고를 아끼지 않은 편집부 여러분, 특히 꼼꼼한 교정과 편집에 많은 노력을 기울여주신 편집부의 이황재 님에게 무한한 감사를 드린다.

2015년 10월

윤정란

서론

> 좌와 우 모두 반식민 민족주의의 일환으로서, 민족의 해방과 자결이라는 이상으로 가는 길을 달리 제시했을 뿐인 것이다. 뒤이은 양극 시대에 좌우의 발상은 사회 내부의 갈등 및 전쟁의 이념으로 변모했고, 이때 민족 통일을 달성하는 것은 정치적 통일체 내의 다른 편을 전멸시키는 것과 마찬가지의 일이 되었다.[1]

1.

한국전쟁 이후 좌우의 이념 갈등은 한국 사회 전반에 걸쳐 고착화되고 강화되었다. 그리고 상대 진영에 대해서는 전멸시켜야 할 적(敵)으로 간주했다. 1989년 11월 베를린장벽이 무너지자, 세계는 이제 탈냉전의 세계사를 써야

---

1 Heonik Kwon, *The Other Cold War*(New York: Columbia University Press, 2010), p. 116[『또 하나의 냉전: 인류학으로 본 냉전의 역사』, 유한중 옮김(민음사, 2013), 242쪽].

한다면서 비상한 관심을 보였다. 한반도에서는 이를 희망 반 부러움 반의 감정으로 지켜보았고, 그로부터 약 25년이 흘렀다. 그러나 한반도의 사정은 전혀 변하지 않았으며, 오히려 좌우의 이념 갈등은 더욱 심해지는 듯하다.

이러한 좌우 이념 갈등의 중심에 한국 기독교[2]가 있으며, 이들은 우익 진영을 대표한다. 한국 기독교가 한국 사회의 우익 진영을 대표하는 집단으로 부상한 것은 한국전쟁 이후부터로, 그 중심에 월남한 서북 출신 기독교인들이 있었다. 한국전쟁 이후 서북 출신 기독교인들은 한국 기독교의 주류가 되었을 뿐만 아니라 남한 사회에서의 정착에도 성공했다. 이를 기반으로 박정희 정권과 결합함으로써 한국 사회의 영향력 있는 집단으로 부상했다. 월남한 서북 출신 기독교인들과 관련된 인물들은 제3공화국에 이어 제5공화국, 제6공화국에서도 권력 실세로 계속 등장했다. 이에 대해 1989년 6월 19일 자 ≪동아일보≫의 기사는 다음과 같이 지적한 바 있다.

> 6공 출범 1년여가 지나면서 세간에는 "비행기를 타려면 'TK 노스웨스트 유나이티드 에어라인'을 타라"는 말이 공공연히 유행됐다.
>
> 요직을 과점하고 있는 대구 경북세에다 국정에 막강한 영향력을 행사하고 있는 이른바 신원로 그룹들의 상당수가 이북 출신들(국회의장, 국무총리, 대통령 비서실장 등)임을 빗댄 것으로 '노스웨스트'는 과거의 서북청년단에서 유래하고 있다.[3]

1989년 노태우 정권이 들어선 지 1년이 지났을 무렵 ≪동아일보≫는 제3공화국부터 제5공화국까지의 인물들이 제6공화국에서 다시 부상하는 것에

---

2 이 책에서 기독교는 개신교를 의미한다.

3 "공직자: 변화의 시대 방황의 현주소", ≪동아일보≫, 1989년 6월 19일 자.

대해 개탄의 목소리를 높였다. 즉, 영남과 서북 출신들이 박정희 시대에 이어 제6공화국에서도 다시 국정 운영의 핵심 세력이 되었음을 지적한 것이다.

≪동아일보≫의 이 기사에서는 이어서 "'연줄의 연'이라는 고질은 공직자 사회의 안정을 위해서도 빨리 없어져야 하며 그 해결은 국민 하나하나의 인식 전환과 함께 집권층의 결단에 의해서만 모색될 수 있다"라고 지적했다. 이러한 주장에도 불구하고 그 고리는 여전히 끊어지지 않았다.

이후 20년이 지난 2008년에 들어선 이명박 정부에서도 여전히 그 연줄은 위력을 발휘했다. 이명박 정부는 '고소영 정권'이라고 비아냥거림을 당했다. 이는 '고려대, 소망교회, 영남'의 앞 글자를 따서 만든 말이다. 소망교회는 오늘날 한국에서 부의 상징이 된 강남에 위치한 대형 교회로, 월남한 기독교 목사 곽선희가 세웠다. 곽선희는 황해도 출신으로, 한국전쟁 당시 유엔군 유격대인 동키 5부대에서 활약한 경력이 있다.[4] 이 때문에 소망교회는 2001년 강화도 교동면에 건립된 유엔군 8240유격대 타이거 여단의 충혼전적비에 특별 찬조한 것으로 이름이 올라 있다.

동키 부대는 서북청년회(서북청년단 혹은 서청) 출신과 관련이 있다. 한국전쟁 당시 많은 서북청년회 출신 청년들이 유엔군 유격대에서 활동했다. 곽선희는 월남 기독교인들의 교육 거점이자 세력 확장에 크게 기여한 장로회신학대학교, 숭의여자대학교, 숭실대학교 등에서 이사, 학장, 이사장 등을 지냈다. 그러므로 그의 인맥에는 월남한 서북 출신 기독교인들이 있었다.

서북 지역은 19세기 말 이후 기독교를 어느 지역보다 가장 빨리 받아들임으로써 한국의 기독교를 주도한 곳이었다. 이러한 배경 때문에 1945년 이후 이 지역에서 월남한 사람 대부분이 기독교인이었다. 이들의 출신지인 서북

---

4 "역경의 열매, 조병해 (10)", ≪국민일보≫, 2008년 5월 8일 자; "무명 유격대 '동키' 대부분 기독교인이었다", ≪국민일보≫, 2014년 6월 28일 자.

지역은 조선 시대에 정치적·사회적으로 주류에 들지 못했던 지역이다. 19세기 말 물밀 듯이 들어오는 서양 자본주의 문명에서 희망을 발견하고 기독교를 여느 지역보다 빨리 받아들였다. 그들은 조선 왕실의 역사를 부정하고 단군을 중심으로 한 서북의 지역사를 민족사의 주류로 인식을 확대함으로써 민족사의 중심부로 부상했다. 서북민들은 자신들을 민족의 중심 세력으로 위치를 설정하고, 세력을 확장하기 위해 다양한 정치·사회 운동을 지속적으로 전개했다. 이러한 분위기 속에서 한국은 광복을 맞이했다.

미국과 소련을 축으로 한 냉전 체제가 확고해지자 서북 지역 기독교인들은 자신들의 세력을 중심으로 냉전 체제에 대응할 수 있는 반공 연합 전선을 새로 구축하고자 했다. 그러나 광복과 함께 북한으로 들어온 소군정과 김일성 연합 정권의 탄압으로 서북 출신의 기독교인들은 삼팔선을 넘어야 했다.

한국전쟁은 월남한 서북 출신 기독교인들에게 남한에서 자신들의 세력을 정착시키고 정치적·사회적 헤게모니를 확장해가는 데 중요한 기회를 제공했다. 한국전쟁으로 남한의 모든 전통이 일소되어버린 상황에서 미국의 자본주의가 빠른 속도로 침투해 들어왔고, 월남한 서북 출신 기독교인들은 누구보다 빨리 이러한 환경에 적응했다. 한국전쟁을 기회로 남한 사회에 성공적으로 정착한 서북 출신 기독교인들은 박정희 정권과 결합함으로써 한국의 성공적인 경제성장을 위한 동력이 되었으며 핵심 주체가 되었다. 따라서 오늘날 한국 사회를 제대로 이해하기 위해서는 월남한 서북 출신 기독교인들이 어떻게 한국전쟁을 기회로 남한 사회에 정착하게 되었으며, 이를 기반으로 어떠한 과정을 거쳐 박정희 정권과 결합해 한국 사회의 정치적·사회적으로 영향력 있는 집단이 되었는지에 대한 이해가 필수적이라 할 수 있다.

2.

앞에서 설명했듯이 독특한 역사적 배경을 지닌 월남한 서북 출신 기독교인들에 대해 학계는 지금까지 크게 주목하지 않았다. 한국전쟁 이후 양적인 팽창과 더불어 가장 근대화된 집단인 한국군과 교회의 중심에는 서북 출신의 월남한 기독교인들이 있었다.

한국군은 전쟁 전 5만여 명에서 55만여 명으로 증가했고, 1960년까지 위관급 장교 1만여 명 이상이 미국에서 유학을 했다.[5] 이처럼 한국군은 한국전쟁 이후 양적으로 가장 많이 팽창했고 여느 집단보다 서양화되어 있었다. 교회는 한국전쟁 이전부터 한국 사회에서 가장 근대화된 집단이었고, 한국전쟁 이후 한국군과 마찬가지로 양적으로 팽창했다. 양적으로 팽창하고 근대화된 교회는 한국전쟁 이후 서북 출신 기독교인들이 주도했다. 또한 서북청년회 출신들은 1948년 대한민국 정부 수립 이후 군에 대거 입대했기 때문에 군 또한 서북 출신들이 대거 포진하고 있었다.

이들은 앞에서 설명했듯이 19세기 말 이후 민족과 역사가 결합되기 시작하자 민족의 핵심 세력으로 부상했으며, 한국의 근대화를 추동했다. 즉, 서북지역의 기독교인들은 조선의 신분제 사회를 자본주의사회로 바꾸기 위해 교회, 학교, 기독교 유관 단체, 일반 사회운동 단체 등을 만들어 자신들의 지지기반을 지속적으로 확대해나갔다. 일제에 강점된 이후에는 일제의 식민지 정책과 경쟁하면서 교회, 학교, 기독교 유관 단체, 비밀 조직 등을 통해 내적인 지지 기반을 계속해서 확장해나가는 한편, 기존의 것을 공고히 해나갔다. 이는 마침내 1919년 삼일운동으로 터져 나왔으며, 공화정을 표방한 상하이임시

---

5 도진순·노영기, 「군부엘리트의 등장과 지배양식의 변화」, 『1960년대 한국의 근대화와 지식인』(선인, 2004), 62, 66쪽.

정부를 수립하게 했다. 1923년 이후에는 상하이임시정부가 독립운동의 구심점 역할을 제대로 하지 못하자 이를 대신해 국내에서 민족운동을 전개하며 미래를 준비했다. 1920년대에 들어서면서부터 서북 지역 기독교인들은 일제에 자산가를 빼앗기지 않으려고 물산장려운동을 벌였으며, 농촌을 장악하고 농민을 자신들의 세력 기반으로 만들기 위해 농촌 운동을 벌였다. 특히 이들이 가장 많이 투자하고 특별히 집중한 것은 미래 세대를 위한 교육 부분이었다. 그 결과 1943년에 이르면 전국의 각종 사립학교 중 70%가 북한 지역에 집중되어 있었다.[6] 교육에 대한 이러한 투자 때문에 예를 들어 평안북도 정주는 학도병 지원자 중 가장 많은 수를 차지했다.[7]

이와 같은 역사적 배경을 지닌 월남한 서북 출신 기독교인들은 한국전쟁이 발발하자 방대한 구호물자를 독점했다. 예를 들어 고려신학교파(이하 고신파)는 월남한 서북 출신 기독교인들의 전쟁 구호물자 독점에 대해 다음과 같이 비판했다.

> 세계기독교연합회(世界基督教聯合會)와 동 자매기관인 국제선교협회(國際宣教協會)로부터 기독교교역자(基督教教役者)의 가족들이 특수우대(特殊優待)에 배불니고 있음을 말한 것이다. …… 고신계통의 사람은 굴머죽어도 안준다는대야 말할 것도 없거니와 고신과 갓가운줄만 알아도 주던 것을 끊어바린다고 한다.[8]

고신파뿐만 아니라 조선신학원파와 관계하는 교역자도 전쟁 구호물자 배

---

6 조형·박명선, 「북한출신 월남인의 정착과정을 통해서 본 남북한 사회구조의 변화」, 『분단시대와 한국사회』(까치, 1977), 151쪽.

7 오산중·고등학교 엮음, 『오산팔십년사』(오산중·고등학교, 1987), 395쪽.

8 송상석, 「문제의 기독교와 용공정책과 대한예수교장로회 총회 내면상 폭로 (1)」(1951), 20쪽.

급에서 배제되었다.[9] 이러한 전쟁 구호물자의 독점을 통해 월남한 서북 출신 기독교인들은 남한 사회에서 중요한 세력으로 성장할 수 있는 기반을 구축했다. 그들에게 한국전쟁은 신이 준 기회였다. 월남한 서북 출신 기독교인들은 기독교를 매개로 미국과 세계 여론을 움직일 수 있는 미국 교회와 긴밀한 관계를 유지함으로써, 이를 통해 언제든지 이승만을 통제할 수 있는 힘을 가지게 되었다. 그들은 전쟁 구호물자를 거의 독점하면서 세력을 강화했다. 전쟁 구호물자를 기반으로 교회를 비롯한 수많은 기독교 유관 단체를 설립해 자신들의 지지 기반을 확대해나갔다. 1950년대 중반에 신설된 2000여 개의 교회 중 약 90%가 이들이 세운 것이었다.[10] 예를 들어서 장로교의 경우를 살펴보면 1949년 교회 수 649개, 교인 수 38만 5215명이었는데, 10년 뒤인 1959년에 이르면 교회 3527개, 교인 89만 2083명으로 증가했다. 1951년에 부산에서는 100개의 교회가 신축되었다.[11] 이렇게 세워진 교회는 한국 사회에서 영향력을 발휘할 수 있는 가장 큰 기반이 되었다.

월남한 서북 출신의 기독교인들은 군종 제도를 만들어 교회뿐만 아니라 군에서도 자신들의 세력 기반을 다져나갔다. 군종 제도는 한국전쟁이 발발하고 수개월이 지난 1950년 9월에 정식으로 만들어졌다. 천주교 선교사 조지 캐럴(George Carroll), 감리교 선교사 윌리엄 쇼(William F. Show), 한국인 장로교 목사 한경직, 감리교 목사 유형기 등이 군종제도추진위원회를 결성해 이승만을 설득함으로써 성사되었다.[12] 민간의 교회와 기독교 유관 단체, 군의

---

9 장병일, 『살아있는 갈대』(향린사, 1968), 239~240쪽.

10 김양선, 『한국기독교해방십년사』(대한예수교장로회 총회종교교육부, 1956), 100~101쪽.

11 박보경, 「1950년 한국전쟁 당시 한국교회의 역할」, ≪선교와 신학≫, 26집(장로회신학대학교 세계선교연구원, 2010), 125~126쪽.

12 군종 제도는 장병들의 신앙생활을 돕고 군의 정신 전력을 강화하기 위해 설치되었다. 이를 주도하는 군종 장교는 각 종교를 대표하는 성직자들이다. 한국전쟁 당시 이 제도가 만

군종 제도 등은 공산주의와의 싸움에 당위성을 부여함으로써 사상전의 기반이 되었다. 휴전 이후 월남한 서북 출신 기독교인들은 한국 기독교인을 대표하는 세력이 되었다. 나아가 한국 사회에서 정치적·사회적으로 무시할 수 없는 존재로 부상했다.

한국전쟁을 통해 성장한 서북 출신 기독교인들은 서북 출신 군 장성들과 함께 1961년 5·16 군사 정변을 일으킨 박정희를 지지함으로써 박정희 정권을 창출하는 데 핵심적 역할을 했다. 나아가 서북 지역의 기독교인들이 19세기 말 이후부터 한국 근대화를 위해 추구했던 다양한 노력과 경험은 박정희 정권이 성공적으로 경제성장을 이루는 데 중요한 동력으로 작용했다.

이렇듯 중요한 역사적 배경을 지닌 서북 출신 기독교인들과 한국전쟁, 박정희 정권의 관계에 대해 학계에서는 그간 크게 주목하지 않았다. 한국전쟁과 관련된 연구 성과는 막대한 양을 자랑하지만,[13] 그것도 대부분 전쟁의 기원과 원인, 전쟁의 진행 과정 등에 치우친 감이 없지 않았다. 1989년 이후 냉전이 세계사적으로 종식되었다는 선언이 나온 후 한국전쟁 연구는 미시사적 관점으로 접근하기 시작했고, 이를 통해 연구 영역이 더욱 확대되기는 했으나,[14] 한국전쟁을 기회로 삼아 양적으로 팽창한 한국 기독교, 특히 월남한 서북 출신 기독교인에 대한 관심으로까지 이어지지는 못했다.

한국전쟁과 기독교 관련 연구에서도 마찬가지였다. 이 분야 역시 연구 영역이 점차 확대되어가고는 있지만, 지금까지는 다음과 같은 세 가지 방향에

들어지자 기독교와 천주교만 참여했다. 그 후 1960년대 후반에 베트남 파병으로 불교에 대한 필요성이 인식되자 불교도 합류하게 되었다[편집부, "육군 군종 20년", ≪새가정≫, 190호(새가정사, 1971), 42~44쪽].

13 구체적인 내용에 대해서는 박명림, 『역사와 지식과 사회: 한국전쟁 이해와 한국사회』(나남, 2011) 참조.

14 이에 대한 연구 성과는 박찬승, 『마을로 간 한국전쟁』(돌베개, 2010) 참조.

서만 연구가 진행되어왔다. 첫째는 한국전쟁이 한국 교회에 어떤 영향을 미쳤는지에 관한 것이고,[15] 둘째는 한국전쟁 중에 한국 교회, 선교사, 세계 교회 등이 어떻게 활동했는지를 다룬 것이다.[16] 마지막으로는 한국전쟁 동안 일어난 기독교인의 학살과 관련된 것이다. 첫 번째 경우는 한국전쟁 이후 한국 교회에 나타난 현상으로 전투적 반공주의, 피난민 교회의 설립, 신흥 종파의 형성, 교회의 분열, 교회 지도력의 변화, 선교 지역의 분할 구도 해체, 북한 교회의 말살 등을 대상으로 했다. 두 번째 경우는 전시 중의 활동과 관련된 것으로 선교사의 활동, 포로 선교, 세계 교회, 특히 세계교회협의회(The World Council of Churches: WCC)를 비롯한 많은 세계 기독교 단체의 원조 활

---

15 강인철, 「한국 개신교 반공주의의 형성과 재생산」, ≪역사비평≫, 70호(역사문제연구소, 2005); 김흥수, 『한국전쟁과 기복신앙 확산 연구』(한국기독교역사연구소, 1999); 노치준, 「한국전쟁이 한국종교에 미친 영향: 한국의 개신교회를 중심으로」, 『한국전쟁과 사회변동』(풀빛, 1992); 박보경, 「1950년 한국전쟁 당시 한국교회의 역할」; 박정신, 「6·25전쟁과 한국기독교: 기독교공동체의 동향과 변화를 중심으로」, 유영익·이채진 엮음, 『한국과 6·25전쟁』(연세대학교출판부, 2002); 서정민, "한국기독교의 반공 입장에 대한 역사적 이해", ≪기독교사상≫, 32권 7호(대한기독교서회, 1988); 손규태, 「분단상황에서의 기독교의 역할: 반공이데올로기의 탄생과 정착을 중심으로」, ≪신학사상≫, 61집(한국신학연구소, 1988); 허명섭, 「한국전쟁과 한국교회 구조의 변화」, ≪한국기독교신학논총≫, 35집(한국기독교학회, 2004).

16 김승태, 「6·25 전란기 유엔군측의 포로정책과 기독교계의 포로선교」, ≪한국기독교와 역사≫, 21호(한국기독교역사연구소, 2004); 김흥수, 『한국전쟁과 기복신앙 확산 연구』; 「한국전쟁 시기 평양 상황 보고서」, ≪한국기독교와 역사≫, 15호(한국기독교역사연구소, 2001); 「세계교회협의회(WCC)의 한국전쟁 성명과 공산권 교회들」, ≪한국근현대사연구≫, 24집(한국근현대사학회, 2003); 「한국전쟁 시기 기독교 외원단체의 구호활동」, ≪한국기독교와 역사≫, 23호(한국기독교역사연구소, 2005); "해방 후 한국전쟁과 이승만 치하의 한국교회", ≪기독교사상≫, 50권 2호(대한기독교서회. 2006); 이종만, 「한국전쟁기간 미국 북장로회 한국선교부의 활동: 옥호열(Harold Voelkel)선교사의 활동을 중심으로」, ≪이화사학연구≫, 40집(이화사학연구소, 2010); 탁지일, 「북미 교회의 한국전쟁 이해: 미국 장로교회와 캐나다연합교회를 중심으로」, ≪한국기독교와 역사≫, 39호(한국기독교역사연구소, 2013).

동, 한국전쟁에 대한 북미 교회와 중국 교회의 이해 등에 관한 연구를 들 수 있다. 그리고 마지막 경우로는 전시 중에 발생한 민간인 학살과 기독교인의 관계, 기독교인들의 희생에 대한 기록상의 오류 등을 지적한 연구[17] 등이 있다. 다시 말해 대부분의 연구 영역이 기독교에 한국전쟁이 어떠한 의미였는지에만 머물고 있다. 그러므로 한국전쟁과 서북 출신 기독교인들의 관련성 연구는 아직까지 크게 진척되지 않고 있다.

박정희 정권과 월남한 서북 출신 기독교인들의 관계에 대해서도 마찬가지다. 그동안 학계에서는 박정희 정권의 성격과 경제성장의 배경에 주목해 연구의 지평을 확장했다. 이는 그 시기가 그만큼 현대 한국 사회의 과거, 현재, 미래를 이해할 수 있는 중요한 전환점이 되는 시기이며, 한국의 경제성장과 자유민주주의 체제 수립에 대한 열망 등이 활화산처럼 불타오르고 실험이 시작된 시기였기 때문일 것이다.

박정희 정권은 경제성장을 이루기 위해 일제가 남긴 잔재뿐만 아니라 민족운동의 유산까지 모두 동원했다. 박정희 정권은 미국의 동아시아 안보 정책을 적극적으로 이용하면서 공업화된 근대 국가를 달성하기 위해 정신적·물질적 자원을 총동원했다. 국민들을 이러한 계획에 동원하고 동의를 얻어내기 위해 깊은 애국심과 빈곤으로부터 해방이라는 경제적 욕망을 부추겼다.

애국심 고취의 일환으로 19세기 말 이후 전개된 한국 민족운동의 유산을 적극적으로 활용했다. 한글 전용화 정책 추진, 국사 교육 강화, 문화재 지정과 유적 조성, 문화재 보존 사업, 역사 인물의 재발견, 충효 사상 부활 등을 통해 역사적·문화적 전통을 부활시켰다.[18] 이와 동시에 1962년 일제강점기

17 윤정란, 「한국전쟁기 기독교인 학살의 원인과 성격」, 『전쟁과 기억: 마을 공동체의 생애사』(한울, 2005); 최태육, 「남북분단과 6·25전쟁 시기(1945~1953) 민간인 집단희생과 한국 기독교의 관계 연구」(목원대학교 대학원 박사학위논문, 2014).

18 전재호, 「박정희 체제의 민족주의 연구: 담론과 정책을 중심으로」(서강대학교 대학원 박

의 독립운동가 200여 명에게 포상을 했다.[19] 이러한 역사·문화 정책은 민족운동가들의 민족문화 수호 운동을 그대로 부활시킨 것이며 동시에 민족운동가들을 정부 수립의 공식적 유공자로서 제도적으로 인정한 것이었다.

다른 한편으로는 국민들의 지지를 얻고자, 박정희는 5·16 군사 정변 2주년 기념식에서 선현(先賢)의 석조상 37개를 만들어 중앙청에서 남대문까지 세워놓고 기념식을 개최했다. 석조상으로 만들어진 인물은 왕건, 강감찬, 최충, 윤관, 문익점, 최무선, 이준, 유정(사명당), 최익현, 김춘추, 정몽주, 이순신, 정약용, 을지문덕, 세종대왕, 신사임당, 권율, 김유신, 원효대사, 이황, 이이, 김정호, 전봉준, 이강연, 허조, 안창호, 안중근, 윤봉길, 유관순, 김마리아, 손병희, 김좌진, 김구, 이상재, 민영환, 김정희, 김홍도 등 37명으로, 국사편찬위원회에서 선정했다.[20] 이 석조상들은 미관상 지저분하다는 여론이 일자 철거되었다.[21] 그 대신에 광화문에 이순신 동상이 설립되었다.[22]

일제강점기 민족운동가들이 일제로부터 국권을 되찾기 위해 민족 공동체를 강조한 것처럼 박정희 정권도 이러한 유산을 국가발전주의에 적극적으로 활용하는 한편, 일제의 황민화 정책도 적극적으로 이용했다. 예를 들어 일왕이 황민화 정책을 위해 선포했던 '교육칙어'와 유사한 '국민교육헌장'을 만들어 모든 국민이 국가의 발전에 동참할 것을 요구했다.[23]

사학위논문, 1997), 160~192쪽.

19 윤선자, 「광복 후 애국선열 선양정책 재조명」, ≪사학연구≫, 100호(한국사학회, 2010), 370쪽. 독립유공자 서훈은 대통령 이승만과 이시영에게 처음으로 수여되었고 1950년 헐버트, 1953년 장제스 등 4명 정도였다가, 재개된 1962년에 204명, 1963년 261명, 1968년 106명, 1977년 106명이 서훈되었다.

20 "스케치", ≪동아일보≫, 1964년 4월 25일 자.

21 "두 달 만에 퇴(褪), 변색, 손괴까지", ≪동아일보≫, 1964년 7월 14일 자.

22 "충무공 동상 제막", ≪매일경제≫, 1968년 4월 27일 자.

23 윤해동, 「국체와 국민의 거리: 탈식민시기의 식민주의」, ≪역사문제연구≫, 15호(역사문

박정희 정권은 이렇듯 한반도의 모든 역사적 유산을 총동원해 국민들의 자발적인 동원을 이끌어냄으로써 경제성장을 성공적으로 이루어냈다. 여기에는 서북 출신 기독교인들의 역할이 크게 작용했다. 역사적으로는 19세기 말부터 지속적으로 전개해온 민족운동 차원의 근대화를 위한 다양한 실천과 경험, 한국전쟁 이후 수없이 설립되어 그들의 지지 기반과 여론 형성의 거점이 된 교회와 기독교 관련 기관들, 국외적으로는 미국 정부와 미국 여론을 비롯해 세계의 여론을 움직일 수 있는 세계적 관계망 등을 서북 출신 기독교인들이 보유하고 있었기 때문이다. 이렇듯 많은 자원을 가지고 있는 서북 출신 기독교인이 중심이 된 교회와 박정희 정권의 결합은 한국의 경제성장이 성공을 거둘 수 있게 한 중요한 동력이 되었다고 할 수 있다. 이와 관련해 지금까지 학계에서는 여러 접근 방식을 통해 박정희 정권의 경제성장에 관해 나름의 분석을 해왔지만, 월남한 서북 출신 기독교인들과의 연관성에는 별다른 관심을 보이지 않았다.

오늘날 한국 사회의 보수 반공주의를 대표하는 한국 기독교의 정치적·사회적 영향력에 대한 배경을 이해하기 위해서는 앞에서 설명했듯이 한국전쟁 이후 서북 출신 기독교인들이 남한 사회에서 어떻게 정착했는지, 나아가 이들이 어떻게 박정희 정권과 결합하게 되었는지에 대한 연구가 반드시 선행되어야 할 것이다.

이 책은 이러한 맥락에 따라 월남한 서북 출신 기독교인들이 한국전쟁을 통해 어떻게 남한에 정착하고 정치적·사회적 헤게모니를 확장해나갔으며, 박정희 정권과 결합하게 되었는지에 대해 살펴보고자 한다.

제연구소, 2005), 61~95쪽.

3.

앞에서 거론한 의문을 밝히기 위해 이 책은 총 2부로 나누어 내용을 전개했다. 제1부에서는 한국전쟁이 월남한 기독교인들, 특히 서북 출신의 기독교인들에게 어떤 역사적 사건이었는지에 대해 살펴보고자 한다. 제1부는 총 3개의 장으로 구성했으며, 제1장에서는 월남한 서북 출신 기독교인들의 특성을 살펴보기 위해 그들의 역사적 정체성과 남한에서의 결집 과정을 다루었다. 제2장에서는 월남한 서북 출신 기독교인들이 남한에서 일어난 격심한 교권 투쟁에서 한국전쟁을 계기로 어떻게 주도권을 장악해갔는지를 살펴볼 것이며, 제3장에서는 한국전쟁으로 교권의 주도권을 장악한 서북 출신의 기독교인들과 이승만의 정치적 관계에 대해 다룰 것이다.

제2부에서는 전후 국내외적 정세 변화 속에서 서북 출신의 기독교인들이 한국 사회에 어떻게 주체적으로 적응하면서 자신들의 정치적·사회적 헤게모니를 확장해나갔는지에 대해 초점을 맞추었다. 먼저 제4장에서는 전쟁고아 사업과 한경직 목사의 관계를 살피고 이러한 관계가 미국 교회, 한국 교회, 박정희 정권과 어떻게 연결되어갔는지를 밝혀보고자 했다. 제5장에서는 서북청년회 출신들이 이승만으로부터 정치적으로 배제된 뒤 어떻게 박정희 정권과 결합하게 되었는지를 살펴볼 것이다. 제6장에서는 이들이 박정희 정권과 결합할 수 있었던 사상적 명분이 무엇이었는지에 대해 밝혀보고자 했다. 즉, 한국전쟁으로 더욱 강력해진 서북 출신 기독교인들의 전투적 반공주의가 어떻게 해서 박정희 정권이 내건 승공(勝共) 담론으로 반공을 재정의하게 되었는지에 대해 살펴볼 것이다. 마지막으로 박정희 정권과 한국 기독교인들의 협력 관계를 구체적으로 보여주는 사례로 가족계획 사업에 대해 다룰 것이다.

이렇게 총 6개의 장과 사례 연구로 구성된 이 책은 오늘날 한국 권력 집단의 특성뿐만 아니라 이 집단의 핵심 세력으로 포함되어 있는 한국 기독교인들, 특히 월남한 서북 출신 기독교인들이 탈식민과 냉전이 교차하며 진행되던 역사적 과정에서 세계의 중심부를 동요시키고 활용하면서 어떻게 정체성을 찾고 생존해갔는지 등을 이해하는 데 도움을 줄 수 있으리라고 본다. 나아가 이 연구가 오늘날 한국 사회의 골 깊은 정치적·사회적 갈등을 해결하는 데 작은 실마리를 제공해줄 수 있기를 기대한다. 갈등의 극복은 서로 간의 이해에서부터 출발하기 때문이다.

제1부

전쟁

제1장

한반도 서북 지역과 월남 기독교인

1. 머리말

한반도의 서북 지역은 행정 구역상으로 평안도, 황해도, 함경도 등 북한 대부분의 지역을 일컫는다. 즉, 관서(關西), 해서(海西), 양서(兩西), 서선(西鮮) 등으로 지칭되는 평안도와 황해도, 관북을 의미하는 함경도를 포함한 것이다.[1]

평양이 중심지였던 서북 지역은 단군과 기자의 땅으로 오랫동안 한민족의 발상지와 문명화의 전초기지로서 인식되어왔음에도 정치적·사회적으로는 변방 지역이었다. 이 지역민들이 변방에서 벗어나 한반도의 정치적·사회

1 조선 시대의 지방 통치 정책상으로 '서북 지역'은 평안도와 함경도를 통칭할 때 사용되었다. 대체로 황해도는 별도로 취급되었다. 그런데 오늘날의 행정구역상으로는 평안도, 황해도, 함경도 등을 서북 지역으로 통칭한다. 이에 대해서는 국사편찬위원회 엮음, 『한국사. 36』(국사편찬위원회, 1997), 213쪽; 오수창, 『조선후기 평안도 사회발전 연구』(일조각, 2002), 10쪽; 장유승, 「조선후기 서북 지역 문인연구」(서울대학교 대학원 박사학위논문, 2010), 1쪽; 정종현, 「한국 근대소설과 '평양'이라는 로컬리티」, ≪사이(SAI)≫, 4권(국제한국문학문화학회, 2008), 95쪽을 참조.

적 권력 집단으로 부상하게 된 것은 19세기 말 이후였다. 그것은 독특한 이 지역의 역사적 배경 때문에 어느 지역보다 빨리 서양의 기독교로 개종하고 기독교 사상을 선점함으로써 가능했던 것이다.

이 지역은 여러 기독교 교파 중에서 장로교가 특히 우세했다. 이는 1892년부터 시작된 외국 선교부의 선교지 분할 협정에 의해 평안도와 황해도 이북은 미국 북장로교 선교부, 함경도는 캐나다장로회(1925년 이후 캐나다 연합교회)의 선교 지역이었기 때문이다. 1938년 통계에 의하면 약 75%가 서북 지역의 신도였다. 서북 지역 대부분의 도시에서 기독교의 영향력은 절대적이었으며, 교회는 근대 지식층의 집결지였다. 1910년 5월 현재까지 서북 지역의 기독교 학교는 모두 511개교였으며, 이는 기독교계 학교 전체의 78%였다. 그리고 전국 사립학교 총수의 23%에 해당되었다.[2] 또한 기독교를 매개로 미국과의 관계가 더욱 밀접해지면서 미국에서 유학한 지식인들이 많아졌다.[3] 따라서 서북 지역을 주도하던 세력은 장로교 계통이었으며, 이 지역은 근대 지식층과 미국 유학생이 가장 많이 집결한 곳이었다. 특히 이 지역 중에서 미국 북장로교 선교부의 관할하에 있던 평안도가 이 지역을 선도했다. 따라서 일반적으로 기독교계에서 서북 지역이라고 지칭하는 곳은 북장로교가 관할했던 평안도와 황해도 이북 지역을 말한다.[4]

---

2 윤경로, 「105인 사건과 기독교 수난」, 『한국기독교와 민족운동』(보성출판사, 1986), 313쪽.

3 김상태, 「평안도 기독교 세력과 친미엘리트의 형성」, ≪역사비평≫, 45호(역사문제연구소, 1998), 184쪽.

4 김상태는 서북이라는 용어를 평안도 전체와 황해도 북부 지역에 한해 사용해야 한다고 제안했다. 황해도의 재령군, 장연군, 안악군, 은율군, 송화군, 신천군, 황주군, 봉산군 등은 대체로 평안도와 정서적으로 가까우며, 황해도 이남 지역은 경기도 지역과 정서상 가깝다. 이 때문에 평안도 선교를 담당한 미국 북장로교는 황해도 북부 지역을 할당받았고, 이남은 미국 감리교가 담당했다. 따라서 황해도 북부 지역과 평안도만을 서북 지역으로 보아야 한다는 것이 김상태의 주장이다[김상태, 「평안도지역의 근대적 변화와 국사교과서

선교사를 매개로 한 미국과의 관계망, 근대 지식층과 미국 유학생, 그리고 이 지역민들의 정체성에 대한 내적 기반을 강화하고 확대할 수 있는 거점인 교회와 기독교 학교 등은 이 지역민들이 한반도의 권력 집단으로 부상할 수 있는 가장 큰 자원이었다. 이 지역민들은 구한말 애국 계몽사상을 선점하고 주도함으로써 한반도의 주류 집단으로 성장했다.

1906년 이후 이들이 주도했던 애국 계몽운동에 대해 학계에서는 서북 지역과의 관련성보다는 단지 구한말 민족운동의 큰 흐름으로만 평가했다. 서북 지역은 다른 지역보다 애국 계몽운동이 활성화된 지역으로만 조명되었다. 즉, 이들이 애국 계몽운동을 주도함으로써 새로운 권력 집단으로 부상하는 것까지는 연결하지 못했다. 그런데 최근에는 서북 지역의 정체성이 근대 민족국가의 정체성으로 확장되면서 이 지역민들이 새로운 주류 집단으로 부상하는 과정에 대한 연구가 진행되기 시작했다.[5]

이 장에서는 기왕의 연구 성과를 적극적으로 활용해 이 지역의 특별한 역사적 정체성과 1945년 광복 이후 이 지역민들이 남한에서 결집하는 과정에 대해 다루고자 한다. 이를 위해 먼저 이 지역에서의 신흥 상공인층의 출현과 기독교 수용 과정을 살펴본 후 이 지역민들이 황제권에 도전하면서 자신들의 내적 기반을 강화하고 확대해가는 과정, 그리고 이를 기반으로 일제강점기에 한국인 대다수의 지지를 얻기 위해 전개된 제국 일본과 이 지역민들의 경쟁, 마지막으로 1945년 광복 이후 이들이 남한에서 결집하는 과정에 대해 다룰 것이다.

서술내용 개선방안」, ≪지방사와 지방문화≫, 8권 2호(역사문화학회, 2005), 184쪽]. 『영락교회 50년사』에서도 서북 지역이라는 용어를 평안도와 황해도에 한해 사용하고 있으며, 영락교회의 뿌리가 서북 지역임을 밝히고 있다[영락교회 엮음, 『영락교회 50년사』(영락교회, 1998), 29쪽].

5 정종현, 「한국 근대소설과 '평양'이라는 로컬리티」, 96~98쪽.

2. 신흥 상공인층의 출현과 기독교 교세의 성장

서북 지역은 다른 지역에 비해 신흥 상공인층이 빨리 출현했다. 이 신흥 상공인층들이 기독교를 적극적으로 받아들임으로써 이 지역의 기독교 교세는 급속도로 확장되었다.

이 지역의 이러한 특수성은 역사적인 배경과 관련이 깊다. 한반도에서 서북 지역은 오랫동안 단군과 기자의 땅으로서 한민족의 발상지이자 문명화의 전초기지로 인식되어왔다. 이러한 인식은 서북 지역민에게도 내재화되어 있었다. 그런데도 이 지역은 정치적·사회적으로 지속적인 차별을 받았다. 이 지역민들은 단군과 기자를 내세워 차별을 극복하려 했으나, 두터운 지역 차별의 경계를 넘지 못했다.[6] 대체로 이 지역은 여말선초부터 조선 중기에 이르도록 향촌 질서를 체계화할 수 있는 사족이 형성되지 않았다. 단지 군포를 납부하는 자와 그렇지 못한 자로 구분이 될 뿐이었다. 선조 대까지 이 지역은 도망민이 많았으며, 임진왜란이 일어날 때까지도 다른 종족(오랑캐)이 거주하는 등 유민이 가장 많은 곳이었다. 사족 대신 향임이 향촌을 지배했고, 중앙의 사족들은 이들을 자신들과 동급으로 생각하지 않았다. 사림파가 정권을 주도하면서 이러한 차별은 더욱 강해졌다. 사족의 입장에서 보면 이 지역의 문화는 낙후된 것이었다.[7] 이러한 이유로 이 지역민들은 중앙 관직으로 진출하기 어려웠다. 과거에 급제하면 주요 관직으로 진출하기 위한 실무 수습직에 임명되어야 하는데 이 지역 출신에게는 기회를 주지 않았다.[8]

---

6 오수창, 「≪청구야담≫에 나타난 조선 후기 평양 인식과 그 성격」, ≪한국사연구≫, 137호(한국사연구회, 2007), 97~100쪽.

7 오수창, 「조선후기 경상도·평안도 지역차별의 비교」, ≪역사비평≫, 59호(역사문제연구소, 2002), 319~331쪽.

8 문과와 무과에 급제하면 각각 승문원, 성균관, 교서관 등에서 분관(分館)과 선전관천(宣傳

이 지역의 중심 세력은 사족이 아니었기 때문에 지배·피지배 관계가 다른 지역에 비해 상대적으로 두드러지지 않았다. 척박한 농토, 정치적 차별 등으로 이 지역민들은 일찍부터 상업에 관심을 두었다. 청과의 관계가 호전되면서 이 지역민들은 무역업으로 상당한 자산을 축적했고, 18세기 중엽에는 경제력이 전국 최고 수준에 이르렀다. 이 때문에 조선 정부의 재정에서 차지하는 비중이 높아졌으며, 그 결과 이 지역에 대한 관심이 집중되었다. 중앙에서는 이 지역의 인재 등용에 힘을 기울였으나, 기득권층인 중앙 사족이 구축해놓은 높은 벽을 깨지 못했다. 경제력은 최고가 되었지만, 실제 권력을 잡지는 못했다.[9] 유교적 시스템을 갖춘 조선 정부에 이들이 기대할 것은 더는 없었다.

단군과 기자의 땅이라는 자부심과 경제적 번성에도 불구하고 지속적으로 가해지는 정치적 차별 때문에 이곳의 지역민들은 다른 지방에서 볼 수 없을 정도로 기독교를 받아들이는 데 적극적이었다. 한편으로 미국 선교사들은 선교의 효과를 극대화하기 위해 단군 신화에 등장하는 유일신을 기독교의 유일신 사상과 연결했다.[10] 지역민들은 자신들이 지역신으로 오랫동안 모셔온 단군 신화에 등장하는 유일신과, 서양의 번성과 관련되어 있는 기독교의 유일신을 자연스럽게 연계하면서 조선 왕조를 부정하는 의식으로까지 확대해나갔다고 할 수 있다.

이러한 자연스러운 연계로 말미암아 기독교 수용에 적극적이었던 이 지

官薦)으로 수습 기간을 거쳐야 한다. 수습직이라 하더라도 경력이 같지 않았는데, 주요 관직에 진출하려면 문과의 경우에는 승문원 분관으로 일해야 하며, 무과에서는 선전관천을 받아야 했다. 그런데 서북 지역민들에게는 이 자리를 주지 않았다(같은 글, 321~322쪽).

9 같은 글, 329~331쪽.

10 김은섭, 「예수와 단군, 그 구조와 융합」, ≪교회사학≫, 11권 1호(한국기독교회사학회, 2012), 152~156쪽.

역에 대해 호머 헐버트(Homer Hulbert)는 이 지역을 세계에서 가장 성공한 선교 지역으로 손꼽았으며, 주목을 받고 있다고 했다.[11] 미국 장로교 본부의 총무 로버트 스피어(Robert Elliott Speer)도 이 지역의 교회 발전은 세계 어느 곳에서도 볼 수 없을 정도로 성장하고 있으며, 교회당은 초만원을 이루고 있다고 지적했다.[12] 1897년 5월 20일 자 ≪독립신문≫ 영문판의 한 기사에 의하면 남쪽 지방에서는 자립적인 중산층이 허리를 굽히고 아첨만 하는 농노와 양반 틈에서 짓눌리고 있었으나, 북쪽 지방에서는 자립적 중산층이 우세해 보였다고 쓰여 있다.[13]

이광린은 여기서 자립적인 중산층을 중소 지주, 자작농, 상인으로 보고 있다. 즉, 신흥 상공인층들이다. 이 지역의 상인들은 전국적으로 유명했다. 『승정원일기』에도 "관서 지방은 토산물이 삼남 지방보다 미치지 못합니다. 밭이 논보다 많고, 상인이 농민보다 많고, 사람들은 근본, 즉 농사에 힘씀이 적고, 말기(末技), 즉 상업에 종사함을 좋아하는 형편"이라고 기록되어 있다. 19세기 중반의 『비변사담록』을 보면 대동강 주변에 사는 사람들이 상선을 갖고 장사하는 경우가 많다고 기록되어 있다. 이 지역은 개항되자마자 여느 지역보다 빨리 상회를 열었다. 헌터 웰스(Hunter Wells)는 "지금 영광스러웠던 고대의 모습이나 위엄을 평양시에서 찾기 어렵지만, 이곳은 상업이 발달해 있다. 아마 머지않아 상업이 전국을 지배하게 될 것이다. 그렇게 되면 평양시가 조선의 수도가 된다고 해도 놀라운 일이 아니라면서 서울의 명망 있는 사람이 예견했다"라고 말했다.[14] 19세기 말에는 중국 잉커우 항(營口港)에 들른

---

11 이광린, 「개화기 관서지방과 개신교」, 숭전대학교부설한국기독교문화연구소 엮음, 『한국의 근대화와 기독교』(숭전대학교출판부, 1983), 32쪽.

12 백낙준, 『한국개신교사: 1832~1910』(연세대학교출판부, 1973), 285쪽.

13 Friar Martin, "Notes on a Trip into Northern Korea," *The Independent*, May 20, 1897.

14 이광린, 「개화기 관서지방과 개신교」, 38~40쪽.

한국 상인의 숫자가 900명에 이르렀다고 한다. 그들은 주로 서북 지역민들로서 한문과 만주어에 능통한 독서층들이었다. 서북 지역민들은 고려 인삼을 비롯해 금, 납, 문종이, 소가죽, 가발 등을 팔았으며, 영국산 면제품, 차, 설탕 등 중국산 소비재 물품을 수입했다.[15]

이 지역의 사람들은 정치적으로 차별을 받고 있어 과거에 급제해도 관직으로 나가지 못했으므로, 자신의 고향에서 서원 혹은 서당을 열어 젊은이들을 교육했다.[16] 이러한 배경 때문에 이 지역은 다른 지역보다 상대적으로 문맹률이 낮았다. 서북 지역은 다른 지역에 비해 새로운 문물과 사상을 받아들이는 데 최적의 장소였다고 볼 수 있다.

따라서 기독교를 받아들인 최초의 세례자도 이 지역에서 나왔다. 최초의 세례자는 국경을 넘나들며 상업에 종사하던 백홍준, 이응찬, 이성하, 김진기 등이었다. 그들은 만주에서 스코틀랜드 선교사 존 매킨타이어(John McIntyre)에게 세례를 받았다. 그들이 기독교를 받아들이게 된 계기는 백홍준의 아버지 때문이었다. 백홍준의 아버지가 만주 펑톈(奉天)에 다니러 갔다가 스코틀랜드 선교사 존 로스(John Ross)를 만나 한문 복음서를 받았다. 이 복음서를 아들 백홍준이 몇몇 친구와 2~3년간 공부한 후, 더 배우기 위해 펑톈으로 가서 세례를 받은 것이다. 평안북도 의주 출신의 홍삼 장수 서상륜도 펑톈에 가서 로스와 매킨타이어를 만나 기독교를 받아들였다. 이들은 의주와 소래에 신앙 공동체를 운영하며 기독교의 확대를 도모했다.[17]

1884년에 선교사들의 내한이 합법화된 이후 이 지역을 처음 찾은 선교사는 호러스 그랜트 언더우드(Horace Grant Underwood; 원두우)와 헨리 아펜젤

---

15 한국기독교사연구회,『한국 기독교의 역사. 1』(기독교문사, 1989), 143쪽.

16 이광린,「개화기 관서지방과 개신교」, 41쪽.

17 서정민,「평안도지역 기독교사의 개관」,≪한국기독교와 역사≫, 3호(한국기독교역사연구소, 1994), 10~13쪽.

러(Henry G. Appenzeller; 아편설라)였다. 언더우드가 서울에서 한국 최초의 정동장로교회(지금의 새문안교회)를 설립할 수 있었던 것은 의주 출신 상인들의 전도와 권서 활동 때문이었다. 서북 지역에 교회가 설립된 것은 새뮤얼 모펏(Samuel A. Moffett; 마포삼열)이 평양에 정착한 이후였다. 그는 널다리골교회를 세우고 평양을 거점으로 여러 교회를 개척했다. 그가 이렇게 할 수 있었던 것은 이미 이곳 지역민들이 그 토대를 마련해놓았기 때문이다. 평양교회의 실질적인 개척자는 한석진인데, 그는 의주에서 만주를 넘나들며 인삼과 녹용을 팔던 상인이었다. 물산 객주 최치량은 널다리골교회의 거점을 마련해주었다. 이와 같이 한국 교회는 서북 지역 신흥 상공인층의 적극적인 호응으로 설립되었다.[18]

그러나 모든 서북 지역민이 기독교를 호의적으로 본 것은 아니었다. 초기 선교사들은 일부 주민에게 돌팔매질을 당하기도 했으며, 그들이 기물을 파괴하는 것을 감내해야 했다. 또한 관의 압박도 있었다. 예를 들어 백홍준은 평양에서 활동하다가 국법을 어긴 죄로 평양 감영에 수감되었다가 몸이 쇠약해져 숨을 거두었다. 1894년 평양 감사 민병석은 장로교 전도인 한석진, 감리교 전도인 김창식을 구금·단죄하기도 했다.[19]

그런데 오히려 이러한 관의 압박이 기독교인을 증가시키는 요인이 되었다. 서양 선교사들이 관에 시달리던 한국 기독교인들을 도와주자, 많은 지역민이 교회에 관심을 보이기 시작했다. 선교사들이 민병석이 구금한 교인들을 영국과 미국 총영사의 힘을 빌려 석방시킨 것이다. 이러한 사건을 지켜보던 주민들은 관리에게 빼앗긴 토지를 찾거나, 부당한 잡세의 징수를 막거나, 혹은 자신의 토지와 가옥의 명의를 선교사 이름으로 이전해 재산을 보호받

18 장규식, 『일제하 한국기독교민족주의 연구』(혜안, 2000), 32쪽.

19 서정민, 「평안도지역 기독교사의 개관」, 15쪽.

는 등 이권 때문에 선교사들을 찾기 시작했다.[20]

이와 함께 서북 지역민들이 기독교에 더욱더 많은 관심을 가지게 된 계기는 1894년의 청일전쟁, 1904년의 러일전쟁, 그리고 1907년의 평양대부흥회였다. 그동안 신흥 상공인층 중심으로 기독교가 전파되었으나, 전쟁과 부흥회를 통해 더욱더 많은 사람이 수용하게 된 것이다.[21]

청일전쟁 이후 2~3년 사이에 서북 지역 기독교인들은 급격하게 늘어났다. 전쟁 전에 개척된 구역은 7개 지역이었으나, 이후에는 18개 지역으로 증가한 것이다. 그리고 1898년 전체 장로교인의 수가 7500명이었는데 이 중에서 79.3%에 해당하는 5950명이 서북 지역민들이었다. 전쟁 시기에 지역민들이 교회를 찾은 이유는 생명과 재산을 보호받기 위해서였다. 『조선예수교장로회사기』에도 "일청전쟁(日清戰爭)이 교전(交戰)케 되니…… 복음(福音)의 소도(所到)에 중혼(衆魂)이 시소(始蘇)하여 교회(教會)가 종차발전(從此發展)하니라"라고 기록되어 있다. 이 지역은 청일전쟁의 주요 전장이었으므로 많은 지역민이 자신의 생명과 재산을 교회에 의탁했다. 당시 교회가 피난민 수용소 역할을 했으며, 일본군조차 교회만은 보호해주었다. 주요한 전투 지역인 평양의 교인들이 지방으로 피난을 가면서 서북 지역 전역에 교회가 설립되었다.[22] 1904년 러일전쟁의 한반도 내 전투지도 평안북도 의주였다. 1905년에서 1907년 사이에 평안도의 대부분 지역과 황해도 일부를 관할하던 북장로교의 교회와 신도의 수는 배로 증가했다.[23]

---

20 김상태, 「평안도 기독교 세력과 친미엘리트의 형성」, 177~178쪽.

21 같은 글, 178쪽.

22 한국기독교사연구회, 『한국 기독교의 역사. 1』, 255~259쪽.

23 해리 로즈, 『미국 북장로교 한국 선교회사: 1884~1934. Vol. I』, 최재건 옮김(연세대학교 출판부, 2009), 539쪽; 박정신, 『근대 한국과 기독교: 그 만남, 물림 그리고 엇물림의 사회사』(민영사, 1997), 28쪽.

서북 지역의 교세는 1907년 평양대부흥운동의 성공으로 더욱 확장되었다. 선교사들의 기도 모임에서 시작된 이 운동은 같은 해 1월 6일부터 10여 일간 평양 장대현교회의 사경회 기간 중에 절정에 이르렀다. 평양의 기독교계 학생들은 수업을 중단하고 기도회에 참석했으며, 전도 운동에 적극적으로 참여했다. 대부흥운동은 서북 지역 전역으로, 나아가 전국적으로 확산되었다. 『한국 기독교의 역사』 제1권에 의하면 이 운동은 한국 교회에 긍정적인 영향을 끼쳤는데, 구체적으로 다음과 같이 정리하고 있다. 기독교의 순수한 신앙과 정신이 한국 기독교에 뿌리를 내리게 되었다는 점, 한국인 신자와 선교사 간의 이해 증진에 크게 기여했다는 점, 한국 교회 교인들의 도덕성 향상에 크게 기여했다는 점 등이다.[24] 이 중에서 도덕성 향상이라는 것은 절제 담론이었다. 청교도 윤리에 의한 금식, 절제, 노동의 신성성 등이 최선의 가치로 받아들여진 것이다. 즉, 유교적인 생활 문화를 버리고 서양의 근대적 사상을 많은 지역 주민이 수용했다는 의미이기도 하다. 서북 지역은 이러한 역사적 특수성 때문에 기독교 색채가 가장 강한 곳이 되었다. 예를 들어 일제강점기의 여성 운동가였으며, 추계학원을 설립한 황신덕은 평양의 모습을 다음과 같이 묘사했다.

요새도 평양을 흔히 '동양의 예루살렘'이라고 할 만큼, 그때 평양의 여러 가지 사회적 여건이 그랬었지요. 국가에서 과거부터 이북 사람을 많이 기피하기 때문에 등용을 잘 안하는 것에 대해 소외감들을 느꼈지요. 또 기질상으로 봐서 퍽 혁명적이죠. 또 애국 지도자들이 많이 계셨어요. 도산 안창호 선생이라든가, 그 밖에 조만식 선생님이라든지, 여러 애국 지도자들이 많이 기독교인으로 됐어요. 그런 관계로 해서 전 평양의 분위기가 교회 일색이었어요. 주일날 같은 때

24 한국기독교사연구회, 『한국 기독교의 역사. 1』, 273~274쪽.

는, 여기로 말하면 종로 일대의 가게 문을 꼭 닫아걸고, 종소리가 사면에서 경쟁적으로 울릴 그럴 정도로 분위기가 기독교적이어서 그때는 참 좋았습니다.[25]

서북 지역은 이와 같이 지역적 특수성 때문에 기독교를 적극적으로 수용했으며, 다른 어느 지역보다 기독교 사상의 영향을 지대하게 받았다. 다시 말해 이 지역민들은 그만큼 다른 지역에 비해 서양의 문명을 받아들이는 데 앞장섰으며, 조선의 신분제 사회를 부정하고 근대 시민사회를 지향했다고 할 수 있다.

3. 대한제국 황제권에 대한 도전

이 지역의 기독교인들이 조선의 신분제를 거부하고 정치·사회 개혁에 관심을 갖고 활동을 벌이기 시작한 것은 독립협회 창설과 함께였다. 주지하다시피 독립협회는 갑신정변에 참여했다가 실패한 뒤 미국에서 유학하고 돌아온 서재필이 1896년에 설립했다. 서재필은 미국에서 기독교인이 되었다. 그는 "지금 세계 각국에 문명개화한 나라들은 다 구교나 야소교를 믿는 나라인즉……. 크리스도교가 문명개화하는 데는 긴요한 것"이라고 하면서[26] "크리스도의 교를 착실히 하는 나라들은 지금 세계에 제일 강하고 제일 부요하고 제일 문명하고 제일 개화가 되어 하나님의 큰 복음을 입고 살더라"라며 주장했다.[27] 결국 그가 미국 망명 기간에 경험한 것은 기독교를 토대로 한 미국의

25 추계황신덕선생기념사업회 엮음, 『무너지지 않는 집을: 황신덕선생 유고집』(추계황신덕선생기념사업회, 1984), 319쪽.

26 "논설", ≪독립신문≫, 1897년 12월 23일 자.

27 "논설", ≪독립신문≫, 1897년 1월 26일 자.

근대 문명이었다. 서재필은 조선을 개혁하려면 반드시 기독교적 가치에 따라야 한다고 보았다.

이러한 서재필의 기독교적 사고는 독립협회의 나아갈 방향을 결정했다. 독립협회의 중앙 지도부는 기독교계 인사들이 운영했으며, 지부의 절반 이상이 서북 지역에 설치되었다. 그 외의 다른 지역은 기독교가 성장하고 있던 곳이었다. 황국협회나 보부상들이 독립협회를 반대하는 시위를 벌일 때도 교회와 선교 학교에 대해 독립협회의 '창귀(倀鬼)'라고 지적했으며, 『주한일본공사관기록』에서도 독립협회와 기독교의 관계를 중요하게 보고 있었다. 지부가 설치된 곳은 공주, 평양, 대구, 선천, 의주, 강계, 북청, 목포, 인천, 옥천, 황주 등으로, 대부분의 지회는 그 지역민들의 요청에 의한 것이었다.[28] 이 중에서 평양, 선천, 의주, 강계, 북청, 황주 등은 모두 서북 지역이었으며, 그중 절반 이상이 평안도 지역이다.

평양 지회는 1898년 독립협회에서 만민공동회를 개최하자 이에 호응해 조직되었다. 이 지회의 설립을 주도한 것은 안창호와 김종섭, 한석진, 방기창 등 널다리골교회 교인들이었는데, 선천 지회와 의주 지회는 평안북도 일대에서 전도 활동을 하던 김관근의 주도로 조직되었다. 대체로 서북 지역의 독립협회 운동은 교회가 중심적인 역할을 하고 있었다. 안창호도 독립협회 활동을 하면서 이름을 알리게 되었다. 그는 1898년 대동강 변의 쾌재정에서 평양 지회가 개최한 만수성절 행사의 대중 연설을 통해 전국적인 인물이 되었다.[29]

이와 같이 서북 지역 기독교인들이 독립협회에 적극적으로 호응하고 지

28 박정신, 「기독교와 한국역사: 그 만남, 물림 그리고 엇물림의 사회사」, 『기독교와 한국역사』(연세대학교출판부, 1997), 185~187쪽; 주진오, 「1898년 독립협회 운동의 주도세력과 지지기반」, ≪역사와 현실≫, 15호(한국역사연구회, 1995), 203쪽.

29 장규식, 『일제하 한국기독교민족주의 연구』, 60~61쪽.

회 활동을 한 것은 독립협회가 지향하는 바에 동조했기 때문이다. 독립협회가 지향한 바에 대해서는 연구자에 따라 긍정적 평가와 부정적 평가로 갈린다. 전자의 입장은 독립협회가 한국 근대 시민사회를 수립하기 위한 새로운 사회사상, 즉 자주 국권의 민족주의 사상, 자유 민권의 민주주의 사상, 자강 개혁의 근대화 사상 등을 체계적으로 정립한 것으로 파악하고, 이후 이러한 사상은 하나의 유기적 사상 체계로 형성되어 민중 계몽과 한국 사회의 발전을 가져왔다는 것이다. 후자는 독립협회의 근대화 사상을 추적하면 오히려 친일적·반민중적·반민족적이었다고 주장한다.[30] 물론 이 두 입장 모두 근거가 있는 분석이며 평가다. 그런데 가치점을 어디에 두느냐에 따라 평가가 나뉜 것으로 볼 수 있다. 근대화를 최고의 가치로 두던 1960년대 이후의 독립협회에 대한 평가는 긍정적이었다. 그러나 민주화 운동이 활발해지고 민중적 시각을 최고의 가치로 여기던 시대에는 독립협회에 대해 부정적인 평가를 내렸다.

사실 근대라는 것은 민주/반민주, 민족/반민족, 식민/제국 등 이중적 구분을 모두 포함하고 있다. 최근 포스트식민주의나 포스트근대주의에서는 근대를 계몽의 기획이 아닌 지배의 담론으로 본다. 과거 근대화를 최상의 가치로 설정했던 시대에 신화처럼 여기던 자유, 평등, 시민사회 등의 계몽적 담론에 대해 탈근대·탈식민주의에서는 서양이 비서양을 인식론적으로 전유하기 위한 지배 담론이었다고 주장한다.

앞에서 설명한 두 입장은 모두 근대화를 최상의 가치로 설정한 후에 당시 새롭게 등장하던 신흥 상공인층을 기준으로 할 것인지, 혹은 민중의 입장을 기준으로 할 것인지를 두고 평가한 것이다. 긍정과 부정의 평가를 떠나 독립협회가 주장한 것은 당시 조선 사회를 뛰어넘는 새로운 근대 시민 사상이었

30 이나미, 『한국 자유주의의 기원』(책세상, 2001), 46쪽.

다. 한국 사회에서 근대 시민사회의 수립에 대한 지향이 정치 운동으로 시작된 것은 독립협회 시기였다고 할 수 있다.[31]

당시 독립협회가 지향했던 사상은 자주독립과 문명개화였다. 이를 위해 자유권, 독립권, 교육, 법, 진보, 개화 등 다양한 개념을 제시했다. 그러나 실제적으로는 사적인 이익을 추구하고 사유재산을 가질 수 있는 개인의 자유와 경제적 활동의 중요성에 대한 것이 시민사회가 지향하는 내용이었다. 이러한 자유와 독립을 확보하기 위한 방법으로 교육, 법, 진보, 개화 등을 제시했다. 서북 지역 기독교인들이 독립협회 활동에 적극적으로 호응한 것은 그동안 유교가 천시했던 상업을 그들이 재평가했기 때문이다. 독립협회에서는 "힘 가지고 뺏는 권리는 나라마다 장구치 못하고 학문과 장사하는 권리 얻는 나라는 그 이익을 잃는 법이 없고 세계에 대접받고"라고 주장하면서 물리적인 힘보다는 학문과 장사하는 권리가 더 중요하다고 주장했다. 이러한 경제적 활동을 하는 개인의 권리를 법적으로 보장받기 위해 독립협회에서는 생명, 자유, 재산에 관한 권리를 제시했다. 생명의 권리는 재산의 권리와 연결되어 있으며 재산의 권리는 산업 발달의 기초가 된다.[32]

서북 지역에서 상업적인 부로 기반을 닦은 신흥 상공인층이 자신들의 생명권을 법적으로 보호받지 못하면 축적한 부를 양반들에게 빼앗길 수밖에 없었다. 예를 들어 1908년 1월에 조직된 서북학회의 기관지 ≪서우≫[33] 17호의 「서북제도(西北諸道)의 역사론」에서는 조선 시대에 서북 지역의 재산가들

---

31 한홍구, 「한국의 시민사회, 역사는 있는가」, ≪시민과 세계≫, 1호(참여사회연구소, 2002), 108쪽.

32 이나미, 『한국자유주의의 기원』, 48~61쪽.

33 ≪서우≫는 서우학회의 기관지였으나, 1908년 1월에 서우학회와 한북흥학회가 통합해 재조직되면서 서북학회의 기관지로 명맥을 이어오다가 같은 해 6월부터 '서북학회월보'로 명칭이 바꾸었다.

이 투옥되고 재산을 강탈당하며 무거운 세금을 낼 수밖에 없었던 차별받던 역사에 대해 서술하고 있다. 그러므로 생명권은 서북 지역 신흥 상공인층에게 재산권의 전제 조건이 되며, 그들의 재산권은 자본주의적 상공업 발달 등 산업 발달의 토대가 된다.[34]

또한 독립협회에서 주장한 독립이라는 것에는 자주 독립과 관련해 부국강병이라는 시대적 요청에 의한 주장뿐만 아니라 개인의 독립도 포함된다. ≪독립신문≫에서 독립이라는 개념은 개인이 자립하고 경제생활을 해서 자기 밥벌이를 자기가 한다는 개인적 차원의 개념으로 더 빈번히 사용되었다. ≪독립신문≫에서 가장 강조한 것은 1896년 9월 15일 자 논설에서처럼 "사람마다 무슨 일을 할 줄 알든지 알아 자기 재조를 가지고 벌어먹어야 그 사람이 자주 독립한 사람도 되고"라는 주장과 같이 정말 나라에 필요한 사람은 벼슬을 하는 사람이 아니라 "재물 생길 일"을 하는 사람이었다.[35]

이러한 개인의 자립적인 경제생활은 기독교의 금욕주의와 그대로 연결된다. 막스 베버(Max Weber)는 자본의 획득에 대한 윤리적 정당성을 기독교가 제공했다고 주장했다. 그는 자본주의사회에서 자본을 증식하고 싶은 사람들이 이전과는 다른 방식으로 사업에 다시 투자한다는 사실을 발견했으며, 이러한 투자 방법이 청교도 윤리와 밀접한 관련이 있다는 것을 알아냈다. 인간 개인은 누구든지 재화를 벌면 편하게 지내고 싶어 하는데, 청교도 윤리를 가진 자본가들은 그렇게 하지 않았다고 했다. 다시 말해 자본을 더 많이 축적하고 싶어 하는 사람들은 남들과 비교해 높은 윤리적 수준을 유지해야 했는데, 기독교가 이러한 높은 수준의 도덕성을 보장해주었다는 것이다. 더 많은 자본을 획득하기를 원하는 사람들에게는 특별히 매우 엄격하고 금욕적인 태

34 이나미, 『한국자유주의의 기원』, 62쪽.

35 같은 책, 62~68쪽; "논설", ≪독립신문≫, 1897년 6월 1일 자.

도가 요구되었다. 그러므로 신의 부르심에 따라 사는 동안 최선을 다한다는 기독교적 직업관이 오로지 일과 금욕에만 애쓸 수 있게 해주었다는 것이다. 이러한 청교도적 직업관과 금욕적인 생활 태도가 자본주의 생활양식에 직접적인 영향을 주었다고 했다. 청교도들의 금욕적 태도는 재산을 낭비하는 향락에 반대했다. 금욕주의를 추구하는 이들에게 목적론적인 재산 추구는 마땅히 비난받아야 하는 것이었으나, 직업 노동의 결과물인 재산의 축적은 신의 축복이었다. 그리고 직업 노동은 최고의 금욕을 위한 수단임과 동시에 신앙의 진실성과 거듭난 자의 가장 확실한 증표였다.[36]

이러한 청교도 정신은 서북 지역 기독교인들의 정체성을 결정해주는 것이었으며, 상업 활동을 통한 이익 추구를 합리화해주는 것이었다. 따라서 서북 지역 기독교인들은 이러한 청교도 정신에 입각해 상업 활동을 자유롭게 할 수 있도록 개인의 권리를 보장해줄 수 있는 시민사회를 지향할 수밖에 없었다.

그러나 독립협회 활동은 순조롭지 않았다. 정치권력 구조에 대한 구상을 둘러싸고 황제와 독립협회 사이에서 격심한 충돌이 벌어졌다. 황제는 러시아와 같은 전제군주제를 추구했으며, 독립협회에서는 황제권을 일정하게 제한하는 입헌 내각제를 주장했다.[37]

1898년 10월 독립협회에서는 정부 관료와 함께 개최한 관민공동회에서 헌의 6조를 채택해 황제가 이를 받아들이도록 했다. 헌의 6조 중 "장정(章程)을 실천할 것"은 황제권을 정부 대신과 중추원에서 견제하겠다는 의지의 표명이었다. 장정은 갑오개혁기에 선포한 홍범 14조와 그 이후에 제정된 각 장

---

36 자세한 것은 막스 베버, 『프로테스탄티즘의 윤리와 자본주의 정신』, 박성수 옮김(문예출판사, 1988) 참조.

37 도면회, 「자주적 근대와 식민지적 근대」, 임지현·이성시 엮음, 『국사의 신화를 넘어서』(휴머니스트, 2004), 203~204쪽.

정을 실천하라는 것이었다. 황제 측에서는 이를 실천하겠다고 약속했으나, 한편으로는 독립협회를 탄압하기 위한 조치를 이미 취하고 있었다. 1898년 2월부터 법부에서는 각급 재판소에 개화를 반대하는 훈령을 하달했다. 즉, 아랫사람이 윗사람을 거스르고 천한 자가 귀한 신분을 무시하며, 젊은 사람이 어른을 능멸하는 것에 대해 잘못이 큰 경우에는 주살하고 작은 경우에는 징역에 처해 절대로 용서하지 말라고 조치했다.[38]

만민공동회 운동이 최고조에 달한 시점에 황제는 보부상을 동원해 만민공동회를 공격했다. 1898년 12월 20일 이후에는 군대를 동원해 만민공동회를 해산하고 전제군주정을 성립시켰다. 만민공동회를 해산하기 전인 11월에 황제는 전제군주정을 지향한다는 조서를 발표했다. 다음 해인 1899년 8월 '대한국 국제'를 선포했는데, 이 법은 당시 국제법의 규정을 인용하면서도 모든 권력을 황제에게 귀속하고 국가의 대내적·대외적 주권이 모두 황제에게 속한다고 천명한 것이다. 또한 이 법은 신민에게는 전혀 권리가 없으며, 오로지 복종의 의무만 있다고 강조했다.[39]

독립협회가 해산되고 황제의 절대권이 강화되어 서북 지역 기독교인들은 더는 정치적 행동을 할 수 없었다. 그들은 자신들의 실패가 내적 지지 기반이 부실하기 때문이라는 것을 절실히 깨닫고 새로운 조선의 주체를 길러낼 수 있는 신교육 운동에 앞장섰다. 그 시발점이 된 것은 안창호의 학교 설립이었다. 안창호는 탄포리(灘浦里)교회를 세우고 1899년 최광옥과 함께 초등교육기관인 점진(漸進)학교를 설립했다. 이후 신흥 계급 출신 기독교인들의 학교 설립이 활발해졌다. 그들은 직접 교회를 설립하고 그 옆에 학당을 세웠다. 식산흥업을 위한 초석을 마련하기 위해 실업학교 설립 운동을 전개하고

---

38 같은 글, 204~206쪽.

39 같은 글, 209~210쪽.

기금을 모집했다.[40] 황제의 전제정은 새로운 사회 윤리와 자유로운 경제 활동을 추구하는 이 신흥 상공인층에게는 어울리지 않는 것이었다. 따라서 그들은 새로운 사회의 주역으로서 자신들의 자녀를 육성하기 위해 신교육 운동에 매진했다.

그런데 1904년에 일어난 러일전쟁을 계기로 황제권이 다시 약화되었다. 을사늑약 체결, 재정 고문과 외교 고문의 초빙, 일본군의 한국 주둔이 그 계기가 된 것이다. 이로써 근대 시민사회를 지향하던 집단들은 일본의 내정 간섭으로 황제의 권력이 약해지자 이를 기회로 자신들의 지지 기반을 확대할 수 있는 정치적·사회적 공간을 확보할 수 있었다.[41] 러일전쟁을 전후해 독립협회를 계승한 많은 애국 계몽 단체가 만들어졌다. 을사늑약으로 한국이 일제의 보호국 체제로 들어가자 전국 규모의 애국 계몽 단체인 대한자강회가 1906년 3월에 조직되었다. 대한자강회 지부는 하와이를 제외하고도 국내 지부만 32개에 달했으며, 서북 지역은 그 절반 이상인 18개에 달했다. 이 중 평안도가 11개로 전국적으로 가장 많았다.[42] 1906년 10월에는 내적 기반을 더욱 강화하고 확대하기 위해 평안도에서는 서우학회, 함경도에서는 한북흥학회가 조직되었다. 이어 호남 지역에서도 호남학회가 설립되었다.

1907년 8월 대한자강회는 일제의 고종 퇴위 강요에 대한 반대 시위를 주도하다가 강제 해산되었다. 대한자강회 간부들은 1907년 11월 다시 대한협회를 조직했다. 이어 1908년 1월 서북학회가 기존의 서우학회와 한북흥학회를 통합해 설립되었으며, 서울에 거주하던 경기도와 충청남북도 사람들을 중심으로 기호흥학회가 조직되었다. 1908년 3월에는 경상도민들이 교남교

---

40 장규식, 『일제하 한국기독교민족주의 연구』, 61~62쪽.

41 도면회, 「자주적 근대와 식민지적 근대」, 214쪽.

42 유영렬, 『애국계몽운동. I, 정치사회운동』(독립기념관 한국독립운동사연구소, 2007), 55쪽.

육회, 강원도민들은 관동학회를 설립했다.[43] 이 중에서 실제적이고 구체적인 활동을 가장 활발하게 전개한 것은 서북학회였다. 서북학회는 평안도민들이 주도했다. 당시 한북흥학회는 이 단체를 이끌던 이준과 이동휘의 부재로 거의 활동이 중단된 상태였다. 이준은 1907년 네덜란드 헤이그에 밀사로 파견된 뒤 그곳에서 유명을 달리했고, 이동휘는 일본 육군사관학교 출신의 고급 무관으로 구성된 효충회(效忠會)의 동지들과 함께 고종의 양위를 저지하고, 무력 항쟁과 친일파 대신 처단 등을 계획하다가 강화 봉기에 연루되어 체포되었다.[44] 이러한 상황이었기 때문에 서북학회는 평안도민들이 주도했다. 그리고 한북흥학회는 기관지를 발행하지 않았기 때문에 서북학회 기관지 ≪서북학회월보≫는 서우학회의 ≪서우≫ 형식을 그대로 유지했다.

동시에 서북 지역 기독교인들은 안창호를 중심으로 1907년 4월 전국적인 비밀결사 단체인 신민회의 창립을 주도했다. 105인 사건으로 기소된 신민회 회원 123명의 96%에 달하는 118명이 서북 지역 출신이었다. 직업별로는 교사 31명(25%), 학생 20명(16%), 상공업 50명(41%) 등이며, 이 중 기독교인이 전체의 85%를 차지했다.[45] 신민회의 표면 단체인 대성학교, 청년학우회, 태극서관, 자기회사(磁器會社) 등의 거점이 모두 평양이었다.[46]

당시 여러 애국 계몽 단체에서는 입헌군주제까지는 주장했지만, 분위기상 공화정을 주장하는 데까지는 나아가지 못했다. 그러나 서북 지역민들은 ≪서북학회월보≫를 통해 국가의 여러 형태를 소개하면서 공화정 형태도 있다는 것을 대중에게 선전했다.[47] 동시에 서북 지역민들이 주도하고 있던 비

---

43 같은 책, 69~81쪽.

44 반병률, 「이동휘와 한말 민족운동」, ≪한국사연구≫, 87호(한국사연구회, 1994), 172~176쪽.

45 윤경로, 『105인사건과 신민회 연구』(일지사, 1990), 72~79쪽.

46 같은 책, 215쪽.

47 "국가의 개념 [속]", ≪서북학회월보≫, 1호(서북학회, 1908).

밀 조직 신민회에서는 공화정을 주장했다.[48] 이와 같이 서북 지역민들은 구한말부터 공화정 형태의 국가를 지향하고 있었다.

이를 위한 내적 기반을 강화·확대하기 위해 서북 지역민들은 어느 지역보다도 실천적이고 구체적인 활동을 선도적으로 전개했다. 서북학회는 전국의 애국 계몽운동을 주도했다.[49] 32개의 지회를 설치하고 67개의 지교를 운영했는데, 지회는 평안남도에 3개, 평안북도에 9개, 황해도에 6개, 함경남도에 10개, 함경북도에 4개 등이 있었으며, 지교는 평안남도에 11개, 평안북도에 19개, 황해도에 21개, 함경남도에 11개, 함경북도에 5개 등이 있었다. 이 중에서도 특히 학교가 압도적으로 많이 설치된 곳은 평안도였다.[50] 이와 같이 선도적으로 활동을 전개한 것은 이 지역민들이 조선의 미래를 책임져야 한다는 선민의식을 가졌기 때문이다.

서북학회는 기관지 ≪서우≫를 통해 서북 지역이 한민족의 기원인 단군과 문명을 전파한 기자조선이 있던 곳이라는 것을 강조하면서 이 지역민들이 한민족의 중심이라고 주장했다.[51] 그러므로 근대 문명의 전초기지이며 한민족의 발상지인 서북 지역에 살고 있는 지역민들이 한민족의 미래를 책임져야 한다는 사명감을 강조하기 시작했다.

이러한 지역사는 1908년 이후부터 민족사로 외연을 확장하기 시작했다. 이러한 관계에 대해 앙드레 슈미드(Andre Schmid)는 그의 책 『제국 그 사이

48 유영렬, 『애국계몽운동. I』, 61쪽.

49 이송희, 『대한제국기의 애국계몽운동과 사상』(국학자료원, 2011), 160쪽.

50 같은 책, 179~183쪽. 이 책에는 함경북도에 설치된 서북학회 지회의 수가 5개로 되어 있는데, 여기에 포함된 개성군 지회는 황해도에 포함해야 한다. 이를 수정하면 황해도 6개, 함경북도 4개가 된다.

51 조형래, 「학회(學會), 유토피아의 미니어처」, ≪한국문학연구≫, 31집(동국대학교 한국문학연구소, 2006), 79쪽.

의 한국: 1895~1919』에서 처음으로 분석한 바 있다. 그는 신채호가 1908년 ≪대한매일신보≫에 연재한 "독사신론"에서 그러한 관계를 포착했다. 슈미드는 신채호에 의해 단군과 민족이 결합함으로써 역사와 민족이 하나가 되었다고 주장했다. 즉, 슈미드의 주장대로 서북 지역에서 지역 연대감을 강조하기 위해 주장했던 단군 중심의 지역사는 신채호의 근대 역사관과 결합함으로써 비로소 민족의 역사가 되었다고 할 수 있다.[52] 이로써 서북 지역민들은 한민족의 주류로 부상하기 시작했고 단군 신앙과 동일시된 기독교 신앙은 이 지역민들에게 한민족을 구원해야 하는 강한 책임감과 선민의식을 가지게 해주었다고 할 수 있다. 기독교로 대표되는 문명개화의 전초기지, 한민족의 발원지로서 서북 지역은 비로소 민족을 대표하는 위치로 격상된 것이다. 황제는 이제 더는 대적할 대상이 아니고, 조선의 왕에서 황제로 이어지는 왕실 중심의 역사는 이제 더는 설 자리가 없었다. 그 대신에 '혼'을 간직한 민족이 들어섰다.[53] 그리고 그 중심에 서북 지역이 있었다. 이광수의 주장대로 평양은 "민족국가, 민족정신, 민족문화의 발생지"[54]이자 미래 민족국가를 책임질 핵심지가 되었다. 이로써 서북 지역민들은 스스로 민족의 핵심 주체로서 자리매김했다.

서북학회에서는 일부 회원의 주도로 일제 통감 이토 히로부미(伊藤博文)와 교섭해 안창호 내각 설립 운동을 벌이기도 했다. 그러나 안창호는 신민회와 청년학우회만으로는 혁신 정치를 할 수 없다고 판단해 이를 반대했다. 안창호는 그 대신 망명을 택하고 일제의 통치력이 미치지 않는 서북 간도에 독립군 기지를 건설해 일제와 대항하고자 했다.[55] 이러한 안창호의 실천에서

52 앙드레 슈미드, 『제국 그 사이의 한국: 1895~1919』, 정여울 옮김(휴머니스트, 2007), 420~434쪽.

53 같은 책, 440쪽.

54 안병욱 외, 『안창호 평전』(청포도, 2004), 244쪽.

볼 수 있듯이 이 지역민들의 도전 상대는 황제가 아니라 제국 일본이었다. 이제 서북 지역 기독교인들은 통감부를 통해 일본 상인들의 조선 상륙과 상권 확대를 최대한 지원하는 제국 일본과 경쟁해 자신들의 상권을 지켜야 했다. 그것은 민족의 연대와 협력을 강조함으로써 가능한 것이었다.

4. 제국과의 경쟁

1910년 한일 강제 병합 직후 초대 총독 데라우치 마사타케(寺內正毅)는 총독부 과장 이상의 관리에 대한 훈시에서 근대 문명화를 위해 병합이 불가피했다고 주장했다. 암흑의 땅인 조선을 문명화의 세계로 이끄는 데 보호 제도만으로는 충분하지 않아 병합을 할 수밖에 없었다는 논리였다. 그러나 한국인들 사이에는 근대화를 지상의 최고 가치로 생각하는 폭넓은 여론이 형성되어 있지 않았다.[56] 1910년대 중반까지 의병 전쟁이 지속적으로 전개되었다는 사실을 보더라도 근대 문명보다는 반일 감정이 여전히 강했다는 것을 알 수 있다. 일제는 그들이 내세운 근대 문명에 저항하는 한국인들을 물리력으로 강하게 억눌렀다.

반면 안창호를 중심으로 한 서북 지역 기독교인들은 1910년 한일 강제 병합을 근대 시민사회를 방해하는 황제권의 몰락으로 보아 민주주의를 발흥시킬 기회로 생각했다.[57] 그리고 이를 주도할 수 있는 세력은 자신들이라고 여

55 같은 책, 134~139쪽; 박찬승, 『한국근대 정치사상사 연구』(역사비평사, 1992), 54~55쪽.

56 김동명, 「일본제국주의와 식민지 조선의 근대적 참정제도」, ≪국제정치논총≫, 42집 3호(한국국제정치학회, 2002), 276~277쪽.

57 박용만 기초, 「대한인국민회 중앙총회 결성선포문」(1912년 11월 20일), 『재미한인오십년사』(재미한인회, 1959), 109쪽. "대한인국민회가 중앙 총회를 세우고 해외 한인을 대표하여

겼다. 이를 위해 해외에서 대한인국민회, 흥사단 등의 조직을 통해 자신들이 추구하는 바를 이루기 위한 활동을 전개했다. 이들은 1911년 105인 사건을 겪으면서 일본에 대한 서양의 압력이 매우 중요하다는 것을 알게 되었다. 국내에서 지지 세력을 만들기보다는 외교 관계에 노력을 기울이는 편이 더 낫다고 판단했다.

105인 사건으로 중국으로 망명한 신민회 회원들은 외교 관계로 독립의 기회를 얻기 위해 1918년에 조직된 신한청년당(혹은 신한청년단)의 결성과 활동에 적극적으로 참여했다.[58] 신한청년당은 중국 상하이의 한인 교회를 중심으로 활동했다. 제1차 세계대전 종전으로 세계정세가 변했기 때문에 이러한 상황을 최대한 이용하려 했던 것이다. 그래서 세계 여론에 호소하기 위해 1919년 삼일운동을 계획했다. 삼일운동의 민족 대표 33명 중 한 사람인 김창준의 글을 통해서도 이러한 사실이 잘 드러난다. 그는 삼일운동을 계획하게 된 계기를 다음과 같이 말했다.

> 1918년 11월 11일에 제1차 세계대전이 끝나자 미국 윌슨 대통령의 주장한 '민족자결주의'의 선언은 세계 모든 약소민족에게 있어 해방의 큰 희망을 주었다. 이러한 서광이 비치임에 따라 우후죽순 격으로 모든 피압박 민족의 궐기는 세계적 대세였다. 일본 제국의 속박 아래에서 신음하던 조선민족도 자유해방의 열기는 불기둥같이 일어났다.[59]

일할 계제에 임하였으니 형질상(形質上) 대한제국은 이미 망하였으나, 정신상 민주주의 국가는 바야흐로 발흥되며"라고 선언문에 기술되어 있다.

58 김희곤, 「신한청년당의 결성과 활동」, ≪한국민족운동사연구≫, 1집(한국독립운동사연구회, 1986), 153~155쪽.

59 김창준, 「1945년 2월 25일 기미운동 후 오늘까지의 경위」, 숭실대학교 한국기독교박물관 엮음, 『기독교 민족사회주의자 김창준 유고』(숭실대학교 한국기독교박물관, 2011), 98쪽.

그동안 독립을 준비하던 한국인들은 이와 같은 세계정세에 고무되었다. 그래서 삼일운동을 일으켜 만방에 한국의 독립을 주창하려 했던 것이다. 이 운동은 서북 지역에서 시작되었다. 1918년 신한청년당의 선우혁이 이 지역의 기독교 지도자인 이승훈을 찾아와 거사를 요청한 것이 그 시작이었다. 이승훈이 주도해 기독교 단독으로 준비하던 중 천도교에서 연합해 운동을 일으키자고 제안한 것이다. 여기에 불교계도 참여해 종교 지도자들 중심으로 거사를 준비했다. 그런데 준비 중에 특별한 사건이 생겼다. 그것은 고종의 갑작스러운 죽음이었다. 고종의 죽음은 국내외의 많은 한국인이 이 운동에 참가하게 하는 중요한 기폭제가 되었다. 삼일운동의 민족 대표로 참가한 기독교인뿐만 아니라 다른 많은 기독교인이 다른 지역의 운동을 주도했다.[60] 민족 대표 33명 중 16명이 기독교인이었으며, 이 중 10명이 서북 지역 출신이었다. 이승훈(평안북도 정주), 박희도(황해도 해주), 오화영(황해도 평산), 최성모(황해도 해주), 김창준(평안남도 강서), 양전백(평안북도 선천), 이명룡(평안북도 철산), 길선주(평안남도 안주), 유여대(평안북도 의주), 김병조(평안북도 정주) 등이었다.[61]

삼일운동은 강대한 한국인들의 힘을 보여주었다. 이를 본 서북 지역 기독교인들과 일제는 1910년대에 자신들이 추구하던 정책과 방향에 수정이 필요하다는 것을 각기 절감했다. 일제나 근대 시민사회를 구상했던 서북 지역의 기독교인들은 자신들의 내적 지지 기반을 확보하기 위해 새로운 전략을 구상해야 했다. 수많은 한국인을 자기편으로 끌어들이기 위해 서북 지역 기독교인들과 일제는 서로 경쟁하는 관계가 되었다.

---

60 한국기독교사연구회, 『한국 기독교의 역사. 2』(기독교문사, 1990), 33~35쪽.

61 문인현, 「삼일운동과 개신교 지도자 연구」, ≪사총≫, 20권(고려대학교 역사연구소, 1976), 73~106쪽.

일제는 1910년대에 자신들이 펼친 정책의 실패 원인을 지역사회에서의 적극적인 협력자 부족에서 찾았다. 1910년 한일 강제 병합 당시에는 중앙 정부에 자신들에게 협력하는 인물들이 있었지만, 그로부터 10년이 경과하는 동안 지역사회에서의 협력자를 창출해내지 못했다고 생각한 일제는, 1920년대부터 지역사회에서 힘을 가진 지방 유력자들을 포섭하기 시작했다.[62]

한편 삼일운동은 안창호 중심의 서북 지역 기독교인들에게 자신감을 주었다. 이 운동은 '대한제국'에서 '대한민국'으로 바뀐, 즉 '황제'가 아닌 '백성이 나라의 주인'이라는 의식으로의 일대 전환을 보여준 사건이었다.[63] 그리고 독립선언서를 비롯한 많은 선언서에서 연호를 '단기'로 사용함으로써,[64] 한민족은 단군의 자손, 같은 민족이라는 것을 선포하고 조선 신분제 사회와는 완전히 결별했다. 이에 자신감을 얻은 서북 지역 기독교인들은 각계각층과 연합해 중국 상하이에 공화정을 표방한 대한민국임시정부를 수립했다. 많은 서북 지역 기독교인이 임시정부 수립에 참여했다. 임시정부는 모든 한국인이 민족의 일원이 되었음을 선포하고 나라의 주권이 국민에게 있다는 것을 명시했다.

이렇게 수립된 국가 체제를 더욱 강화하기 위해 좀 더 많은 지지 기반이 필요했다. 그래서 국외를 비롯해 국내에 조직을 만드는 것이 중요하다고 판단했다. 상하이에 임시정부가 수립되자마자 서북 지역에서는 교회 내의 각 조직을 중심으로 임시정부를 후원·지지하는 단체를 만들었다. 그러나 얼마 지나지 않아 일제의 탄압으로 국내 지지 조직이 붕괴되는 등 지지 기반을 상

62 윤해동·황병주 엮음, 『식민지 공공성: 실체와 은유의 거리』(책과함께, 2010), 138~141쪽.

63 이만열, 「3·1운동과 기독교」, ≪한국기독교와 역사≫, 7호(한국기독교역사연구소, 1997), 9쪽.

64 이윤상, 『3·1운동의 배경과 독립선언』(독립기념관 한국독립운동사연구소, 2009), 161~252쪽.

실하면서 임시정부는 독립운동의 구심점 역할을 제대로 하지 못했다. 그러자 이를 대신해 서북 지역 기독교인들은 국내에서 민족운동을 전개하며 미래를 준비했다. 이를 위해 서북 지역 기독교인들은 물산장려운동, 절제 운동, 청년 운동, 농촌 운동 등을 전개하기 시작했다. 이들은 일제의 근대화 주장과는 달리 청교도 윤리로 무장한 철저한 도덕주의인 인격주의와 민족을 내세웠다. 많은 한국인을 자신들의 지지 기반으로 만들기 위해 인격주의를 주장함으로써 일제의 근대 문명화 주장보다 우위에 서려고 했다. 일본에 대해서는 신용이 없으며, 외교상으로도 권모술수가 난무하는, 회개해야 할 국가라고 보았다.[65] 그리고 자신들을 중심으로 한국인들이 청교도 윤리에 입각해 인격 수양에 힘쓴다면 언젠가는 자유를 얻을 것이라고 주장했다. 인격 수양이란 곧 금욕, 절제, 신용 등으로, 이를 체득한 개인만이 진정한 시민의 자격을 얻을 수 있다는 것이다. 이를 위해 생활 실천주의를 강력히 주장했다.[66]

그리고 자산가, 농민, 노동자 등을 비롯한 각계각층의 한국인을 일제에 뺏기지 않기 위해 공공의 이익을 중요하게 여겼다. 자산가들은 일제의 문화통치에 동요하고 있었다. 이를 간파한 서북 지역 기독교인들은 대공(大公)의 정신과 공적 사업을 강조했다.[67] 자산가와 더불어 농민, 노동자 등 각계각층의 한국인에게 민족의 이름으로 함께 단결하고 협력해야 한다고 주장했다. 실제로 많은 부를 축적한 이 지역 기독교인들은 지역사회를 위해 많은 재산을 기부했다. 기독교인들은 기부자의 이름을 딴 도서관과 기념관 등을 지어 정치·사회 운동을 위한 다양한 프로그램을 운영했다.[68]

---

65 주요한, 『도산 안창호 전서』(샘터사, 1979), 528, 533쪽.

66 산옹, "청년에게 호소함: 인격완성, 단결훈련에 대하야", ≪동광≫, 18호(동광사, 1931), 12~13쪽.

67 장규식, 『일제하 한국기독교민족주의연구』, 243쪽.

68 그 예로 백선행기념관, 김인정도서관을 들 수 있다("횡설수설", ≪동아일보≫, 1931년 12

1920년 이후에는 서북 지역에서 새로운 지도자로 조만식이 부상했다. 이후 안창호와 조만식은 이 지역 정치·사회 운동의 구심점이 되었다. 조만식은 1920년 조선물산장려회 발기인회 개최 시에 임시 회장으로 선출되면서 서북 지역의 지도자로 부상했다. 안창호와 조만식이 주도한 서북 지역 기독교인들의 정치적·사회적 활동은 1921년 평양 YMCA가 창립되면서 시작되었다. 서북 지역 기독교인 대부분이 평양 YMCA의 구성원이었다. 국내외와 서북 지역 전체를 주도한 인물은 안창호이며, 조만식은 국내에서만 그 역할을 담당했다.[69] 평양 YMCA를 구심점으로 한 서북 지역 기독교인들은 물산장려운동, 청년 운동, 절제 운동, 농촌 운동 등을 전개했다. 이들은 각계각층으로부터 지지를 얻기 위해 민족을 내세우며 협력과 연대를 주장했다.

물산장려운동은 조만식의 주도로 전개되었다. 조만식을 중심으로 1920년 평양물산장려회가 처음 발기되었으나, 총독부의 방해와 일본인 상인의 방해로 무산되었다. 그 후 1922년에 다시 공식적으로 발족하고 활동을 전개했다. 평양물산장려회는 그 취지서에서 물산장려운동에 대해 민족경제 자립을 목표로 한 민간 차원의 보호무역 운동으로 규정했다. 만일 자신들이 지향했던 국민국가가 건설되었다면 서양에서와 같은 법령이나 정책을 통해 보호무역주의를 실시할 수 있었겠지만, 지금은 그렇지 못하니 공덕심과 공익심에 의지하는 수밖에 없다고 주장했다. 같은 민족이기 때문에 이러한 운동에 적극적으로 동참해야 한다는 의미였다. 1921년 한국인 사회단체 총 2989개 가운데 41%가 넘는 1236개가 서북 지역에 집중되어 있었다. 물산장려운동은 이러한 지역의 현실적 조건을 기반으로 두고 있었다.[70]

월 6일 자).

69 장규식, 『일제하 한국기독교민족주의연구』, 140~141쪽.

70 같은 책, 258~282쪽.

평양물산장려회는 평양 YMCA 회관에 간판을 내걸었으나 가시적인 활동은 거의 하지 않았다. 단지 매년 정월 초하루(설날)에 시가행진을 하며 물산장려를 선전하고 강연회를 개최하는 정도였다. 평양물산장려회는 자체적인 생산조합이나 소비조합과 같은 실행 기관을 두지 않았다. 서북 지역민들을 대상으로 교회의 각종 모임, 상공업자, 일반 사회단체를 자신들이 원하는 방향으로 이끌어내는 연대의 구심점으로서의 역할만 했다. 이러한 활동 노선 때문에 서북 지역의 상공업계·여성계에서는 스스로 이 운동의 전개에 앞장을 섰다.[71]

이 운동은 일정 정도 성공을 거두었다. 평양의 양말 공업과 고무 공업은 물산장려운동 기간에 지역 경제에서 확실한 우위를 차지했던 것이다. 일본인 자본에 비해 정책적 지원이나 자본 규모 면에서는 열세였지만, 이 운동이 본격화되는 동안 기계 자동화를 통해 공장공업 단계로 진입했다. 이 지역의 양말 공업과 고무 공업의 경영자 대부분이 기독교인이었다.[72] 이 지역 상공인층은 교회의 인맥을 중심으로 자신들의 자본을 축적해나갔다. 평양물산장려회는 1930년대에 들어서면서 금주단연동맹[73]과 함께 생활 개선, 절제 운동에 앞장섰다.

청년 운동은 기독청년면려회를 통해 전개되었다. 이 단체는 삼일운동 직후 선교사 윌리스 앤더슨(Wallace J. Anderson; 안대선)이 경상북도 안동장로

---

71 같은 책, 263~265쪽.

72 같은 책, 266~268쪽. 양말 공업에서는 이진순의 공신양말, 손창윤의 삼공양말, 방윤의 대원양말, 오경숙의 대성사직조소, 박태홍의 세창양말, 이창연의 대동양말, 이용석의 영신양말, 박인관의 신성양말 등을 들 수 있으며, 고무공업에서는 정창고무, 대동고무, 평안고무, 서경고무 등을 들 수 있다.

73 같은 책, 274~275쪽. 금주단연동맹은 1927년 3월 평양 YMCA 임원 김봉준 등 북감리회 남산현교회 청년을 중심으로 창립되었다. 이 단체에서는 ≪절제생활≫이라는 기관 잡지도 발행하면서 운동을 전개했다. 공동 저축 운동과 함께 1930년부터 가두선전에 나섰다.

교회에서 처음으로 조직했다. 그 후 1921년 장로회 총회에서 각 교회의 면려청년회 설립을 결정했다. 1924년에는 기독청년면려회 조선연합회가 창립되었다. 이 조직은 계속 확대되어 1934년에는 1067개 지회와 26개 지방 연합회를 갖추고 회원 수는 3만 1394명에 달하는 기독교 최대의 청년 단체가 되었다. 1928년에 이대위가 회장으로 선출된 뒤 이 단체의 주도권은 수양동우회가 장악했다. 수양동우회는 1926년 안창호가 조직한 민족주의 단체다. 기관지 ≪진생≫, ≪면려회보≫의 필진으로 수양동우회 인물 다수가 참여하면서 자신들이 지향하는 바를 지면을 통해 선전했다. 또한 기독청년면려회 중심으로 절제 운동, 물산장려운동, 농촌 운동 등을 전개했다. 1937년 수양동우회 사건의 발단도 기독청년면려회의 활동에서 비롯되었다.[74]

농촌 운동은 1928년 장로회 총회에 농촌부가 신설되면서 시작되었다. 농촌부장에 선임된 수양동우회 회원 정인과가 이 운동을 주도했다. 정인과는 농촌 운동의 기반을 마련했으며, 1933년부터는 기독교농촌연구회에서 이 운동을 주도했다. 이 연구회는 1926년 말 평양 YMCA의 총무로 있던 조만식의 집에서 지속적으로 모임을 가지다가 1929년 6월 정식으로 출범했는데, 주로 농촌 교회를 단위로 활동을 벌였다.[75] 1930년대에 들어서면 이 운동은 일제의 농촌 진흥 운동, 사회주의자들의 혁명 농민조합 운동과 함께 전개되었다. 사회주의자들은 혁명 농민조합 운동을 하면서, 소련을 자본가와 노동자가 없어지고 만민이 평등한 사회를 실현한 국가라고 한국인들에게 선전했다.[76] 이에 대항해 기독교인들은 덴마크를 예로 들었다. 1920년대 중반 이후 공산주의자들이 반기독교운동을 전개하자 한국 기독교인들은 이에 대항해 농촌

74 같은 책, 149~150쪽.

75 한규무, 『일제하 한국기독교 농촌운동: 1925~1937』(한국기독교역사연구소, 1997), 71~81쪽 참조.

76 「나순조이외 판결문」, 대구복심법원, 1934년 3월 10일.

운동을 전개하면서 덴마크를 소개하기 시작했다. 1920년대 후반 다시 반기독교 운동이 전개되자 기독교계에서는 한국 기독교의 연합 조직인 조선예수교연합공의회를 중심으로 전국적인 규모로 농촌 운동을 전개했다. 이때 많은 기독교인은 가장 이상적인 기독교 국가로 덴마크를 예로 들었다. 이미 조선예수교연합공의회에서는 정인과를 비롯한 대표단을 덴마크에 파견해 시찰을 마친 상태였다. 대표단들은 덴마크를 다녀온 후 이에 대해 보고를 하고 덴마크처럼 한국도 분명히 독립해서 번영된 민족국가를 수립할 수 있다고 주장했다. 당시 한국 기독교인들이 이상적인 국가로서 덴마크를 내세운 이유에 대해서는 다음과 같은 일화를 통해 잘 엿볼 수 있다.[77] 한국에 와 있던 캐나다 선교사 아서 번스(Arthur C. Bunce)가 1934년 농민강습회에서 설교를 했는데, 이때 참석한 청년들이 "세계에서 가장 좋은 종교는 무엇이냐"라고 묻자 "인간과 사회제도를 개조할 수 있는 종교가 제일 좋은 종교이며, 만약 공산주의가 기독교보다 이 점에 더 잘할 수만 있다면 기독교는 물러나야 한다"라고 하면서 기독교를 통해 충분히 이상적인 인간 공동체를 만들어낼 수 있는데 그 증거로서 "나는 덴마크의 경우를 들 수 있다"라고 말했다.[78] 한국 기독교인들은 덴마크가 지상낙원이 된 것은 민족의 혼이 살아났기 때문이라고 주장했다.[79] 이처럼 당시 기독교인들은 농촌에서 사회주의자들과 일제에 농민을 빼앗기지 않기 위해 민족정신을 강조하면서 농민 운동을 전개했다.

서북 지역 기독교인들의 정치·사회 운동은 철저한 청교도 윤리에 입각해 시민사회를 지향한 운동이었다. 물산장려운동, 절제 운동에 앞장섰던 조만식은 자본주의 소비문화의 무분별한 확산은 파멸밖에 없다고 주장했다.[80] 서

---

77 한규무, 『일제하 한국기독교 농촌운동』, 49~55쪽.

78 전택부, 『한국에큐메니칼운동사』(한국기독교교회협의회, 1979), 138~139쪽.

79 김활란, 『정말(丁抹)인의 경제부흥론』(조선기독교청년연합회, 1931), 8쪽.

80 장규식, 『일제하 한국기독교민족주의연구』, 288쪽.

북 지역 기독교인들은 교회를 중심으로 인적 네트워크를 형성하고 각종 사회단체를 조직해 민족의 이름으로 자신들이 지향하는 바를 실천해나갔다. 이는 자발성에 기초한 것이었다.

조만식의 주도로 전개된 물산장려운동에서도 그들은 단지 운동의 고리 역할 정도에 만족했다. 각종 상공인 단체, 사회단체에서 자발적으로 이 운동을 전개해나갈 수 있도록 토대를 만들어주었을 뿐이다. 이러한 운동은 시민사회의 기본 토대인 자발적 여론 형성에 기초한 것이었다. 안창호가 누차 강조한 것은 공론 형성이었다. 인격을 수양한 시민들의 공론 형성이 민권 시대의 상징, 공화정치, 민주정치의 핵심임을 강조했고, 공론 형성은 연설과 토론을 통해 만들어가는 것이라고 보았다. 이러한 그의 주장은 19세기 말 전개된 독립협회 운동 당시부터 체득한 것이었다. 독립협회에서 가장 중요시한 것이 공론 형성이었다. 토론과 연설은 각 교회, 학교, 각종 사회단체 등에서 훈련되어온 것이었다. 안창호는 인격을 지닌 한 개인이 다른 개인이나 어떤 단체에 절대로 맹종해서는 안 되며, 자신들이 주체적으로 성찰해 내린 결론을 주장해야 한다고 했다. 이렇듯 각 시민이 모여 토론과 연설을 통해 공론을 형성할 수 있는 사회가 자신들이 진정으로 지향하는 것이라고 보았다.[81]

서북 지역 기독교인들의 지속적인 정치·사회 운동에 대해 일제 당국은 언제든 기회만 되면 탄압하려고 했다. 일제 말기 총전시체제가 되면서 일제는 한국 기독교인들이 조직한 민족주의 단체를 해산하고, 이에 가담한 많은 기독교인을 체포했다. 특히 1937년에 안창호가 만든 수양동우회를 탄압함으로써 합법적인 한국인의 정치·사회 단체는 국내에서 더는 존재할 수 없게 했다. 이어 일제는 그동안 민족운동의 토대이자 인적 관계망의 거점이던 교회와 기독교 학교에 신사 참배를 강요함으로써 서북 지역에서 전개된 모든

81 같은 책, 245~246쪽.

민족적 정치·사회 운동의 기본 토대를 붕괴시키고자 했다. 이러한 정책에는 한국 기독교인들과 일반 대중을 분리함과 동시에 미국과의 관계도 단절시키고자 하는 의도가 숨어 있었던 것이다.[82] 이 지역의 기독교인들은 이러한 일제의 정책에 어떻게 대응해야 할지 커다란 고민에 휩싸일 수밖에 없었다. 신사 참배를 찬성할 경우 이러한 기본 토대는 유지할 수 있겠지만 민족의 연대와 협력을 강조할 수 없는 상황이었으며, 신사 참배를 반대할 경우에는 기본 토대가 완전히 붕괴될 수 있기 때문이다. 일부 기독교인은 신사 참배를 지지함으로써 교회와 학교를 유지하고자 했지만, 많은 한국 기독교인은 신사 참배를 반대함으로써 민족의 협력과 연대를 선택했다. 이에 200여 교회가 폐쇄되었고 2000여 신자가 투옥되었으며, 50여 명의 교직자가 순교했다.[83]

일제의 강요로 일제 말기에 부일 협력을 한 기독교 민족주의자들도 있었지만 적지 않은 기독교인이 순교하고 박해를 견디며 일제의 종교 정책에 저항했기 때문에, 광복이 되자 서북 지역의 기독교인들은 자유민주주의 체제에 기초한 국가 건설을 위해 각 지역에서 펼쳐진 자치적 시민운동을 주도할 수 있었다. 따라서 19세기 말부터 시작된 이들의 정치·사회 운동은 광복 이후 서북 지역의 자치적 시민 활동의 핵심적 토대가 되었다.

5. 광복과 월남

광복을 맞이한 많은 기독교인은 신사를 소각함으로써 일제의 정책에 얼마나 분노했는지를 보여주었다. 신사 소각은 서북 지역에서 가장 활발하게 전개

---

82 김상태, 「평안도 기독교 세력과 친미엘리트의 형성」, 192쪽.

83 김양선, 『한국기독교해방십년사』(대한예수교장로회 총회종교교육부, 1956), 43쪽.

되었다. 8월 15일 평양을 시작으로 8월 23일까지 소각된 신사의 수가 전국적으로 136개에 이르렀다.[84] 그리고 해방이 되면서 기독교 지도자들은 신속하게 교회를 복구하기 시작했고, 일제의 신사 참배 강요 정책으로 교회를 떠났던 많은 기독교인이 교회로 돌아왔다. 이로 말미암아 기독교의 신자 수가 급증했다.

이러한 기독교의 기반을 토대로 각 지역에서는 기독교 지도자들을 중심으로 자치 기구가 만들어졌다. 특히 서북 지역에서는 이러한 활동을 주도하던 인물 대다수가 유력한 기독교 지도자였다. 평양에서는 조만식에 의한 평남건국준비위원회, 평안북도에서는 장로 이유필에 의한 평북자치위원회, 황해도에서는 목사 김응순에 의한 황해도건국준비위원회 등이 조직되었다.[85]

기독교인들을 중심으로 시민 자치 기구가 조직·운영되는 가운데 소련군이 평양에 입성했으며, 이어 김일성이 따라 들어왔다. 소련군 사령부는 조만식이 주도하던 건국준비위원회를 해체시키고, 공산주의자와 비공산주의자가 반반씩 참가하는 인민정치위원회를 구성했다. 인민(정치)위원회는 다른 지역에서도 계속 조직되었다.[86] 소련군 사령부는 1945년 10월 8일에서 9일까지 '북조선 5도 인민위원회 대표자협의회'를 소집하고, 연락 기구로 5도행정위원회를 조직했다. 위원장은 조만식으로 선정되었다.[87] 이 협의회에 참석한 공산주의자들은 소련군 사령부의 지원 아래 10월 10일 '조선공산당 서북

84 김성보, 『북한의 역사. 1, 건국과 인민민주주의의 경험 1945~1960』(역사비평사, 2011), 20쪽; 김성식, 『한국현대사. 5』(신구문화사, 1969), 519~520쪽.

85 한국기독교역사연구소 북한교회사집필위원회, 『북한교회사』(한국기독교역사연구소, 1996), 384쪽.

86 로버트 스칼라피노·이정식, 『한국공산주의운동사』, 한홍구 옮김(돌베개, 2015), 491~493쪽.

87 박병엽 구술, 유영구·정창현 엮음, 『조선민주주의인민공화국의 탄생: 전 노동당 고위간부가 겪은 건국 비화』(선인, 2010), 77쪽.

5도당 책임자 및 열성자 대회'를 개최하고, 10월 13일 '조선공산당 북조선 분국'을 조직했다.[88] 김일성이 등장한 것은 10월 14일 '평양시 군중대회'를 통해서였다. 소련군 사령부는 김일성을 훌륭한 인물로 소개했다.[89] 이어 11월에는 조만식을 수반으로 한 북조선5도행정국을 발족했다.[90] 소련군 사령부는 조만식을 정치 지도자로 인정하기는 했으나, 자신들의 의도대로 북한 정권을 만들어가고 있었다.

소련군 사령부는 이러한 정책의 전개 과정에서 기독교인을 정치에서 점차 배제하고 있었다. 이러한 정치적 배제에 집단적으로 가장 먼저 반기를 든 곳은 평안도였다. 평안도에서는 소련군 사령부와 공산주의자들에게 맞서기 위해 기독교 정당을 조직하기 시작했다. 1945년 9월 초 평안북도 신의주에서는 미국에서 유학한 목사 윤하영과 한경직이 기독교사회민주당(이후 사회민주당)을 조직했다. 이어 11월 3일에는 평양에서 조만식을 중심으로 조선민주당이 조직되었다. 이와 비슷한 시기인 11월 초 장로교 목사들인 김화식, 이유택, 김관주, 황봉찬, 우경천 등이 기독교자유당 결성을 논의했다. 기독교자유당은 1947년에 다시 결성하려 했으나, 북한 정권에 발각당해 더는 진전이 없었다.[91]

기독교인들은 점차 공산주의자들과 물리적으로 충돌하게 되었다. 1945년 11월 평안북도 용암포에서 집단적인 첫 충돌이 일어났고, 이는 신의주 학생 시위 사건으로 확대되었다. 조선공산당 북조선 분국에서는 진상을 알아보기 위해 김일성을 급파해 사건의 중심에 사회민주당이 있다는 사실을 밝혀내고 간부들을 체포하기 시작했다.[92] 이러한 상황에서 평안북도 6노회 교역자 퇴

88 서동만, 『북조선사회주의 체제성립사: 1945~1961』(선인, 2005), 65~68쪽.

89 박병엽 구술, 유영구 · 정창현 엮음, 『조선민주주의인민공화국의 탄생』, 68쪽.

90 같은 책, 77쪽.

91 한국기독교역사연구소 북한교회사집필위원회, 『북한교회사』, 384~393쪽.

수회는 소련군과 공산주의자들에게 맞서기 위해 북한 지역의 모든 노회를 망라해 이북5도연합노회를 조직했다.[93]

신의주 학생 시위 사건이 일어나기 전에 한경직과 윤하영은 검거를 피해 10월에 월남함으로써 기독교인들의 탈출이 시작되었다.[94] 신의주 학생 시위 사건에 이어 1945년 12월 모스크바삼상회의에서 즉각 독립이 아니라 신탁 결정이 내려지자 조만식을 중심으로 기독교인들은 이에 대해 강력하게 반대했다. 1946년 1월 조만식은 체포되어 연금되었고, 김일성과 밀접하게 연결되어 있던 최용건이 조선민주당의 당수가 되었다. 최용건을 비롯한 공산주의자들은 조만식을 이승만, 김구와 함께 조선 민족의 반역자로 몰았다. 조만식에 대해서는 그의 아들이 자진해 지원병 지원서를 쓴 데 대해 그가 매우 기뻐하며 자랑스럽게 생각했으며, 1943년 ≪매일신보≫에 "학도에게 바란다"라는 기사를 실은 것을 내세워 친일 반역자라고 혹평하면서 반동분자로 규정했다.[95] 이에 따라 기독교인들의 저항이 계속되었다.

소련군 사령부와 김일성은 1946년 3월 토지개혁을 단행함으로써 단 한 달 만에 지주제를 완전히 해체했다.[96] 이로써 기독교인들은 경제적 기반을 완전히 상실했다. 소련군 사령부와 김일성에 반대하던 대부분의 기독교인은 체포 혹은 행방불명되거나 검거를 피해 월남했다.

---

92 김일성, 「북부조선당 공작의 착오와 결점에 대하야: 조공북조선분국(朝共北朝鮮分局) 중앙 제3차 확대집행위원회에서 보고」, 국사편찬위원회 엮음, 『북한관계사료집』(국사편찬위원회, 1982), 5쪽.

93 한국기독교역사연구소 북한교회사집필위원회, 『북한교회사』, 355~356쪽.

94 김병희 편저, 『한경직목사』(규장문화사, 1982), 46~47쪽.

95 최용건, 「가(假)애국자, 민족반역자 조만식의 정체를 보라」, 『팟쇼 반민주분자의 정체』, 러시아 사회주의정당사문서보관소, 폰드 No. 495, 오삐시 No. 135, 델로 No. 211.

96 김성보, 『남북한 경제구조의 기원과 전개』(역사비평사, 2000), 127, 151~168쪽.

6. 맺음말

이 장에서는 한반도 서북 지역의 역사적 정체성과 함께 1945년 광복 이후 이 지역민들이 남한에서 결집하는 과정에 대해 살펴보았다.

한반도의 서북 지역은 단군과 기자의 땅으로서 오랫동안 한민족의 발상지와 문명화의 전초기지로 인식되어왔음에도 오랫동안 정치적·사회적으로 소외되어 있었다. 이러한 역사적 특수성으로 말미암아 신흥 상공인층이 일찍부터 출현했고, 이 때문에 다른 지역보다 기독교 사상에 큰 영향을 받았다. 이 지역 사람들은 기독교와 이를 통한 문명개화사상을 선점함으로써 19세기 말 이후 한반도의 주류 세력으로 성장했는데, 이를 선도한 지역이 평안도다.

그들은 자신들의 생존권과 재산권을 위협하는 조선의 신분제를 거부하고 권리를 보장받을 수 있는 새로운 근대 국민국가를 건설하기 위해 정치·사회 활동에 나섰는데, 그 첫 활동의 무대가 독립협회였다. 이후 황제가 독립협회를 해산한 뒤 1905년 을사늑약으로 황제권이 약화되자 애국 계몽운동을 전국적으로 주도하면서 활동을 전개해갔다. 1908년 신채호의 "독사신론"을 통해 서북 지역민들은 지역사를 민족사로 외연을 확장해 조선 왕실의 역사를 완전히 부정할 수 있는 사상적 토대를 갖추게 되었다. 즉, 군주가 아닌 서북 지역민들이 역사의 주체로 떠오른 것이다. 기독교를 선점한 서북 지역민들은 자신의 지역이 서양 근대 문명의 전초기지이자 한민족의 발상지라는 역사적 정체성을 확립하는 과정에서 민족의 선도자라는 선민의식을 가지게 되었다.

황제가 권력을 완전히 상실하고 일제가 그 자리를 차지하자, 서북 지역의 사람들은 일제와의 경쟁에 돌입했다. 황제가 자신들의 생명권과 재산권을 위협하자 황제권에 도전했던 그들이, 한일 강제 병합으로 자신들의 권리를 위협받자 일제와의 전쟁을 선포한 것이다. 서북 지역의 기독교인들은 1910

년대에 외교를 통해 일제를 압박하려고 했다. 그러나 1919년 삼일운동을 통해 엄청난 힘을 발휘하는 한국인의 모습을 보면서 전략을 수정했다. 삼일운동은 공화정을 표방한 대한민국임시정부의 수립으로 이어졌다. 서북 지역 기독교인들은 삼일운동을 보며 자신감을 얻었고, 수많은 한국인을 자신들의 지지 세력으로 끌어들이는 것이 더욱 중요하다고 생각했다. 일제도 마찬가지였다. 자신들의 식민 정책에 수많은 한국인이 동의해야만 통치가 가능하다는 것을 자각한 것이다.

1920년대 이후 서북 지역의 기독교인들과 일제는 수많은 한국인을 자기 편으로 끌어들이고자 경쟁 관계에 돌입했다. 서북 지역의 기독교인들은 이를 위해 인격주의와 민족을 내세워 일제의 정책에 반대하면서 수많은 한국인을 포섭해나갔다. 각 개인이 스스로 깨달아야만 그 지지가 영원할 수 있다고 생각한 서북 지역의 기독교인들은, 자발적인 공론 형성을 가장 중시했다.

그들은 자산가층, 농민층 등 각계각층을 자신들의 기반으로 삼기 위해 물산장려운동, 절제 운동, 청년 운동, 농민 운동을 전개했다. 1930년에 들어서면서 서북 지역 기독교인들은 농촌이라는 공간을 두고 일제 및 사회주의자들과 경쟁을 벌였다. 사회주의자들은 자신들의 사업이 이미 소련에서 모두 이루어졌기 때문에 한국에서도 반드시 달성할 수 있다고 농민들을 설득했다. 이에 대해 기독교인들은 민족의 혼을 가진 덴마크를 예로 들면서 민족정신을 강조했다. 즉, 각계각층이 민족정신으로 근대화에 매진한다면 반드시 독립을 이룰 수 있을 것이라고 농민들을 설득한 것이다.

서북 지역민들의 정치·사회 활동을 주도하던 수양동우회가 1937년 일제의 탄압으로 더는 활동을 할 수 없게 되자, 기독교인들의 활동은 주춤할 수밖에 없었다. 일제는 신사 참배를 강요해 서북 지역민을 분열시키기 시작했다. 이러한 과정에서 서북 지역의 일부 기독교 지도자가 부일 협력 활동을 하기도 했지만, 많은 기독교인이 신사 참배를 거부한 덕에, 광복 후 서북 지역의 기독교인들은 자유민주주의 체제에 기초한 국가를 건설하기 위해 각 지역에서 펼쳐진 자치적 시민운동을 주도할 수 있었다. 또한 19세기 말부터 진행해온 이들의 정치·사회 활동은 서북 지역에서 전개된 자치적 시민 활동의 핵심적 토대가 되었다.

그러나 광복 이후 국내로 들어온 소군정과 김일성 연합 정권의 탄압을 받게 된 서북 지역의 기독교인들은 월남을 감행해야 했다. 서북 지역의 기독교 지도자 대부분이 공산당에 체포·구속되거나 죽임을 당했는데, 이러한 상황 속에 월남한 서북 지역 기독교인들은 피난민 교회, 특히 한경직의 영락교회를 거점으로 삼아 월남한 목사를 중심으로 강한 연대를 구축하기 시작했다.

제 2 장

한국전쟁 구호물자와 선교 자금 그리고 세력화

1. 머리말

제1장에서 살펴본 바와 같이 1945년 광복을 맞이하자마자 북한 기독교 지도자들은 교회를 신속하게 복구하고 이를 기반으로 각 지역에서 자치 기구를 조직했다. 그러나 소련군과 김일성이 평양으로 들어오면서 기독교인들은 점차 정치에서 배제되기 시작했다. 이는 결국 물리적인 충돌에까지 이르렀다. 첫 충돌의 중심에는 한경직과 윤하영이 조직한 기독교사회민주당이 있었다. 소련군 사령부는 '계엄령'을 선포하고 기독교사회민주당 간부를 체포하기 시작했다.

한경직과 윤하영은 이 사건이 발생하기 전에 월남했다. 기독교 지도자로서는 가장 먼저 북한을 탈출했다. 월남 후 윤하영은 미 군정청 공보부 여론조사과장으로 일을 했으므로, 기독교 지도자인 한경직이 베다니 전도교회(이후 영락교회)를 설립하자, 월남한 서북 지역 기독교인들은 한경직을 중심으로 자연스럽게 결집했다.

월남한 이들이 남한에서 다시 모이고 선교사들이 다시 입국하면서 장로회 총회의 주도권을 둘러싼 경쟁이 가열되었다. 그들은 자신들의 세력을 확대하고자 남한에서 장로회 총회의 주도권을 가장 먼저 확보하기 위해 주력했고, 한국전쟁을 거치면서 장로회 총회의 주도권을 장악했다. 이는 선교사와의 밀접한 관계를 통해 구호물자와 선교 자금을 독점했기 때문에 가능했다. 이렇게 되자 이들과 경쟁을 벌였던 신사 참배 거부자(이하 출옥성도)들과 조선신학원 그룹은 장로회 총회에서 분리되어 각각 고신파와 대한기독교장로회(이하 기독교장로회)라는 별도의 교단을 만들었다.

지금까지 학계에서는 장로회 총회의 이러한 주도권 경쟁의 배경으로 친일 청산 문제, 신학상 견해 차이, 교단 내 주도권 투쟁, 선교사와의 관계, 진보와 보수, 장로교만의 특수한 교회 조직, 세속화 문제 등을 거론해왔다.[1] 이와 함께 고려해야 할 점이 한국전쟁기라는 특수한 상황이다. 즉, 한국전쟁기에 들어온 많은 구호물자와 선교 자금을 선교사들이 관리했다. 한국 교회에서는 이러한 구호물자와 선교 자금을 둘러싸고 많은 갈등을 빚었다. 강원용에 의하면 교회의 주도권 경쟁에는 선교사가 개입되어 있었으며, 한국전쟁 구호물자와 관련이 있었다고 한다. 당시 교역자들은 전쟁으로 파손된 교회를 복구하기 위해 구호물자와 선교 자금을 직접적으로 관리하던 선교사들의 도움이 절대적으로 필요한 상황이었기 때문에 그들에게 의존할 수밖에 없었다.[2] 기독교세계봉사회(Church World Service: CWS) 한국 지부장이던 핼럼 쇼

---

1 노치준, 「해방 후 한국 장로교회 분열의 사회사적 연구: 세속화와의 관련을 중심으로」, 『해방 후 한국의 사회변동』(문학과 지성사, 1986), 11~48쪽; 양낙홍, 「1951년 한국 장로교 분열의 진상」, ≪한국교회사학회지≫, 20집(한국교회사학회 출판부, 2007), 157~195쪽; 이상규, 「1950년대 한국장로교회 분열과 연합에 대한 검토」, ≪장로교회와 신학≫, 3호(한국장로교신학회, 2006), 47~86쪽; 허명섭, 『해방 이후 한국교회의 재형성』(서울신학대학교출판부, 2009), 216~240쪽.

록(Hallem C. Shorrock)도 구호물자가 한국 교회의 주도권 경쟁을 불러온 요인 중 하나였음을 지적했다.[3] 그러므로 앞에서 언급한 바와 같이 장로교 주도권 경쟁의 배경을 살피기 위해 추가로 고려해야 할 부분이 한국전쟁 시기의 구호물자와 선교 자금이라고 할 수 있다.

따라서 이 장에서는 기독교사회민주당을 조직했던 한경직을 대표로 하는 월남한 기독교인들이, 남한에서의 격심한 교권 투쟁에서 한국전쟁을 계기로 구호물자와 선교 자금을 어떻게 확보해 주도권을 장악해갔는지 살펴볼 것이다. 이를 위해 먼저 분열의 전반적 상황에 대한 이해를 돕고자 교회 분열의 전개 과정과 한국전쟁 당시 한국 교회를 가장 많이 지원한 CWS의 구호 사업, 마지막으로 북장로교 선교사와 선교 자금, 북장로교 선교사와 월남한 서북 출신 기독교인들의 관계 등을 밝혀볼 것이다.

2. 한국전쟁과 기독교계의 분열

광복 직후 장로교의 첫 주도권 경쟁은 출옥성도 그룹과 조선신학원 그룹에 의해 시작되었다. 1946년 많은 출옥성도가 월남해 경상남도 지역의 신사 참배 반대 운동을 주도했던 인물들과 합세하면서 갈등이 증폭되었다. 출옥성도를 대표하는 평양 산정현교회의 목사 한상동은 월남한 후 봉천신학교 출신의 박윤선, 주남선 등과 부산에서 고려신학교를 설립했다. 이 신학교는 이

---

2 강원용, 『역사의 언덕에서: 젊은이에게 들려주는 나의 현대사 체험. 2, 전쟁의 땅 혁명의 땅』(한길사, 2003), 155쪽.

3 Hallem C. Shorrock Jr., *Report of Korea Church World Service Programs during 1960 and Plans for 1961*(KCWS, 1961) p. 59. 최원규, 「외국민간원조단체의 활동과 한국사회사업 발전에 미친 영향」(서울대학교 대학원 박사학위논문, 1996), 83쪽 재인용.

른바 '정통 신학'을 고수하기 위해 설립되었다. 이들은 '정통 신학'을 고수하거나 신사 참배 반대를 했던 인물 외에는 그 누구도 인정하지 않았다. 고신파의 대표자인 엄주신이 1954년 37회 총회에서 한 고별사를 계기로 이 그룹은 기존의 장로교로부터 완전히 분립했다. 이후 이들은 1956년 경남, 부산, 진주, 경상, 전라, 경기 등 6개 노회(老會)로 총회를 구성했다.[4]

1954년 조선신학원 그룹도 기존의 장로교 그룹에서 밀려난 뒤 대한기독교장로회를 만들었다. 이 그룹은 1930년대부터 새로운 신학의 바람을 일으킨 인물 중심으로 구성되었다. 1930년대에 들어서면서 장로교는 신진 신학자들로부터 큰 도전을 받는다. 즉, 성서무오설(聖書無誤說)에 대해 반박하는 내용들이 제기되기 시작했다. 예를 들면 여권(女權) 문제, 「창세기」 모세 저작 부인 사건, 아빙돈 성경 주석 사건 등이다. 이러한 일련의 문제 제기는 1954년에 장로교가 분열하는 데 명분이 되었다.

여권 문제와 「창세기」 모세 저작 부인 사건은 함경남도 노회 산하 성진중앙교회의 목사 김춘배와 남대문교회에서 시무하던 목사 김영주가 연루되어 있었다. 이들은 일본 간사이(關西) 학원 신학부를 졸업하고 귀국한 신진 신학자들이었다. 당시 이 신학부에는 카를 바르트(Kahl Barth)의 신정통주의 신학과 사회복음주의 분위기가 강했다. 이러한 분위기 속에서 신학을 공부한 이들은 자연스럽게 한국 장로교가 신봉하고 있던 성서무오설에 대해 문제를 제기할 수 있었던 것이다.

여권 문제는 기독교 여성들이 처음으로 제기했다. 그들은 1930년대로 접어들면서 장로교의 여성 차별 문제를 거론하기 시작했다. 1934년 함경남도

---

4 전택부, 『한국교회발전사』(대한기독교출판사, 1987), 289~290쪽. 자세한 내용에 대해서는 김양선, 『한국기독교해방십년사』(대한예수교장로회 총회종교교육부, 1956), 149~161쪽 참조.

노회에 소속된 22개 교회의 여성들이 여성 장로직을 허락해달라는 청원서를 총회에 제출하는 사건이 발생했다. 당시 장로교는 여성의 치리권(治理權)을 인정하지 않았다. 그런데 김춘배가 이에 대해 지지하는 글을 ≪기독신보≫에 실은 것이다. 그는 여성의 치리권을 인정하지 않는 것은 교회 발전을 지연시키는 것이라고 주장했다. 『성서』에서 "여성은 교회에서 잠잠하라"라고 한 것은 2000년 전 일개 지방 교회의 교훈과 풍습에 지나지 않으며, 이를 근거로 여성들의 치리권을 인정하지 않는 것은 모순이 있다"라고 지적했다. 총회에서는 연구 위원을 신설해 이를 조사하도록 했다. 그리고 이 위원들은 김춘배의 주장에 문제가 있으며 목회자로 인정할 수 없다는 결론을 내렸다. 그러자 김춘배는 한 발 물러나 자신의 주장을 취소한다는 내용서를 제출했다. 이 문제는 잠시 소강상태가 되었지만, 여전히 불씨로 남아 있었다.[5]

이와 동시에 김영주가 연루된 「창세기」 모세 저작 부인 사건이 총회를 다시 동요시켰다. 조선주일학교연합회에서 펴낸 『만국주일공과(장년부)』의 내용 중에 「창세기」가 히브리인의 오래된 신화를 근본으로 삼았다는 것과 「창세기」의 저자가 확실하지 않다는 문구가 들어 있었다. 김영주와 관련이 있었으나, 그가 필자로 명기되어 있지는 않았다. 총회에서는 여권 문제 특별 연구 위원들에게 이 문제에 대해서도 심사를 의뢰했다. 연구 위원들은 심사 후 이 문제에 대해서도 단호히 조처할 것을 요청했다. 그러나 김영주와의 직접적 관련성을 찾지 못해 정치적 처분은 이루어지지 않았다.[6]

아빙돈 성경 주석 사건은 1934년에 출판된 『단권 성경주석』의 내용을 둘러싸고 장로교 내부에서 문제가 일어난 사건이다. 이 책은 미국 아빙돈(애빙던) 출판사(Abingdon Press)에서 발행한 『성서』 주해서를 번역해 1934년에

5 한국기독교사연구회, 『한국 기독교의 역사. 2』(기독교문사, 1990), 154~156쪽.

6 같은 책, 157~159쪽.

신생사에서 출판했다. 번역과 편집은 감리교의 유형기가 책임지고, 감리교의 양주삼·정경옥·김창준·전영택·변홍규, 장로교의 송창근·채필근·한경직·김관식·김재준·조희렴·윤인구 등을 비롯한 53명이 번역에 참여했다. 감리교에서는 이를 수용했으나, 장로교에서는 성서무오설에 대한 강력한 도전으로 받아들였다. 한경직, 김재준, 송창근 등이 소속되어 있던 평양 노회에서는 이 문제를 교회에 대한 심각한 도전으로 보고 심사위원회를 구성해 이들을 심문했다. 이 사건은 한경직, 김재준, 송창근 등 세 사람이 물의를 일으킨 데 대해 ≪신학지남≫에 사과 성명을 내는 것으로 일단락되었다. 그렇다고 그들이 성서무오설을 그대로 인정한 것은 아니었다. 다만 총회의 권력에 맞설 만큼 힘이 없었기 때문에 논쟁을 유보했을 뿐이다.[7]

김재준은 1937년부터 간도 용정의 우진중학교 교목으로 재직하면서 자신의 주장을 전개하기 위해 ≪십자군≫이라는 잡지를 발간했다. 1938년 평양신학교가 신사 참배 문제로 문을 닫자 김재준, 송창근, 윤인구 등은 서울 승동교회 장로 김대현의 헌금으로 조선신학원을 설립했다. 1940년 3월 조선신학원의 설립이 인가되어 승동교회 지하실에서 개강했다.[8] 조선신학원은 3회 졸업생까지 배출한 후 해방을 맞이했다.[9]

광복이 되자 송창근, 김관식, 김영주 등은 1946년 조선신학교(1945년 이전 조선신학원)를 총회 직영으로 해달라고 청원했다.[10] 이는 별다른 갈등 없이 받아들여졌다. 그러나 본국으로 돌아갔던 선교사들이 재입국하고 북한에서 많은 수의 기독교인이 월남하면서 조선신학교를 둘러싸고 갈등이 시작되었다. 평양신학교는 북한에 있었기 때문에 총회 직영은 조선신학교뿐이었다.

---

7 같은 책, 159~161쪽.

8 주재용, 「김재준의 생애」, 『김재준의 생애와 사상』(풍만출판사, 1986), 27쪽.

9 김재준 지음, 장공자서전출판위원회 엮음, 『범용기: 장공 김재준 자서전』(풀빛, 1983), 179쪽.

10 김양선, 『한국기독교해방십년사』, 197쪽.

따라서 이 학교의 직영 문제를 두고 갈등이 생긴 것이다.

조선신학교는 성서무오설을 부정하고 있었으므로 근본주의를 신봉하는 대부분의 선교사와 기독교인에게는 마땅치 않았다. 이들은 장로회신학교를 재건하는 운동을 전개하려고 했다. 1948년 3월 15일 대전 제일교회에서 신학문제대책위원회를 전국적으로 구성해 장로회신학교 재건을 잠시 보류하고 조선신학대학(1947년 이전 조선신학교)을 개혁하고자 했다. 하지만 1948년 4월 20일 제34회 총회에서 조선신학대학의 완강한 반대로 개혁안은 부결되었다. 그러자 신학문제대책위원회는 서울 창동교회에서 장로회신학교의 개교를 결정했다. 이사장에 이정로, 임시 교장으로 박형룡을 선임했다.[11]

전국의 여러 노회에서 장로회신학교를 총회 직영으로 할 것을 헌의(獻議)하자 1949년 4월 19일, 제35회 총회는 이를 받아들였다. 이로써 총회 직영으로 2개의 신학교가 존재하게 된 셈이다. 이렇게 되자 두 학교를 합동하자는 제안이 제기되어 합동위원회가 조직되었으나 결국 실패했다. 1951년 5월 부산 중앙교회에서 속회된 총회에서 합동위원회는 두 직영 신학교의 인가를 취소하고 총회 직영의 새로운 신학교의 건립을 제안했다. 총회는 총회신학교를 세우기로 결정하고 조선신학대학의 폐교를 결의했다. 조선신학대학은 이를 받아들이지 않고 문제를 제기했다. 즉, 합동 결의를 각 노회에 묻지 않고 총회가 직접 결정한 것은 헌법을 위반하는 것이라며 순응하지 않겠다는 뜻을 밝혔다. 1953년 4월 대구 서문교회에서 열린 제38회 총회에서는 김재준의 목사직 박탈과 경기 노회에서의 제명, 조선신학대학 졸업생의 교역자 자격 불가, 조선신학대학파를 지지하는 캐나다 연합교회의 선교사 윌리엄 스콧(William Scott; 서고도)에 대한 심사 등을 결의했다. 그러자 같은 해 6월 10일에 조선신학대학 강당에서 전북, 군산, 김제, 충남, 경서, 목포, 충북, 제

11 같은 책, 228~229, 245쪽.

주 등 분립된 9개 노회의 대표들이 모여 법통 38회 총회를 열어 37, 38회 총회에서 결의된 내용을 모두 백지화했다. 또한 1954년 6월 10일에 조선신학대학에서 법통 총회를 열고 교단 이름을 대한기독교장로회라고 명명했다. 이로써 광복 직후에 장로회 총회는 1954년을 기점으로 서북 출신의 월남 기독교인들, 특히 한경직을 중심으로 한 세력이 주도권을 확보하고, 고신파와 기독교장로회(조선신학대학파) 등은 경쟁에서 밀려나 새로운 교단을 수립했다. 서북 출신의 월남 기독교인들이 이처럼 주도권을 확보하게 된 것은 미국 북장로교 선교사와의 밀접한 관계를 통해 구호물자와 선교 자금을 독점했기 때문이다.

3. 기독교세계봉사회의 구호 사업

1) 기독교세계봉사회 한국위원회의 조직과 활동

한국전쟁이 국제전 양상으로 전개되자 세계 각지의 민간단체에서는 구호물자를 보내와 전재민들을 도왔다. 총 50개의 민간단체 중에서 기독교 관련 단체가 40여 개에 달해 가장 많은 수를 차지했다. 교파별로는 장로교, 침례교, 나사렛교회, 메노나이트(Mennonites), 퀘이커교(Quakers), 동양선교회, 감리교, 구세군, 안식교, 유니테리언(Unitarian), 루터교, 천주교 등이 참여했다. 교회 본부는 미국과 캐나다, 호주, 영국, 스위스, 벨기에, 이탈리아, 독일, 아일랜드 등에 자리를 잡고 있었다. 이 중에는 미국 교회에 소속된 단체가 가장 많았다. 미국 교회에 본부를 둔 외원(外援) 단체들은 대부분 구한말부터 한국과 깊은 관계를 맺어왔다.[12] 대체로 미국 교회에 본부를 둔 외원 단체들은 1945년 이후 재입국한 선교사들에 의해 움직였다. 이들은 한국에서 다시 자신들의 기반을 다지기 위해 많은 노력을 기울였다. 이러한 움직임을 가속화한 것이 한국전쟁이다.

미국 기독교 외원 단체 중 한국 기독교에 가장 지대한 영향력을 미친 것은 CWS였다. 이 조직은 미국교회협의회(The National Council of the Churches of Christ in the USA: 미국 NCC)와 세계교회협의회(WCC)의 지원과 협조하에 구호 활동을 전개했다. CWS는 미국 NCC의 산하 단체였으며, 미국 NCC는 WCC를 주도하고 있었다. 그래서 CWS는 미국 NCC와 WCC의 지원과 협력을 받으며 구호 활동을 했다. 한국에서는 예수교장로회와 기독교대한감리회가 WCC 회원으로 가입되어 있었으며, 한국기독교연합회(The Korea National Christian Council: KNCC)는 WCC의 회원은 아니었지만 WCC와 협력해 세계 선교를 담당하던 국제선교협의회(The International Missionary Council: IMC)에 가입되어 있었다.[13] 즉, 한국에서 가장 큰 교세를 자랑하는 장로교의 주도권을 장악하는 것은 KNCC에 가맹되어 있는 모든 교파를 비롯해 기독교 유관 단체들을 주도한다는 의미였다. 한국에서 CWS의 전쟁 구호물자를 독점한다는 것은 미국 정부에 영향력을 미치는 WCC와 미국 NCC와의 관계를 독점하는 것이며, 그만큼 한국에서 종교적·정치적·사회적으로 세력이 커진다는 것을 의미했다.

한편 기독교 외원 단체의 전재민 구호는 일반 구호 사업과 교회 복구 사업으로 구분되어 이루어졌다. 예를 들어 감리교 선교 본부에서는 교회복구사업위원회와 구호사업위원회라는 특별 기구를 만들어 교회 복구 사업과 구호 사업을 전개했다. 이 두 기구는 각자의 역할에 충실했으며, 구호비와 복

---

12 김흥수, 「한국전쟁 시기 기독교 외원단체의 구호활동」, ≪한국기독교와 역사≫, 23호(한국기독교역사연구소, 2005), 101쪽.

13 안교성, 「에큐메니칼 교회로서의 대한예수교장로회(통합)의 정체성과 증언」, ≪장신논단≫, 40집(장로회신학대학교 기독교사상과 문화연구원, 2011), 21쪽.

구비 사용 구분이 엄격했다.[14] 구호비는 모두 초교파 단체인 미국 NCC 산하의 CWS로 전달되었다. CWS는 미국 교회에서 초교파적으로 수집된 구호품을 한국의 전재민에게 전달하는 창구 역할을 했다. 그 외에 미국 교회가 아닌 캐나다, 호주, 뉴질랜드, 영국, 일부 유럽과 남미 국가로부터 수집된 구호 물품은 WCC를 통해 CWS에 전달되었다.[15]

CWS는 제2차 세계대전의 종전 이후인 1946년에 북미외국선교협회(The Foreign Mission Conference of North America: FMC), 미국 연방교회협의회(The Federal Council of Churches of Christ: 미국 FCC, 1950년 12월 이후 미국 NCC) 등이 결성했다.[16] 미국 교회의 활동이 활발해지면서 CWS는 미국 중심으로 운영되었다. 미국에서는 35개 교파가 이 사업에 협력했다. 1950년 미국 NCC가 창설되자 CWS는 이 협의회의 회원 단체가 되었다.[17] CWS는 창립 이후 감리

---

14 김광우 지음, 크리스챤라이프사편집부 엮음, 『(김광우목사 회고록) 나의목회반세기』(바울서신사, 1984), 151쪽.

15 Arnold B. Vaught, "Relief and Reconstruction in Korea"(Church World Service, 1953), p. 1.

16 Harold E. Fey, *Cooperation in Compassion: The Story of Church World Service*(New York: Friendship Service, 1966), p. 30. CWS의 결성에 참여한 단체는 FMC, 미국 FCC 외에 WCC 미국위원회라고 기술되어 있는데, 1948년에 WCC가 결성되었기 때문에 혹시 WCC를 창설하기 위한 준비위원회가 미국위원회일 수도 있는데 이 단체에 대해서는 확실하지 않다.

17 Kai Yin Allison Haga, "An overlooked dimension of the Korean War: The Role of Christianity and American Missionaries in the Rise of Korean Nationalism, Anti-Colonialism, and Eventual Civil War, 1884~1953," Ph.D. diss.(Virginia: The College of William and Mary, 2007), p. 450. 1950년 11월 29일에 미국 오하이오 주의 클리블랜드에서 NCC 창립 대회가 개최될 당시에는 8개 초교파 단체로 구성되어 있었다. 미국 FCC, FMC, HMC(Home Missions Council of North), ICRE(International Council of Religious Education), MEMUSAC(Missionary Education Movement of the United States and Canada), NPCHE(National Protestant Council on Higher Education), UCCW(United Council of Church Women), USC(United Stewardship Council) 등이다. 곧이어 CWS,

교 선교사 블리스 빌링스(Bliss W. Billings)의 책임하에 한국 구호 활동을 시작했다. 그 후에는 북장로교 선교사인 아치볼드 플레처(Archibald G. Fletcher; 별위추)가 책임을 맡았다.[18] 이 한국 구호 위원회는 KNCC 산하에 설립되어 있었다.[19] CWS가 한국에 관심을 가진 것은 중국과 마찬가지로 공산주의자들에게 피해를 입은 기독교인들을 보호하기 위한 것이다. 1947년 CWS는 북한 공산주의자들을 피해 월남한 피난민들을 200만 명 이상으로 추산하고, 이들을 구호하기 시작했다.[20] 1948년 중국의 만주와 북서 지역을 근거로 삼은 중국 공산주의자들이 양쯔 강까지 내려오자 수천만 명의 사람이 피난을 떠났다. CWS는 이때 많은 식품과 의류품을 지원했다. 같은 해에 한국에서도 많은 월남민이 발생했다. CWS에서는 500만 명에서 700만 명의 한국인이 공산주의자를 피해 북에서 월남한 것으로 집계했다. 이렇게 과장된 통계를 낸 것은 누가 피난민인지 아닌지 구별하기 어려웠기 때문인 것으로 보인다. CWS는 월남민 대부분이 기독교인이라고 믿었다. 왜냐하면 북쪽은 미국 선교 사업의 주요한 지역이었기 때문이다. 월남인 대부분이 기독교인이라고 생각한 CWS는 80만 4000달러어치의 구호 물품을 한국으로 보냈다. 이와 같이 CWS가 한국에 관심을 보인 것은 공산주의자들에 의해 피해를 입은 월남민들 때문이었다.[21] CWS가 한국에서 공식적으로 활동을 전개하기 시작한 것은 1949년 4월이며, 한국전쟁이 발발하자 잠시 중단되었다.[22]

ISC(Inter-Seminary Committee), PFC(Protestant File Commission), PRC(Protestant Radio Commission) 등이 가입했다.

18 기독교대백과사전편찬위원회 편저, 『기독교대백과사전. 2』(기독교문사, 1981), 1153쪽.

19 유호준목사팔순기념문집출판위원회 엮음, 『역사와 교회: 내가 섬긴 교회·내가 살던 역사』(대한기독교서회, 1993), 331쪽.

20 Fey, *Cooperation in Compassion*, p. 41.

21 같은 책, 55쪽.

22 기독교대백과사전편찬위원회 편저, 『기독교대백과사전. 2』(기독교문사, 1981), 1153쪽.

1950년 6월 25일까지 CWS가 구호 활동 대상으로 삼은 것은 월남민들이었다.[23] 1950년 6월 26일에 KNCC가 IMC, 그리고 WCC의 국제문제교회위원회(The Commission of the Churches on International Affairs: CCIA)에 전쟁 소식을 전하자, 같은 해 7월 8일 캐나다 토론토(Toronto)에서 열린 WCC 중앙위원회에서는 한국전쟁에 관한 성명을 발표했다. 또한 한국 구호 문제에 대해서도 논의하기 시작했다. CWS는 같은 해 9월 27일 이사회에서 한국전쟁과 관련해 남한에 대한 긴급 구호를 결정하고 WCC와 IMC에 구체적인 방법을 요청하기로 결정했다.[24] 같은 해 10월 19일 뉴욕(New York) IMC 사무실에서 WCC, FMC, IMC, CWS 등이 모여 "IMC는 KNCC를 통해 한국기독교구제위원회 설치를 위한 준비 조치를 즉각 취한다"라고 결의했다.[25]

1951년 1월 25일, 부산중앙교회에서 각 교파의 대표자들이 모여 선교사 찰스 자우어(Charles A. Sauer)의 사회로 기독교세계봉사회 한국위원회(The Korea Church World Service: KCWS)를 재조직했다. KCWS에서는 북장로교 선교부의 대표 에드워드 애덤스(Edward A. Adams; 안두화)를 미국 본부에 파견해 실상 보고와 구호물자 지원을 교섭하도록 했다.[26] 전쟁 발발 후 많은 선교사가 한국을 떠나 일본으로 피난했을 때, 한국에 남기로 한 애덤스는 부산 창고에 있던 CWS 구호물자 사용을 승인받아 사용했다. 애덤스는 CWS의 새로운 책임자인 헨리 아펜젤러(Henry D. Appenzeller)가 1951년 2월에 도착할 때까지 물자를 총괄했다.[27]

---

23 Vaught, "Relief and Reconstruction in Korea," p. 3.

24 김홍수, 「한국전쟁 시기 기독교 외원단체의 구호활동」, 104쪽.

25 Charles W. Ranson, "Korean Relief(1950.10.20)," 김홍수 엮음, 『WCC 도서관 소장 한국교회사 자료집: 한국전쟁 편』(한국기독교역사연구소, 2003), 136쪽.

26 기독교대백과사전편찬위원회 편저, 『기독교대백과사전. 2』, 1154쪽.

27 Haga, "An overlooked dimension of the Korean War," p. 351.

1951년 2월에는 세계 교회의 구호 책임자이면서 가톨릭구제위원회(The National Catholic Welfare Conference: NCWC)의 대표를 맡은 에드워드 스완스트롬(Edward Swanstrom), 감리교 선교사 아펜젤러 등이 한국을 방문했다.[28] 1953년에는 CWS 소속의 아널드 보트(Arnold B. Vaught), WCC 난민 구호 책임자 엘판 리스(Elfan Rees), CCIA의 프레더릭 놀데(Frederick Nolde) 등이 한국을 찾았다.[29] 이로써 KCWS의 사업은 더욱 활기를 띠었다.

재구성된 KCWS 조직도는 〈표 2-1〉과 같았다. KCWS는 주로 내한한 선교사와 한국 기독교인으로 구성되었다. 총책임자는 애덤스였으며, 사무총장은 아펜젤러였다. WCC에서도 스태프 1명을 파견했다.

〈표 2-1〉에서 볼 수 있듯이 사무 총무 김종환은 1952년에 전 사무 총무 심천[30]이 부정을 저지르고 사임한 뒤 후임으로 들어왔다.[31] 김종환은 예수교

〈표 2-1〉 KCWS의 조직도

사무국

지위	이름	소속	비고
책임자 (president)	에드워드 애덤스 (Edward A. Adams)	미 북장로교	미국 연합장로교* 선교부 총무 UNKRA(The United Nations Korean Reconstruction Agency, 유엔 한국 재건단) 위원 계명기독교대학 초대 이사장
부책임자 (vice presicdent)	장 (Mr. Chang)	구세군	
총무 (secretary)	김사권 (Kim Sa Keun)	한국	
재무 (treasurer)	E. J. O. 프레이저 (E. J. O. Fraser)	캐나다 연합교회	1946년 재내한, 조선신학교 강의

* 주: 1958년 미국 북장로교회는 미국 연합장로교회로 흡수·통합되었다.

28 김홍수, 「한국전쟁 시기 기독교 외원단체의 구호활동」, 104~105쪽.

29 이들이 도착한 날짜가 김양선의 『한국기독교해방십년사』 91쪽에는 1952년이라고 되어 있으나, 리스의 "Report of Elfan Rees to the Department of Inter-Church Aid and Service to Refugees of the World Council of Churches"에는 1953년 1월 22일로 되어 있다.

30 기독교대백과사전편찬위원회 편저, 『기독교대백과사전. 2』, 1154쪽.

31 김광우, 『나의목회반세기』, 177쪽.

스태프

<table>
<tr><th colspan="2">지위</th><th>이름</th><th>소속</th><th>비고</th></tr>
<tr><td colspan="2">사무총장
(executive director)</td><td>헨리 아펜젤러
(Henry Appenzeller)</td><td>미 감리교</td><td>1948년 재입국</td></tr>
<tr><td colspan="2">사무 총무
(executive secretary)</td><td>김종환
(Kim Jong Whan)</td><td>보스턴 대학교
사회복지 전공</td><td></td></tr>
<tr><td colspan="2">사무보조
(executive assistant)</td><td>그레고리 보토
(Gregory B. Votaw)</td><td>젊은 미국인</td><td>동양에서의
경험이 없음</td></tr>
<tr><td colspan="2">현장 감독
(field supervisor)</td><td>제임스 앳킨슨
(James Atkinson)</td><td>WCC 소속
영국인</td><td>WCC의 오스트리아
난민 봉사활동 대표</td></tr>
<tr><td colspan="2">아동복지 담당
(secretary for child welfare)</td><td>앤 데이비슨
(Anne Davison)</td><td>아동복지 관련
업무 수행,
캐나다인</td><td>중국 교회협의회에서
아동복지 관련
업무를 함</td></tr>
<tr><td colspan="2">간호원 훈련 담당
(training midwives)</td><td>이디스 골트
(Edith J. Galt)</td><td>간호학 전공,
미국인</td><td>중국 출생, 선교사,
유니세프 소속으로
중국에서 활동</td></tr>
<tr><td rowspan="7">재활
(Amputee
Rehabilitation)</td><td>책임자
(director)</td><td>루벤 토리
(Reuben A. Torrey)</td><td></td><td></td></tr>
<tr><td>보조
(associate)</td><td>애덤스 부인
(Mrs. Adams)</td><td></td><td>파트타임</td></tr>
<tr><td rowspan="2">정형의
(orthopedic surgeons)</td><td>P. K. 문
(P. K. Moon)</td><td></td><td>한국계 미국인</td></tr>
<tr><td>폴 크레인
(Paul Crane)</td><td></td><td>남장로교의
의료 선교사</td></tr>
<tr><td>의수족 담당
(limb maker and fitter)</td><td>폴 킹즈베리
(Paul Kingsbury)</td><td></td><td></td></tr>
<tr><td>물리치료
(physiotherapy &
occupational therapy)</td><td>루이스 스카린과
미드레드 모
(Louise Skarin &
Mildred Maw)</td><td></td><td>미드레드 모는
파트타임</td></tr>
<tr><td>농업경영 및 대전 작업 센터
(Farm Management &
Taejon Occpational Center)</td><td>데안 쇼벵게르트
(Dean Schowengerdt)</td><td></td><td></td></tr>
</table>

실행위원회	장로교, 감리교, 구세군, 성결교 등의 대표로 구성
6개의 특별위원회	아동복지, 미망인사업, 대부, 가축, 결핵, 스태프
9개의 도위원회	서울, 제주, 강원, 충남, 충북, 경북, 경남, 전북, 전남
125개의 지역위원회	장로교, 감리교, 성결교, 구세군의 한국 목사들
특별감사위원회	장로교, 감리교, 구세군, 성결교 등 대표 4명으로 구성(1952년 이후 조직)

자료: Vaught, "Relief and Reconstruction in Korea", pp. 1~3; The Staff and Committee of KCWS, "Korea Church World Service: a half-yearly report(1955.5.13)", 김흥수 엮음, 『WCC 도서관 소장 한국교회사 자료집』, 395쪽.

장로회 소속이었다.[32] 사무총장 아펜젤러는 1953년에 사망했다. 〈표 2-1〉은 1953년과 1955년 자료이므로 초기에 참여했던 구성원들과 다를 수 있다. 그 외에 KCWS에는 많은 한국인이 고용되어 있었으며, 파트타임으로 일하는 많은 선교사와 한국 기독교인이 있었다.[33] 선교사들은 구호품을 분배할 때 한국 기독교인들과 함께했다. 예를 들어 한국전쟁 당시 대구 성서학원을 비롯해 많은 교회 기관의 문 앞이 구호품을 얻기 위한 피난민들로 매일 장사진을 이루었을 때, 선교사들은 한국 교회 관련자들과 함께 구호품을 분배했다.[34]

KCWS는 의료, 농사, 전재민을 위한 간호와 훈련, 과부와 어린이 돕기, 대출을 통한 경제원조, 피난민 돕기 등과 같은 사업을 전개했다.[35] 이러한 사업들은 주한유엔민간원조사령부(The United Nations Civil Assistance Command in Korea: UNCACK)[36]의 통제를 받으면서 전개되었다. 그러나 한국전쟁 초기부터 구호 사업이 특별한 통제를 받은 것이 아니라, 1953년 이후부터 UNCACK의 통제를 받았다.[37] UNCACK 운영 초기에는 선교사 개인의 판단에 따라 특별한 절차 없이 구호물자를 한국으로 가져올 수 있었다.[38] 그러나 1953년부

---

32 김응호, 『한국장로교 100년』(목양사, 1984), 119, 127쪽.

33 Vaught, "Relief and Reconstruction in Korea," pp. 2~3.

34 Harry A. Rhodes and Archibald Campbell, *History of the Korea Mission, Presbyterian Church in the U.S.A.: 1935~1959*, Vol. II (New York: The United Presbyterian Church in the U.S.A., 1964), p. 320.

35 The Staff and Committee of KCWS, "Korea Church World Service(1955.5.13)," 395~403쪽.

36 UNCACK는 1950년 10월 30일 자 미8군사령관의 일반명령 14호에 의해 미8군의 작전 기구로서 설치되었다[김학재, 「한국전쟁과 '인도주의적 구원'의 신화」, 『전장과 사람들: 주한유엔민간원조사령부(UNCACK) 자료로 본 한국전쟁의 일상』(선인, 2010), 55쪽].

37 김학재, 「주한유엔민간원조사령부(UNCACK) 자료 해제」, 『전장과 사람들: 주한유엔민간원조사령부(UNCACK) 자료로 본 한국전쟁의 일상』(선인, 2010), 286~333쪽에서 구체적인 내용 참조.

38 최종수, 『한국을 위해 몸 바친 나애시덕 선교사』(한국기독교연구소, 2000), 66~67쪽에서 이와 같은 내용을 확인할 수 있다. 즉, UNCACK 운영 초기에는 등록 없이 선교사 개인이

터 외국의 민간 원조 단체들은 UNCACK에 등록을 해야 했다. 유엔군 사령부는 군사 작전이라는 명목을 내세워 모든 국제기구와 민간단체의 지원과 기부는 반드시 UNCACK의 통제를 받도록 했다.

UNCACK의 통제를 받기 전 외원 단체들은 1952년에 결성된 외국민간원조단체연합회(The Korean Association of Voluntary Agencies: KAVA)를 통해 활동했다. 처음에는 7개의 단체로 출발했으나, 1955년이 되면서 회원 단체가 40여 개에 이르렀다.[39] 기독교 외원 단체들은 한국에서의 구호 활동을 위해 1952년에는 KAVA에 가입했고, 1953년부터는 UNCACK에 등록해야 했다. 1955년 당시 KAVA에 가입한 외원 단체는 총 49개였으며, 이 중 40개가 기독교 단체였다. KCWS도 UNCACK의 통제를 받으면서 KAVA에 가입해 활동했다.

KCWS는 미국뿐만 아니라 각 국가의 교회에서 보내온 구호물자가 부산항에 도착하면 이를 모아 분배했다. 특히 미국과 유럽의 교회에서 한국으로 보내온 모든 구호품은 KCWS를 거쳐 전재민에게 전달되었다. 앞에서 언급한 것처럼 미국 외의 국가에서 수집된 구호 물품은 WCC를 통해 KCWS에 전달되었다. 미국의 CWS 구호물자 모집소는 뉴욕 시를 비롯해 5개가 있었다. 이곳으로 구호물자가 모이면 국가별로 구분해 이송했다. 교회 청년들은 구호

자의적으로 판단해 구호물자를 가지고 들어왔던 것으로 보인다. 예를 들어 감리교의 여자 선교사인 나애시덕(Esther J. Laird)은 1926년에 내한해 원주에서 선교 활동을 전개하다가 1941년 일제의 추방령에 의해 본국인 미국으로 돌아갔다. 그녀는 1947년 다시 내한했으나, 1950년 전쟁이 일어나자 본국으로 돌아가 한국의 전재민을 위해 많은 구호물자를 모집했다. 1952년 초에 나애시덕이 한국으로 가져온 구호물자는 운임이 1000달러나 들 정도로 몇 톤에 이르렀다. 구호물자는 음식물, 옷, 약품, 병원 도구, 이동 진료 차량, 비타민 3000병, 침대보, 병마개 등이었다. 그 외에도 미 감리교 여선교부의 지원을 받아 육아원 건물을 세웠다.

39 카바40년사 편찬위원회, 『외원사회사업기관활동사: 외국민간원조기관 한국연합회 40년사』(홍익재, 1995), 67~71쪽.

물자 모집소에서 2개월씩 근로 봉사를 했으며, 추수감사절, 성탄절, 부활절이 되면 청소년들이 각 가정을 방문해 구호물자와 구호금을 모집했다. 이렇게 모집한 구호물자가 부산항에 도착하면 KCWS 본회와 각 지역위원회로 수송된 뒤, 시·군청 사회과에서 제시한 명단에 따라 분배하는 것을 원칙으로 삼았다.[40] 부산항에 도착한 구호품은 매월 수백, 수천 톤에 이르렀다. 구호품은 부산항에서 각지로 이송되었으며, 각종 구호 기관에 분배해준 보고서는 너무 방대해 점검할 수조차 없었다고 한다. 그래서 보고자가 보고하면 그대로 채택하는 수밖에 없었다는 것이다.[41]

분배는 125개의 지역위원회가 담당했다. 큰 도시의 지역위원회에서는 관련 기관이, 농촌에서는 교회 지도자와 연장자가 책임졌다. 부산에서 1년에 두세 번 대규모의 선적을 받아 분배했다. 지역위원회의 책임자들은 모두 장로교, 감리교, 성결교, 구세군 등의 남성이었다.[42]

2) 전쟁 난민 구호 호소와 미국 중심의 세계적 반공 전선 구축

CWS의 설립 취지는 전 세계의 고통 받고 있는 교회와 사람들을 돕기 위한 것이었다. 한국전쟁기 한국의 구호 사업도 이러한 목적에 따라 이루어졌다는 것은 의심하지 않는다. 이러한 CWS의 한국전쟁 구호 활동이 한국 교회에

40 김종환, "기독교세계봉사회의 연혁과 활동", ≪사회복지≫, 10집(한국사회복지연합회, 1957), 74~75쪽.

41 김광우, 『나의목회반세기』, 174쪽.

42 로즈와 캠벨의 *History of the Korea Mission, Presbyterian Church in the U.S.A.*, Vol. II 323쪽에는 130개 지역에 구호물자를 분배한 것으로 기록되어 있다. 그런데 'The Staff and Committee of KCWS'의 "Korea Church World Service: a half-yearly report(1955.5.13)"에는 구호물자를 분배한 지역이 125개로 되어 있다. 공식적인 것은 KCWS의 보고이므로, 지역위원회는 125개가 더 타당성이 있다고 본다.

어떠한 영향을 미쳤는지에 대해 학계에서는 긍정적인 측면뿐만 아니라 부정적인 측면까지도 아울러 평가하고 있다. 긍정적이라고 평가되는 부분은 한국 기독교인들을 참여시킴으로써 사회교육 사업의 중요성을 한국 사회에 뿌리내리게 하는 데 일조했다는 점이다. 반면 부정적인 영향은 전쟁에서 자신을 보호해준 미국을 구원자로 믿는 숭미 사상과 한국 교계에 물신 숭배 사상을 심어주었다는 점이다.[43] 이와 같이 학계에서는 CWS의 활동이 한국 사회에 어떠한 영향을 미쳤는지에 대해서만 관심이 있었다.

CWS의 이러한 측면 외에 한국전쟁으로 말미암아 발생한 수많은 전쟁 난민에 대한 구호 호소가 전 세계 기독교인들에게 어떤 영향을 미쳤는지에 대해서도 함께 고려해야만 CWS의 구호 활동을 총체적으로 평가할 수 있으리라고 본다. 전 세계 기독교인들이 CWS의 구호 호소를 듣고 구호물자를 지원했다는 것은 이들도 한국전쟁에 간접적으로 참여했다고 볼 수 있다. 이들이 구호물자를 기부한 것은 북한 공산주의자들의 침략으로 말미암아 엄청난 고통을 당하고 있는 이들을 구호하기 위한 것이었다. 구호물자 기부에 동참한 미국 기독교인들을 비롯한 전 세계 기독교인들은 자연스럽게 CWS가 중심축이 된 세계적 반공 전선으로 결집했던 것이다. 이와 같은 결집은 더 많은 구호물자를 모집하는 데 영향을 주었으며, 이렇게 해서 모집된 구호물자는 한국 내에서 반공 투쟁에 가장 앞장선 집단, 즉 미국 선교사들, 그리고 이들과 깊은 관계를 맺고 있던 월남한 서북 출신 기독교인들에게로 돌아갔다.

1절에서 살펴본 바와 같이 CWS는 한국전쟁기 한국인들을 위해 많은 활동을 벌였다. CWS는 한국인을 돕기 위해 교파를 초월해 세계 각지에서 막대한 구호품을 모집해 한국으로 보냈다. 이러한 과정에서 CWS는 교파를 초월해 세계 기독교인들의 반공 전선 형성의 중심축이 되었고 볼 수 있다. 앞에

43 김흥수, 「한국전쟁 시기 기독교 외원단체의 구호활동」, 120~121쪽.

서 살펴본 바와 같이 CWS가 1948년에 한국과 중국에 구호품을 지원한 것도 공산주의자에게 피해를 입은 기독교인들을 보호하기 위한 것이었다. 이는 한국전쟁에서도 그대로 이어졌다. CWS의 입장에서는 전쟁의 피해 상황을 좀 더 적나라하게 알려야만 더 많은 구호물자를 확보할 수 있었다. CWS뿐만 아니라 전재민 구호물자를 모집하는 대부분의 단체가 전재민의 실상을 대대적으로 홍보했다.

1956년 KCWS 부회장을 역임한 김광우는 1950년에 뉴욕을 방문했을 때 매일 아침 ≪뉴욕 타임스(The New York Times)≫를 읽었는데, 그 기사에는 한국전쟁 관련 화보와 기사가 항상 실렸다고 한다. 공산군에 의해 집단 학살된 시민, 공산당에 의해 집단 학살되어 한강 백사장에 유기된 청년들, 대전시에서 학살되어 일렬로 늘어놓은 시신, 반공 청년들을 체포해 강제로 구덩이를 파게 한 뒤 총으로 쏘아 구덩이에 쓸어 넣은 장면 등이었다. 김광우는 그 화보와 기사를 보며 눈물을 흘렸다고 한다. 그는 미국인과 캐나다인이 한국인을 잔인한 민족으로 오인하기도 했다고 지적했다.[44]

경동교회 목사를 지낸 강원용은 한국전쟁 직후에 세계기독학생연맹(The World Student Christian Federation: WSCF) 이사회에 참석한 다음 시카고에서 미국 장로교회가 주최한 '한국인의 밤'이라는 행사에 참석한 적이 있었다. 그때 한국전쟁 당시 찍은 슬라이드를 보여주었는데, 강원용은 그 장면을 보고 매우 놀랐다고 회고했다. 거기에 담긴 한국의 모습은 아주 극단적이었는데, 예를 들어 지저분한 거리에서 남루한 옷을 입은 여성이 떡을 파는데 파리 떼가 새까맣게 앉아 있는 모습, 뼈만 앙상한 아이에게 젖을 물리는 여성, 판잣집에 사는 헐벗은 사람들 등이었다. 강원용은 주최 측에서 이러한 장면을 보여준 것은 구호 활동에 초점을 맞추고 있기 때문이라고 이해했지만, 너무 비

44 김광우, 『나의목회반세기』, 145쪽.

참한 모습에만 초점을 맞추었기 때문에 수치심이 들 정도였다고 했다.[45]

KCWS의 프로그램은 전쟁미망인, 부모를 잃은 아이, 수족이 잘린 사람을 대상으로 했다. 이들은 전쟁으로 발생한 사회적 약자들이었다. 특히 KCWS의 사무총장을 맡았던 아펜젤러가 가장 많은 관심을 가진 대상은 전쟁미망인이었다.[46] 그들 모두는 미국을 비롯한 세계 각지의 기독교인들에게 자신들이 구원해주어야 하는 동정의 대상이었다.

강원용이 수치심을 느낄 정도로 비참한 한국의 전쟁 실상이 세계 각지로 전해지면서, ≪뉴욕 타임스≫와 같은 언론에서는 이 모든 비참한 실상이 공산주의자들의 침략에 의해 일어난 것이라고 단정하며 연일 보도했다.

CWS가 모집한, 점검조차 불가능할 정도로 방대한 구호물자는 이들의 이러한 동정과 공산주의자들에 대한 분노에서 이루어졌다고 볼 수 있다. CWS의 구호 활동은 결국 전 세계 기독교인들을 반공 전선으로 결집하게 하는 데 중요한 역할을 했던 것이다.

그리고 CWS의 구호품은 한국인들을 자신의 지지 기반으로 만드는 데 중요한 자원이 되었다. CWS는 KNCC 재건위원회와 한국 교회 각 교파와의 긴밀한 협조 아래 사업을 전개했다. 1952년 1월 14일 KNCC는 각 교파 연합의 재건위원회를 조직해 교회 재건 운동을 전개했는데, KCWS의 적극적인 협력으로 운영될 수 있었다. 재건위원회는 교회 및 주일학교, 교육 및 문화, 사회 및 후생, 농촌, 경제 등 6개 부분에 걸쳐 재건 계획을 세우고 선교부와 각 교파의 협력을 얻어 활동을 벌여나갔다.[47]

---

45 강원용, 『역사의 언덕에서. 2』, 218~219쪽.

46 Henry Dodge Appenzeller, "Three Koreas I Have Known," *Transactions of the Royal Asiatic Society Korea Branch*, 66(The Korea Branch of the Royal Asiatic Society, 1991), p. 72. 아펜젤러는 어머니가 과부로서 4명의 아이를 키우면서 많은 고생을 했기 때문에 전쟁미망인들에 대해 더 많은 관심을 기울였다고 한다.

예수교장로회 총회에서는 1951년부터 KCWS에 권연호, 김상권, 김종대, 김진호, 이종호, 오인명, 노진현 등을 대표로 파견할 것을 결정한 바가 있으며,[48] 이후 1954년 총회를 통해 김재석, 김윤식, 노진현, 김윤찬, 최재화, 전필순, 안광국 등을 대표로 파견했다.[49] 또한 지원도 받았는데, 예수교장로회 총회의 1952년도와 1953년도 회의록에 의하면 일반 구호를 받아 구제 사업을 했다는 보고와 함께, 의류 50포와 소맥분 80포를 지원받아 경안(경기도 광주) 지역의 한재(旱災) 동포와 교인에게 분배했으며 250알이 들어 있는 비타민 28통 등을 받아 각 노회에 나누어주었다는 기록이 있다.[50]

감리교에서도 김광우가 대표로 파견되었다. 김광우의 회고에 의하면 각 교파 대표로 이사회를 구성해 정관을 제정하고 운영 방침을 결정했으며, 그 실권을 실행위원회에 위임했다고 한다. 실행이사회에서는 이사회 총회에서 위임받은 사무를 처리하기 위해 매월 1회 혹은 2회씩 정기적으로 회집했다는 것이다.[51]

그러나 분배 과정에서 많은 문제가 있었던 것으로 보인다. 매월 수백, 수천 톤의 구호물자를 각지로 이송하고 각종 구호 기관에 분배해준 보고서는 너무 방대해 이를 점검할 수 있는 능력조차 없었기 때문에 보고자가 보고하면 그대로 채택하는 수밖에 없었으며, KCWS의 한국인 사무 총무는 구호물자 처리 권한이 있었기 때문에 유혹과 의심을 받기 쉬웠다고 한다. 한국인 사무 총무가 이 정도로 막대한 권한을 가졌다면, KCWS에 종사하는 많은 한국 기독교인도 자신의 권한을 이용해 투명하지 않은 분배를 했을 수도 있다.

---

47 김양선, 『한국기독교해방십년사』, 91쪽.

48 대한예수교장로회 총회, 『총회회의록. 11』(영인본)(한국기독교사 자료원, 1986), 130쪽.

49 같은 책, 254쪽.

50 같은 책, 214쪽.

51 김광우, 『나의목회반세기』, 173쪽.

이러한 문제를 해결하기 위해 1952년에 특별감사위원회가 조직되었다. 감사 결과, 허위 기재와 부정 건수가 수백 건에 달했다. 몇 명의 간부진이 사회사업가들과 결탁해 구호물자를 착복했던 것이다. 감사위원회는 감사 보고서를 작성해 실행위원회에 제출함으로써 사무 총무를 사퇴시키고 후임으로 김종환을 임명했다.[52] 이처럼 분배 과정에서 많은 문제가 있었지만, CWS의 구호 활동은 미국 중심으로 세계 각지의 기독교인을 반공 전선에 결집시켰으며, 1950년대에 전 세계를 냉전 체제로 편입시키는 데 직접적으로 영향을 끼쳤다고 할 수 있다. 미국을 중심으로 한 세계 반공 전선의 구축은 다시 더 방대한 구호물자의 모집으로 이어졌다.

동시에 CWS의 구호물자를 독점한다는 것은 한국 기독교계를 주도한다는 의미였으며, 나아가 한국 사회에서 강력한 정치적·사회적 영향력이 있다는 것을 의미했다. 앞에서 언급한 바와 같이 장로교의 주도권을 장악한 것은 월남한 서북 출신 기독교인들이었다. 이들은 CWS의 구호물자뿐만 아니라 미국 장로교 해외 선교부의 선교 자금도 독점할 수 있었다. 이 그룹이 이렇게 주도권을 장악할 수 있었던 것은 미국 선교사와의 관계 때문이었다.

4. 미국 북장로교 선교사와 선교 자금

미국 북장로교 해외 선교부에서는 교회 복구 사업을 통해 재입국 선교사들의 영향력을 강화했을 뿐만 아니라 많은 한국 기독교인이 자신들을 지지하게 만들었다. 1945년 이후 선교사들은 재입국했으나, 이전과 같이 한국 교회를 통제할 수 없었다. 그러다가 한국전쟁을 거치면서 자신들의 입지를 강화

52 같은 책, 173~177쪽.

했다. 그 과정을 살펴보면 다음과 같다.

선교사들은 재입국 초기에 한국 교회와의 관계를 신중하게 생각했다. 한국 교회와 직접 관계를 맺는 선교부를 만들지 않고, 선교사들 간의 모임인 임시운영위원회(The Emergency Executive Committee)를 조직해 장래를 대비했다. 1948년 이후 각 교파의 선교부가 만들어지기 시작하자 한국 교회에서는 선교사들을 협조 위원 정도의 역할에 한정했다. 그러나 한국전쟁 발발 후 수많은 구호품과 교회 복구를 위한 자금 지원을 선교 본부로부터 받게 된 한국 교회는 선교사들을 무시할 수 없었다. 19세기 말부터 한국에서 선교 사업을 벌였던 선교사들은 1941년 일제의 탄압으로 대부분 본국으로 돌아갔다가 1945년 광복이 되자 다시 한국을 찾았다. 선교 본부는 대일전에서 연합군이 승리할 것으로 판단해 한국에서의 선교 사업을 본격적으로 논의하기 위해 1944년 9월 20일부터 22일까지 관련 회의를 개최했다.[53]

전쟁이 연합군의 승리로 끝나자 선교 본부에서는 한국으로 파견할 선교사들을 임명했다. 1946년에 플레처와 로스코 코엔(Roscoe C. Coen; 고언), 헨리 윌러드 램프(Henry Willard Lampe; 남행리), 애덤스, 해럴드 보엘켈(Harold Voelkel; 옥호열), 해리 로즈(Harry A. Rhodes; 노해리), 윌리엄 블레어(William N. Blair; 방위량) 등 선교사 7명이 한국에 왔다. 로즈와 블레어는 은퇴한 선교사들인데 자문 역할로 재입국했으며, 1947년 가을에 미국으로 돌아갔다.[54] 선교사들은 일제강점기에 안동, 대구, 청주에서 활동했던 인물이다. 아마도 선교 사업을 고려해 이렇게 결정한 것으로 보인다. 이들이 1946년 다시 내한했을 때 모든 것이 과거와는 달라졌다는 것을 깨달았다. 특히 북장로교 선교

---

53 Rhodes and Campbell, *History of the Korea Mission, Presbyterian Church in the U.S.A.*, Vol. II, p. 29. 이 회의에서 기존의 '조선(Chosen)' 선교부를 '한국(Korea)' 선교부로 바꾸었다.

54 같은 책, 28쪽.

사들의 선교 지역은 1945년 이전의 선교 중심지가 거의 절반 이상 상실된 상태였다. 북장로교의 선교 기지가 있었던 지역은 서울, 부산, 원산, 평양, 대구, 선천, 재령, 청주, 강계, 안동, 만주 신빈(新賓) 등 11개였는데,[55] 이 중 활동이 가능한 지역은 서울, 부산, 대구, 청주, 안동뿐이었다. 그러므로 이들이 한국에서 선교 사업의 주도권을 잡기 위해서는 새롭게 시작해야 할 상황이었다. 남한 지역은 남장로교(충청남도, 전라북도, 전라남도, 제주도), 호주 장로교(경상남도), 감리교(경기도, 충청북도, 강원도) 등이 기반을 잡고 있었다. 또한 캐나다 연합교회는 조선신학대학 그룹과 관계를 맺고 있었기 때문에 서울을 중심으로 한 남한 지역에서 기반을 다질 수 있는 토대가 마련되어 있었다.

상황이 이러했기 때문에 파견된 선교사들은 북한 지역으로 가지 못하면 남한 지역에서 기반을 다져야 했다. 19세기 말 한국에 전래된 기독교의 중심지는 북한 지역이었고, 그중에서도 북장로교는 서북 지역을 담당했다. 한국 교계에서 주도권을 행사하던 북장로교 선교사들에게 중요 거점이 사라진 셈이었다.

한국에 1차로 파견된 선교사들은 1946년 10월 임시운영위원회를 개최하고 매달 정기적으로 모임을 가졌다. 선교 사업을 재개하기 위한 것이었다. 램프는 충청북도 청주, 보엘켈은 경상북도 안동, 애덤스와 블레어는 대구, 나머지 3명은 서울을 담당했다. 2차로 파견된 선교사들이 내한할 때까지 7명은 임시운영위원회를 맡았다. 로즈와 블레어가 미국으로 돌아간 후에는 나머지 5명이 이 위원회를 운영했다.[56]

1947년에는 선교 본부의 대표단 5명이 내한했다. 선교 본부 부의장인 피

55 해리 로즈, 『미국 북장로교 한국 선교회사: 1884~1934. Vol. I』, 최재건 옮김(연세대학교 출판부, 2009), 103~237, 299~365쪽.

56 Rhodes and Campbell, *History of the Korea Mission, Presbyterian Church in the U.S.A.*, Vol. II, p. 28.

터 에먼스(Peter K. Emmons), 일본 지역의 선교사인 헨리 보벤커크(Henry G. Bovenkerk), 선교 본부 비서인 헤릭 영(Herrick B. Young), 중국 기독교대학 연합위원회 실무 담당인 윌리엄 펜(William P. Fenn), 중국 선교사였던 루스 윌리엄스(Ruth C. Williams) 등이었다. 대표단은 임시운영위원회 선교사들과 한 달 동안 한국 문제에 대해 협의했으며, 4개의 선교 기지에 위치한 많은 교회와 학교 지도자들을 만났다. 그리고 선교사들과 협력하고 있는 기관들도 조사했다. 대표단은 북한 지역을 방문하려고 했으나, 소련군의 저지로 무산되자 북한 지역 교회를 대상으로 라디오방송을 했다. 이때 한경직이 통역을 담당했다. 대표단의 모든 조사가 이루어진 후 임시운영위원회는 해체되었고, 1948년 한국 선교부가 재조직되었다. 한국 선교부의 가장 중요한 일은 교회 복구 자금의 분배였다. 당시 등록된 선교사는 30명 정도였다. 한국 선교부의 대표는 애덤스였으며, 한국 교회 복구 사업은 모두 그의 관리하에 이루어졌다.[57]

1950년 한국전쟁이 발발하자 선교사들은 다시 철수해야 했다. 대천해수욕장에서 연례 모임을 하던 이들은 전쟁 소식을 듣고 대전, 대구, 부산을 거쳐 일본으로 피난했다. 남아 있던 일부 선교사는 전쟁 복구 사업에 전념했다.

교회 복구 사업은 선교사들이 재입국했을 때 결정한 기준에 따랐다. 한국전쟁이 발발하기 이전에 선교사들의 임시운영위원회는 한국 교회의 복구를 위해 선교 본부로부터 4만 달러의 자금을 지원받았다. 한국 교회 복구 지원금을 한국 장로교에 전담시키자, 여기에 대해 많은 한국 기독교인이 분배의 불공정성에 대해 불만을 표했다. 장로교의 일부 지도자가 자신의 권력을 확대하기 위해 이용했기 때문이다. 이 때문에 선교사들은 임시운영위원회에서 복구 자금의 지원 기준을 만들어 지원했다.[58] 이 기준에 의거해 한국전쟁기

57 같은 책, 29~31쪽.

에 교회 복구를 지원했다. 그런데도 여전히 불투명했던 것으로 보인다. 함석헌은 교회 구호 지원금을 미끼로 교세를 늘리는 곳이 많다며 매우 비판적이었다.[59]

선교사들은 막대한 구호물자뿐만 아니라 선교 자금을 관리·분배하는 과정에서 한국 교회에 대한 주도권을 회복했던 것으로 보인다. 재입국 초기에는 한국 교회와 협조적인 관계를 유지하기 위해 신중한 태도를 취했으나, 한국전쟁 이후에는 달라졌다. 1947년 1월 선교 본부 대표단이 한국을 방문한 이후 한국 교회에서도 비상한 관심을 보이면서 이들과의 관계를 어떻게 정립할지 고민했다. 1947년 33회 장로회 총회에서는 선교사와 한국 교회의 관계에 대해 임원 회의에 일임한 후 선교부와 논의해 방침을 정하기로 결정했다. 그리고 결정한 내용을 다음 총회에서 보고하기로 의견을 모았다.[60]

1948년 예수교장로회 총회에서는 재입국한 장로교 선교사 명부를 작성했다. 이에 따르면 각 선교 지부에 속해 있는 선교사 수는 서울 14명, 대구 5명, 청주 4명, 안동 5명, 전주 5명, 군산 4명, 광주 5명, 목포 3명, 순천 5명, 부산 5명 등으로 총 55명 정도였다. 남북장로교가 가장 많았으며, 그다음이 캐나다 연합교회, 호주 장로교 순서였다. 캐나다 연합교회 선교 지부는 서울, 호주 장로교는 부산에만 있었다.[61]

1948년 총회 때 선교사를 각부 협조 위원으로 선임하기로 결정했다.[62] 이러한 결정에 따라 1949년부터 각 노회와 각 부서에 선교사들이 선임되었다.

---

58 같은 책, 221쪽.

59 함석헌, 「생각하는 백성이라야 산다: 6.25싸움이 주는 역사적 교훈」, 『우리는 이렇게 살아왔다』(광화문출판사, 1962), 266쪽.

60 대한예수교장로회 총회, 『총회회의록. 11』, 9쪽.

61 같은 책, 16쪽.

62 같은 책, 23쪽.

선교사들도 총회의 의결 과정에 참여하게 된 것이다. 당시 선교사들은 총회 직영 신학교를 둘러싼 문제에 대해서도 직접 의견서를 제출하는 등 한국 교회에 적극적으로 개입했다.[63] 이들이 총회 의결 과정에 참여할 수 있었던 것은 선교 본부에 의존해야만 했던 한국 교회의 재정적 문제가 크게 작용했다.

예수교장로회 총회 종교교육부의 1949년도 수입은 전액이 북장로교와 남장로교의 보조금으로 충당되었는데, 북장로교가 179만 6000원, 남장로교가 15만 2032원으로 북장로교가 약 90%를 차지했다.[64] 1950년도 전도부 총수입 210만 8970원 중에서는 북장로교 보조금이 25만 5000원이었다.[65] 1952년도 회계 보고를 보면 총무부의 수입 총액 8962만 8680원 중에서 북장로교가 1000만 원, 호주 장로교가 500만 원을 차지했다.[66] 북장로교가 전체 액수 중에서 10% 이상을 차지한 것이다. 종교교육부의 수입 총액 3843만 9030원 중에서 북장로교가 847만 원, 남장로교가 463만 원, 캐나다 연합교회가 187만 5000원 등을 차지했다.[67] 이는 선교 자금의 약 40%에 해당했으며, 그중 거의 40%를 북장로교가 담당했다. 종교교육부는 원조 혹은 복구 사업을 위해 각 선교부와 긴밀한 연락을 취하고 있었다. 전시 구호 사업에는 주로 북장로교와 캐나다 연합교회가 적극적이었으며, 남장로교와 호주 장로교는 현안에 따라 협력했다. 1952년 제37회 총회에 보고된 총회 총수입액 3억 5001만 8455원에서는 북장로교가 1226만 3150원, 캐나다 연합교회가 94만 6000원 등을 차지했다.[68] 1953년도 제38회 총회의 수입 총액 보고에 의하면 총수입

63 같은 책, 34쪽. 1949년 북장로교 선교부 실행부 대표 애덤스는 신학 문제 해결에 관한 의견서를 제출했다.

64 같은 책, 41쪽.

65 같은 책, 127쪽.

66 같은 책, 161쪽.

67 같은 책, 169쪽

〈표 2-2〉 피난 교역자 구호 상황(1952년 4월~1953년 3월)

	교역자 수(명)			가족 수(명)		원조액(원)		총계(원)
	목사	전도사	유가족	세대수	인원	북장로교	캐나다 연합교회	
합계	2,135	2,680	1,137	5,952	23,708	14,948,150	1,368,998	16,317,148

자료: 대한예수교장로회 총회, 『총회회의록. 11』, 195쪽.

〈표 2-3〉 복귀 교역자 사항 보고(1952년 4월~1953년 3월)

	복귀 지구와 교역자 수(명)			원조 단체	원조액(원)
	경기	충북	기타		
합계	715	159	35	북장로교	1,465,950

자료: 대한예수교장로회 총회, 『총회회의록. 11』, 196쪽.

액 1억 535만 4100원 중 북장로교가 995만 원, 남장로교가 960만 원, 캐나다 연합교회가 187만 5000원 등을 차지했다.[69] 그 외에도 장로회 총회 기관지를 발행하는 자금, 복구 물자를 선교부에 주선해달라는 노회 차원에서의 요구 등 거의 재정 전반을 선교부에 의존했다. 각 선교부 중에서도 북장로교의 지원이 가장 우세했다.

북장로교와 캐나다 연합교회에서는 피난 교역자를 전적으로 지원했는데, 이 사업에서도 북장로교가 단연 앞섰다. 이에 대해서는 〈표 2-2〉와 〈표 2-3〉에 잘 나타나 있다.

〈표 2-2〉와 〈표 2-3〉에서처럼 피난 교역자 구호와 복귀 교역자 원조에서 북장로교가 거의 90% 이상을 차지했다. 이러한 사례에서 본 바와 같이 한국전쟁은 구호물자뿐만 아니라 선교 자금을 관리하는 선교사들의 권한을 강화한 계기가 되었다고 볼 수 있다. 당시 선교사들의 사무실 앞은 구호품과 교회 복구비를 얻고자 모여든 수많은 목사로 문전성시를 이루었다고 한다.[70]

68 같은 책, 198쪽.

69 같은 책, 210쪽.

한국전쟁 이후 선교사들은 예수교장로회 총회에서 요직을 차지했다. 전쟁 전까지는 협조 위원으로서만 참여했으나, 전쟁 발발 이후에는 요직까지 차지한 것이다. 1951년 총회 직영 신학교인 조선신학대학과 장로회신학교의 인가가 취소된 이후 설립된 총회신학교의 이사 및 교장, 종군목사위원회 위원, 전시특별사업위원회 위원, 총회 표준 주석위원회 위원 등을 맡았다. 신학교가 설립된 초기에 과도기적 성격의 이사로는 각 선교부(북장로교, 남장로교, 캐나다 연합교회, 호주 장로교)의 대표가 참여하는 것으로 되어 있었으나,[71] 신학교가 설립된 이후에는 북장로교 대표인 애덤스와 남장로교 대표인 윌리엄 린턴(William A. Linton; 인돈)이 참여했다.[72] 한편 교장은 북장로교의 아치볼드 캠벨(Archibald Campbell; 감부열)이, 교장 서리는 북장로교의 프랜시스 킨슬러(Francis Kinsler; 권세열)가 맡았다.[73] 종군목사위원회 위원으로는 선교사 3명이 참여했으며,[74] 전시특별사업위원회에는 각 선교부의 대표 4명이 참여했다.[75] 표준 주석위원회는 북장로교의 앨런 클라크(Allen D. Clark; 곽안전)와 킨슬러, 남장로교의 존 크레인(John C. Crane; 구례인), 조지프 호퍼(Joseph Hopper; 조하파) 등이 위원을 맡았다.[76] 장로교의 구제부는 회계 에드워드 오토 디캠프(Edward Otto DeCamp; 감의도)가 전쟁 중에 중심적인 연락 업무를 담당했다.[77]

예수교장로회 총회는 4개의 선교부 대표가 모두 참여했으나, 실제적인 역

70 강인철, 『한국기독교회와 국가 · 시민사회: 1945~1960』(한국기독교역사연구소, 1996), 118쪽.
71 대한예수교장로회 총회, 『총회회의록. 11』, 124쪽.
72 같은 책, 222쪽.
73 같은 책, 226~227쪽.
74 같은 책, 156쪽.
75 같은 책, 162쪽.
76 같은 책, 210쪽.
77 같은 책, 214쪽.

할을 한 선교부는 북장로교였다. 앞에서 보았듯이 북장로교 선교사들은 신학교 이사와 교장직을 차지했다. 대구 계명대학교의 이사장도 애덤스였다. 그는 이사를 선정할 때 자신이 지명한 인물을 총회에 청원하기도 했다.[78]

1954년에는 예수교장로회 총회 선교중앙협의회가 조직되어 예수교장로회 총회에 직간접적으로 영향을 미쳤다. 조직의 목적은 교회 사업에 대한 일체를 예수교장로회 총회와 선교부가 협의해 진행하는 것이었으며, 회원은 선교사 6명, 총회 대표 8명으로 구성되었다. 지방협의회도 조직되는 등 전국적인 조직이었다. 정기적인 모임은 예수교장로회 총회 전후로 회장이 소집했다.[79] 예수교장로회 총회 전후로 소집하겠다는 것은 총회와 긴밀한 관계를 유지하기 위한 것이었다고 할 수 있다. 이러한 조직을 통해 선교사들은 장로교에 더 큰 영향력을 행사할 수 있었다. 예를 들어 종교교육부에서 사업 추진 일체를 선교협의회와 총회 임원에게 일임해줄 것을 청원한 바 있으며,[80] 1955년 주일학교 대회도 선교협의회와 교섭해 개최하기로 하는 등[81] 선교협의회에 많은 권한을 주고 있었다. 그 외에 예수교장로회 총회에서는 구호 사업을 구체적으로 전개하기 위해 애덤스를 이사장으로 둔 자선 재단을 조직했다.[82] 이로써 한국전쟁이 휴전된 뒤 한국 장로교계 내에서 선교사들의 영향력은 지대해졌다.

이처럼 한국전쟁기를 통해 구호물자를 관리·통제하면서 선교사들의 영향력은 커졌는데, 특히 예수교장로회 총회에 재정적 지원을 가장 많이 한 북

78 같은 책, 259쪽. 애덤스는 경북 노회를 경유해 계명대학교에 이사로 명신홍의 파송을 청원했다.

79 같은 책, 278~280쪽.

80 같은 책, 283쪽.

81 같은 책, 330쪽.

82 같은 책, 284쪽.

장로교 선교사들의 영향력이 커졌다. 이들의 영향력 확대는 구호물자와 선교 자금뿐 아니라 한국 교회 내부에서 그들을 지지하는 세력이 있었기 때문에 가능했는데, 그 지지 세력이 바로 월남한 서북 출신 기독교인들이었다.

5. 북장로교 선교사와 월남한 서북 출신 기독교인들의 관계

2절에서 살펴본 바와 같이 한국전쟁기 한국 장로교는 크게 세 집단으로 나뉘어 있었다. 출옥성도, 조선신학원 그룹(기독교장로회), 월남한 서북 출신 기독교인들(예수교장로회) 등이었다. 이 중에서 미국 장로교 선교사들, 특히 북장로교 선교사들은 서북 출신의 월남 기독교인들과 밀착된 관계를 형성했다.

광복 이전 북장로교 선교사들과 서북 출신의 월남 기독교인들은 서북 지역에서 함께 활동했기 때문에 광복 이후에도 당연히 밀착된 관계를 형성할 수밖에 없었다. 반면 월남한 출옥성도들은 호주 장로교와 관계를 맺은 경상남도 지역의 신사 참배 반대 운동 세력에 합류했다. 호주 장로교의 주요 선교 사업 지역은 경상남도 지역이었다. 그리고 조선신학원 그룹은 주로 함경도에서 선교 사업을 했던 캐나다 연합교회와 밀착되어 있었다. 이와 같이 각 교파가 특정 지역에서 주로 사업을 전개했던 것은 19세기 말에 여러 교파가 한반도로 들어오면서 서로 간의 갈등과 마찰을 피하기 위해 취한 선교지 분할 정책 때문이었다.[83] 그러므로 북장로교 선교사들은 서북 출신의 월남한 기독교인들과 밀착될 수밖에 없었다. 이와 동시에 월남한 서북 출신 기독교인들을 대표하던 한경직은 영어 실력이 뛰어나 북장로교 선교사들의 통역을 전담했으며, 프린스턴 신학교(Princeton Theological Seminary) 동기·동창과의

83 한국기독교사연구회, 『한국 기독교의 역사. 1』(기독교문사, 1989), 213~217쪽.

학맥을 적극적으로 활용해 선교사들과 매우 가까운 관계를 맺을 수 있었다.[84] 이러한 관계를 통해 서북 출신의 월남 기독교인들은 북장로교 선교사들로부터 적극적인 지원을 받을 수 있었다.

월남한 서북 출신 기독교인들은 선교사의 지원을 받아 교회와 기독교 관련 단체를 통해 세력을 확대해나갔다. 서북 출신의 월남민들은 다른 지역과 비교했을 때 수적으로도 압도적이었다. 1945년 이후 한국전쟁 휴전 시까지 월남민 수는 학계의 추산과 정부 집계에 따르면 대체적으로 100만 명 정도로 추산된다.[85] 전쟁 전과 전쟁 후의 월남민 비율은 대략 3 대 7 정도로 파악되고 있다.[86] 북한에서 토지개혁이 단행된 1946년 3월부터 월남민 수가 급격히 늘어나다가 1948년 대한민국 정부가 수립된 뒤에 줄었다. 그 후 한국전쟁 기간에 다시 급격히 증가했다.[87] 1960년 인구 총조사에 나타난 월남민들의 출신 지역을 보면 서북 지역인 황해도와 평안도가 전체의 71.5%를 차지하며, 함경도는 28.5%를 차지한다.[88] 이처럼 서북 지역 출신자의 수가 가장 많다.

월남한 서북 출신 기독교인들은 광복 이후에 이미 정착한 동향 출신들의 도움을 받아 정착 기반을 마련했다. 광복 이후 정착한 월남민들은 월남민 교회와 월남민을 위한 각종 단체를 조직해 이들을 도왔다.

월남민들에게 도움을 준 대표적인 교회는 영락교회다. 앞서 언급했듯이 영락교회는 1945년 10월에 북한에서 기독교사회민주당을 조직한 후 월남한

84 민경배 대표 집필, 월드비전 한국 엮음, 『월드비전 한국 50년 운동사: 1950~2000』(홍익재, 2001), 152쪽.

85 강인철, 『한국의 개신교와 반공주의』(중심, 2007), 410쪽; 김귀옥, 『이산가족, '반공전사'도 '빨갱이'도 아닌……』(역사비평사, 2004), 57쪽.

86 같은 책, 156쪽.

87 강인철, 『한국의 개신교와 반공주의』, 411~412쪽.

88 같은 책, 413쪽.

한경직의 주도 아래 설립되었다. 한경직은 1917년 평안북도 정주의 오산학교와 숭실전문학교를 졸업하고 미국의 엠포리아 주립 대학교(Emporia State University)와 프린스턴 신학교에서 수학했다. 미국 유학은 오산학교 교장이면서 서북 지역의 대표적인 민족주의자인 이승훈을 비롯한 기독교계 인맥으로 갈 수 있었다. 엠포리아 주립 대학교는 윤치호와 블레어의 추천을 통해 갔다.[89] 한경직은 서북 지역의 대표적인 민족주의 학교인 오산학교와 숭실대학(1925년 이후 숭실전문학교)을 다니면서 안창호, 이승훈, 조만식의 영향으로 서북 지역의 특별한 역사를 배경으로 하는 민족주의의 영향을 강하게 받았다. 귀국해 평양 숭인상업학교에서 잠시 교편을 잡은 한경직은 숭실전문학교 교수로 정식 부임하려 했다. 그러나 일제의 방해를 받아 실패하고 신의주 제2교회의 전도사로 부임했다. 그는 1934년 목사 안수를 받은 후 목사로 재직했다. 1941년 태평양전쟁을 일으킨 일제는 한국 기독교 지도자들을 사회로부터 격리·구금했는데, 이때 한경직도 목사 자리를 내놓아야 했다.[90]

1945년 광복 이후 한경직은 북한에서 공산주의자들에 대항하기 위해 기독교 최초의 정당인 기독교사회민주당을 윤하영과 함께 조직했다. 윤하영은 평안북도 의주 출신으로 평양신학교 졸업 후 용계동교회 목사로 재직했다. 1923년 목사를 사임한 후 상하이임시정부에서 군자금 모금 활동을 했으며, 난징 대학(南京大學)에 재학 중이던 1924년 미국 프린스턴 신학교로 유학을 가서 신학을 공부했다. 귀국 후 신의주 제1교회 목사로 재직했으며, 1939년 예수교장로회 총회장으로 선출되었다. 윤하영은 신사 참배와 창씨개명을 반대했다는 이유로 일제 경찰의 감시를 받다가 1941년 구속되어 6개월간 수감생활을 했다. 출옥 후에는 교회에서 추방당했다. 이와 같은 이력을 지닌 한

89 민경배, 『월드비전 한국 50년운동사』, 153쪽.

90 영락교회 엮음, 『영락교회 50년사』(영락교회, 1998), 55~58쪽.

경직과 윤하영은 전국적으로 유명해진 대표적인 기독교인이었다.[91]

이들은 서북 지역의 강한 민족주의의 역사적 전통을 계승한 기독교 지도자로서 명성이 높았기 때문에 많은 기독교인의 지지를 얻을 수 있었다. 그래서 이를 기반으로 기독교사회민주당을 결성할 수 있었던 것이다. 공산주의자들과의 최초의 물리적 충돌은 신의주에서 약 10리 거리에 있는 용암포에서 발생했다. 이 사건에는 기독교사회민주당을 결성했던 한경직과 윤하영 등이 관련되어 있었다. 이 사건의 발단에 대해서는 자료에 따라 조금씩 차이가 있다. 김양선의 『한국기독교해방십년사』에 의하면 이 사건에 대해 다음과 같이 설명하고 있다. 1945년 11월 16일 용암포에서 기독교사회민주당(이후 사회민주당) 지부 결성 대회가 개최되었는데, 용암포의 경금속 노동자들이 대회장을 습격해 간부들을 폭행했다. 이날 장로 1명이 사망하고 교회 건물과 당 간부의 주택이 큰 피해를 입었다는 것이다. 이 사건이 11월 23일 신의주 학생 시위 사건의 도화선이 되었다고 한다.

이와 달리 당시 용암포 사건 당사자였던 장원봉은 사건의 발단에 대해 다음과 같이 설명하고 있다.[92] 평양에서 조선민주당이 결성되자 용암포에서도 지부를 만들자는 의견이 나와 조선민주당 용천군 당부를 조직하기로 결정했다. 그래서 11월 15일 양시 보성학교에서 400명의 대표자가 참석한 가운데 준비위원장의 사회로 개최되어 조선민주당 군 당부 설립을 만장일치로 가결했다. 그 산하 단체로 고려청년단, 수산학교 학생 중심으로 학생단이 조직되었다. 11월 21일 용암포 군 당부 결성식이 용암포 유치원에서 거행되었다.

---

91 조동진, 『나는 사형수의 아들이었다: 지리산으로 간 목사』(별, 1994), 138~139쪽.

92 장원봉은 일제강점기의 여성 독립운동가인 차경신의 동생 차경수의 남편이다. 차경신은 한경직과도 서신을 교환하는 친밀한 관계였다[장원봉, 「용암포 조선민주당 수난사건」, 『호박꽃 나라사랑: 대한여자애국단 총무 차경신과 그의 가족 이야기』(기독교문사, 1988), 217~233쪽].

오후에는 선전부 주최로 독립 초청 강연회가 개최되었다. 이 모임에는 공산당 용암포 책임자, 농민조합, 노동자조합, 고려청년단 대표, 학생 대표 몇 명이 각각 연설했다. 조선민주당 측에서 소련군의 만행과 받아들이기 어려운 여러 가지 정책에 대해 비판했다. 강연회가 끝난 후 학생들은 공산주의자들을 비판했고, 보안서원들이 학생들을 구타함으로써 큰 충돌이 일어났다. 이 때문에 학생 10여 명이 체포되었다. 다음 날 학생들은 남시, 양시, 신의주 등지의 학생들과 연락해 용암포에서 군 자치위원회와 공산당 타도를 외쳤다. 공산당원과 조선민주당 간의 격렬한 충돌은 이후 신의주 학생 시위 사건이 일어나는 계기가 되었다. 이 사건의 진상을 알기 위해 김일성은 신의주로 급히 갔다. 그는 "우리는 신의주에서 사회민주당이 조직한 중학생들이 무장을 하고 도 당위원회를 습격한 사실을 보게 되었다"라고 보고했다.[93]

김양선은 기독교사회민주당으로 기록했고, 장원봉의 자료에는 조선민주당이라고 되어 있는데, 앞에서 언급한 바와 같이 김일성은 신의주 학생 시위 사건의 배후를 사회민주당으로 보고했다. 조선민주당이 설립된 이후 각 지역에서 지부 결성 움직임이 활발하게 일어난 것으로 보아 용암포도 이러한 흐름에 따랐던 것으로 보인다. 따라서 용암포 사건의 발단은 조선민주당 지부 결성이 더 타당한 것으로 추정된다. 김일성이 사회민주당이라고 보고한 것은 사회민주당 세력이 여전히 남아 있었고 이를 기반으로 조선민주당 지부를 결성하려고 한 데서 비롯된 착오로 보인다. 어쨌든 이 세 자료를 보았을 때 신의주 학생 시위 사건은 한경직과 윤하영이 조직한 기독교사회민주당과 밀접한 관련이 있었다고 할 수 있다. 이 사건으로 소련군 사령부는 기

93 김일성, 「북부조선당 공작의 착오와 결점에 대하야: 조공북조선분국(朝共北朝鮮分局) 중앙 제3차 확대집행위원회에서 보고」, 국사편찬위원회 엮음, 『북한관계사료집』(국사편찬위원회, 1982), 5쪽.

독교사회민주당 간부들을 체포하기 시작했다. 한경직과 윤하영은 검거를 피해 이 사건이 일어나기 전인 10월에 월남했다.[94] 그 뒤로 기독교 지도자들의 탈출이 이어졌다. 한편 소련군 사령부에서는 신의주 학생 시위 사건에 기독교사회민주당이 있다는 사실을 알고 이들의 경제적 지지 기반을 붕괴시키기 위해 토지개혁을 구상하기 시작했다. 한경직은 월남하자마자 교회부터 설립했다. 이 교회가 영락교회의 전신인 베다니 전도교회였다. 1945년 12월 2일 아침 월남한 기독교인 27명이 모여 한경직 거처에서 첫 예배를 시작한 것이 베다니 전도교회의 시작이었다. 영락교회에서는 이날 예배를 드린 사람들을 가리켜 '북한 탈출 성도 27인'이라고 하며,[95] 영락교회를 '탈출 신앙 공동체'로 지칭한다.[96] 이날 저녁 예배에는 한경직과 윤하영을 포함한 7명이 참석했다. 이들은 이후 격증하는 피난민들을 결집할 수 있는 교회를 설립하기로 의견을 모았다.[97]

윤하영은 미 군정청 공보부 여론조사과장을 지내다가 1948년 정부 수립 이후에 충청북도 도지사를 지냈다.[98] 따라서 월남한 기독교인들은 교회를 설립한 한경직을 중심으로 결집하기 시작했다. 북한에서 공산당과 대치하다가 이를 피해 월남한 사람들의 '탈출 신앙 공동체'인 영락교회는 월남한 기독교인들의 남한 정착 안내 및 구호, 나아가 반공의 전투 기지 역할을 했다. 예를 들어 영락교회 청년회와 학생회는 반공산주의 운동에 앞장선 조직이었다. 이들은 1946년에 결성된 서북청년회의 핵심 구성원이었다. 청년회 간부와

---

94 한국기독교역사연구소 북한교회사집필위원회, 『북한교회사』(한국기독교역사연구소, 1996), 388~389쪽.

95 영락교회 엮음, 『영락교회 50년사』, 64쪽.

96 같은 책, 41쪽.

97 같은 책, 65쪽.

98 강진화, 『대한민국 인사록』(내외홍보사, 1949), 102쪽.

회원은 북에서 공산당과 대치하다가 월남했기 때문에 반공 투쟁에 매우 적극적이었으며, 학생회는 학내의 공산주의 지지자들과 맞서는 최선봉 단체였다. 『영락교회 50년사』에 의하면 반세기 동안의 청년회 활동이 한국 교회 반공 운동의 보루였음을 자랑하고 있다.[99]

교회가 설립된 후 월남한 많은 기독교인이 이곳으로 결집하기 시작했다. 1945년 12월 모스크바삼상회의의 결정에 대해 조만식과 많은 기독교인은 반탁 운동을 전개했다. 소련군 사령부는 조만식을 체포한 후 고려호텔에 연금했다. 그러나 기독교인들은 이에 굴하지 않고 계속해서 반탁 운동을 전개해 나갔다. 그리고 조만식을 비롯한 교역자들이 구금된 것에 대해 항의성 집회를 개최했다. 2월 23일부터 25일까지 평양 서문 밖 교회에서 장로교 면려청년회 서북연합회는 면려청년대회를 개최했는데, 이는 항의 집회의 성격이 강했다.[100] 북한 전역을 망라하는 연합 노회인 이북5도연합노회는 감리교와 함께 1946년 삼일절을 기념하는 예배를 개최하면서 모스크바삼상회의를 지지하는 공산당을 강도 높게 비판했다.[101] 이북5도연합노회는 1945년 11월 평안북도 6노회 교역자 퇴수회를 기반으로 조직되었다. 평안북도 6노회 교역자 퇴수회는 북한 전역의 교역자 200여 명이 모여 북한 교회의 재건을 논의하기 위해 만들어진 모임이었다. 원래 취지는 초교파적으로 일제강점기 때 신사에 참배를 했던 교역자들을 단죄함으로써 북한 교회를 재건하고자 하는 데 있었다. 그런데 앞에서 언급한 바와 같이 당시 기독교사회민주당과 공산주의 세력 간의 충돌로 기독교인들이 체포되는 심각한 상황에 이르자, 친일 행위를 비판하기보다는 공산 세력에 대항하기 위한 공동 전선을 구축

---

99 같은 책, 99~100쪽.

100 한국기독교역사연구소 북한교회사집필위원회, 『북한교회사』, 394쪽.

101 영락교회 엮음, 『영락교회 50년사』, 394쪽.

하는 데 더 합의한 것으로 보인다. 그래서 북한 전역의 16개 노회에 연락을 취해 북한 지역만이라도 먼저 연합 노회를 조직하기로 결정했다. 그 결과 만들어진 것이 이북5도연합노회다. 연합 노회는 일차적으로 남한 교회와의 연락, 이승만과 김구 방문 등에 중점을 두었다.[102] 북조선임시인민위원회에서는 삼일절 기념 예배가 시작되기 전에 교역자 55명을 체포했다. 그런데도 이북5도연합노회에서는 삼일절 기념 예배를 개최했고, 여기에서 창동교회 목사 황은균이 신탁 통치를 지지하는 공산당을 강력히 비판했다. 그러자 적위대 대원들이 그를 체포하려고 교회 안으로 들어오면서 충돌이 일어났다. 그 외에도 평안북도 의주동교회에서 삼일절 기념 예배를 드리던 목사 김석구가 공산주의 지지자들에게 곤욕을 치렀다. 1946년 3월 17일에는 의산노회장 김관주도 신도 대회를 소집해 이러한 공산 세력의 만행을 규탄했다. 1946년 부활절에도 면려청년회에서 연합 예배를 개최한 후 공산 세력에 맞선 신자들의 단결을 강화하고자 지방 전도 활동에 나섰다.[103]

이러한 상황에 북조선임시인민위원회에서는 1946년 3월 5일 '토지개혁법령'을 공포함으로써 기독교인들의 경제적 기반을 완전히 붕괴시켰다. 김성보의 연구에서 지적한 것처럼 토지개혁은 한경직의 기독교사회민주당과 매우 관련이 깊었다. 소군정이 토지개혁을 구체적으로 구상한 시점은 기독교사회민주당이 촉발한 신의주 학생 시위 사건 직후인 1945년 11월 30일이었다. 조선공산당 북조선 분국에서는 이 사건의 배후에 기독교사회민주당이 있다고 판단했으며, 공산당원이 대중과 분리되어 있다는 사실도 알게 되었다. 따라서 소군정과 김일성이 구상한 정권을 수립하기 위해서는 토지 소유자들의 경제적 기반을 해체할 필요성이 절실해졌다. 이후 토지개혁 구상은

102 한국기독교역사연구소 북한교회사집필위원회, 『북한교회사』, 355~357쪽.

103 같은 책, 394쪽.

더욱 구체화되었고 1946년 3월에 이르러 법령으로 공포되었다. 이 법령 3항에 의하면 "5정보 이상을 소유한 조선인 지주, 자경하지 않고 전부 소작을 주는 자, 그리고 5정보 이상을 소유한 성당, 승원, 기타 종교 단체의 소유자 등이 몰수 대상에 속한다"라고 되어 있다.[104] 5정보 이상의 지주는 토지뿐만 아니라 축력, 농업 기구, 주택의 일체 건축물, 대지 등까지 몰수당했고, 5정보가 넘지 않은 경우에는 토지만 몰수당했다. 5정보 이상을 소유한 종교 단체 중 가장 큰 손해를 본 교단은 천주교와 불교였지만, 기독교계는 지지 기반 자체를 상실해버렸다.[105] 서북 지역은 농민 가운데 소작농이 적고 자작농이 많은 지역이었으므로 이남 지역보다는 비교적 경제적으로 균형을 이루고 있었다. 이것은 일제가 시행한 토지조사사업의 영향이 컸다. 일제는 1910년에 토지조사사업을 시행하면서 등록한 토지에 대해서는 수조권자의 지주 지위를 인정하고 등록하지 않은 토지에 대해서는 경작 농민을 소유권자로 인정했다. 경기·삼남 지역에서는 토지 점유자 대다수가 양반, 관료, 지주 계층이었으므로 경작 농민들은 소작농으로 전락한 반면, 토지 점유자들이 거의 없었던 서북 지역에서는 경작자 모두가 토지 소유권자가 되었다.[106] 그래서 서북 지역은 경기·삼남 지역과 달리 소작농보다는 자작농이 훨씬 많았고, 기독교인 중소 지주도 많았다. 이는 1928년 IMC 예루살렘 대회에서 보고된 에드먼드 브루너(Edmund de S. Brunner) 박사의 글 「한국 농촌: 경제적·사회적·종교적 상황에 대한 예비적 조사(Rural Korea: a preliminary survey of economic, social, and religious conditions)」에 잘 나타나 있다. 즉, 북쪽 지역은 자작농 비율과 농가 수입 면에서 남쪽 지역보다 높은 수치를 기록하고 있는데, 이 지

---

104 김남식 외, 『해방전후사의 인식. 5, 북한편』(한길사, 1989), 222쪽.

105 김성보, 『남북한 경제구조의 기원과 전개』(역사비평사, 2000), 151~168쪽.

106 독립운동사 편찬위원회 엮음, 『독립운동사. 2, 3·1운동사(상)』(독립유공자 사업기금 운용위원회, 1971), 499쪽.

방의 기독교인들은 비기독교인들보다 토지 소유율이 높았다. 조사 대상이 된 마을의 전체 인구 중 교인의 비율도 34.5%로서 중부 20%, 남부 12.5%보다 높았으며, 성인 남성 교인의 비율도 47.6%로서 중부 39.2%, 남부 40.6%보다 높았다.[107] 북한의 토지개혁에서 몰수 범위를 보면 5정보 이상 소유한 지주의 토지는 23.7%, 전부를 소작 주는 자의 토지는 26.2%, 영세 지주로서 계속 소작을 주는 토지는 35.6%였고, 그 외에 월남자의 토지도 포함되어 있었다. 북한의 지주제가 대지주보다 중소 지주 중심으로 형성되어 있었기 때문에 몰수당한 영세 지주의 비중이 가장 높았다. 1946년 3월에 토지개혁을 시행한 이후 단 한 달 만에 지주제가 완전히 해체되었다.[108] '토지개혁령'은 북한 지역의 중소 지주였던 교회 제직자(諸職者)들에 대한 축출령이었다고 월남한 기독교인들은 주장했다. 이러한 사실로 판단해보았을 때 토지개혁은 기독교인들에게 경제적으로 큰 타격을 주었다고 할 수 있다. 이 때문에 교회 제직자들은 자성, 후창 등의 평안북도, 함경도 등으로 피난했으며, 대다수는 월남했다.[109]

서북 지역의 기독교인들은 조만식의 연금 후 기독교인들의 정당이던 조선민주당이 공산주의자들의 정당이 되었기 때문에 기독교인들을 보호할 수 있는 다른 당의 창설을 절실히 원했다. 그래서 1945년 계획되었던 기독교자

---

107 Edmund de S. Brunner, "Rural Korea: a preliminary survey of economic, social, and religious conditions," *The Christian Mission in Relation to Rural Problems*, Vol. 6 (London: Oxford University Press, 1928), pp. 123~131, 172~173; 장규식, 「제1차 세계대전 이후 기독교 사회선교의 새로운 모색: *The Christian Mission in Relation to Rural Problems* 해제」, 『자료총서 24집: The Christian Mission in Relation to Rural Problems』(한국기독교역사연구소, 1999), 319쪽.

108 김성보, 『남북한 경제구조의 기원과 전개』, 127, 151~156쪽.

109 이북신도대표회 문집간행위원회, 『이북신도대표회 문집』(이북신도대표회 편집위원회, 1984), 6~7쪽.

유당의 결성에 관한 논의가 1946년에 이르러 다시 시작되었다. 장로교 목사 김화식의 주도로 기독교자유당의 결성 움직임이 시작되었다. 1947년에 들어서면서 김화식은 그동안 기독교민주당 조직을 추진하던 감리교와 연합해 기독교자유당을 조직하고자 했다. 여러 차례 준비 모임을 가지면서 창당을 하려 했으나 1947년 6월 15일 북한 당국에 의해 발각되어 김화식을 비롯한 주요 구성원이 모두 체포되었다. 풀려나온 김화식은 창당을 재개하려 했으나 다시 발각되어 40여 명이 투옥되었다. 이러한 과정에서 많은 기독교인이 월남했다.[110]

영락교회에서는 이처럼 북한 정권에 저항하다가 월남한 많은 목사를 돕기 위해 이북신도대표회를 결성했다. 이 단체는 1947년 8월 15일 월남 목사 20여 명이 조직했다. 이들은 "교회의 장로급 지도자들은 지주라 하여 축출하니 부득이 월남하게 되었고"라고 밝혔다. 그러면서 당시 북조선임시 인민위원회는 300명 이상의 지주에게 24시간 이내에 토지, 가옥 등 소유 재산을 포기하고 떠날 것을 강제했다고 했다. 앞에서 언급한 바와 같이 교회 제직자들이 모두 북한 지역의 중소 지주였기 때문에 실제로 이 조치는 교회 직원 '축출령'이었다는 것이다.[111] 김일성은 1948년 3월에 개최된 노동당 제2차 당대회에서 "반동적인 장로, 목사로서 땅이 없던 자는 거의 없고 이들은 이때까지 놀고먹기만 했기 때문에 우리에게 불평을 가지고 있습니다"라고 비판했다.[112]

이북신도대표회의 첫 회에서 한경직, 김성준 등이 회장과 서기로 각각 선임되었다. 기독교 지도자들의 월남이 거의 완료된 이후인 1949년에 조직을

110 한국기독교역사연구소 북한교회사집필위원회, 『북한교회사』, 390~392쪽.

111 이북신도대표회 문집간행위원회, 『이북신도대표회 문집』, 6~7쪽.

112 연세대학교 대학원 북한현대사연구회, 『북한현대사. 1, 연구와 자료』(공동체, 1989), 552쪽.

확대·강화했다. 조직을 강화하기 위한 대책과 경비 판출에 관련된 위원으로 한경직, 이인식, 윤하영, 박형룡, 김양선 등을 선임했다. 그리고 사업 분야를 7개 부서로 조직해서 다음과 같이 전문 위원을 두었다. 교회 설립 문제 이인식, 교회 의식 문제 윤하영, 군인 교화 문제 이응화, 청년 지도 문제 황은균, 대북 선전 문제 김양선, 당면 정치 문제 박학전, 학생 원호 문제 김성준 등이었다.[113]

월남한 서북 지역의 기독교인들은 구호물자와 선교 자금을 독점하고 있는 선교사를 통해 남한 기독교계에서 강력한 세력으로 성장했다. 선교사들과의 관계는 이북신도대표회를 통해 이루어졌다. 광복 이후 재입국한 선교사들은 초기에 신중한 태도를 취하면서 한국의 상황을 주시했다. 그들은 일제에 의해 축출되기 전과 같이 교회에서 주도권을 행사할 수 없었다. 초기에는 주도권 행사를 뒷받침할 재정적 기반이 없었기 때문이다.

선교사들은 선교 본부에서 받은 지원금으로 한국에서 자신들의 기반을 다시 구축해야 했다. 때마침 월남한 교역자들도 남한에서 새로운 토대를 만들어야 하는 상황이었다. 남한 지역의 선교사들과 월남 교역자들은 서로를 필요로 하는 상황이 되었다. 이북신도대표회는 첫 모임에서 월남한 기독교인을 위한 교회 신설과 자녀 교육을 위한 중등교육기관 설립 등을 결의했다. 이에 필요한 자금은 북장로교 선교부에서 지원을 받기로 결정했다. 한경직은 북장로교 선교부와 교섭해 교회 설립 기금 10만 달러, 학교 설립비 5만 달러 등 총 15만 달러를 지원받았다. 이북신도대표회에서는 이 지원금을 베다니 전도교회 2만 달러, 성도교회 1만 달러, 나머지 7만 달러는 개척 중인 교회에 300만 원, 개척에 착수하려는 교회에 200만 원, 앞으로 개척할 교회에 100만 원 등을 지급하기로 결정했다. 1948년 10월 이북신도대표회의 보고에

113 이북신도대표회 문집간행위원회, 『이북신도대표회 문집』, 16쪽.

의하면 총 19개 교회가 서울을 중심으로 설립되었다.[114]

이뿐만 아니라 1949년에도 북장로교 선교부에 다음과 같은 명목으로 지원금 지급을 요구했다. 야간 대학 설립 및 경비 4만 달러, 장로회신학교 복구비 4만 달러, 월남 이북 학생을 위한 학사 설치비 3만 5000달러, 청소년 지도비 2만 5000달러, 원호사업비 3만 달러, 자선 사업 기관 설치비 2만 달러 등 총 19만 달러였다. 그 외에 미국 유학생 2명씩 파견, 기독교 박물관 조성을 위해 3만 달러 등을 요구하기로 결정하면서 이는 서북 지역 출신으로 한정하고 복구비를 지급받는 개교회(個敎會)의 당회에 이북신도대표회가 참가권을 가지기로 했다.[115] 이로써 이북신도대표회가 개교회를 통제할 수 있는 권한을 가지게 되었다. 1949년 10월경에는 서울·경기 지역에서만 총 44개 교회가 이북신도대표회의 지원을 받아 설립되었다.[116] 이와 같이 한국전쟁 전 남한에서 서울·경기 지역 중심으로 활동 기반을 마련했지만, 장로회 총회에서는 주도권을 확보하지 못했다.

그러나 한국전쟁을 거치면서 월남한 서북 출신 기독교인들은 장로회 총회를 주도하게 된다. 이는 앞에서 설명했듯이 전쟁 구호물자와 선교 자금을 관리하고 통제하는 선교사들과 밀착된 관계를 통해 이루어졌다고 볼 수 있다. 여기에서 중심적인 역할을 한 것이 이북신도대표회였다.

1945년 광복 이후 서울·경기 지역을 중심으로 정착했던 월남 기독교인들은 1950년에 전쟁이 발발한 이후 월남민이 크게 증가하면서 전국적으로 분산되었다. 이들은 피난 지역에서 많은 교회를 설립하며 지역 기반을 만들었다. 전쟁 발발 후 월남 기독교인들과 선교사의 관계는 더욱 밀접해졌다. 1950년

114 같은 책, 14~15쪽.

115 같은 책, 17~21쪽.

116 같은 책, 31쪽.

7월 28일 이북신도대표회는 조직을 더욱 강화하고자 부회장 2명과 공천 위원 3명을 추천하기로 결정했는데, 이때 선교부 위원 1명도 추가하기로 결정했다. 그리고 1949년 이북신도대표회의 협동 총무가 된 킨슬러가 1950년 10월 14일에 개최된 이북신도대표회에 직접 참가해 『성서』를 봉독했다.[117] 킨슬러는 1928년 북장로교 선교사로 내한해 활동하다가 귀국한 후 1948년 다시 내한했으며, 1951년에는 북장로교 한국 선교사를 대표했다.[118]

이북신도대표회는 1950년 11월 20일 제8회 회의에서는 북한 교회의 재건, 북한 교회에 한경직, 김양선, 킨슬러 등으로 구성된 위문단 파견, 유엔한국통일부흥위원단(The UN Commission for the Unification and Rehabilitation of Korea: UNCURK)의 내한에 대한 대책, 피난민 구호 대책 등에 대해 결정했다.

북한 교회의 재건은 주로 교회와 학교를 복구하는 사업이 주를 이루었다. UNCURK에 이북신도대표회는 조선민주당, 이북대표단 등과 연석회의를 개최해 각각 대표 30명씩을 선정해 보낼 것을 결정했다. 피난민 구호 대책 사업 중 주택 문제에 대해서는 공동생활을 할 수 있는 주택으로 건축·입주할 것, 의류 문제는 각 동·반 단위로 미리 조사해 순위대로 배급할 것, 식량 문제는 정부의 구호 사업과 중복되지 않는 범위 내에서 그 가정의 총수입이 가족생계비의 절반이 되지 않는 가정 구성원에 대해 식량과 연료를 무상으로 배급할 것, 납치당한 신자와 교역자의 가족 중 생활이 곤란한 가정을 조사해 미국 정부와 각 교회 또는 친우에게 보고해 개인 주소로 구호품을 보내도록 할 것 등이었다. 이에 필요한 경비를 조달하기 위해 북장로교 선교부 실행위원회에 한경직, 이인직을 파견해 교섭하기로 결정했다.[119]

117 같은 책, 32~34쪽.

118 김승태·박혜진 엮음, 『내한선교사총람』(한국기독교역사연구소, 1994), 331쪽.

119 이북신도대표회 문집간행위원회, 『이북신도대표회 문집』, 26~28쪽.

이북신도대표회는 이와 같이 북장로교 선교사들과 더욱 밀접한 관계를 유지하면서 1952년부터는 전국적인 조직이 되었다. 경기 북지회, 경기 남지회, 충북 지회, 충남 지회, 전북 지회, 전남 지회, 경북 지회, 경남 지회, 제주 지회 등 총 9개 지회가 만들어졌다.[120] 1952년 4월에 개최된 이북신도대표회에서는 당 기관들에 많은 도움을 준 기관 중 하나인 북장로교 선교부에 감사장을 보내면서 원조를 청원하기로 결정했다. 내용을 보면 전국 9개 지회에 모자원을 각각 설치하기로 하고 설치비로 9000만 원, 학사 5개 처 설치비로 1000만 원, 군산·청주·이리·인천·소사 등에 중고등학교 설립 자금 5만 원, 특별 전도 목사 2명을 선정해 1인당 생활비로 매월 2만 원씩 원조, 피난 교회 15개 처의 신설에 1500만 원 등이었다. 또한 지도자 양성을 위해 매년 10명씩 미국에 파견·연구시키기로 결정하고 북장로교 선교부에 도움을 요청하기로 결정했다. 교섭 위원으로는 한경직, 김양선, 고한규 등을 선정했다.[121] 이와 같이 이북신도대표회는 북장로교 선교 본부의 지원을 통해 많은 교회를 신설했고, 이를 기반으로 장로회 총회에서 주도권을 확보해나갔다.

1952년 4월 37회 예수교장로회 총회에서 38이북 노회가 이남으로 월남한 것을 인정한다는 '비상조치법'을 제정하자, 이북 노회 대표자들은 광복 이전의 마지막 총회였던 제31회 총회의 총대 자격과 숫자를 인정하라고 강력하게 요구해 이를 관철했다. 이들의 요구가 받아들여진 것은 전국적인 규모로 신설된 많은 교회가 있었기 때문이다. 이로써 북한 지역을 대표하는 10개 노회 67명의 총대가 정식 회원으로 인정받았다.[122] 1953년 38회 총회에서는 순천과 용천이 더 포함되어 총 12개 노회가 만들어졌다. 월남한 서북 출신 기

120 같은 책, 36쪽.

121 같은 책, 40~42쪽.

122 대한예수교장로회 총회, 『총회회의록. 11』, 167~168쪽.

독교인들은 장로회 총회에서 거의 40% 정도의 권력 지분을 확보하게 되었다. 월남한 서북 출신 기독교인들의 남한 교회 편입이 완료되자, 1953년 총회에서 이북신도대표회 소속인 명신홍과 한경직이 예수교장로회 총회장과 부총회장으로 당선되었다. 이후 1950년대 예수교장로회 총회의 총회장 8명 중 3명이 이북신도대표회 소속이었다.[123] 기독교장로회 김재준의 회고에 따르면 당시 북장로교 선교사들은 월남한 서북 출신 기독교인들을 지지하기 위해 위험한 작전 기지와 민간인 출입 금지 지역까지 들어가 선교사들을 불러 모았다고 했다.[124] 이러한 과정에서 월남한 서북 출신 기독교인들이 장로교를 장악했다.

북장로교 선교사들과 밀접한 관계를 맺고 있던 월남한 서북 출신 기독교인들은 구호물자와 선교 자금을 독점함으로써 자신들의 지지 기반을 확대해 나갔다. 실제로 충북 노회장을 지낸 구연직은 북장로교 선교부와 월남한 서북 출신 기독교인들에게서 다음과 같은 제안을 받았다. 구연직은 충북노회장이 된 뒤 교육기관을 설립하는 과정에서 교사 건축 자금을 구할 수 없었다. 당시 예산으로는 4만 달러가 필요했는데, 이때 월남한 서북 출신 기독교인들 측(예수교장로회)에서 만일 자기들과 뜻을 함께한다면 필요한 자금을 지원해주겠다고 제의했다. 구연직은 제직회를 열어 예수교장로회와 기독교장로회(조선신학교 그룹)가 학교를 함께 운영하는 합동 위원회를 조직해 4만 달러를 받는 것으로 결정했다. 그러나 북장로교 선교부에서 이를 거절해, 할 수 없이 캐나다 연합교회 선교부에서 4만 달러를 받아 학교를 설립할 수 있었다고 했다.[125]

---

123 강인철, 『한국의 개신교와 반공주의』, 454쪽.

124 김재준, 『범용기』, 234쪽.

125 장병일, 『살아있는 갈대』(향린사, 1968), 239~240쪽.

지금까지 살펴본 바와 같이 재입국한 선교사들이 월남한 서북 출신 기독교인들과 밀착 관계를 형성할 수 있었던 것은 이미 광복 전부터 같은 지역에서 활동했다는 것과 월남한 서북 출신 기독교인들을 대표하던 한경직의 통역을 통한 밀착된 관계, 영락교회와 이북신도대표회를 중심으로 한 관계망 형성 등에 있었다. 이와 같이 월남한 서북 출신 기독교인들이 교계에서 주도권을 확보할 수 있었던 것은 선교사들과 밀착된 관계를 통해 구호물자와 선교 자금을 독점할 수 있었기 때문이다. 한국전쟁의 발발로 월남한 서북 출신 기독교인들은 미국 선교사와의 밀착된 관계를 통해 장로교를 장악하고 전쟁 구호물자를 독점했으며, 이를 기반으로 KNCC도 주도하면서 한국 교회를 대표하는 세력으로 부상했다.

6. 맺음말

지금까지 이 장에서는 기독교사회민주당을 조직했던 한경직을 대표로 하는 월남한 서북 출신 기독교인들이 한국전쟁을 기회로 남한에서의 교권 투쟁에서 어떻게 주도권을 장악할 수 있었는지를 밝혀보았다.

한국전쟁 직후 장로교는 고신파, 기독교장로회, 예수교장로회 등으로 분리되었으며, 총회의 주도권을 예수교장로회, 즉 월남한 서북 출신 기독교인들이 장악했다. 이는 한국전쟁기 구호물자, 선교 자금, 선교사 등과 깊은 관련이 있다. 당시 기독교 외원 단체 중에서 가장 대표적인 조직이 CWS였다. 1946년 미국에서 창설된 이 단체가 한국 사회에 관심을 둔 이유는 공산주의자들에 의해 어려움에 처한 북쪽 지역에서 월남한 기독교인들 때문이었다. 1949년 공식적으로 조직된 이후 한국전쟁으로 잠시 중단되었다가 1951년 재조직되었다.

구호 사업은 주로 전쟁미망인, 부모를 잃은 아이, 수족이 절단된 사람들을 대상으로 했다. WCC의 지원과 협력하에 수집된 CWS의 구호물자는 점검이 불가능할 정도로 방대했다. 이러한 구호물자를 모집하기 위해서는 대대적인 홍보가 필요했다. 미국을 비롯한 세계 각지에 공산주의자들의 패륜적 행위에 초점을 맞추어 홍보했다. 특히 학살 장면, 전쟁으로 남편을 잃은 과부들, 부모를 잃은 아이들, 수족이 절단된 사람들 등을 통해 공산주의자들이 얼마나 패륜적인 사람들인지를 전 세계를 향해 알렸다. 이러한 과정에서 미국을 중심으로 한 세계 각지의 기독교인들을 반공 전선으로 결집시켰다. 이와 같은 반공 전선의 형성은 더 방대한 구호물자 모집으로 다시 이어졌다.

미국 선교 본부와 선교사들은 구호물자와 선교 자금을 통해 한국 교회에서 자신들의 영향력을 확대했다. 이들이 이러한 영향력을 가질 수 있었던 것은 월남한 서북 출신 기독교인들의 역할이 컸다.

월남한 서북 출신 기독교인과 선교사들이 서로 밀접하게 관계를 맺을 수 있었던 것은 19세기 말부터 연계가 있었기 때문이다. 또한 한경직의 통역과 개인적 역할이 크게 작용했다. 게다가 월남한 서북 출신 기독교인들은 영락교회와 이북신도대표회를 중심으로 선교사와의 관계망을 형성해나갔다. 이러한 일련의 관계를 통해 한국전쟁 직후 예수교장로회 총회는 월남한 서북 출신 기독교인이 주도하게 되었다. 1950년대에 그들은 세계 교회와 미국 교회의 지지와 연대로 강력한 반공 세력이자 정치적·사회적으로 영향력 있는 집단으로 부상하기 시작했다.

제 3 장

이승만의 WCC 공격과 KNCC

1. 머리말

> 부산서도 WCC는 적그리스도, 제2의 신사 참배 등 반대 집회 확산.(≪기독인뉴스≫, 2013년 9월 5일 자)
>
> 한국 교회 7만여 성도 WCC 반대 한목소리.(≪한국교회공보≫, 2013년 10월 29일 자)
>
> 빨갱이 목회자 발람과 WCC 목회자들을 단죄하자! 이들을 단죄하는 것이 애국(愛國)이다!(IPF 국제방송, 2013년 10월 14일)

2013년, 한국에서 가장 뜨거운 감자 중 하나는 바로 '세계교회협의회(WCC)' 한국 대회 개최였다. 세계적으로, 그리고 한국 내에서도 공인된 이 WCC가 용공 단체 혹은 반기독교 단체처럼 비판받았다. 누가 보아도 대표적인 기독교 단체인 WCC가 한국 교회의 보수 세력들에게 극렬하게 비판받는 이 황당한 상황에 전 세계 기독교인들뿐만 아니라 기독교 문화 속에 생활하는 정치계·문화계 인사들이 관심을 보이기 시작했다. 도대체 한국에서 무슨 일이 있었던 것인가?

한국에서 'WCC 용공 논쟁'은 최근의 일이 아니다. 이 논쟁은 1951년 한국전쟁 당시 휴전 회담이 논의되면서 시작되었는데, 미국의 기독교 근본주의를 대표하던 칼 매킨타이어(Carl McIntire)와 관련이 있다. 매킨타이어는 한국전쟁이 계속되고 있을 때 WCC가 용공 단체이며 미국을 불안하게 하는 암적 존재라고 총공격을 가했다. 또한 당시에 고신파와 손을 잡고 WCC를 용공 단체로 공격했다. 이러한 논쟁을 촉발한 것은 한국 대통령인 이승만이었는데, 그때부터 시작된 논쟁이 아직도 한국에서는 계속되고 있다. 2013년 부산 총회는 1950년대의 전쟁과 기독교의 논쟁을 그대로 재현했다. 이 논쟁에는 한국 정부, 한국 기독교, 미국 정부, 미국 기독교 등이 깊이 연루되어 있었다. 1951년 부산에서 2013년 부산에 이르기까지 WCC 용공 논쟁은 가시적으로는 좌우 이데올로기의 갈등으로 보이지만, 그 이면에는 정치적·사회적 주도권을 둘러싼 또 다른 복잡한 관계가 존재했다.

WCC는 미국의 해리 트루먼(Harry S. Truman) 정부의 외교 정책에서 중요한 역할을 담당하고 있었다. 트루먼은 국제 공산주의자들이 신의 존재를 부정한다고 보고 냉전을 종교 전쟁으로 보았다. 이러한 그의 외교적 신념은 미국 기독교의 지지를 받았으며, 이에 따라 WCC는 미국 정부에 중요한 영향을 미치고 있었다.

한국전쟁에 중국공산당(이하 중공)이 개입하자 WCC는 휴전회담을 미국 정부에 촉구했다. 그러자 이승만은 WCC를 공격하기 시작했다. 그는 매킨타이어와 친밀한 관계에 있던 고신파를 동원해 WCC를 공격했다. 이러한 공격에는 미국 정부를 압박하고 한국 기독교를 자신의 통제하에 두려는 의도가 포함되어 있었다. 특히 한국전쟁으로 교계의 주도권을 장악한 서북 출신의 월남한 기독교인들에 대한 경고였다. 이승만은 미국 정부와 갈등을 빚고 있는 반면, 서북 출신의 기독교인들은 미국 정부에 대해 강한 영향력을 발휘하던 WCC와 독점적인 관계를 맺고 있었다.

휴전회담을 둘러싸고 미국 정부와 한국 정부의 갈등이 정점에 이르렀을 때 월남한 서북 출신 기독교인들은 WCC와 이승만의 휴전 반대 노선 사이에서 잠시 주저했다. 그러다가 월남한 서북 출신 기독교인들은 이승만 노선을 선택했고, 이들은 남한에서 중요한 정치적·사회적 세력으로 부상했다.

이 장에서는 이런 맥락에서 WCC 용공 논쟁을 둘러싸고 월남한 서북 출신 기독교인들과 이승만의 정치적 갈등에 대해 구체적으로 살펴보고자 한다. 이를 위해 먼저 WCC가 왜 전쟁 지지를 철회하고 휴전회담을 미국 정부에 촉구했는지에 대해 살펴보고, 이승만이 WCC를 공격한 배경과 전개 과정, 월남한 서북 출신 기독교인들이 WCC와 이승만 사이에서 결국 이승만과 같은 노선을 걷게 된 배경에 대해 밝히고자 한다.

특히 이번 장에서는 그동안 미약했던, 이승만의 WCC 공격에 대한 자료적 근거를 제시하고자 한다. 2013년 7월 미국 시애틀에 있는 워싱턴 대학교 도서관에서 「문제의 기독교와 용공정책과 대한예수교장로회총회 내면상 폭로 (1)」[1]를 발견해 당시 이승만의 WCC 용공 공격에 대한 전개 과정을 구체적으로 밝히는 데 크게 활용했다. 이 소책자에서는 당시 가장 논쟁이 되고 있던 '이 대통령께서는 왜 기독교의 용공 정책 경고를 지시했을까', '요청서에 25명 국회의원의 서명은 과연 위조일까'라는 두 가지 질문을 하면서 용공 논쟁에 대한 전개 과정을 설명하고 있다.

---

1 이 자료는 박정신이 *Protestantism and Politics in Korea* (Seattle: University of Washington Press, 2003), 178쪽에서 소개한 바 있으나, 국내에 자료가 없어 이승만과 WCC의 갈등에 대한 근거로 충분하지 못했다.

2. WCC의 휴전회담에 대한 입장

1) 한국전쟁 개입

WCC는 미국의 주류 기독교인들이 주도하던 정치·종교 조직이며, 미국 정부에 강한 영향력을 끼치고 있었다. 또한 WCC는 유엔에도 적극적으로 참여했다. 미국의 트루먼 대통령은 WCC를 주도하던 미국 연방교회협의회(미국 FCC)의 정치적·사회적 영향력을 무시할 수 없었다. 미국 FCC는 20개 이상의 커뮤니티와 분과를 통해 조직을 운영했으며, 2800만 명의 회원을 확보하고 있었다. 미국 FCC는 미국 정부에 강한 영향력을 미치고 있었기 때문에 트루먼은 미국의 국내외 정책을 위한 지지를 얻기 위해 미국 FCC와 우호적인 관계를 유지했다.[2] 그는 또한 냉전을 종교 전쟁으로 보았으며, 종교를 미국 외교 정책의 잠정적 비밀 무기라고 생각했다. 트루먼은 정치적·외교적·경제적·군사적 힘에 종교를 더했던 것이다.[3] 그래서 그는 1946년 3월 6일 미국 오하이오(Ohio) 주의 콜럼버스(Columbus)에서 개최된 미국 FCC의 회의에서 미국 대통령 중 처음으로 연설했다.[4]

WCC는 미국 FCC와 함께 미국 정부에 영향력을 끼쳤다. 다시 말해 WCC의 재정 지원을 미국 FCC가 담당했기 때문에 당연히 미국 FCC는 WCC를 주

---

2 Kai Yin Allison Haga, "An overlooked dimension of the Korean War: The Role of Christianity and American Missionaries in the Rise of Korean Nationalism, Anti-Colonialism, and Eventual Civil War, 1884~1953," Ph. D. diss.(Virgina: The College of William and Mary, 2007), pp. 224~225.

3 Andrew Preston, *Sword of the Spirit, Shield of Faith*(New York: Anchor Books, A Division of Random House, Inc, 2012), p. 412.

4 Haga, "An overlooked dimension of the Korean War," pp. 224~226.

도할 수밖에 없었다. 1948년에 창립된 WCC의 재정을 전적으로 미국 교회가 담당했으며, WCC 건물도 존 록펠러 주니어(John D. Rockefeller Jr.)가 기부한 54만 달러로 구매했다. 1953년에도 미국 교회의 지원 비율은 75% 이상이었으며, 이후에도 이러한 상태는 지속되었다.[5] 1950년 11월에 미국 오하이오주 클리블랜드(Cleveland)에서 미국 FCC는 미국교회협의회(미국 NCC)로 재조직되었으며, 더 큰 조직이 되었다. 1951년에는 회원이 3062만 9225명에 달했다. 미국 NCC는 미국 역사에서 가장 강력한 교파 연합 조직이었다.[6] 따라서 미국 NCC와 WCC는 이렇듯 매우 밀접한 관계에 있었기 때문에 미국 정부는 이 조직에 대한 영향력을 간과할 수 없었다. WCC는 미국 정부를 움직일 수 있는 조직이었다.

동시에 WCC는 유엔에도 적극적으로 참여하고 있었다. 예를 들어 한국전쟁 당시 미국 국무장관을 지낸 존 포스터 덜레스(John Foster Dulles), 한국전쟁이 발발했을 때 유엔안전보장이사회(이하 안보리)에 미국 대표로 참석했던 어니스트 그로스(Ernest A. Gross) 등은 모두 WCC 산하에서 국제 문제를 다루고 있는 국제문제교회위원회(CCIA)의 회원 혹은 위원장이었다. 그로스는 한국전쟁이 발발했을 때 유엔 안보리를 긴급 소집해 유엔군이 참전할 수 있도록 회의를 진행했다. 그는 이사회에서 한국은 유엔 결의에 의한 총선거를 통해 건국된 나라이기 때문에 유엔이 수호해줄 의무가 있다는 점을 강조했다. 휴전 이후 그는 CCIA 의장으로 한국을 방문했다.[7]

한국전쟁 당시 CCIA 총무이던 프레더릭 놀데도 1945년 「유엔 헌장」 채택

5 강인철, 『한국기독교회와 국가 · 시민사회: 1945~1960』(한국기독교역사연구소, 1996), 79~81쪽.

6 Haga, "An overlooked dimension of the Korean War," p. 450.

7 유호준목사팔순기념문집출판위원회 엮음, 『역사와 교회: 내가 섬긴 교회 · 내가 살던 역사』(대한기독교서회, 1993), 363~364쪽.

을 위한 샌프란시스코 회의에 참석했으며, 그 이후에도 계속 유엔과 함께 일했다. 그는 1948년 유엔의 「세계인권선언」에 종교적 자유에 대한 존중을 포함하고, 개인과 단체의 권리 사이에 균형을 맞추어야 한다는 점을 확실히 했다. 북미 에큐메니칼 학회의 책임자이자 미국 선교사였던 헨리 리퍼(Henry S. Leiper)는 유엔이 없다면 세계는 또 다른 전쟁을 경험할 것이며, WCC가 없다면 유엔의 영혼과 의식은 결핍될 것이라고 말했다.[8]

1953년 휴전회담의 논의가 재개되었을 때 이를 반대하던 이승만과 한국의 기독교를 설득하기 위해 놀데가 한국을 방문한 것도 세계 교회의 의견과 미국 교회의 분위기를 전달하기 위한 것이었다.[9] 이러한 관계에 있었기 때문에 WCC의 정치적 입장은 미국 정부에, 미국 정부의 입장은 WCC에 강한 영향을 미치고 있었다.

한국전쟁이 발발했을 때 미국 정부와 WCC는 한목소리로 한국전쟁에 소련이 개입한 것을 비난했다. 유엔 안보리에서 미국 대표의 주도로 유엔군의 참전이 결정되었을 때, WCC도 유엔군 참전을 촉구하는 성명서를 발표했다. 한국전쟁이 발발하자 WCC는 그 원인을 북한의 남침으로 규정하고 유엔의 경찰 행동을 촉구했다. WCC가 한국전쟁에 빨리 관심을 가질 수 있었던 이유는 한국기독교연합회(KNCC)의 긴급 도움 요청이 있었기 때문이다. 전쟁이 발발하자 KNCC 교역자들은 기독교 서회에서 긴급 대책 회의를 열었다.[10] 이때 한경직은 총무 남궁혁을 만나 KNCC 명의로 트루먼, 일본 도쿄(東京)에 있는 더글러스 맥아더(Douglas MacArthur) 그리고 국제선교협의회(IMC)에 즉각적인 도움을 요구하는 전보를 보내기로 결정했다. 미국 시간으로 6월 26일,

8 Preston, *Sword of the Spirit, Shield of Faith*, p. 484.

9 "CCIA 휴전문제에 관심, 놀디박사 급거 내한", ≪기독공보≫, 1953년 7월 6일 자.

10 강원용, 『역사의 언덕에서: 젊은이에게 들려주는 나의 현대사 체험. 2, 전쟁의 땅 혁명의 땅』(한길사, 2003), 59쪽.

IMC의 총무인 찰스 랜슨(Charles W. Ranson)은 남궁혁과 KNCC 회장 황종률로부터 한국을 돕기 위해 미국 교회가 미국 정부에 영향력을 행사해줄 것을 촉구하는 전보를 받았다. 6월 27일 미국 감리교, 미국 장로교, 북미외국선교협회(FMC)는 유엔이 한국 문제에 개입하도록 요구할 것을 미국 정부에 촉구하는 전보를 미 국무부에 보냈다. FMC는 한국에 관심을 보인 모든 교회 조직에 대표 모임을 요구했다. 이 모임에서 한국에 남아 있는 선교사들을 위한 재정적 지원과 기도를 결정했다. 미국 교회 지도자들은 WCC의 지원을 요청했다.[11]

WCC는 이 문제를 신속하게 처리했다. 같은 해 7월에 캐나다 토론토에서 열린 CCIA 집행위원회는 한국 문제에 대해 성명을 준비했고, 이어 WCC 중앙위원회는 CCIA 작성문을 토대로 유엔이 한국전쟁에 나설 것을 촉구하는 성명서를 발표했다.[12] 미국 FCC는 회장인 존 스탬(John S. Stamm) 감독과 총무인 새뮤얼 커버트(Samuel M. Cavert) 박사의 명의로 한국 침략은 평화를 유지하는 유엔의 권위에 대한 직접적인 도전으로 규정한다는 내용의 성명서를 발표했다.[13] 이어서 미국의 처치 피스 유니언(The Church Peace Union)의 회장인 랠프 속맨(Ralph W. Sockman)과 종교를 통한 국제친선세계연맹 미국협의회(The American Council of the World Alliance for International Friendship through Religion)의 회장인 월터 헤드(Walter D. Head)는 공동으로 같은 입장의 성명서를 발표했다.[14]

대부분의 미국 교회가 유엔의 행동을 촉구하고 지지한 것은 세계 질서를

---

11 Haga, "An overlooked dimension of the Korean War," pp. 327~328.

12 김홍수, 「세계교회협의회(WCC)의 한국전쟁 성명과 공산권 교회들」, ≪한국근현대사연구≫, 24집(한국근현대사학회, 2003), 212~213쪽.

13 "Church Group Heads Laud U.N. on Korea," *The New York Times*, Jul. 7, 1950.

14 "Churchmen Back U.N. Korean Stand," *The New York Times*, Jul. 30, 1950.

지키기 위한 첫 행동이라고 판단했기 때문이다. 이들은 법과 질서 없이는 인간을 위한 정의도 책임적인 자유도 존재할 수 없다는 결론을 내렸다. 즉, 이들은 한국전쟁의 발발을 소련의 세계 패권에 대한 야망으로 판단하고, 이를 제어하기 위해 전쟁에 개입했다.

먼저 이들은 소련을 중심으로 하는 공산주의 측에서 한국전쟁 전에 선포한 '스톡홀름 어필(Stockholm Appeal)'[15]에 대해 강력히 비난했다. 이 어필은 1950년 3월에 스톡홀름(Stockholm)에서 개최된 세계평화평의회(The World Peace Congress 혹은 Peace Partisans) 특별위원회(The Permanent Committee)에서 제안된 것이었다. 세계평화평의회의 상징은 파블로 피카소(Pablo Picasso)가 그린 비둘기였으며,[16] 위원회 의장은 프랑스의 공산주의자인 프레데리크 졸리오퀴리(Frederic Joliot-Curie)였다. 세계평화평의회는 1948년에 폴란드 브로츠와프(Wrocław)에서 지식인 국제대회(The World Congress of Intellectuals)라는 첫 국제회의를, 1949년에는 뉴욕의 월도프 애스토리아에서 문화와 과

15 "Story of the Stockholm Petition," *The New York Times*, Aug. 13, 1950. 청원서의 내용은 다음과 같다.

"당신의 손은 핵전쟁을 멈추게 할 수 있다! 평화를 위해 서명해라. 우리는 인류를 위협하고 대량 살상하는 원자무기의 금지를 요구한다. 우리는 이 조치를 시행하기 위해 엄격한 국제적 통제를 요구한다. 우리는 전 세계의 선한 의지를 가진 모든 사람이 이 청원에 서명하기를 요청한다(YOUR HAND CAN STOP ATOMIC WAR! SIGN FOR PEACE. We demand the outlawing of atomic weapons as instruments of intimidation and mass murder of peoples. We demand strict international control to enforce this measure. We call on all men and women of good will through the world to sign this appeal)."

16 셀레스떙 꼬요스, 『(나의 북한포로기) 죽음의 행진에서 아버지의 집으로: 프랑스 한림원상 수상작품』, 조안나·이혜자 옮김(분도출판사, 1983), 160쪽. 한국전쟁 당시 북한군에 의해 포로가 되었던 프랑스 신부 셀레스탱 코요스(구인덕)는 자신의 포로기인 『죽음의 행진에서 아버지의 집으로』에서 베이징-만주행 급행열차에는 '평화의 열차'라고 쓰여 있었으며, 귀빈석, 타구, 화장실 등 곳곳에 피카소의 비둘기가 그려져 있었다고 한다. 피카소의 비둘기는 이와 같이 공산권 국가에서 평화의 상징으로 널리 사용되었다.

〈그림 3-1〉 평화 청원을 둘러싼 두 가지 시각

Messner in The Rochester Times-Union
"Not fooling anyone."

KOREA
Herblock in The Washington Post
"By the way, have you signed our petition to outlaw new weapons?"

자료: "Story of the Stockholm Petition," *The New York Times*, Aug. 13, 1950.

학 회의(The Cultural and Scientific Conference)를 개최했다. 그리고 1950년 3월에는 평화를 위한 파르티잔 대회(The Congress of Parisans of Peace)가 열렸던 것이다. ≪뉴욕 타임스≫ 특파원은 이 모임 참가자들이 모두 공산주의자이거나 극좌파라고 말했다. 1950년 8월에는 어필에 대한 서명의 결과를 졸리오퀴리가 파리에서 발표했는데, 전 세계 인구의 8분의 1에 해당하는 총 2억 7347만 566명이 서명했다. 이 서명에 참여한 주요 국가는 소련, 폴란드, 헝가리, 체코, 북한, 중국, 동독, 서독, 프랑스, 이탈리아, 영국, 인도, 일본, 미국 등이었다. 서명자의 86%가 공산국가 출신이었다. 소련의 중앙 기관지 ≪프리우다(Pravda)≫는 청원을 기절하는 국가와 사람은 전쟁광과 공범이며 추종자라고 선전했다.[17]

미국에서는 뉴욕의 ≪데일리 워커(The Daily Worker)≫가 이를 선전했으며, 미국에서의 서명위원회 위원은 존 로게(O. John Rogge)와 윌리엄 에드워드 버가트 두보이스(W. E. B. Du Bois)[18]였다. 두보이스는 평화정보센터(The Peace Information Center)라는 서명위원회를 뉴욕에 설립하고 이를 위한 활동을 전개했다.

미국 국무 장관인 딘 애치슨(Dean Acheson)은 이 선언은 소련의 배후 조종에 의한 것이라고 주장했다. 즉, 모든 민주주의 국가들의 군사 안보를 약화하기 위해 만들어진, 소련의 가짜 평화 공세를 위한 선전 속임수인 동시에 미국과 영국에 대항해 소련이 지배하는 동유럽, 중국, 북한 등의 군사적 준비를 강화하기 위한 술책이라는 것이다.[19] 7월 15일에는 뉴저지(New Jersey) 주의 민주당 대표인 피터 로디노(Peter W. Rodino)가 〈미국의 소리(The Voice of America)〉를 통해 '스톡홀름 어필'과 같은 무신론 공산주의자들의 교활한 음모를 폭로하기 위해 미국 내 성직자와 평신도가 공동 전선을 구축해달라고 요구했다. 그는 겉으로 보았을 때는 결백해 보이지만, 실제로는 공산주의를 지지하는 사람들의 명단을 학교 혹은 교회에 보내기 위해 국무부와 법무부가 협력해야 한다고 주장했다.[20]

같은 날 미국의 종교, 재향군인회, 노동자, 애국 조직 등의 지도자 13명이 스톡홀름 어필은 미국을 무장해제시키기 위한 가짜 평화 청원이라고 비난했다.[21] 이어서 8월 초에는 미국 FCC와 미국가톨릭복지협회(The National

17 "Story of the Stockholm Petition," *The New York Times*, Aug. 13, 1950.

18 C. W. Jackson, "You may be interested in," *The Louisville Defender*, Aug. 25, 1951.

19 같은 글; "World Peace Plea is Circulated here," *The New York Times*, Jul. 14, 1950.

20 "Congress Member Issues Attack on 'Stockholm Peace Petition'," *The New York Times*, Jul. 16, 1950.

21 "Stockholm Peace declared 'phony'," *The New York Times*, Jul. 16, 1950.

Catholic Welfare Conference), 미국 유대교회당협의회(The Synagogue Council of America: SCA)가 한국에서 공산주의자들의 침략을 세계 평화에 대한 위협으로, 스톡홀름 어필에 대해서는 가짜이며 기만적인 것으로서 비난하는 공동성명서를 발표했다. 제2차 세계대전 종전 이후 처음으로 발표된 공동성명서였다.[22]

≪뉴욕 타임스≫는 '스톡홀름 어필'에 대한 소련의 책략을 두 가지로 지적했다. 첫째는 한국전쟁에 참여하는 것에 대한 유엔 안보리의 결의안을 약화하고, 미국을 전쟁광으로 이미지화함으로써 동맹국들과의 관계를 소원하게 하며, 미국 내에서 분쟁을 일으키려는 것이라고 추정했다. 둘째는 영국의 윈스턴 처칠(Winston Churchill)이 미국의 핵 보유가 소련의 유럽 침략을 막을 수 있는 유일한 방법이라고 했기 때문에, 미국의 핵 보유에 대해 두려움을 느낀 소련이 이러한 청원 운동을 전개했다는 것이다. 미국 언론과 정부는 '스톡홀름 어필'이 미국과 서유럽에 반대하는 소련의 주요한 선전 무기가 되고 있다고 주장했다.[23]

미국의 입장에서는 1950년 3월에 공산권 국가들이 세계평화평의회에서 전쟁에 반대한다고 표명했음에도 전쟁이 발생하자, 더는 공산권 국가들을 신뢰할 수 없었다. 그래서 '스톡홀름 어필'을 비난한 것이다. 이러한 분위기 속에서 WCC가 한국전쟁 참전을 지지했다. 미국의 유명한 복음주의자인 빌리 그레이엄(Billy Graham)도 "우리는 지금 공산당과 싸워야 한다. 한국은 그 면적에 비해 기독교인의 수가 엄청나다. 우리는 그들을 보호해야 한다"라는 내용의 전보를 트루먼에게 보냈다.[24] 전쟁이 일어나자 미국의 모든 종교 단

---

22 "Faiths denounce red 'Peace Appeal'," *The New York Times*, Aug. 3, 1950.

23 "Story of the Stockholm Petition," *The New York Times*, Aug. 13, 1950.

24 윌리엄 마틴, 『빌리 그레이엄』, 전가화 옮김(고려원, 1993), 124쪽.

체는 트루먼의 정책에 만장일치로 지지를 보냈다. 미국 유니언 신학교(Union Theological Seminary)의 총장을 지냈으며, 미국에서 가장 유명한 목사 중 한 명인 헨리 코핀(Henry S. Coffin)도 미국의 개입을 지지했다. 그는 당시 추수감사절 설교에서 꼭두각시 북한을 부추긴 것은 소련이라고 하면서 소련을 비난했다. 그리고 크렘린을 조금이라도 이해하려 했던 미국인들에 대해서도 비난했다. 심지어 처치 피스 유니언조차도 집단 안보를 내세워 전쟁 개입에 대해 지지했다.[25]

동시에 미국 정부도 전쟁 발발 소식을 듣자마자 전쟁에 개입할 것을 즉각적으로 결정했다. 이렇게 결정한 것은 소련의 패권주의에 대한 두려움과 미국 내에 만연한 반공 히스테리 때문이었다. 학계에서는 트루먼 대통령이 두 가지 측면을 염두에 두고 개입을 결정했다고 설명하고 있다.

첫째는 전쟁을 초기에 막지 못하면 스탈린의 침략을 막지 못할 것이라는 우려다. 트루먼과 미국의 정책 결정자들은 전쟁 발발 소식을 듣자 제2차 세계대전을 떠올렸다. 1931년에 일어난 일본의 만주 침략, 1937년에 일어난 일본의 중국 침략, 1938년에 일어난 나치 독일의 중유럽 침략을 연상한 것이다. 그들은 일본이나 나치의 침략을 처음부터 제지하지 않았기 때문에 태평양전쟁과 제2차 세계대전으로 확대되었다고 보았다. 그래서 한국에서 북한의 침략을 저지하지 않는다면 소련의 침략이 확대될 것이라고 판단했다.[26]

둘째는 미국의 국내 정치에 대한 계산이다. 미국은 당시 실체가 모호한 반공 히스테리에 시달리고 있었다. 한국전쟁 전까지 이들은 소련과 공산주의의 실체에 대해 정확히 알지 못했다. 모르는 실체에 대해 많은 두려움을 느끼고 있었으며, 이는 반소반공의 히스테리로 나타났다. 당시 미국 교회는

---

25 Preston, *Sword of the Spirit, Shield of Faith*, p. 479.

26 김영호, 『한국전쟁의 기원과 전개과정』(성신여자대학교출판부, 2006), 204쪽.

대체로 반공주의 분위기가 압도적이었다. 교회마다 반공과 관련 있는 프로그램이 성황을 이루었다.[27] 이와 동시에 미국 공화당은 민주당과의 대통령 선거전을 앞두고 반공을 정치적 쟁점으로 이용했다.

이러한 분위기에서 민주당도 용공 혐의를 쓰지 않기 위해 반공 정책에 적극적이었다. 예를 들어 1947년에 공산주의 세력을 추방하기 위해 공화당의 주도로 하원반미활동조사위원회(House Committee on Un-American Activties: HUAC)가 조직되자 트루먼 정부는 연방 정부 직원들에 대한 충성심 심사 계획(Loyalty Program)에 돌입했다. 검찰 총장은 반체제 조직 명단을 작성했으며, 1948년에 11명의 공산주의자를 기소했다. 이러한 분위기 속에 1950년에 조지프 매카시(Joseph McCarthy)가 국무부에 205명의 공산주의자가 활동하고 있다면서 트루먼 정부를 총공격했다. 매카시의 이러한 발언은 미국의 반공산주의 분위기 속에 최대 쟁점이 되었으며, 많은 언론이 이를 대대적으로 보도했다. 이러한 상황에서 원자탄 제조 비밀을 소련 간첩에게 넘겨주었다는 간첩 사건이 폭로되자, 미국인들은 국내외적으로 공산주의의 위협을 더욱 실감하게 되었다.[28]

한편 미국 공화당은 민주당을 향해 총공격을 가했다. 민주당이 집권한 후 마오쩌둥(毛澤東)의 중공 수립, 동남아시아 국가들에서 일어난 탈식민지 민족 해방 운동 등으로 아시아에서 공산주의가 확대되었다고 주장하면서 민주당의 아시아 정책을 비판했다.[29]

이렇듯 전 미국을 휩쓸고 있는 반공주의 분위기 속에 한국전쟁이 발발했다. 미국 내 보수주의자들은 말할 것도 없이, 자유주의자들도 한국전쟁을 지원해

---

27 쨘씨 베넬, 『기독교와 공산주의』, 김재준 옮김(조선기독교서회, 1949), 3쪽.

28 F. 프라이델·A. 브린클리, 『미국현대사: 1900~1981』, 박무성 옮김(대학문화사, 1985), 433~438쪽.

29 윌리엄 스툭, 『한국전쟁의 국제사』, 김형인 외 옮김(푸른역사, 2001), 88쪽.

야 한다는 데 노선을 같이할 수밖에 없었다.[30] 트루먼 또한 만약 이러한 분위기에서 한국전쟁을 방관한다면 민주당 정권은 더욱 어려움에 빠질 것이라고 판단했고, 이러한 정치적 계산 때문에 개입을 즉각 결정했다고 볼 수 있다.

유엔에 대해 전쟁 참전을 촉구하는 WCC의 성명서 발표는 미국인을 비롯한 세계 기독교인들의 지지를 끌어내는 데 중요한 역할을 했다. 또한 한국전쟁을 북한의 남침으로 규정하고 세계 질서를 어지럽히는 전쟁으로 규정했으므로, 이 때문에 고통받는 이승만 정권과 남한에 정치, 종교 등을 비롯한 막대한 전쟁 구호물자 지원을 통해 전 세계 기독교인들을 반공 전선으로 결집시켰다. 이승만 정권은 이를 통해 한국 국내를 비롯해 전 세계에 지지 기반을 만들어낼 수 있었다.

2) 중공의 전쟁 개입과 휴전회담 촉구

전쟁은 미국의 계획대로 쉽게 끝나지 않았다. 서로 간의 소모전으로 전쟁은 장기화된 데다, 중공의 개입으로 전쟁은 더욱 복잡한 양상으로 전개되었다. 미국은 제2차 세계대전 이후 차지한 세계 패권 국가로서의 위신을 잃지 않으면서 전쟁을 마무리 지어야 했다. 반면 소련은 처음부터 전면에 나서지 않았기 때문에 미국에 비해 위신을 고려해야 할 만큼 부담을 느끼지 않았다.

전쟁이 장기화되면서 트루먼은 자국의 여론에 시달려야 했다. 국내외에

---

30 마크 스톨(Mark Stoll)은 "미국 교회의 만장일치에 가까운 반공산주의로의 첫 번째 주요 변화 계기는 한국전쟁이었다(The first major challenge to the relatively unanimous anti-Communism of American churches was the Korean War)"라고 주장했다[Mark Stoll, "Crusaders against Communism, Witnesses for Peace: Religion in the American West and the Cold War," in Kevin J. Fernlund(ed.), *The Cold War American West*(Albuquerque: University of New Mexico Press, 1998), p. 126].

서 미국을 압박해왔다. 미국인들은 반공 히스테리에 의해 트루먼의 전쟁 개입 결정을 지지했지만, 많은 미국인이 사망하고 부상당하자 더는 지지하지 않았다. 전쟁에 참전한 후 유엔군과 미군의 피해는 갈수록 증가했다. 1950년 11월과 12월 1일 사이 유엔군의 인명 피해는 1만 1000여 명에 이르렀고, 미군 2사단은 병력의 절반에 달하는 6380명이 피해를 입었다.[31] 한국전쟁에서 입은 유엔군과 미군의 피해는 미국 언론에 연일 보도되었다. 한국전쟁 동안 14만 명의 미군이 희생되자 미국인들의 반응은 좌절에서 점차 분노로 변했다.[32] 전쟁이 길어지자 대다수의 미국인이 이에 반대하기 시작했다. 미국 정계 또한 한국전쟁에만 매달려서는 안 된다는 분위기가 압도적이었다. 소련의 계속적 팽창 정책 때문에 미국이 유럽에서 밀릴 수도 있다는 데 두려움을 느낀 것이다. 이와 관련해 가장 큰 변수가 중공이었다. 인천 상륙작전으로 미국은 승리를 눈앞에 두고 있었다고 생각했으나, 중공의 개입으로 전술상의 패배를 인정해야 했다. 미국은 한국전쟁의 장기적 교착 상태는 소련까지 끌어들여 제3차 세계대전을 부를 수 있다고 전망했다. 물론 트루먼 정부는 원자 폭탄 투하까지 생각했다. 그러나 이렇게 되면 소련을 불러들일 수 있다고 보았기 때문에 반대론이 우세했다. 유엔군으로 참여한 여러 국가도 이에 대해 반대했다. 만일 원자 폭탄 투하로까지 이어진다면 강력한 소련 지상군이 순식간에 서부 유럽을 지배할 것이라고 생각했기 때문이다. 당시 서유럽은 제2차 세계대전의 영향으로 전투력이 거의 남아 있지 않았기 때문에, 미국이 중공군과 대치하면서 극동 아시아에 몰두하는 동안 소련 지상군의 서유럽 지배는 불 보듯 뻔한 일이라고 전망했다. 따라서 미국은 한국전쟁을 어

31 Joseph C. Goulden, *Korean: The Untold Story of The War*(New York: McGraw-Hill, 1983), p. 405.

32 프라이델·브린클리, 『미국현대사』, 433쪽.

떻게든 매듭지어야 했다.[33]

전쟁 초기에 대다수의 미국인은 한국전쟁을 국경 분쟁 정도로만 생각했다. 미군은 역사적으로 가장 큰 전쟁인 제2차 세계대전을 승리로 이끌었기 때문에 한국의 국경 분쟁 정도는 쉽게 처리할 수 있을 것이라고 믿었다. 미국인들은 전쟁 초기와는 달리 점차 무언가 잘못 되어가는 것 아닌가라는 의구심을 갖기 시작했다.[34] 결국 미국인의 트루먼 정부에 대한 불신은 1952년 드와이트 아이젠하워(Dwight D. Eisenhower)를 대통령으로 선택하게 했다. 11월 선거 직전에 미국 22개 교단의 70%가 그를 지지했다.[35]

한국전쟁을 놓고 트루먼 정부는 매우 곤혹스러워했다. 이 지경에 빠진 미국 정부를 위해 WCC가 나섰다. 휴전회담을 촉구한 것이다. 많은 미국 교회의 언론과 교회 단체는 휴전회담을 요구했다. 예를 들어 1950년 12월 미국 시카고에서는 시민들이 평화를 위해 기도했으며, 12시간 동안 평화를 요구하기 위해 미국 교회의 목사와 지도자, 유대교 목사 등이 오전 11시부터 오후 11시까지 12시간 동안 연설했다.[36] 미국 교회에 소속된 언론들은 미국인은 전쟁에 지쳤으며, 어떠한 대가를 치르더라도 평화가 이루어져야 한다고 주장했다.[37]

WCC 중앙위원회 의장이며 치체스터의 주교(Bishop of Chichester)인 조지 벨(George Bell)과 CCIA 의장 케네스 그루브(Kenneth G. Grubb)는 한국의 위기에 대해 협의한 후, 1950년 11월 28일 미국에 있던 WCC 총무인 빌럼 피서

---

33 드와이트 아이젠하워, 『아이젠하워 회고록』, 오정환 옮김(한림출판사, 1971), 83쪽.

34 프라이델·브린클리, 『미국현대사』, 433쪽.

35 마틴, 『빌리 그레이엄』, 134쪽.

36 "평화소리가 세계진동", ≪국민보≫, 1950년 12월 13일 자.

37 Charles August Sauer, *Methodists in Korea: 1930~1960*(The Christian Literature Society, 1973), pp. 196~197, 201.

르 엇호프트(Willem Visser 't Hooft)에게 전보를 보내 휴전할 수 있는 방법을 고려해보라고 요구했다. 엇호프트는 미국의 클리블랜드에서 11월 29일부터 12월 1일까지 개최된 미국 NCC 창립 대회에서 미국 교회 지도자들이 이 문제를 상의하도록 했다. 또한 엇호프트는 벨에게 영국 정부도 이 문제를 고려하도록 해달라고 부탁했다. 미국 NCC에서는 11월 30일 이에 대한 결의안을 작성한 뒤 원자무기 사용의 자제를 요구하는 요청서를 트루먼과 유엔 사무총장에게 보냈다. 12월 7일 미국 NCC의 의장인 헨리 녹스 셰릴(Henry Knox Sherrill)도 같은 내용의 전보를 트루먼에게 보냈다. 같은 날 벨은 전 세계 교회와 기독교인들에게 '평화를 위한 기도'를 촉구했다.[38] 미국 NCC는 원자무기 사용을 반대하는 전국적인 캠페인을 추진했다. 1950년 11월 뉴욕의 성직자 78명도 원자무기 사용을 반대한다는 연합 성명서를 발표했다.[39]

그래서 WCC는 유럽뿐만 아니라 아시아에 대한 소련의 지원에 대처하기 위해 적극적인 대응이 필요하다고 보았다. 이제는 무력전이 아닌 지지층 확보가 더 중요하다고 판단한 것이다. 이를 위해 교회 중심적 선교가 아니라 정치, 사회, 경제 등 모든 분야에 기독교인들이 참여해야 한다고 보았다. 이제는 인간의 삶과 관련된 모든 분야에서 풀뿌리 선교를 통한 지지층의 확보가 더 우선적인 과제가 된 것이다. 1960년대에 미국의 린든 존슨(Lyndon B. Johnson) 대통령이 베트남전쟁에서 이기기 위해서는 베트남 인민의 마음을 사로잡는 것이 중요하다고 주장한 것처럼, WCC는 많은 지지 세력을 확보하기 위해 대중의 마음을 사로잡아야 한다는 것을 한국전쟁과 중공의 전쟁 개입을 통해 이미 절실히 자각하고 있었다.

---

38 Frederick Nolde, "C.C.I.A Action on the Current International Crisis(1950.12.5)", 김흥수 엮음, 『WCC 도서관 소장 한국교회사 자료집: 한국전쟁 편』(한국기독교역사연구소, 2003), 186~190쪽.

39 "Clergy Group Protest Against Atom Bomb Use," *The New York Times*, Dec. 3, 1950.

특히 중공의 개입은 미국의 주류 기독교인들에게 너무도 충격적인 사건이었다. 중국은 미국인들에게 오랫동안 유혹적인 상상을 하게 한 국가였다. 20세기 초 많은 미국인이 중국을 다녀온 후 중국의 매력, 즉 고대 문명과 혁신적인 발명품, 특별한 요리 등에 관해 이야기했다. ≪타임(Time)≫, ≪라이프(Life)≫ 설립자 헨리 루스(Henry Luce)와 작가 펄 벅(Pearl S. Buck)도 오랫동안 중국에서 어린 시절을 보냈다. 이들은 대중에게 중국의 매력에 대해 자주 이야기했다.[40]

중국 공산주의자들이 미국 선교사들을 탄압하고 한국전쟁에 개입했음에도, 미국 주류 기독교인들은 중국에 대한 믿음을 저버리지 않았다. 그 대신에 과도한 반공을 주장하는 가톨릭, 보수적 기독교인, 트루먼과 아이젠하워 정부 등에 대해 비판했다. 이들은 중국이 공산주의 국가가 된 것은 공산주의의 팽창이 아닌 절망적인 정치적 결과, 즉 가난, 영양실조, 교육의 결핍, 민족주의자의 독재와 부패 등에 있다고 여겼다. 공산주의자들은 단지 중국의 어려운 상황을 이용했을 뿐이라는 것이 그들의 판단이었다.[41] 특히 펄 벅의 소설인 『대지(The Good Earth)』는 미국인들에게 큰 감동을 주었다. 이 소설은 1937년에 〈대지〉라는 영화로 제작되었으며, 펄 벅은 1938년 이 소설로 노벨문학상을 받았다. 〈대지〉는 중국의 비참한 가난에 대해 잘 묘사하고 있다. 주인공 왕룽은 아내 오란과 열심히 농사를 짓지만, 가뭄이 들자 굶주리는 것은 놀기만 하는 숙부와 마찬가지일 뿐이었다. 그리고 배고픔을 해결하기 위해 도시로 나간 왕룽이 보는 중국은 더욱더 비참할 뿐이었다. 영화는 가난에 언제나 시달리는 중국인과 혁명에 동참하면 '밥'을 준다는 내용으로 가득 채

---

40 William Inboden, *Religion and American Foreign Policy, 1945~1960*(New York: Cambridge University Press, 2008), p. 157.

41 Preston, *Sword of the Spirit, Shield of Faith*, pp. 487~488.

워져 있다. 아무리 열심히 일해도 배고픔은 면할 수 없고, 결국 이러한 가난에서 벗어날 수 있는 길은 도둑질뿐이었다. 왕룽은 아내가 훔친 보석으로 마침내 가난에서 벗어날 수 있었다. 이렇듯 비참한 중국의 환경에 대해 선교사들은 잘 알고 있었던 것이다.

그래서 1947년 미국 FCC는 가난 때문에 중국에서 공산주의가 뿌리내릴 수 있었다고 보았다. 1949년 마오쩌둥의 승리에 대해서도 미국 FCC의 입장은 바뀌지 않았다. 오히려 공산주의의 확대를 막기 위해 미국은 아시아에 대해 경제적인 개발과 민족 자결을 위해 지원해야 한다고 주장했다. 유엔을 통해 아시아의 인권과 자유가 준수될 수 있도록 노력하고 아시아인에 대한 인종적 무시는 이제 철폐되어야 하며, 아시아는 자신들과 같은 신의 자녀이므로 인종 평등의 토대에서 접근해야 한다고 피력했다. 중공의 한국전쟁 개입으로 미국은 중공의 유엔 대표권 승인을 계속 거부했다. 그러나 미국의 주류 기독교인들과 WCC는 중공의 유엔 승인이 미중 사이의 긴장을 완화하는 길이며, 또 다른 전쟁을 방지하는 것이라고 주장했다. 미국 NCC는 1950년대에 중공의 유엔 가입을 승인해달라고 지속적으로 요구했다.[42]

중공의 한국전쟁 개입을 목격한 WCC는 무력전으로는 냉전 문제를 해결할 수 없으며, 전 세계인의 마음을 얻는 것이 오히려 더 중요하다는 결론을 내리게 된 것이다. WCC의 다음과 같은 행보를 통해 그들의 입장을 알 수 있다.

1952년 WCC와 IMC 중앙위원회는 독일 빌링겐(Willingen)에서 대회를 개최해 '하나님의 선교'라는 개념을 등장시켰다. 이 개념은 교회 중심적인 선교관을 비판하면서 정치, 사회, 경제 등 인간 삶의 모든 영역을 선교의 장으로 삼는 것이었다.[43] 또한 1952년 말 인도 러크나우(Lucknow)에서 개최된 아시

42 같은 책, 488쪽.

43 정성한, 『한국기독교통일운동사』(그리심, 2003), 29~31쪽.

아 에큐메니칼 연구 회의에서는 미국이 주도하는 국제적 반공 운동과 군비 경쟁이 결과적으로 아시아의 건전한 개혁 세력을 약화하고 있다고 비판했다.[44] 이러한 노선에 따라 WCC는 평화를 호소하며 휴전을 촉구했다. WCC의 휴전회담 촉구는 전쟁에서 교착 상태에 빠져 있는 미국 정부가 전쟁을 더는 진행하지 않도록 하는 데 중요한 역할을 했으며, 이후 미소 경쟁에서 미국이 승리할 수 있는 길을 제시했다. 그것은 많은 아시아인, 아프리카인을 비롯한 제3세계인들의 마음을 사로잡는 것이었다.

3. 이승만과 WCC의 갈등

1) 매킨타이어의 WCC 공격

WCC에 대한 용공 공격은 미국에서 시작되었다. 미국에서 WCC를 친공 단체로 공격한 것은 신학 노선의 차이에서 비롯되었으며, 교권 투쟁과 관련되어 있었다. 미국의 기독교 근본주의자들은 1948년에 WCC가 창립되자마자 공격을 하기 시작했다. 미국의 기독교 근본주의자들이 WCC를 친공 단체로 몰기 시작한 것은 오랜 역사적 경험에서 나온 것이었다.

미국의 기독교 근본주의자들이 세력화한 것은 19세기 말부터였다. 당시 진화론을 비롯한 자연과학의 발달로 새로운 『성서』 해석이 출현하자, 이들은 전통적 성서관을 지키기 위해서 세력화했다. 이러한 움직임이 근본주의 운동으로 발전한 것은 1910년대부터였다. 이때부터 자유주의자와 근본주의

44 말린 벤엘데렌 지음, 세계교회협의회 엮음, 『세계교회협의회 40년사』, 이형기 옮김(한국장로교출판사, 1993), 70~71쪽.

자 사이에 치열한 싸움이 벌어졌다. 전통을 고수하던 미국 프린스턴 신학교에서 1920년대에 벌어진 양자 간의 논쟁에서는 근본주의자들이 패했다. 그 결과로 프린스턴 신학교를 떠나야 했던 근본주의자들은 웨스트민스터 신학교(Westminster Theological Seminary)를 설립했다. 이들의 논쟁은 1925년 창조론과 진화론 논쟁으로 비화되어 재판정까지 갔다. 이러한 논란으로 창조론을 고수하던 근본주의자들에 대한 여론이 악화되면서 그들의 세력은 쇠퇴했다.[45]

제2차 세계대전 후 반공주의, 백인 우월주의와 결탁한 근본주의자들은 갈수록 전투적 성향을 띠었으며 정치화했다. 이를 정치화한 대표적 인물이 매킨타이어였다. 매킨타이어는 국제기독교협의회(The International Council of Christian Churches: ICCC), 그리고 그 모태가 된 조직인 미국기독교협의회(The American Council of Christian Churches: ACCC)의 회장이자 미국 콜링즈우드 성경장로교단 교회(The Bible Presbyterian Church of Collingswood)의 목사였다. 매킨타이어는 1948년 네덜란드 암스테르담에서 WCC가 창립된다는 소식을 듣고 이를 반대하기 위해 ICCC를 조직했다. 그는 WCC, 미국 NCC 등을 모두 용공 단체로 보았다.

매킨타이어는 공산주의자를 악마로 규정했으며, 그들은 세계를 노예화하기 위해 전쟁을 일으키려 하기 때문에 기독교인들은 이스라엘 군대의 하나님인 만군의 여호와 이름으로 냉전에서 이겨야 한다고 주장했다. 그리고 공산주의에 저항하지 않는 기독교인들은 변절자이며 미국을 위태롭게 하는 자유의 적으로, 공산주의권 지도자들의 동맹군이라고 비난했다.[46]

---

45 배덕만, 『한국개신교근본주의』(대장간, 2010), 22~25쪽.

46 Carl McIntire, *Why Christians Should Fight Communism*, The undated pamphlet, http://www.carlmcintire.org/booklets-fightcommunism.php (검색일: 2013.2.3).

기독교와 공산주의를 선과 악으로서 규정한 매킨타이어는 WCC와 미국 NCC가 중공의 전쟁 개입 이후 원자무기의 사용 반대와 휴전을 주장했을 때 이와 반대로 국제적 위기에 대한 확고한 대처를 위해서는 원자무기의 사용이 필요하다고 트루먼에게 요구했다.[47] 그는 설교, 시위, 라디오방송, 잡지 ≪크리스천 비컨(Christian Beacon)≫을 통해 이러한 내용을 선전했다. 한국전쟁에 중공이 개입하자 그들은 더욱 집중적으로 선전하기 시작했다. 매킨타이어는 ≪크리스천 비컨≫을 통해 WCC가 중국의 혁명을 지지하고 있는 자오쯔천(趙紫宸; T. C. Chao) 박사를 방어하고 있다고 주장했다. 자오쯔천은 WCC의 중국 대표였다. 이러한 내용을 포함해 WCC가 주장하고 있는 것들이 소련의 헌법과 같다면서 용공으로 공격했다.[48] 매킨타이어는 이러한 주장이 실린 ≪크리스천 비컨≫을 이승만에게 주었다. 이승만은 이 신문에 실린 영문 기사를 한글로 번역해 발간하도록 고신파를 부추겼다. 여기에는 한국 국회의원 25명이 관련되어 있었다. 매킨타이어는 이를 ≪크리스천 비컨≫에 영문으로 번역해 싣고, WCC가 용공이라는 것을 미국인에게 선전했다. 즉, 한국 국회의원 25명[49]이 WCC를 용공 세력으로 단정했다는 것을 내세워 자신의 주장에 정당성을 부여했다. 그는 한국의 전쟁 상황을 이용해 자신의 세

47 "Church Group Backs Use of Atomic Bomb," *The New York Times*, Dec. 6, 1950.

48 "Russian Constitution presents principle now endorsed by Executive Committee of World Council of Churches," *Christian Beacon*, Feb. 22, 1951.

49 "25 Korean National Assembly Leaders Question Korean Churches' WCC Affiliation with Pro-communist Action and Leadership"(*Christian Beacon*, Jun. 28, 1951)에서는 서명한 국회의원(총 25명)에 대해 다음과 같이 표기했다(145쪽 각주 72 참조).

"S. S. Yune, P. N. Kwon, K. S. Lee, C. T. Kwon, Y. S. Lim, J. J. Yune, Y. S. Kim, C. N. Kim, M. Woo, H. Ru, C. H. Lee, S. S. Whsng, C. C. Kim, P. H. Um, K. S. Lee, K. O. Kang, K. W. Chung, C. Y. Lee, Y. W. Kim, C. K. Yune, S. C. Park, Y. C. Park, K. K. Lee, P. C. Kim, Y. S. Lee."

력을 확대하고자 한 것이다.

매킨타이어의 주장은 미국 정치인들이 WCC를 용공 단체로 단죄하는 데 많은 영향을 미친 것으로 보인다. 1948년에 미국 HUAC에서는 「공산주의와 종교에 대해 알아야 할 100가지(100 things you should know about communism and religion)」라는 제목의 팸플릿을 간행해 성직자도 감시 대상에 포함했다. 1950년 2월에 스탠리 하이(Stanley High)는 ≪리더스 다이제스트(The Reader's Digest)≫에 '감리교의 핑크 집단(Methodism's Pink Fringe)'이라는 제목으로 미국 감리교와 장로교는 공산주의자들에게 동조하는 사람으로 가득 차 있으며, 이들이 관계하는 WCC와 미국 FCC는 용공 단체라고 비난하는 글을 실었다. 1952년에는 HUAC에서 「감리교 사회운동연맹에 대한 리뷰(Review of the Methodist Foundation for Social Action)」라는 제목의 보고서를 만들었다.

1950년대 초에 매킨타이어는 매카시와 각별한 관계를 맺으면서 WCC를 용공 단체로 공격했다.[50] 매킨타이어가 조직한 ACCC는 1953년 3월 26일에 반(反)미국적 활동을 하는 기독교인의 명단을 HUAC에 제출했다. ACCC는 반공 십자군 운동을 문서화하기 위해 HUAC와 매카시의 특별조사위원회가 이미 조사한 명단을 증거로 사용했다. 그 명단은 매카시의 특별조사위원회가 고용한 전문 연구원인 조지프 브라운 매슈스(J. B. Matthews)가 작성했다. 매슈스가 작성한 보고서 중에서 기독교인과 관련된 문서의 제목은 '그리스도 교회의 국제 대회에서 일부 성직자(183명)의 특정 활동, 181명의 루터 교회 성직자의 특정 활동과 가맹[Certain Activities of Certain Clergymen(183) in the International Convention of the Disciples of Christ, and Certain Activities and Affiliations of 181 Lutheran Clergymen]'이었다. 매슈스는 매킨타이어와 친밀한

50 George Lundskow, *The Sociology of Religion: A Substantive and Transdisciplinary Approach*(New York: SAGE Publications Inc., 2008), p. 128.

인물이었다. 매슈스는 1958년 크리스천 비컨 출판사에서 『우리 교회에서 공산주의(Communism in Our Churches)』를 출판했는데, 그 책에 수록된 그의 사진에 매킨타이어가 몇 줄의 설명을 써주기도 했다.[51] ACCC는 이러한 활동을 통해 미국 교회의 반공산주의자들을 대표하게 되었다.

1953년 3월 17일, 미국 하원 의원석에서 공화당 의원 도널드 잭슨(Donald L. Jackson, HUAC 위원)이 가필드 브롬리 옥스남(Garfield Bromley Oxnam) 감리교 감독을 용공주의자로 공격했다. 그는 옥스남이 "일요일에는 신에게 봉사하고, 나머지는 공산주의자 전선에서 일한다"라고 주장했다.[52] 이러한 발표는 미국 사회에 큰 파문을 일으켰다. 옥스남은 WCC의 공동 의장이자 워싱턴(Washington)을 담당하는 감리교 감독이었다. 한국에서도 잭슨의 주장을 ≪기독공보≫에 싣고 사태를 주시했다.[53]

잭슨의 이날 발표는 매슈스가 작성한 명단에 기초한 것이었다. 잭슨이 옥스남을 용공주의자로 공격한 것은 WCC를 용공 단체로 낙인찍기 위한 것이었다. 매킨타이어는 옥스남을 마르크스주의자라고 불렀으며, 그가 공동 의장으로 있는 WCC를 용공 단체로 명명했다.[54]

2) 이승만과 WCC의 갈등

미국과 소련은 한국전쟁에서 더는 승산이 없다고 각자 판단해 휴전회담을

51 Warren L. Vinz, "The Politics of Protestant Fundamentalism in the 1950s and 1960s," *Jouranl of Church and State*, Vol. 14(Oxford University Press, 1972), p. 246.

52 Carl McIntire, *Bishop Oxnam: Prophet of Marx*, The undated pamphlet, http://www.carlmcintire.org/booklets-Oxnam.php (검색일: 2013.2.3).

53 "공화당 짝슨 의원 중대발언", ≪기독공보≫, 1953년 5월 18일 자.

54 같은 글.

논의하기 시작했다. 그때까지 자기 권력을 위한 어떠한 협상도 얻어내지 못하고 있던 이승만의 입장에서는 전쟁이 더 지속되어야만 했다. 전쟁을 통해 국내외에서 자신의 지지 기반을 만들어낸 이승만은 휴전회담이 시작되자 미국과의 밀고 당기기를 통해 자신의 권력을 유지할 수 있는 방법을 찾아내야만 했다. 기독교는 이승만과 미국 사이의 창구 역할을 담당했다.

기독교는 한국전쟁 참전과 휴전회담에서 미국 정부를 위해 중요한 역할을 했다. 한편 이승만도 기독교를 통해 자신이 원하는 바를 획득하고자 했다. 그는 남한의 70만 그리스도인, 즉 기독교인 40만 명과 천주교인 30만 명이 북한의 점령으로 절박한 위험에 처해 있다며 57개 국가에 도움을 요청했다. 공산주의자들이 그리스도를 목표로 삼은 이유에 대해 첫째는 모스크바 통치에 반대하고 남한 지도자들이 그리스도인이기 때문이라고 설명했다.[55] 미국 정부와 이승만이 원하는 것을 획득할 수 있도록 그 역할을 충실히 수행한 것이 미국의 기독교 단체로, 다시 말해 WCC와 이를 공격하던 매킨타이어였다.

미국 정부는 WCC를 이용해 세계의 지지와 미국인의 지지를 얻어내어 한국전쟁에 참전했다. 그러나 전쟁에서 더는 승산이 없다고 판단한 WCC는 이를 위한 지지층을 만들어내는 데 앞장섰다. 이승만은 기독교라는 창구를 통해 세계 교회와 미국 교회로부터 전쟁 구호물자를 지원받고 세계와 정보를 교환하면서 자신을 지지하도록 만들었다. 그런데 자신의 의사와는 상관없이 휴전회담이 진행되자 이승만은 WCC를 공격함으로써 미국 정부를 압박하고 한국의 기독교를 통제하려고 했다.

이승만은 휴전회담으로 미군을 비롯한 유엔군이 한국을 떠난다면 자신이 어렵게 쟁취한 정치권력을 잃을 수 있다고 판단한 것이다. 그는 또한 1951년

55 "South Korea Sees Red Genocide Aim," *The New York Times*, Aug. 22, 1950.

국민방위군 사건, 거창 양민 학살 사건이 국내외에 알려짐으로써 위기에 몰리고 있었다. 따라서 그는 자신과는 상관없이 진행되는 휴전회담에 더욱 불안을 느낄 수밖에 없었을 것이다. 그리고 자신의 권력 기반이 된 한국의 기독교도 이들과 같은 노선을 걸을 수 있었기 때문에 더 불안해했던 것으로 보인다.

이승만은 한국 기독교를 자신의 권력 기반으로 만들기 위해 한국전쟁 동안 많은 혜택을 주었다. 이는 다음의 일화를 통해 잘 알 수 있다. 1952년 6월 내한한 미국 장로교의 존 스미스(John Smith)가 기독공보사 사장 권연호 목사에게 이승만이 독재자가 아니냐고 묻자, 권연호는 "우리 대통령은 독재자 아니요, 신앙자다. 매일 아침 5시에 예배드리고 감옥전도제, 종군목사제, 국기주목례를 제정해 전도의 길을 열어준 신앙자다. 우리 대통령은 한 가지 일에만 독재자다. 공산당 토벌에는 독재자다"라고 대답했다.[56]

그런데 이승만의 입장에서 한국의 기독교는 미국과의 밀접한 관계로 많은 전쟁 구호물자와 정보를 독점하고 있었기 때문에 미국을 비롯한 세계로부터 자신을 지지하도록 하는 데는 유용했지만, 반대로 한국 기독교는 언제든 자신보다는 미국의 입장을 선택할 수 있다고 판단했다. 특히 그는 서북 출신의 기독교인들을 신뢰할 수 없었다.

이승만은 정부가 수립된 이후인 1948년 12월, 대한청년단을 조직해 서북청년회를 해체하고 월남한 기독교 청년들을 정치권에서 배제하기 시작했다. 서북청년회는 미군의 방첩대 활동에서 중심적 역할을 하면서 미군과 직접적인 관계를 맺고 있었고, 서북 출신 기독교인들은 미국 선교사들과의 관계를 독점하고 있었다. 이승만이 서북 출신 기독교인들을 가장 신뢰할 수 없게 한 결정적인 사건은 서울 수복 후에 유엔군과 한국군이 삼팔선을 넘어서자 서

56 "대통령선거에 대하야", ≪기독공보≫, 1952년 7월 14일 자.

북 출신들이 독자적인 조직을 만들어 유엔군과 접촉한 것이다. 먼저 이북신도대표회에서는 북한 위문단을 결성해서 한경직, 김양선, 프랜시스 킨슬러 등을 평양에 보냈다. 김양선은 남한으로 돌아온 후 청천강 이북 교회의 실정에 대해 보고했다. 그리고 이들은 유엔한국통일부흥위원단(UNCURK)에 보낼 이북대표단을 결성했다. 이북신도대표회는 조선민주당, 이북대표단, 이북신도대표회 등이 참석하는 연석회의를 열고 각 단체의 대표 30명씩을 선임해 UNCURK에 보내기로 결정했다. 다시 이북신도대표회에서 각 단체 대표를 40명으로 증원하고 추가되는 10명은 관북 출신 교역자 회원 중에서 정하기로 했다. 동시에 이북 교회 복구 위원 8명도 선정했다.[57]

서북청년회 계열에서도 이승만과 상의 없이 독자적으로 서북청년회를 부활시켜 삼팔선을 넘기로 결정했다. 서북청년회의 부활을 강경하게 주장하던 김성주는 유엔군에 의해 평안남도 도지사로 발령받자마자 평양으로 향했다. 김성주는 훗날 이승만 암살 음모 사건으로 사형을 언도받고 사형 집행 전에 살해되었다. 당시 서북청년회 계열은 김성주의 무죄를 주장하며 서명 운동을 벌였고, 이것이 빌미가 되어 서북청년회 계열은 완전히 해체되어버렸다.[58] 이렇듯 월남한 기독교인들의 독자적인 움직임은 이승만의 불신을 더욱 강화하는 계기가 되었다.

한편 이승만은 북한 점령 지구의 통치를 둘러싸고 워싱턴과 갈등을 빚고 있었다. 그러나 전쟁의 주도권은 워싱턴에 있었다. 결국 이승만은 남한 대통령 자격이 아닌 개인 자격으로 북한에 갈 수 있었다.[59] 이렇게 되자 이승만은 "서울에 있는 미군정 관리들이 한국 정부에는 적대적이면서 미군정에 호의

57 이북신도대표회 문집간행위원회, 『이북신도대표회 문집』(이북신도대표회 편집위원회, 1984), 26~29쪽.

58 선우기성·김판석, 『청년운동의 어제와 내일』(횃불사, 1969), 63, 85~89쪽.

59 박명림, 『한국 1950: 전쟁과 평화』(나남출판, 2002), 603쪽.

적이었던 인물들을 북한 통치를 위해 모집하고 있다"라고 하면서 미국 정부에 불만을 표시했다.[60] 미군정 시기에 한국인 관료층에서 핵심을 이룬 집단은 한민당 세력과 함께 평안도 출신의 월남한 기독교계 지식인들이었다. 월남한 기독교계 지식인들은 미국에서 유학해 영어에 능통하고, 석사와 박사 학위를 취득한 이들로 전문 지식을 갖추었으며, 서울·경기 지역의 남한 지식인들에 비해 일제 말기에 일제와 타협하지 않음으로써 민족주의 측면에서 정통성을 갖춘, 철저한 반공주의자들이었다. 그래서 미군정의 입장에서 볼 때 이들은 한국 사회에서 가장 신뢰할 수 있는 집단이었다. 이승만은 미군정 관리들과 이들의 관계에 불만을 표출했던 것이었다.[61] 또한 그는 서북청년회 출신자들이 북한 점령 지구에서 독자적으로 활동하는 것을 막고자 서북청년회가 '이남 청년단의 일부분'이라는 것을 강조했다.[62]

이승만은 미국 정부를 압박하고 월남한 서북 출신 기독교인들을 통제하기 위해 WCC가 휴전회담을 촉구하자 용공 단체로 공격하기 시작했다고 볼 수 있다. 당시 WCC는 미국에서도 기독교 근본주의자들로부터 용공 단체로 공격을 받고 있었기 때문에 이승만은 이를 이용해 WCC를 용공 단체로 몰아가려고 했다. 이를 통해 WCC와 가장 밀접한 관계를 맺고 있던 한국의 기독교를 자신의 통제하에 두려고 한 것이다. 휴전을 결사적으로 반대하던 이승만으로서는 이 단체들의 행동이 자칫 한국 교회에 영향을 미칠 수 있다고 보았다.

사건은 1951년 4월 맥아더가 사임한 직후에 발생했다. 이승만은 부산의 피난지에서 국회의원 황성수와 고신파 송상석을 만나 한국 교회 내에 용공

60 같은 책, 580쪽.

61 김상태, 「근현대 평안도출신 사회지도층 연구」(서울대학교 대학원 박사학위논문, 2002), 118~119쪽.

62 박명림, 『한국 1950』, 593쪽.

주의가 침투해오고 있다는 소문이 있으니 목사들이 각 교회에 경고해 이에 대처해줄 것을 요구했다.[63]

이승만은 WCC와 밀접한 관계를 맺고 있던 KNCC의 중심 세력인 예수교 장로회, 즉 월남한 서북 출신 기독교인과 교회 권력을 둘러싸고 갈등 관계에 있던 고신파를 부추겼다. 또한 부산에 머물던 이승만은 휴전회담이 논의될 때마다 매주 예배에 참석하는 미8군 교회가 아니라 고신파 목사 한상동이 재직하던 부산 초량교회에서 예배를 드렸다. 그가 초량교회 예배에 참석한 것은 맥아더가 사임한 직후인 1951년 4월의 마지막 일요일과 1953년 반공 포로가 석방되기 직전 일요일이었다.[64] 이는 미국 정부의 휴전회담 결정에 반대를 표명하기 위한 행동이었다.

고신파도 매킨타이어와 마찬가지로 WCC와 미국 NCC를 공산주의에 동조하는 세력으로 보았다. KNCC가 WCC의 독점적 지원을 받고 있었기 때문에 고신파는 KNCC를 공산주의에 동조하는 세력으로 몰아붙이려 했다.

또한 매킨타이어 교단은 한국전쟁에 대해 이승만과 같은 입장을 가지고 있었다. 매킨타이어는 한국전쟁이 발발하자마자 ICCC 명의로 맥아더와 이승만에게 1950년 8월 18일에 전보를 보냈다. 한국이 전쟁에서 이기도록 기도하고 있다는 내용이었다.[65]

원자무기 사용과 휴전회담을 반대한 매킨타이어는 미국이 한국전쟁에서 패배한 것은 미국 내에 있는 용공 정치인과 성직자들 때문이라고 주장했다. 이는 매킨타이어와 친밀한 관계인 매슈스의 글을 통해 알 수 있다. 매슈스는 ≪아메리칸 머큐리(The American Mercury)≫에 기고한 "미국은 공산주의와의

---

63 송상석, 「문제의 기독교와 용공정책과 대한예수교장로회 총회 내면상 폭로 (1)」(1951), 5쪽.

64 초량교회 100년사 편찬위원회 편저, 『초량교회 100년사: 1892~1992』(초량교회, 1994), 199, 204쪽. 초량교회는 일제 말기에 신사 참배 반대 운동 그룹의 주요 장소로 이용되었다.

65 "Churches Pray for Success," *The New York Times*, Aug. 19, 1950.

전쟁에서 패배하고 있다(America Is Losing the War Against Communism)"라는 제목의 글을 통해 한국전쟁에서 미국이 패배한 원인은 군사 장비와 인적 자원 때문이 아니라 미국 국내외의 공산주의자들 때문이라고 비난했다. 맥아더 장군은 한국전쟁에서 미국이 분명 승리할 것이라고 장담했는데 워싱턴의 정치인들에 의해 실패했다면서, 이는 미국 내 공산주의자들의 책동에서 비롯된 것이라고 했다. 특히 미국의 장로교 성직자들은 미국의 정신을 책임지고 있기 때문에 이들의 용공주의는 매우 우려스럽다고 주장했다. 예를 들어 프린스턴 신학교 학장, 미국 북장로교 해외선교회 회장, IMC 의장인 존 매카이(John A. Mackay)가 1953년 5월 30일 자 ≪뉴욕 타임스≫에 "반공주의는 공산주의만큼 위험스러우며 때로는 훨씬 더 그렇다"라고 언급한 것에 대해 미국 장로교 총회와 백악관에서 어떠한 언급도 하지 않는 것은 매우 걱정스러운 일이라면서 강도 높게 비판했다. 미국의 기독교 성직자 수천 명은 공산주의라는 존재의 심각성에 대해 전혀 모르고 있다고 개탄했다.[66] 반공에 대한 매슈스의 인식은 이승만의 입장과 같았다. 그렇기 때문에 이승만은 매킨타이어 교단과 교류하고 있던 고신파를 움직인 것이다.

이승만은 1951년 3월 말부터 4월 초 사이에 장로회 총회장 권연호의 소개로 목사 박손혁, 오종덕, 송상석 등을 만났다. 이승만은 이 자리에서 매카이가 공산주의와 타협하고 용공을 권장한다면서 유감스러운 듯 말했다고 한다.[67] 또한 이승만은 5월 23일 ≪크리스천 비컨≫에 실린 5~6매 분량의 기사를 이규갑에게 건네면서 교회와 국가를 위해 경고문을 내라고 부탁했다.[68] 그 다음 이승만은 국회의원 황성수와 송상석을 만났다. 이 자리에서 이승만은

66 J. B. Matthews, "America is Losing the War against Communism," *The American Mercury*, Jan(1954), pp. 3~6.

67 송상석, 「문제의 기독교와 용공정책과 대한예수교장로회 총회 내면상 폭로 (1)」, 4쪽.

68 같은 글, 11쪽.

"한국 기독교 교회 내에 용공주의가 침투하여 들어오고 있다는 말을 모 목사에게 수차 들었는데 교회 일이니만큼 목사들이 각 교회에 경고하여 악한 사상을 방지함이 어떤가"라고 송상석을 부추겼다.[69] 황성수는 이승만과의 면담을 마치고 밖에서 기다리고 있던 이규갑과 논의한 뒤 신학교에 가 있던 송상석을 찾아가 이승만에게 받은 영문 기사의 번역을 부탁했으나, 송상석은 번역 능력이 없어 거절했다. 그래서 황성수가 이 기사의 번역을 책임졌다.[70]

이규갑은 이 번역물을 '기독교와 용공정책'이라는 제목으로 출판했다. 그리고 송상석은 이 소책자와 함께 국회의원 25명의 서명이 포함된 요청서[71]를 교계로 보냈다.[72] 여기에는 "11명의 감리교 감독과 위원회는 소련 헌법의 원칙을 시인"이라는 글과 함께 WCC와 밀접하게 연결되어 있는 KNCC에 대해 교파와 단체의 반성을 촉구한다는 내용 등이 포함되어 있었다. KNCC는 WCC와 IMC의 아시아 대회에 가맹해 그들과 연결되어 있고, 그들로부터 구호물자를 제공받고 있기 때문이라는 것이다.[73] KNCC는 IMC에 가입되어 있었다. IMC는 WCC와 서로 협력하는 기관이었다.[74]

이규갑 명의로 된 『기독교와 용공정책』이라는 소책자와 요청서는 대한예수교장로회, 감리교대한기독교 총회, 성결교회 총회, 구세군 한국 본영, 대한

69 같은 글, 5쪽.

70 같은 글, 4쪽.

71 김양선, 『한국기독교해방십년사』(대한예수교장로회 총회종교교육부, 1956), 160쪽.

72 국회의원 서명자들은 윤성순, 이갑성, 임영신, 김영신, 유홍, 황성수, 엄병학, 강경옥, 이종영, 윤재근, 박영출, 김봉상, 권병로, 권중돈, 윤택중, 김종열, 우문, 이종현, 김정실, 이경선, 정규원, 김용우, 박순천, 이규갑, 이용설 등이었다. 나중에 이 서명이 문제가 되자 서명자들은 서명 자체를 부인했다[송상석, 「문제의 기독교와 용공정책과 대한예수교장로회 총회 내면상 폭로 (1)」, 33쪽].

73 같은 글, 1~2쪽.

74 안교성, 「에큐메니칼 교회로서의 대한예수교장로회(통합)의 정체성과 증언」, ≪장신논단≫, 40집(장로회신학대학교 기독교사상과 문화연구원, 2011), 21쪽.

기독교청년회 등 다섯 기구에 보내졌다.[75] 매킨타이어 교단 소속의 선교사 윌리엄 치섬(William H. Chisom; 최의손)은 WCC가 용공 단체라는 것을 더욱 근거 있게 알리기 위해 1951년 6월 28일 자 ≪크리스천 비컨≫에 '요청서' 전문과 서명자 25명을 그대로 번역해 실었다.[76]

이규갑과 송상석에 의해 뿌려진 소책자와 요청서에 대해 KNCC와 예수교장로회 총회는 강력하게 대응했다. 예수교장로회는 기독교대한감리회와 함께 WCC 회원이었다.[77] 이 문제에 맞서기 위해 1951년 7월 12일 오후 2시 부산 광복교회에서 좌담회를 개최했는데, 장로회 회장 권연호, 서기 김상권, 부서기 김종태, 전 서기 유호준, 국회의원 박영출 등이 참석했다. 그리고 이와 관련된 내용을 ≪한국기독신문≫ 창간호, 2호, 4호 등에 계속 기사로 싣고, 이 모든 문제가 미국 기독교 근본주의자들과 연관되어 있으며 고신파의 음모에 의한 것이라고 설명했다.[78] 이는 단지 미국 내 어떤 잡지에 발표된 단편적인 내용에 불과하다고 주장했다.[79] 이 답변서 내용 중의 "미국 내 어떤 잡지"는 ≪크리스천 비컨≫이었다. WCC와 KNCC에 대한 용공 공격은 쉽게 가라앉지 않았다.

급기야 고신파에서는 항의 통지서를 권연호, ≪한국기독신문≫ 사장, 박영출, 이용설, 임영신, 이규갑 등에게 보내고, 이어 서명한 25명의 국회의원에게 보냈다.[80] 그리고 회답이 없자 고신파에서는 「문제의 기독교와 용공정책과 대한예수교장로회 총회 내면상 폭로 (1)」라는 자료를 발간하고 사건의

---

75 김양선, 『한국기독교해방십년사』, 158~160쪽.

76 *Christian Beacon*, Jun. 28, 1951; Sauer, *Methodists in Korea*, p. 222.

77 안교성, 「에큐메니칼 교회로서의 대한예수교장로회(통합)의 정체성과 증언」, 21쪽.

78 송상석, 「문제의 기독교와 용공정책과 대한예수교장로회 총회 내면상 폭로 (1)」, 13~20쪽.

79 김양선, 『한국기독교해방십년사』, 160~161쪽.

80 송상석, 「문제의 기독교와 용공정책과 대한예수교장로회 총회 내면상 폭로 (1)」, 21~33쪽.

〈그림 3-2〉「문제의 기독교와 용공정책과 대한예수교장로회 총회 내면상 폭로 (1)」

問題의基督敎와容共政策

大韓예수敎長老會總會內面相暴露
(一)

李大統領께서는 왜
基督敎의 容共政策
警告를 指示하였을가?

要請書에
二十五國議의 署名은
果然 僞造일가?

問題는 韓必敎正신대 왜 容共問題를 逆利用하야 高神파 慶南法統老会側에 뒤집어 씨울여고 하다가 남잡기 제잡기가되고 말았을가? 참 不可思議의 일이로군

자료: 미국 워싱턴 대학교 도서관 소장 자료.

전말을 실었다. 고신파에서는 한국전쟁 발발 후 경기 노회와 KNCC가 공산군 환영회와 궐기 대회를 개최하고, 이승만 타도 궐기 대회를 개최했다는 내용을 실었다. 또한 공산군에게 예수 믿는 방법이 잘못되었다는 '자숙서'를 제출했다고 하면서 KNCC를 호되게 비판했다. KNCC에서 이것에 대해 크게 문제 삼자 고신파에서는 "이규갑 목사에게 팸플릿의 원문인 영문 신문을 주면서 교회와 국가를 위하여 경고문을 내라고 부탁한 사람은…… 우리나라에 제일 높은 이 대통령인 것을 알아야 하겠다"라고 주장했다.[81] 그러면서 한국전쟁에 참전한 영국군이 유엔 가맹국이면서 뒤로는 군수물자를 중국에 팔아먹고 있는데, 이것은 영국의 국가 정책과 정치에 의해 그렇게 할 수 있다고 이해할 수 있어도,[82] 한국 기독교 교역자들과 가족들이 양심상 용공 단체인 WCC와 IMC로부터 재정 지원을 받는다는 것은 있을 수 없는 일이라고 비난했다.[83]

KNCC는 이 문제에 대해 다음과 같이 해명했다. 몇 건의 프락치 사건이 있었다고 해서 국회를 용공 단체로 볼 수 없으며, 국회의원 또한 공산주의자로 볼 수 없다고 주장했다. KNCC 기독교연합전시비상대책위원회에서 활동하고 있던 김양선은 WCC의 활동은 "세속주의, 휴머니즘, 공산주의, 전쟁 등과 같은 인류의 공적과 대결하기 위해 교회의 전체적 연합을 주장하는 것"이라고 설명했다.[84] 이 사건은 월남한 서북 출신 기독교인들과 고신파의 싸움

81 같은 글, 11쪽.

82 이창건, 『KLO의 한국전 비사』(지성사, 2005), 55쪽에 의하면 당시 영국은 타이완의 국민혁명군이 본토 수복을 위해 한반도로 출동해 중공을 자극할 경우 중공이 홍콩으로 밀고 들어올 수 있다고 판단했다고 한다. 그래서 미국과 한국의 의사 결정에 모두 반대했고, 나아가 중공 측에 이쪽의 정보를 넘겨주는 일도 있었다고 설명한다. 아마도 이를 두고 한 주장인 듯하다.

83 송상석, 「문제의 기독교와 용공정책과 대한예수교장로회 총회 내면상 폭로 (1)」, 19~20쪽.

84 김양선, 『한국기독교해방십년사』, 94쪽.

으로 변질되었지만, 그 배후에는 이승만이 있었던 것이다. 이승만은 월남한 서북 출신 기독교인들이 WCC와 절연하고 자신의 정치 노선에 함께하도록 하기 위해 고신파를 이용해 압박을 가한 것이다.

4. KNCC의 동요와 선택

1) KNCC와 월남한 서북 출신 기독교인

월남한 서북 출신 기독교인들은 한국전쟁을 계기로 예수교장로회뿐만 아니라 KNCC도 주도하게 되었다. 공산 세력을 가장 두려워했던 한국 기독교인들은 전쟁이 발발하자마자 어느 조직보다도 가장 신속하게 대응 태세를 갖추었다. 국내적으로는 교회 지도자들과 대책을 논의하기 위해 모임을 갖고, 국외적으로는 한국전쟁 발발을 세계 교회에 신속히 알리고 도움을 요청했다. ≪크리스천 센트리(The Christian Century)≫의 기자인 해럴드 페이(Harold E. Fey)는 전쟁 기간에 한국을 방문한 뒤 한국 기독교인들은 공산주의 세력과 싸우는 가장 강력한 세력이라고 소개했다.[85]

이러한 역할을 한 대표적인 단체가 KNCC였다. KNCC는 교파를 초월한 단체이며, 교회 정치 조직이었다.[86] KNCC는 1946년에 창립되었으며, WCC

85 "크리스챤은 강력한 반공주의자, 미지주간 한국담(美誌主幹 韓國談)", ≪기독공보≫, 1952년 2월 18일 자.

86 전택부, 『한국에큐메니칼운동사』(한국기독교교회협의회, 1979), 39쪽. 해방 이후의 교파를 초월해 조직된 남부 대회가 KNCC의 전신이었다. 해방 직후 이 대회는 정치적 목적을 위해 조직되었다. 당시 기독교 지도자들은 대표적인 정치인인 김구, 김규식, 이승만 등이 모두 기독교인이기 때문에 이들을 적극적으로 지지하기 위해 교파를 초월한 조직이 필요

의 협력 기관인 IMC에 가입되어 있었다. 이후 한국 교회는 IMC를 통해 WCC의 많은 도움을 받았다. 전쟁 중이던 1951년, KNCC에 가입한 단체로는 한국 기독교 각 교파, 즉 장로교, 감리교, 성결교, 구세군 등과 그 외에 재한국 선교사, 국내 기독교 단체 등 기독교와 관련된 모든 단체가 망라되었다.[87] 그러므로 KNCC는 모든 교파와 교회 기관을 대표하는 기관이었다. KNCC는 한국 전쟁기에 WCC와 관련된 세계 교회의 모든 대회에 참석해 전쟁 지원을 요청하고, 한국에서 세계 교회의 전쟁 지원 물자를 독점적으로 받는 창구 역할을 했다.

KNCC 창립 초기에는 각 교파가 모두 적극적으로 참여하면서 활동을 전개했다. 그러나 한국전쟁이 발발하자 KNCC는 예수교장로회가 중심이 되었으며, 이를 주도하는 집단은 월남한 서북 출신 기독교인이었다. 그 과정을 살펴보면 다음과 같다.

전쟁 발발 당시 KNCC 회장은 구세군의 황종률이었으며, 총무는 장로교의 남궁혁, 간사는 방화일이었다.[88] 전쟁이 시작되자 KNCC는 기독교 서회에

하다고 생각했다. 그러나 각 교파가 각자의 교단으로 돌아가자 해산되고 만다. 그 후 각 교단이 서로 협력하기 위해 조직한 단체가 KNCC다.

87 같은 책, 278쪽. 회원 단체는 대한예수교장로회, 대한감리교회, 성결교회, 북장로교 선교부, 남장로교선교부, 캐나다 연합선교회, 호주 장로교 선교부, 대한구세군본영, 대한성서공회, 대한기독교청년회, 대한예수교서회, 대한기독교교회청년회, 신민회, 애린선교단 등이었다. 1953년에는 KCWS도 회원 단체로 가입했다.

88 방화일은 1952년 12월 미군에 의해 공산주의자로 지목되어 살해되었다. 1954년 미국 아이젠하워 대통령은 한미 관계를 위해 방화일 목사 피살에 대한 보상으로 1만 원을 지불하는 데 서명했다. ≪국민보≫에 의하면 사건의 발단은 다음과 같았다. "1952년 12월 동창리라는 지방에서 미군 소위[제임스 고프(James D. Goff)]가 방화일 목사의 제씨(방수일) 집에 들어가서 미국 물품 도적질한 것을 수색하였다. 이때 코프 씨 일행이 방화일을 구타하고 발길로 차서 죽였다. 코프 소위는 군법으로 군대에서 제명당하고 2년간 징역에 처해졌다. 미국 상원 법률위원회에서 방화일 가족에게 1만 원을 수여하기로 결의하였다"("미국이 한국목사 피살에 1만원을 보수한다고", ≪국민보≫, 1954년 1월 8일 자).

모여 서울을 사수할 것인지 아니면 피난을 떠날 것인지를 놓고 긴급 대책 회의를 열었다. 교역자들은 신사 참배 행위에 참회하는 의미에서라도 서울을 사수하자는 의견이 다수였다. 그러나 한편에서는 죽는 순교도 좋지만 싸워서 이기는 산 순교도 중요하다면서, 지금은 피난을 떠나야 할 시기라고 했다. 결국 사수론으로 결정되었으나 이는 지켜지지 않았다. 이들은 서울이 쉽게 함락될 것이라고 예상하지 못했다. 그러나 이러한 기대가 무너지자 서둘러 남쪽으로 피난을 떠났다.[89]

그 후 KNCC는 기독교구국회, 기독교의용대, 선무공작대, 기독교연합전시비상대책위원회, 재건연구위원회를 조직하고 전쟁 구호 사업 등으로 전쟁에 적극적으로 대응했다. 이러한 활동은 거의 월남한 서북 출신 기독교인을 대표하는 한경직을 중심으로 이루어졌다. 제2장에서 살펴본 바와 같이 그의 배후에는 월남한 서북 출신 기독교인들의 강력한 조직인 이북신도대표회가 있었다. 전쟁 발발 당시 KNCC를 책임지던 총무 남궁혁이 납북되었기 때문에 KNCC의 활동은 사실상 중지된 상태였다. 이러한 공백 상태에서 한경직은 이북신도대표회의 강력한 후원하에 KNCC의 다른 교파 간부들과 함께 세계 교회와 선교사의 지원을 받으면서 여러 활동을 이끌었다.

기독교구국회는 1950년 7월 3일 대전제일장로교회에서 결성되었는데, 회장 한경직, 부회장 김창근(장로교), 황치헌(장로교), 황종률(구세군) 등으로 구성되었다. 기독교구국회는 대전, 부산을 비롯해 전국 13개 도시에 지회를 설치했다.[90]

기독교의용대는 대구에서 조직되었다. 대전에서 대구로 피난한 한경직을 비롯해 황금찬, 황은균 등이 만들었으며, 대대장은 한경직이었다. 북한의 인

89 강원용, 『역사의 언덕에서. 2』, 59~60쪽.

90 김양선, 『한국기독교해방십년사』, 79쪽.

민군에 맞설 국군이 부족하다고 여겨 기독교구국회 이름으로 기독교 의용병 모집을 시작한 것이다. 각 교회에서도 이를 선전해 기독교도 청년 약 3000명을 모집했다. 대구 신광여자고등학교에 기독교의용대 본부를 두고, 국군에 연락해 대원을 훈련시켰다. 총사령관은 목사 황금찬이었다.[91]

북한 인민군이 낙동강 근처까지 왔다는 소식을 듣고 기독교의용대는 대구에서 부산으로 갔다. 다시 북한의 인민군 일부와 탱크가 낙동강을 건넜다는 보도를 신문과 라디오에서 접한 기독교구국회는 더욱 위기감을 느꼈다. 그래서 기독교 의용병을 더욱 적극적으로 모집했다. 황금찬과 황은균은 대구와 부산을 오가며 기독교 의용병을 모집했다. 이때 피난민 중에서는 일본으로 밀항할 계획을 세우는 사람도 있었고 목사 중에서도 체념하는 사람들이 많았다.[92] 부산으로 온 3000명의 기독교의용대의 생계는 정부의 도움을 받아 해결했다.[93]

그러나 기독교 의용병 모집에 반대하는 교인도 있었다. 목사 조동진은 이러한 현실에 분개했다. 당시 국방부에서는 군인이 부족해 젊은 남자들을 마구잡이로 끌고 갔는데, 그런 상황에 또 다른 의용병이 있어야 한다는 주장에는 납득할 수 없었다고 했다. 조동진 목사가 목격한 바에 의하면 피난해온 수십 명의 목사와 그들의 가족이 잠들어 있는 부산 광복교회에 모병관들이 나타나 젊은 목사들을 끌고 갔다고 한다. 조동진 목사도 이때 끌려갔다가 시력이 너무 나빠 중간에 벗어날 수 있었다는 것이다. 당시 끌려간 목사들은 낙동강 전선에 투입되거나 일본에 마련된 미군 기지로 가서 한 달여 동안 훈련을 받은 뒤 유엔군으로 편성되어 인천 상륙작전에 투입되었다고 한다. 기

91 김병희 편저, 『한경직목사』(규장문화사, 1982), 65~67쪽.

92 조동진, 『나는 사형수의 아들이었다: 지리산으로 간 목사』(별, 1994), 230쪽.

93 김병희 편저, 『한경직목사』, 67쪽.

독교구국회에서는 기독교 의용병의 생계와 훈련을 담당할 능력이 없어 유엔군에 편입시켰다는 것이다.[94] 이들은 대부분 전사했고, 많은 여성이 과부가 되었다. 한경직이 영락교회 내에 모자원을 설치한 것은 이러한 여성들 때문이었다.[95]

선무공작대는 1950년 9월 28일 서울 수복 이후에 조직되어, 북한의 점령지구에 약 1000명의 대원을 파견했다. 1951년 1·4 후퇴 이후에는 기독교연합전시비상대책위원회가 부산 중앙교회에서 조직되었는데, 회장 한경직, 부회장 유형기, 김창근, 황종률, 총무 김양선 등이었다. 조직되자마자 미국 대통령 트루먼, 유엔 사무총장, 유엔군 총사령관 맥아더 등에게 감사의 편지를 보내고, 전쟁 구호물자 원조를 호소하기 위해 한경직과 유형기를 미국에 파견했다. 그리고 선교사들과 함께 제주도와 거제도에 신도 2만여 명과 교역자 1000여 명을 피난시켰다. 또한 제주도에 지부를 설치하고 10여 곳에 교회를 새로 세웠으며,[96] 전쟁 구호물자 사업을 위해 1952년 1월 재건연구위원회를 조직하고 기독교세계봉사회 한국위원회(KCWS)의 협력을 받아 사업을 전개했다.[97]

총무 남궁혁이 납북되면서 모든 활동을 한경직이 거의 주도하던 KNCC는 1951년 9월에 세력을 다시 규합해서 총회를 개최했다. 1952년에는 한경직이 KNCC의 부회장으로 임명되었으며, 실행 위원으로는 장로교에서 6명, 감리교에서 4명, 성결교에서 3명, 구세군에서 2명 등이 임명되어 장로교가 가장 많은 수를 차지했다. 이러한 결정에 대해 감리교에서 불만을 토로하기도 했다. KNCC는 IMC를 통해 WCC와 관계하며 한국 교회를 국내외에서 대변하

---

94 조동진, 『나는 사형수의 아들이었다』, 230~232쪽.

95 김병희 편저, 『한경직목사』, 83~84쪽.

96 김양선, 『한국기독교해방십년사』, 79~81쪽.

97 같은 책, 91~92쪽.

는 주요한 기관인데, 회장부터 총무, 간사, 소사 등에 이르기까지 모두 장로교에서 독점하게 되었다면서 감리교의 분발을 촉구했다.[98] 그러나 감리교는 이후에도 장로교의 독점을 막지 못했다.

성결교는 KNCC가 조직된 초기에 적극적으로 활동을 했지만, 한국전쟁이 발발한 뒤로는 소극적인 참여에 그쳤다. 활발하게 활동하던 성결교 지도자가 대부분 납북되어, 지도력이 공백 상태가 되었기 때문이다. 이명직은 일제강점기에 성결교의 대표적 지도자였으나, 일제 말 일제에 협력했다는 이유로 광복 이후 일선에서 물러나 있었다. 그러나 지도력에 공백이 생기자 이명직이 다시 추천을 받아 성결교를 대표하는 지도자가 되었다.[99] 그는 미국 복음주의자들과 더 긴밀한 관계를 맺으면서 전쟁 원조를 받았다.

구세군은 수적으로 열세였기 때문에 큰 발언권은 없었다. 그나마 큰 교파인 감리교에서 KNCC를 주도하던 장로교 측에 불만을 표시한 것이다. 이러한 불만에도 불구하고 장로교를 대표하던 한경직과 월남한 서북 출신 기독교인들은 KNCC에서 무시할 수 없는 존재가 되었다.

한국전쟁에 대응하는 과정에서 한경직과 월남한 서북 출신 기독교인들은 KNCC의 주요 인물로 급격히 부상했다. 기독교구국회, 기독교의용대, 선무공작대, 기독교연합전시비상대책위원회, 재건연구위원회 등이 모두 월남한 서북 출신 기독교인들의 지지를 받고 있는 한경직이 유지했다고 해도 과언이 아니다. 한경직은 KNCC 1952년 총회에서 부회장으로, 1955년 총회에서는 회장으로 선출되었다. 아울러 월남한 서북 출신 기독교인들은 피난 중인 지역에 많은 교회를 신설해 자신들의 세력을 더욱 확대했다. 또한 KNCC 산

98 "NCC 강화운동의 촉진", ≪감리회보≫, 1952년 2월 1일 자.

99 박명수, 「해방 이후 한국성결교회의 사회인식」, ≪한국기독교와 역사≫, 15호(한국기독교역사연구소, 2001), 81~87쪽.

하의 KCWS는 막대한 구호 기금을 독점했다. 한국전쟁 발발 이전에 한국 구호 위원회는 KNCC 산하에 설립되어 있었다가 한국전쟁 발발로 활동이 잠시 중단되었다. 그러다 미국 NCC에서 헨리 아펜젤러를 한국의 CWS 운영자로 파견했다. 아펜젤러가 사업을 전담하면서 구호 사업은 KNCC와 전혀 상관없이 KCWS 단독으로 사업을 전개했다. 그러다 1952년 7월 서독 빌링겐에서 개최된 IMC 5차 총회에서 KNCC 총무 유호준은 WCC와 IMC의 간부를 만나 이러한 상황에 대해 협의해 KNCC와 KCWS의 관계를 시정했다. 즉, KNCC 총무가 KCWS의 실행 위원이 될 수 있도록 정관을 개정해 유기적인 관계로 만들었다.[100] 이후 KCWS는 KNCC의 회원 단체가 되었다. KCWS 총무는 예수교장로회 소속의 김종환이었다.[101] 이러한 관계로 본다면 KNCC와 KCWS의 핵심 세력은 월남한 서북 출신 기독교인들 중심의 예수교장로회였다는 것을 알 수 있다. 이렇듯 방대한 구호물자를 독점할 수 있게 된 한경직과 월남한 서북 출신 기독교인들은 한국 정부, IMC, WCC, 미국 NCC와의 긴밀한 관계를 통해 남한에서 무시할 수 없는 주요 세력으로 급부상했다. 1960년대 초 KNCC의 외환 수혜액은 수십만 달러에 이르렀다.[102]

2) KNCC의 동요와 선택

한국 교회는 한국전쟁을 지지해준 미국 교회에 매우 고마워하고 있었다. 그런데 이들이 공산권과의 협상을 촉구한다고 했을 때 그저 암담함만을 느꼈다. 더 나아가 미국 내 평화 옹호자들의 휴전회담을 위한 노력에 분노했다.

---

100 유호준목사팔순기념문집출판위원회 엮음, 『역사와 교회』, 331~332쪽.

101 김응호, 『한국장로교 100년』(목양사, 1984), 119, 127쪽.

102 강문규, 「한국 NCC와 에큐메니칼 운동」, 『한국교회와 에큐메니칼 운동』(대한기독교서회, 1992), 84쪽.

한국 기독교인들은 이러한 미국 교회의 주장이 오히려 공산주의자들을 고무하는 데 일조하는 것이라고 하면서 반대했다.[103]

이승만은 1951년 휴전회담에 대한 논의가 시작되자 한국 교회, 특히 월남한 서북 출신 기독교인들과 주류 미국 교회 및 세계 교회의 관계를 단절시키기 위해 WCC를 용공 세력으로 몰아붙였다.

월남한 서북 출신 기독교인들은 철저히 반공주의를 견지했기 때문에 이승만과 협력적 관계를 계속 유지할 수 있었지만, 이승만은 그들을 불신했다. 1954년 7월 미국 에번스턴(Evanston)에서 개최된 WCC 2차 총회에 참석하려 한 한경직에게 여권을 발급해주지 않은 데서 이를 엿볼 수 있다.[104]

1953년 휴전회담을 둘러싸고 미국 정부와 한국 정부의 갈등이 정점으로 치닫자 KNCC는 WCC와의 관계를 놓고 고민하지 않을 수 없었다. 휴전회담에 대한 한국 교회의 반대가 강경해지자, CCIA의 총무 놀데는 미국 정부와 교회의 입장을 전달하기 위해 이승만과 한국 기독교인들을 만나러 1953년에 두 번이나 내한했다. 처음에 내한했을 때는 한국 기독교의 대표자들을, 두 번째로 내한했을 때는 이승만과 기독교 대표자들을 만났다. 놀데는 전 세계에 1억 7500만 명의 회원을 확보하고 있는 WCC와 IMC의 대표로서 한국을 방문한 것이었다. 두 번째로 방문한 7월 3일에는 이승만과 오랫동안 대화를 나누었다. 그때 이승만은 극동 문제를 담당하는 국무 차관보인 월터 로버트슨(Walter S. Robertson)과 협상 중이었다. 놀데는 이승만을 만나 세계 기독교계는 휴전에 대한 어떠한 방해에도 동의하지 않으며, 유엔의 휴전회담 추진을 지지한다는 뜻을 밝혔다.[105] 상황이 이렇게 되자 KNCC는 잠시 동요했다.

---

103 Sauer, *Methodists in Korea*, pp. 196~197, 201.

104 같은 책, 23쪽; 김응호, 『한국장로교 100년』, 119쪽.

105 "Church Calls on Rhee," *The New York Times*, Jul 17, 1953.

KNCC의 실행 위원 대다수는 휴전회담 반대 주장이 미국을 비롯한 우방과의 관계에 악영향을 미칠 것이라며 우려를 표했다.[106]

휴전회담을 둘러싸고 미국 정부와 한국 정부의 갈등이 정점으로 치닫자 조병옥, 장택상, 장면, 김활란 등은 휴전회담을 적극적으로 지지하며 이승만과 격론을 벌였다.[107] 이들은 미국의 여론과 정부를 선택했던 것이다. 반면 KNCC는 잠시 동요했으나, WCC가 아닌 이승만과 함께 계속 휴전회담을 반대하기로 결정했다. 이러한 결정에 영향을 끼친 것은 미국 선교사들이었다. 당시 휴전회담 문제를 놓고 한국 교회의 태도를 결정하고자 마련된 KNCC 실행위원회 모임에서 위원들이 동요하자, 이 모임에 참석한 미국 선교사 아펜젤러는 "한국은 항상 어린아이와 같이 유엔이 해주는 것을 그대로 기다리고 있어서는 안 된다"라고 주장하며, 한국인은 한국인으로서의 주장을 외쳐야 한다고 사기를 돋우었다.[108]

전 세계 교회에서 보내오는 전쟁 구호물자를 관리하는 KCWS의 사무총장인 아펜젤러가 한국 정부와 뜻을 같이해야 한다고 주장하자, 이에 용기를 얻은 KNCC는 한국 교회는 휴전회담에 반대한다는 결정을 내렸다.

1953년 휴전회담이 재개되자 KNCC는 같은 해 6월 14일부터 휴전 반대 운동을 시작했다. KNCC가 이날 개최한 북진 통일 기원 대회에서 대회장인 전필순은 "북진 통일만이 이 땅을 이 백성이 찾게 되는 길이다"라는 대회사를 낭독했다. 또한 세계 교회에 휴전 반대 성명서를 보내고 아이젠하워 대통령에게도 휴전을 반대한다는 서신을 보냈다.[109]

---

106 "성도의 집도(慹禱)는 국난을 타개! UN의 방법에 맹종은 불가", ≪기독공보≫, 1953년 6월 22일 자.

107 윤치영, 『윤치영의 20세기』(삼성출판사, 1991), 297쪽.

108 "성도의 집도(慹禱)는 국난을 타개! UN의 방법에 맹종은 불가", ≪기독공보≫, 1953년 6월 22일 자.

6월 15일에도 KNCC의 주최로 구국기독신도대회가 부산 충무로 광장에서 개최되었다. 시내 51개 교회에 1만여 신도가 모여든 가운데 총무 유호준의 사회로 대회를 시작했다. 이북 교역자 대표 김윤찬 목사와 감리교 대표 변홍규 목사의 기도, 김창근 목사의 개회사, 정세 보고 등을 한 뒤 세계 교회에 호소하는 성명서, 유엔과 아이젠하워 대통령에게 보내는 메시지를 채택했다.[110] 아울러 이러한 주장을 관철하기 위해 미국에 사절단을 보내기로 결의했다. 이어 서울, 인천, 광주, 청주 등에서 각 지방 NCC 주최로 휴전 반대 대회를 개최했다.[111]

당시 KNCC 기관지 ≪기독공보≫는 휴전회담 반대를 촉구하기 위해 여론을 환기시켰다. 대다수 미국인이 휴전회담을 지지한다는 것은 잘못 알려진 사실이라고 주장하면서, 다음과 같은 기사를 실어 한국 기독교인들의 총궐기를 촉구했다.

> 미국민은 과연 한국민을 배반하고 현 휴전안을 지지하고 있는가? 그들은 그들의 남편과 자식이 속히 도라오기를 고대하여 공산주의와 굴욕적인 악수를 하고야 말 것인가? 우리 한국은 지금까지 우리의 고집 때문에 자유세계에서 고립될 것같이 선전되였다. 그러나 우리는 이 모든 의구를 풀 수 있는 최근 미국의⋯⋯ 여론을 입수하였다.[112]

---

109 "서울 기독교도 통일기원대회", ≪조선일보≫, 1953년 6월 16일 자.

110 "양단 휴전반대 · 북진통일을 절규, 구국기독신도대회 개최", ≪기독공보≫, 1953년 6월 22일 자.

111 "통일기원신도대회 전국 각처에서 연속거행", ≪기독공보≫, 1953년 6월 29일 자.

112 "미국민간에 휴전반대여론비등, 판문점 양보는 뮤니히 재판, '아이크'여 '챔벌린'이 되지 말라", ≪기독공보≫, 1953년 7월 13일 자.

미국인들이 휴전에 반대한다는 편지를 ≪타임≫에 보내고 있는데, 그 양이 산적해 있다는 것이다. 그중 몇 가지를 들면서 판문점 양보는 '뮌헨 재판'이며, '아이크'는 '체임벌린'이 되지 말 것을 주장한다는 내용이었다. 1938년에 독일이 체코슬로바키아를 점령한 다음, 영국 수상 네빌 체임벌린(Neville Chamberlain)은 아돌프 히틀러(Adolf Hitler)를 뮌헨에서 만나 체코슬로바키아 점령을 인정하고 평화협정을 맺었다. 그는 영국인에게 명예롭게 평화를 이룩했으며, 평화의 시대를 맞이했다고 말했다. 그러나 다음 해 3월 히틀러는 체코슬로바키아의 남은 영토까지 합병하고, 9월에는 폴란드를 침입해 제2차 세계대전을 일으켰다. 이로써 체임벌린의 정책은 신용을 잃었다.

뉴욕 시의 존 델가(John Delga)라는 사람은 다음과 같은 내용의 투서를 보냈다고 소개했다. 아이젠하워 대통령이 뮌헨 재판 이후 동료 국가에 최대의 배역 행위를 범한, 영국 수상 체임벌린과 사실상 같은 사람이라는 것을 깨닫고 격심한 환멸을 느꼈다고 하면서, 아이젠하워는 남한을 팔아먹었다고 비난했다. 워싱턴 주의 벨링엄(Bellingham)에 거주하는 칼턴 엘리엇(A. Calton Eliot)은 뮌헨은 평화를 가져와야 했으나 오히려 전쟁에 대한 방수문을 열어주었는데, 판문점에서의 양보도 이와 마찬가지라고 하면서 한국을 팔아먹는 것은 등을 돌리게 할 뿐이라고 했다.[113] 이렇듯 ≪기독공보≫는 미국 내의 휴전 반대 여론을 소개함으로써 한국 기독교인들의 휴전 반대 궐기 대회를 촉구했다.

KNCC와 이승만의 관계는 다른 기독교인들의 의심을 사기도 했다. 6월 15일 대회를 마친 후 KNCC는 호된 비판에 시달렸다. 정부로부터 자금 지원을 받고 교인들을 정치적으로 동원한 것 아니냐는 비판이었다.[114] 다시 말해

113 같은 글.

114 "신도대회후문", ≪기독공보≫, 1953년 6월 22일 자; "신도대회 후문에 대하여", ≪기독공

종교가 정치 세력화된 것 아니냐는 비난이었다.

이러한 비판에도 KNCC를 대표하던 월남한 서북 출신 기독교인들은 휴전 반대 운동을 함으로써 반공에 철저한 모습을 보여, 자신들의 정체성을 뚜렷이 부각시켰다. 미국인들도 한국전쟁을 겪으면서 한반도에서 가장 강력한 반공주의자들은 월남한 서북 출신 기독교인들이라고 확신했다.[115] 월남한 서북 출신 기독교인들은 선교사를 통해 WCC와도 지속적으로 관계를 유지하면서 한국전쟁 이후 강력한 정치적·사회적 세력으로 부상했다. 반면 이승만은 1960년 4·19로 대통령에서 사임할 때까지 월남한 서북 출신 기독교인들에게 우호적이지 않았다. 이는 월남한 서북 출신 기독교인을 대표한 한경직이 4·19를 지지한 사실에서도 알 수 있다.

5. 맺음말

미국 교회가 주도하던 WCC는 한국전쟁이 발발하자 유엔의 전쟁 참전을 촉구하는 성명서를 발표해 미국인을 비롯한 세계 기독교인들의 지지를 끌어내는 데 중요한 역할을 했다. 그러나 중공군의 참전으로 전쟁이 장기화되자 WCC는 휴전회담을 촉구했다. WCC는 트루먼 대통령이 주장하는 원자무기의 사용이 아니라 제3세계 사람들의 마음을 사로잡지 못하면, 미국은 이후로도 공산권과의 경쟁에서 질 수밖에 없다고 판단했다. 그래서 휴전회담을 주장한 것이다.

보≫, 1953년 6월 29일 자.

115 Charles K. Armstrong, "The Cultural Cold War in Korea, 1945~1950," *The Journal of Asian Studies*, Vol. 62, No. 1(Cambridge University, February 2003), p. 94.

WCC의 입장 변화에 이승만은 당황스러워했다. 그에게는 여전히 전쟁이 필요했다. 자신의 권력을 위한 어떤 협상도 아직 이루어지지 않았기 때문이다. 휴전회담이 시작되자 전쟁을 통해 자신의 지지 기반을 만들어낸 그는 미국과의 밀고 당기기를 통해 자신의 권력을 유지할 수 있는 방법을 찾아내야 했다. 그래서 발견한 것이 안전하면서도 명분 유지가 가능한 기독교, 즉 미국과의 연관 관계를 잘 이끌면서도 비정치적 협상 창구가 될 수 있는 종교를 선택한 것이다.

이러한 기회를 기독교 측에서 놓칠 리가 없다. 서양 종교로 치부되어 한국 사회에서 정착하기 어려웠던 기독교는 한국전쟁 참전과 휴전회담에서 미국 정부를 위해 중요한 역할을 했다. 그리고 한국의 최고 권력자인 이승만도 기독교를 통해 자신이 원하는 바를 획득하고자 했다. 그 역할을 충실히 이행한 기독교 단체가 WCC였다. 미국 정부는 WCC라는 종교 조직을 이용해 세계의 지지와 미국인의 지지를 얻어내어 한국전쟁에 참전했다. 그런데 전쟁이 더는 필요 없어지자 WCC는 휴전을 찬성하는 지지층을 만들어내는 데 앞장섰다. 이승만은 한국의 기독교라는 표면적으로는 비정치적이고 아름다운 명분을 가진 창구를 통해 세계 교회로부터 전쟁 구호물자를 지원받고 세계와 정보를 교환하면서 자신을 지지하게 만들었다. 그런데 여기서 역사적 반전이 생긴 것이다. 바로 휴전회담이었다. 이승만 입장에서는 북진을 해야 자신의 정부가 견고해질 수 있는데 자신의 의사와는 상관없이 '잠정적 휴전' 협상이 진행된 것이다. 즉, 어제의 아군이 이승만의 가장 심각한 적군이 된 것이다. 이렇게 되자 이승만은 태도를 바꾸어 WCC를 공격함으로써 미국 정부를 압박하고, 한국의 기독교를 대표하던 KNCC를 통제하고자 했다. KNCC는 미국과의 긴밀한 관계로 많은 전쟁 구호물자와 정보를 독점하고 있었으므로 미국을 비롯한 세계 각국이 이승만 자신을 지지하도록 하는 데는 유용했지만, 반대로 언제든 자신보다는 미국의 입장을 선택할 수도 있다고 생각했기 때문이다. 이에 이승만은 WCC와 대립하고 있던 매킨타이어 세력과 연합해 WCC를 용공 세력으로 공격했다.

이승만은 용의주도하게도 직접적인 공격은 고신파에 맡겼다. KNCC를 주도하던 세력에 의해 기독교 중심부에서 밀려나 있던 고신파는 이 기회를 이용해 자신의 세력을 확장하고자 했다. 동시에 매킨타이어는 이를 이용해 미국의 주류 기독교인들과 대적함으로써 미국 내에서 자신의 세력을 강화하려고 했다.

WCC는 자신들의 입장을 KNCC에 주장했고, 이승만은 WCC를 용공으로 공격함으로써 KNCC를 압박했다. 미국과 한국 사이에서 동요하던 KNCC는 이승만을 선택했다. KNCC는 전쟁 구호물자를 독점함으로써 세력을 키워온 월남한 서북 출신 기독교인들이 주도하고 있었다. 이들이 이승만 노선을 선택한 것은 19세기 말부터 서로 친밀한 관계를 유지해온 미국 선교사들이 적극적으로 휴전회담에 반대했기 때문이다.

KNCC를 통해 한국 교회를 주도하던 월남한 서북 출신 기독교인들은 휴전회담 반대 운동을 적극적으로 주도함으로써 반공의 대표 단체로 자리매김했고, 남한에서의 정착과 세력 강화에 성공했다. 이를 통해 서북 출신 기독교인들은 휴전회담 이후 한국 사회에서 무시할 수 없는 세력이 되었다. 19세기 말부터 근대 시민사회를 지향했던 서북 출신 기독교인들은 반공이라는 선명성으로 한국전쟁 이후 한국 사회의 변동에 누구보다 빨리 적응했으며, 한국의 변화를 가속화하고 주도했다. 서북 출신 기독교인들은 반공이라는 선명성 때문에 한반도 내에서 미국으로부터 가장 신뢰받는 집단이 되었다. 반면 WCC를 공격해 미국 정부를 압박하려 했던 이승만은 미국과의 관계가 점차 소원해지면서 국제적으로 고립되어갔다.

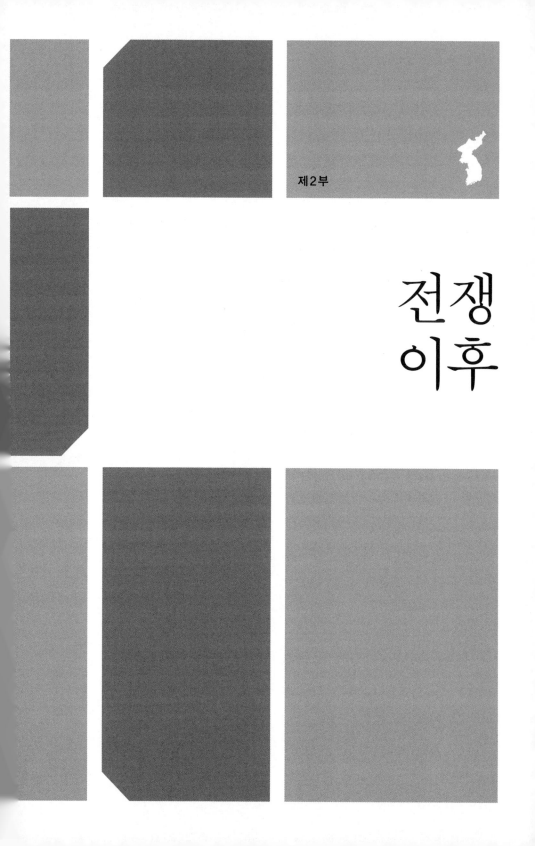

제2부

전쟁 이후

제4장

전쟁고아 사업과 한경직

1. 머리말

1952년 당시 미군 제8군 제2병참 기지의 주한유엔민간원조사령부(UNCACK) 수송관이던 클리퍼드 매키언(Clifford G. McKeon) 소령이 부산 행복산보육원을 찾았을 때 수용되어 있던 전쟁고아들은 입을 모아 합창했다.[1]

한국전쟁! 오! 소름끼치는 전쟁터
집집은 타 버리고 그리고 양친은 이미 도라가셨도다!
꺽이운 팔다리 눈멀고 귀먹고
바다 건너 멀리서 온 위대한 사랑의 사도
굶주림을 덜어주고 쓰라린 상처를 쓰다듬어
하늘보다 높은 덕 바다보다 넓은 사랑!

1 "행복산의 천사들", ≪동아일보≫, 1952년 3월 6일 자.

어린이의 아버지 그 이름은 맥킨 소령
영원이 성스러운 그 이름은 기억될진저
하나님이여 그이에 영광 돌리소서

매키언은 1950년 11월 부산시 아미동에 행복산보육원을 세우고, 많은 구호품을 모집해 이 보육원에 수용된 전쟁고아들을 돌보았다. 그런데 1952년 귀국을 하게 되어 더는 후원을 할 수 없게 된 매키언이 작별을 고하고자 보육원을 방문하자, 전쟁고아들이 감사의 뜻으로 송별의 노래를 합창했다.

1951년 7월 23일 자 ≪라이프≫에는 한국 전쟁고아에 대한 다음과 같은 기사와 함께 사진이 실렸다. 1951년 5월 초 GI(Government Issue, 미군)들은 전장에서 한 고아를 발견했는데, 그 어린이는 공산주의자의 공격으로 부모를 잃고 고아가 되었다는 것이다. 시체 냄새가 나는 집으로 GI들이 들어가자 파리의 붕붕거리는 소리 이외에는 아무 소리가 들리지 않았다. 그런데 한 GI가 방의 한 구석에서 어린이를 발견했다. 그 어린이는 죽어서 구더기와 파리 떼로 덮여 있는 그의 어머니 옆에서 아무런 미동도 없이 앉아 있었다. 너무 약해 걸을 수 없었던 그 어린이는 GI가 밖으로 데리고 나왔다. GI는 그 어린이를 치료해주고 돌보아주었다고 했다.

한국전쟁과 관련된 전쟁고아 기사는 한국 언론과 미국 언론에서 자주 접할 수 있었다. 한국 언론에서는 전쟁고아를 돌보는 GI들의 미담에 대한 보도가 많았고, 미국 언론에서는 이 기사처럼 너무도 가련하고 불쌍한 전쟁고아의 모습이 자주 보도되었다. 1956년 미국을 방문하고 돌아온 모윤숙은 같은 해 2월 16일 자 ≪경향신문≫과의 인터뷰에서 미국 언론의 보도 태도가 못마땅하다고 말했다. 교회 관계나 사회사업 관계로 기부금이나 구제품을 걷기 위해 한국과 관련해 너무나 비참한 이야기만 선전한다고 하면서, 한국의 거의 모든 어린이가 거지 아니면 고아인 줄 안다고 불평했다.

이와 같이 미국과 한국의 언론에서 경쟁적으로 보도하던 전쟁고아는 한국전쟁으로 수없이 양산되었다. 한국 정부에서는 이들을 주로 격리 수용함으로써 문제를 해결하고자 했다. 미군 사령부에서는 미군에 대한 이미지 향상, 정서적 휴식 등을 위해 미군 부대로 모여드는 전쟁고아를 미군들이 돌보는 것을 장려했다.

1953년 휴전 회담 이후 미군과 유엔군이 귀국하면서 고아원들은 거의 폐지되기에 이르렀는데,[2] 이러한 고아원을 접수하고 고아 사업에 뛰어든 것이 미국의 복음주의 단체인 월드비전(World Vision), 기독교아동복리회(Christian Children's Fund: CCF), 홀트 입양 프로그램 등이었다. 이들의 사업은 크게 성공했으며, 오늘날 전 세계적 규모를 자랑하는 조직이 되었다. 이러한 사업이 성공적으로 수행될 수 있도록 협력하고 도움을 준 것이 한국의 기독교인이며, 그중에서도 월남한 서북 출신 기독교인을 대표하는 한경직의 역할이 돋보였다. 이후 그의 정치적·사회적 영향력은 무시할 수 없을 정도로 강해졌다. 한경직은 전쟁고아 사업을 통해 월남한 서북 출신 기독교인들의 재정적 기반을 마련했고, 군사 정변으로 정통성이 없었던 박정희를 위해 미국 정부와 미국인들을 설득하는 데 중요한 역할을 했다. 이를 통해 박정희 정권과 밀착된 관계를 형성했다. 한경직과 월남한 서북 출신 기독교인들은 이러한 과정을 통해 정치적·사회적으로 한국 사회에서 상당한 영향력을 행사할 수 있는 세력으로 성장했으며, 박정희 정권의 근대화 정책을 추동하면서 한국의 경제를 성장시키는 데 중요한 역할을 했다.

이 장에서는 미국에서 전쟁고아 사업을 했던 미국의 복음주의 단체가 어떻게 거대한 권력을 지니게 되었는지, 그리고 이 단체들과 함께 사업을 전개했던 한경직과 월남한 서북 출신 기독교인들이 어떤 과정을 거쳐 한국에서

---

2 "전재고아(戰災孤兒)는 어디로 가나", ≪동아일보≫, 1954년 11월 28일 자.

정치적·사회적으로 지대한 영향력을 가지게 되었는지를 살펴보고자 한다. 이를 위해 1950년대의 한국 전쟁고아의 실태를 살펴보고, 이를 기초로 전쟁고아 사업에 뛰어든 미국의 구호 단체, 한경직과 월남한 서북 출신 기독교인들의 정치적·사회적 헤게모니 확장에 대해 규명해보고자 한다.

2. '전쟁의 부산물', '부랑아'로서의 전쟁고아

1951년 9월에 열린 제11회 제63차 국회 본회의에서는 한국 전쟁고아를 10만 명으로 추산했다. 이 수치는 한국 정부와 유엔한국재건단(The United Nations Korean Reconstruction Agency)의 조사에 근거한 것이었다. 전국적으로 199개 공립·사립 고아원에서 1만 3211명이 수용되고 있었으며, 9만여 명이 길에서 방황하고 있다고 보고했다.[3] 휴전 회담 후인 1953년 12월 20일 자 ≪경향신문≫ 기사에 의하면, 전국의 고아를 약 6만 명으로 추산했다. 전국 380개소의 고아원에 4만 8000명이 수용되어 있으며, 1만 2000명의 고아가 부랑하고 있다고 밝혔다. 이러한 조사에 의하면 전쟁고아는 6만 명에서 10만 명 정도였다고 할 수 있다. 어린이들은 전쟁으로 부모를 잃거나 피난 과정에서 미아가 되었으며, 또한 생활고로 유기되어 전쟁고아가 되었다. 그 외에 빨치산 토벌 과정에서도 많은 어린이가 고아가 되었다.

예를 들어 1951년 말, 미 제8군 사령관인 제임스 밴 플리트(James A. Ban Fleet)는 당시 1군단장으로 있던 백선엽[4]에게 지리산의 빨치산 토벌에 대한

3 제2대 국회 제11회 제63차 국회 본회의, 「국회회의록」(1951.9.10), 5~6쪽.

4 평안남도 강서군 출신으로 만주군관학교를 졸업하고 만주군 간도 특설대에 배치되어 있다가 해방을 맞이했다. 고향으로 돌아온 그는 평양 건국준비위원회 위원장 조만식의 경호실장으로 일하다가 1945년 12월 월남했다. 월남 후에는 군사영어학교에서 교육을 받은

지휘를 맡겼다. 이 토벌 작전은 이승만이 밴 플리트에게 요구해 이루어진 것이다. 이 지휘부는 백선엽의 이름을 따서 '백야전전투사령부'로 불렸으며, 작전명은 쥐잡기 작전(Operation Rat Killer)이었다. 이 작전은 1951년 12월부터 다음 해 1952년 2월까지 3개월 동안 진행되었다. 1964년 전사편찬위원회에서 『한국전쟁사』를 제작하기 위해 구술받은 자료에 따르면 당시 많은 주민이 적으로 몰렸다고 했다. 지리산을 중심으로 하는 4개 도, 9개 군의 전체 주민 20만 명이 갑자기 빨치산으로 몰린 것이다. 백선엽은 이 지역 주민을 모두 적으로 규정하고 포로로 체포했다. 이 과정에서 부녀자와 어린이 등이 모두 포로가 되었다. 이 어린이들을 위해 백선엽은 전라남도 송정리에 백선엽 고아원을 설치하고, 200명의 고아를 수용했다.[5]

당시 신문에는 전쟁고아를 우려하는 기사가 지속적으로 실렸다. "전쟁의 부산물", "부랑아로서 사회악을 직·간접으로 조장"한다는 등의 기사를 실어 이들에 대해 특별한 조치를 취해줄 것을 주장했다.

1952년 당시 서울시의 25개 고아원에는 3000명이 수용되었는데, 1만 명이 거리를 방황하면서 '슈샤인 뽀이', '뉴스 뽀이', 담배 장사, '어둠의 거리 안내인', 성매매 알선, 절도, 협박 등을 일삼으며 사회의 암적인 존재가 되어간다고 우려했다. 구두닦이들은 대부분 열세 살에서 열네 살의 어린이로, 성매매 여성을 소개하는 일도 함께하며 이 여성들과 밀접하게 지내다 보니 성병 보균자도 많다고 보도하면서, 시 경찰국 보안과에서 이 어린이들을 데려다가 검진을 하기도 했다고 썼다.[6]

다음 군에 배치되었다[유광종, 『(6.25 전쟁의 파워 리더) 백선엽을 말한다: 삶과 죽음 속의 리더십』(책밭, 2011), 45~89쪽].

5 "백선엽 지리산 토벌 작전 때 양민 집단 동사", ≪한겨레≫, 2011년 6월 21일 자; 백선엽, 『군과 나』(대륙연구소, 1989), 224~229쪽.

6 "거리의 불량아", ≪경향신문≫, 1952년 4월 13일 자; "전쟁 이면(裏面)의 사회상", ≪경향

그리고 이들이 범죄자가 되는 것은 악질 범죄자들과 관련이 있다고 파악했다. 악질 범죄자들이 이 어린이들을 자신의 도구로 이용하기 때문이라는 것이다. 이들을 수용소에 수용해도 이미 범죄에 물들었기 때문에 다시 달아나서 보호 선도가 매우 어렵다고 했다. 이 어린이들은 깡통을 들고 구걸하러 다니지만, 이는 구걸을 위한 것이 아니라 단지 직업 도구라고 하면서 4, 5명이 한 조가 되어 지나가는 행인들을 협박하는 등 사회 문제를 일으키고 있다는 것이다. 기자들은 이들을 범죄 조직으로 보고 그 체계를 조사하기도 했다. 즉, 만약 거리에 한 어린이가 나타나면 '왕초'보다 급이 낮은 '건초(建草)' 혹은 '내초(來草)'가 그 어린이를 다리 밑이나 그들의 본거지로 데려가 철저히 훈련을 시킨 뒤 '돌멩이', '똘똘이' 등의 이름을 붙여준다. 그리고 절대로 이 어린이가 조직을 일탈하지 않도록 한 다음 '건초' 혹은 '내초'가 견습을 시킨다. '건초' 혹은 '내초'는 구두닦이를 겸해 소매치기 등 여러 가지 일을 한다. '왕초'는 '건초'와 '내초'를 통솔해 일정한 금액을 바치도록 해서 고급 요정을 드나들며 일류 회사 중역들처럼 생활한다고 조직을 해부하기도 했다. 또한 조직들만의 특수한 비밀 용어가 500개 단어에 이르며, 통화가 제대로 되지 않는 당시의 전화보다 더 빨리 원거리 연락을 취할 수 있고, 살인도 서슴지 않는다고 보도했다.[7]

이처럼 전쟁고아를 '전쟁의 부산물'이나 '거리의 부랑아' 등 범죄자 취급을 하면서 대책을 시급히 마련해달라고 정부에 요구했다. 또한 이들이 거리의 부랑아가 되는 이유로 한국인들이 경영하는 고아원의 비리와 고아들에 대한 범죄 조직의 관리를 들었다. 이런 까닭에 한국인들이 경영하는 고아원의 비

신문≫, 1952년 5월 27일 자; "슈-사인 소년들 감화원에 수용", ≪경향신문≫, 1952년 6월 2일 자.

7 "부랑아의 실태", ≪동아일보≫, 1955년 5월 2일 자.

리에 관한 기사가 자주 실렸다. "일부 자선 기관은 위선과 부패의 소굴", "유명무실 고아원", "장사치 일부 고아원들", "사회사업가란 탈을 쓴 고아원장" 등의 제목으로[8] 고아원 운영의 많은 문제점을 거론하면서, 이 때문에 고아들의 고아원 탈출이 증가하고 있다고 지적했다. 아울러 어린이들이 수용소를 떠나는 이유가 '왕초'를 중심으로 한 매우 치밀하고 조직적인 범죄 조직 때문이라고 설명했다. '왕초'의 지령을 따르지 않으면 견디기 힘들 정도의 네트워크 형성이 문제라고 보았다.[9]

전쟁고아가 사회 문제가 되자 1951년 국회 본회의 의안으로 전쟁고아 대책이 채택되었다. 국회의원 오의관과 이재학은 정부에 아동에 대한 확고한 조치를 취해줄 것을 요구했다. 오의관은 "장래의 우리나라를 받들고 나아갈 제2세 국민의 영향을 생각한다고 할 것 같으면 우리는 묵과할 수 없는 것입니다"라고 했다. 이재학도 국가 장래뿐만 아니라 인도상으로나 동포애의 관점에서 강력한 정책이 필요하다고 주장했다.[10] 그러나 전란 중에 있던 당시의 정부는 이에 대해 근본적인 대책을 세우지 못했다.

정부는 전쟁고아를 관리하기 위해 여러 가지 대책을 세우기도 했지만, 재정적 여력이 없어 단순히 격리 수용하는 데 주안점을 두었다. 또한 일단 이 어린이들을 범죄 용의자로 보았기 때문에 일반 사회에서 함께 생활하게 해서는 안 된다는 입장이었다.

1952년 사회부에서는 거리를 방황하는 5세에서 16세까지의 어린이를 수용 보호 기간을 정해 부산 시외와 부산 해안의 섬에 수용하도록 서울시를 비롯한 각 도에 훈령을 내렸다.[11] 경상북도에서는 거리를 방황하는 400명의 어

---

8 "소동이르킨윤락고아원 원장아들정욕난행", ≪경향신문≫, 1953년 5월 14일 자; "고아 파는 위선자", ≪경향신문≫, 1953년 1월 10일 자; "휴지통", ≪동아일보≫, 1953년 6월 28일 자.

9 "부랑아의 실태", ≪동아일보≫, 1955년 5월 2일 자.

10 제2대 국회 제11회 제63차 국회 본회의, 「국회회의록」, 5~6쪽.

린이를 울릉도에 수송해 보호·격리했다.[12] 그러나 이에 대한 반대 여론도 만만치 않았다. 울릉도는 교원들에게 월급을 인상해주겠다고 해도 가지 않으려는 곳인데, 그러한 곳으로 어린이들을 보낸다는 것은 문제가 있다고 주장했다. "인심이 좋고 살기 좋은 곳이라 하더라도 일반 사회와 동떨어져 있어서 어린이들이 거주하기에는 적합하지 않다. 이 어린이들이 고아가 된 것만 해도 불행한 일인데 여기에 사회와 완전 단절시켜버린다면 정상적으로 자라기 어렵다면서 반대했다.

섬으로 격리하는 이러한 정책 때문에 도망치는 어린이들도 있었다. 김수동이라는 어린이는 "훈육소에서 섬으로만 보내지 않으면 좋겠는데, 섬으로 보내기 때문에 도망을 쳤습니다"라고 밝혔다. 서울시에서는 1953년 100여 명의 부랑아를 수집해 도산교화원에 수용했고, 또 수시로 부랑 소년 수집에 진력했지만, 수용 시설의 부족으로 어려움을 겪었다. 서울 지방 경찰청에서는 이 부랑 소년들을 일정 기간 단속해 검거하고, 절도·장물·사기 등의 혐의로 송치함으로써 문제를 해결하고자 했다. 그 외에 이들에 대한 주소와 성명을 조사해 북쪽 출신을 제외하고 각 출신지로 보내는 방안도 강구했다.[13] 또한 거리를 방황하는 어린이를 체포해 충청도 어느 지역에 버리기도 했다.[14] 1954년 사회부에서는 부랑아 수용 구호비 19만 5000환의 예산을 받아 서울시를 비롯해 경기도, 충청북도, 전라남도, 경상남도, 강원도 등 각 도에 배당해 부랑아 수용을 철저히 할 것을 지시하고, 부랑아를 통제하는 '왕초'를 근절한다는 대책을 발표하기도 했다.[15]

---

11 "부랑아 수용 보호 기간(期間)을 설치", ≪경향신문≫, 1952년 7월 5일 자.

12 "부랑아 능동에 수용", ≪경향신문≫, 1952년 6월 6일 자; "고아 능동에 수용", ≪경향신문≫, 1952년 6월 7일 자.

13 "어린이날의 그늘 밑", ≪경향신문≫, 1953년 5월 7일 자.

14 "휴지통", ≪동아일보≫, 1954년 9월 5일 자.

GI 베이비[16]에 대해서는 미국에서 이들을 데리고 가기를 원했다. 미국 대통령으로 선출된 드와이트 아이젠하워가 1952년 12월 한국을 방문했을 때, 한국 여론은 이들을 미국으로 데려가 달라고 요구했다. 이유는 다음과 같았다. "이 어린이들이 이 사회에서 자란다 할지라도 자유스럽지 못한 분위기에서 자라게 되어 자칫하면 불량아가 되고 말아, 장차 한국 사회의 불평객이 되고 만다"라는 것이었다. 그래서 "미국 정부에서는 이 어린이들을 하루 빨리 자유스러운 나라에 데려다가 자유스러운 생활과 교육을 시켜줌이 이들의 장래를 위해 도와주는 것"이라고 주장했다.[17]

3. 전쟁고아의 재발견: 반공과 한미 혈맹의 상징물

'전쟁의 부산물', '거리의 부랑아'로서 범죄 용의자 취급을 받던 전쟁고아들은 반공과 한미 혈맹의 상징물로 재발견되었다. 이는 한국과 미국의 신문, 잡지, 라디오, TV, 영화 등을 통해 이루어졌다. 한국 언론은 고아원을 경영하는 한국인에 대해 앞에서 설명한 바와 같이 부정적인 기사를 작성한 반면, 고아원을 지원하거나 경영하는 미군에 대해서는 "자애의 손", "위대한 사랑의 사도", "아름다운 인류애"라고 표현했다. 한국 정부에서는 이러한 미군들에게 표창장을 수여하면서 미군의 자애와 사랑의 이미지를 더욱 강화했다.

한국과 미국의 언론은 "인류의 공적 공산도배들", "이리 떼", "인정도 용서도 없는 적구의 도발적 남침"으로 "집을 태우고 전재(戰災)로 부모형제를 잃

---

15 "부랑아 전부 수용", ≪경향신문≫, 1954년 3월 8일 자.

16 GI 베이비는 미군과 한국 여성 사이에서 태어난 혼혈아를 지칭한다.

17 "고아 혼혈아의 앞길도 열어주오", ≪동아일보≫, 1952년 12월 8일 자.

어 헐벗고 굶주리고" 집을 잃어버린 전쟁고아들을 미군이 부대로 데리고 가서, 들고 다니던 깡통과 누더기 같은 옷을 새 옷으로 갈아입히고 혈색이 도는 아이들로 바꾸어놓았다고 경쟁적으로 보도했다.[18]

미군은 전쟁을 성공적으로 수행하기 위해 제8군 사령관 밴 플리트에서 사병에 이르기까지 대민 정책 차원에서 긍정적인 이미지를 심으려고 노력했다. 남한의 한국인 모두가 미군과 유엔군을 지지하는 것은 아니었기 때문이다. 구원자로서 미군의 이미지를 심기 위해 전쟁고아 구호는 최상의 대상이었다. 이러한 이미지뿐만 아니라 전쟁에 시달리는 미군들에게 잠시나마 정서적인 휴식을 주기 위해 고아를 돌보는 것을 장려하기도 했다. 사병들은 이를 기회로 외박을 하고 고아들과 놀면서 정서적으로 휴식을 취했다. 그리고 이들은 고아원을 돌본다는 데 자부심을 느끼기도 했다.[19] 밴 플리트는 이러한 목적을 위해 여러 차례 서울에 있는 고아원을 방문해서 구호물자를 기증했다.[20]

미군들이 전쟁고아를 돌보기 시작한 것은 이들이 미군 부대 주위를 항상 맴돌았기 때문이다. 많은 미군은 고아들을 부대의 '마스코트'로 데리고 다니거나 고아원을 설립해 이들을 보살폈다. 전쟁고아들에게 미군 부대는 인기 있는 피난처였다. 일단은 먹고 자는 것이 해결되었기 때문에 고아들은 전후방의 미군 부대로 모여들었다. 미군들은 전쟁 중이었기 때문에 잡무가 많았

---

18 "Young Marine Adopt South Korean Orphan, Who Refuses Rice After Tasting G.I. Food," *The New York Times*, Aug. 22, 1950.

19 한우성, 『아름다운 영웅 김영옥』(나무와숲, 2008), 498쪽.

20 예컨대 밴 플리트는 1952년 3월 서울 고아원을 방문해 약 1만 1000달러 상당의 구호 의류를 기증하고, 이어 자하문 밖 콜롬바고아원을 찾아가 구호물자를 증정했다("일만 「딸라」 분의의류기증", ≪동아일보≫, 1952년 3월 20일 자; "고아들에 선물", ≪경향신문≫, 1952년 3월 22일 자).

다. 미군 장교 1명당 1명꼴로 전쟁고아를 곁에 두고 이러한 각종 일을 맡겼다. 이에 따라 전쟁고아들의 군영 내 거주가 암묵적으로 허용했다. 미군들은 이 어린이들에게 미국식 이름을 붙여주고 '하우스 보이'라고 불렀다. 혹은 적의 스파이로 활동하는 '블루 보이'들도 있었다. 이렇듯 생계를 해결하기 위해 고아들이 미군 부대로 몰려들었기 때문에 미군들은 자연스럽게 이들을 돌보게 된 것이다.[21] 미군들은 본국의 친지 혹은 가족에게 편지를 보내 물자 원조를 요청했다. 이 편지를 받은 사람들은 그 지역의 방송, 지역 단체, 학교, 교회 등을 동원하고 물자를 모집해 고아원을 지원하는 미군을 도와주었다.[22]

이러한 과정 속에서 전쟁고아들에게 미군은 자신들을 보호해주러 온 "하늘의 사절", "아버지", "할아버지"였다. 고아원에 수용되어 있어도 배불리 먹지 못했던 전쟁고아들은 부활절, 추수감사절, 성탄절 등 특별한 날을 기다렸다. 특히 성탄절 축하 잔치는 미군이 개최하는 큰 행사였다. 이 행사는 휴전회담 후에도 계속되었다. 1958년 성탄절을 맞이해 미 제8군 사령부에서는 고아들을 위한 축하 행사를 열었다. 미군들은 군악대를 동원해 춤과 노래로 아이들을 즐겁게 해주었다. 그리고 요란한 폭음과 함께 헬리콥터가 날아와, 큰 선물 보따리를 어깨에 둘러멘 산타클로스 복장의 미군들을 내려주었다. 고아들은 환호성을 지르며 '하늘의 사절'을 맞이했다. 고아들은 의복과 장난감, 과자 등 많은 선물을 받으며 환호했다.[23] UNCACK 서울 지구 사령관 해리 메이필드(Harry L. Mayfield) 대령은 고아의 할아버지로 추대되기도 했다.[24]

---

21 한우성, 『아름다운 영웅 김영옥』, 336쪽.

22 UNCACK 사령관 '하인스' 중령은 미국 친구들에게 편지를 보내 생필품과 학용품을 받아 거제도에서 '보이즈 타운'을 설립했으며, 그 외에 많은 미군이 구호물자를 기부받기 위해 고향으로 서신을 보냈다("사재 던저 고아를 양육", ≪동아일보≫, 1953년 2월 7일 자).

23 "벌써 싼타크로스", ≪경향신문≫, 1958년 12월 16일 자; "고아들에 오붓한 성탄 잔치", ≪경향신문≫, 1958년 12월 22일 자.

〈그림 4-1〉 주한 미군 주최 남북애육원(서울 노량진교회 운영) 크리스마스 행사

자료: "주한미군주최남북애육원크리스마스행사2", 국가기록원 소장 자료, 관리번호: CET0062185(1954).

미국에서는 ≪뉴욕 타임스≫, ≪라이프≫, ≪리더스 다이제스트≫ 등을 비롯해 각종 매스컴에서 한국의 전쟁고아를 소개했다. 전쟁이 일어난 지 2개월 후에 ≪뉴욕 타임스≫는 "젊은 해병 한국 고아 입양, 한국 고아 G. I. 음식을 먹기 시작한 후 쌀을 거부(Young Marine Adopts South Korea Orphan Who

24 "CAC「메이휠드」사령관을 고아의 하라버지 로 추대", ≪경향신문≫, 1953년 4월 24일 자.

Refuses Rice after Tastion G. I. Food)"라는 제목으로 기사를 실었다. 아홉 살인 김순정(Kim Sun Chung)이라는 소년은 전장 지역에서 부모 모두가 공산군에게 죽임을 당한 후 거리를 헤매다가 미 해병에게 발견되어 잘 적응하며 지낸다는 이야기였다. 다른 수천 명의 전쟁고아가 집 없이 떠돌고 있는데, 김순정은 미 해병의 보호로 아버지, 세끼 식사, 잠잘 곳을 얻은 행운의 소년이라고 소개했다. 이 소년은 한국의 전통적 음식인 밥보다 미국의 음식인 베이컨, 포도, 시리얼 등을 좋아하게 되었고, 미국인과 미 해병을 좋아한다고 했다. 미 해병은 전쟁이 끝난 후 이 소년을 미국으로 데려가고 싶어 하지만, 법적 절차의 어려움으로 힘들 수도 있다는 이야기를 함께 전했다.[25]

1951년 7월 휴전 회담이 결렬된 이후 한국 전쟁고아는 미국 언론에서 대대적으로 소개되었다. 이 장의 서두에서 언급했던 1951년 7월 23일 발행 ≪라이프≫에 한국의 전쟁고아를 소개하는 마이클 루지에(Micheal Rougier)의 기사와 고아 사진이 실렸다. 기사의 제목은 "웃으려고 하지 않는 어린 소년(The Little boy who wouldn't smile)"으로, 제목 위에 전쟁고아 강구리(Kang Koo ri)의 사진을 크게 실었다. 강구리는 다섯 살이었으며, 1951년 봄에 중공군이 침략한 이후 가족이 모두 굶어 죽었다. 오랫동안 부패된 엄마의 시신 옆에서 미동도 않고 눈만 뜨고 앉아 있는 강구리를 미 제1기병사단의 제7기병연대 수색대가 발견해 부대로 데려왔다. 강구리는 그 부대의 '마스코트'가 되었다. 그 후 GI들은 거리에서 많은 고아를 부대로 데려와 대구의 보육원에 모두 맡겼다. 강구리는 치료를 받았으나, 음식, 옷, 장난감 등을 제공해도 결코 웃지 않았다. 강구리 외에 이금숙과 김귀남의 사례도 소개되었다. 이들은 모두 중공의 개입 이후에 가족이 굶어 죽었거나 총 혹은 포탄에 맞아 사망했

25 "Young Marine Adopt South Korean Orphan, Who Refuses Rice After Tasting G.I. Food," *The New York Times*, Aug. 22, 1950.

다. 이 3명의 어린이는 모두 정신적인 외상을 크게 입었다고 설명했다. 그리고 이들을 보호하고 있는 대구의 보육원을 미 군목들이 유지하고 있다는 것도 강조했다. ≪뉴욕 타임스≫도 1951년 8월 19일 자 기사에서 전쟁고아들이 발견되었는데, 이들의 부모는 북한군이 학살했다고 소개했다. 그 외에 미군들에게서 고기 수프를 받고 있는 고아들의 사진도 함께 실었다.

미국에서는 미국인들을 한국전쟁에 동참시키기 위해 대대적인 전쟁고아 구호 활동을 벌였다. 이는 반공과 한미 혈맹을 위한 정치적·도덕적 의무임을 강조했다. 미국에서의 구호 활동은 아메리칸 릴리프 퍼 코리아(American Relief for Korea: ARK)라는 단체가 전개했다. 초기에는 미군 혹은 기독교 외원 단체가 전쟁고아를 구호했지만, 참전한 미군은 전쟁 상황에서 미국의 민간 원조 단체나 개인의 보호까지 책임져야 하는 부담 때문에 조직을 일원화했다. 그래서 1951년에 ARK가 조직되었다.[26] 이 단체는 1954년 7월 1일 활동을 그만둘 때까지 약 3년 동안 미국 정부의 강력한 후원을 받으며 활동했다. 이 조직은 가장 효과적인 홍보물인 전쟁고아를 내세워 구호 활동을 벌였다. 전쟁고아는 다른 무엇보다 미국 시민에게 가장 강력하게 호소할 수 있는 대상이었다. 이들의 메시지는 간단했다. 집, 옷, 먹을 것 없이 돌아다니는 고아들은 그들을 보살펴줄 부모들이 공산주의의 공격에 맞서 싸우다가 사망했기 때문에 미국인들이 이들을 보살펴주어야 하며, 이 연약한 고아들을 보살피는 것은 기독교의 선한 의지라고 선전했다.

ARK는 여러 구호 단체로 구성되어 있었다.[27] 이 조직이 가장 큰 행사로

26 James Sang Chi, "Teaching Korea: Modernization, Model Minorities, and American Internationalism in the Cold War Era," Ph.D. diss., University of California(Berkeley, 2008), p. 122.

27 ARK에 가입해 활동한 단체는 AFSC(American Friends Service Committee), BSC(Brethren Service Committee), CWS(Church World Service), AFLLHR(American Federation of

〈그림 4-2〉 ARK의 1953년 옷 수집 봄 캠페인을 위해 제작한 첫 포스터를 들고 있는 어린이들

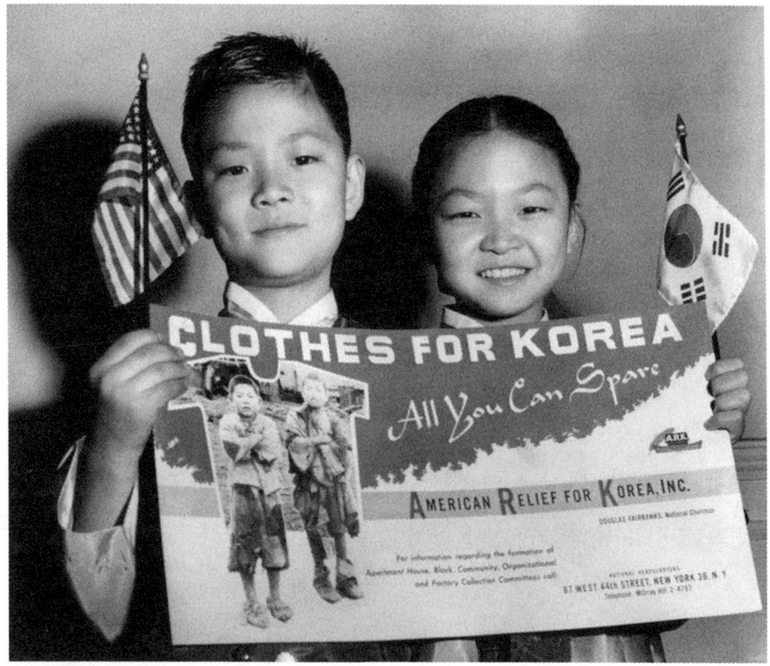

포스터를 들고 있는 어린이는 존 김(John Kim, 당시 9세)과 그의 누나 그레이스 김(Grace Kim, 당시 10세)이다. ARK는 한국전쟁 구호민을 위한 옷 수집 봄 캠페인을 위해 포스터 2만 5000매를 제작했다.

자료: "Korean Children Open Clothing Collection Here," *The New York Times*, Mar. 17, 1953.

기획한 운동은 매년 9월에 진행되는 '클로스 퍼 코리아 먼스(Clothes for Korea Month)'였다. 이 운동은 미국 대통령 트루먼과 의회의 지지와 후원을 받았다. 1951년 8월 31일 트루먼은 '클로스 퍼 코리아 먼스'를 승인했고, 의회도 이

Labor's League of Human Rights), LWR(Lutheran World Relief), MCC(Mennonite Central Committee), SCF(Save the Children Foundation), NCWCWRS(National Catholic Welfare Conference's War Relief Service), YWCAWEF(Young Women's Christian Association's World Emergency Fund), WSSF(World Student Service Fund) 등이었다(Chi, "Teaching Korea," p. 127).

법안을 통과시켰다.[28] 또한 미국 뉴저지 주의 주지사와 뉴욕 시의 시장도 시민들에게 이 운동에 참가할 것을 요구하는 성명서를 발표했다. 지역 걸스카우트와 보이스카우트, 청소년 단체, 시민 단체가 이 운동을 지지하면서 함께 운동을 전개해나갔다.[29]

슬로건은 대체로 『성서』 구절이었고, ARK를 노아의 방주(ark)로 선전했다.[30] 이들은 현대 미디어와 유명인을 이용함으로써 홍보를 극대화했다. 한국인으로는 대통령 이승만, 주미 대사 양유찬, 김활란 등이 등장했고, 미국 대통령, 고위 관료, 할리우드의 유명 배우를 비롯한 유명 인사들이 등장해 홍보했다. 그리고 보도 자료, 신문 잡지, 라디오와 TV 광고, 영화 예고편에서의 광고, 포스터, 전단, 대중 이벤트, 의류 기부를 통한 영화관과 야구 경기 관람, 교회의 달력과 단신, 무역 신문 단신, 클럽 단신, 우유병과 쇼핑백의 홍보 프린트, 인터뷰 등 가능한 한 모든 방법을 동원해 홍보했다. 그 외에도 새로운 홍보 방법을 창안했다. 예를 들면 로스앤젤레스(Los Angeles) 시내를 통과하는 핸드 페인팅된 트럭 등이었다.[31]

ARK의 구호 활동은 앞에서 설명했듯이 전쟁고아를 중요한 홍보 수단으로 삼았다. 1951년 ≪라이프≫는 "웃으려 하지 않은 어린 소년"이라는 제목으로 전쟁고아 강구리를 내세움으로써 미국 시민들에게 생생한 정보를 전달한 것이다. 이는 한국전쟁의 실상을 더 생생히 체감할 수 있는 소재였다.

1951년 8월 31일 ≪라이프≫의 창간자 루스는 강구리의 ≪라이프≫ 사진 사본 3만 부를 기부하겠다고 약속했다.[32] 이렇게 해서 강구리의 사진은 미국

28 같은 글, 128쪽.

29 같은 글, 131쪽.

30 같은 글, 128쪽.

31 같은 글, 129~130, 133~134쪽.

32 같은 글, 134쪽.

전역에 사는 시민들의 일상적인 삶 속으로 들어갔다. 이렇게 모금한 의류와 구호품은 미군이 선적하고 분배했다.[33]

ARK는 1954년 구호자금을 더는 모집할 수 없게 되자 해산되었다. ARK 활동은 이후 미국이 외교 정책을 수립하는 데 중요한 요소를 제공했다. 그것은 미국의 민주주의적 가치, 현대화, 기독교적 자비 등이 혼합된 미국을 탈식민지 세계에 선전해 동맹국으로 만드는 데 중요한 역할을 했을 뿐만 아니라, 미국 시민들도 이러한 프로젝트에 참여함으로써 미국의 냉전 외교 정책의 협력자가 되었다. 이는 자연스럽게 미국 정부의 외교 정책인 피플 투 피플 프로그램(People to People Program)[34]으로 이어졌다.

미국 대통령인 아이젠하워는 1956년에 텍사스 주의 베일러 대학교(Baylor University) 졸업식 축하 연설에서 미국 외교 정책의 방향성에 대해 밝혔는데, 그것이 이 프로그램이었다.[35] 공산권에 대항해서 비공산권 세계를 서로 통합하는 정책이었다. 피플 투 피플 프로그램은 1955년에 미국 해외공보처(The United States Information Agency: USIA)에서 만들어졌다. 이를 아이젠하워가 미국의 공식적인 외교 정책으로 선포했던 것이다. 프로그램은 42개 커뮤니티로 구성되어 있었다.[36] 이 조직들은 미국인들과 공동의 이해를 공유하는 전 세계 사람들과의 네트워크를 형성하는 데 중요한 역할을 했다. 이 커뮤니티들은 USIA-OPC(USIA Office of Private Cooperation)가 선택한 일반 시민들

---

33 같은 글, 123쪽.

34 피플 투 피플 프로그램은 개개인 모두가 미국 대사가 되는 것이었다. 대중의 자금을 이용해 전 세계적으로 친미와 반공 메시지를 확대하기 위한 미국의 외교 정책이었다[Andrew Preston, *Sword of the Spirit, Shield of Faith*(New York: Anchor Books, A Division of Random House Inc., 2012), p. 498].

35 Christina Klein, *Cold War Orientalism: Asia in the Middlebrow Imagination*(California: University of California Press, 1945~1961), p. 51.

36 같은 책, 49쪽.

의 주도 아래 각각 독립적으로 활동했다. 크리스티나 클레인(Christina Klein)이 주장한 것처럼 피플 투 피플 프로그램은 사회적 조직들을 통해 사람을 동원하는 소련의 정책에서 배운 것이었다.[37] 아울러 이것은 한국전쟁에서 얻은 경험과도 관련이 깊은 것으로 보인다. 찰스 암스트롱(Charles K. Armstrong)에 따르면 1945년 광복 이후 북한에서는 소군정과 함께 한국전쟁 전 5년 동안 각종 선전 방법을 통해 대중 동원 정책에 총력전을 펼친 반면, 남한에서는 그렇지 못했다. 미국-유엔-한국 연합군이 1950년 9월 이후 삼팔선을 넘어섰을 때 유엔군과 미군은 북한민들의 마음을 사로잡는 적절한 선전 전략을 구사하지 못했다. 이에 사태의 심각성을 깨달은 미국은 미국공보원(United States Information Service: USIS)을 설치하고 선전대를 지휘했다. 선전대에서는 한경직을 비롯한 월남 기독교인들과 미국 선교사들이 크게 활약했다. 그러나 3개월간의 짧은 점령이었으며, 이들은 북한 주민들을 개종시킬 수 없었다.[38] 또한 북한과 남한 곳곳에서 미국-유엔-한국 연합군을 공격하는 친(親)북한 유격대들을 들 수 있다. 이들은 마을 주민들과 네트워크를 형성해 전쟁에 참가했다. 미군과 한국군은 평상복을 입은 한국인도 적으로 간주했다.[39] 결국 이러한 한국전쟁의 경험은 아이젠하워의 피플 투 피플 프로그램에 어느 정도 영향을 미쳤다고 본다. 한국전쟁 휴전 회담 이후 한국의 재건은 피플 투 피플 프로그램에 따라 이루어졌다.

---

37 같은 책, 49~50쪽.

38 Charles K. Armstrong, "The Cultural Cold War in Korea, 1945~1950," *The Journal of Asian Studies*, Vol. 62, No. 1(Cambridge University, February 2003), pp. 90~95.

39 예를 들어 1951년 미국이 북한 인민군이 침투한 소백산맥 인근 대게릴라전 합동 수색 시 '흰옷 입은 다수의 사람'을 발견한 후 그들이 적군인지 아군인지 판단할 수 없어 대대적인 폭격을 가한 사례가 있다[진실·화해를위한과거사정리위원회 엮음, 『(2010년 상반기) 조사보고서: 2010.1.1~2010.6.30, 진실화해위원회 제9차 보고서. 8권』(진실·화해를위한과거사정리위원회, 2010), 659~660쪽].

그러나 한국전쟁에 대한 미국인의 관심은 계속 줄어들었다. 전쟁 기간에는 각종 매스컴에서 이러한 상황을 자주 소개했으나, 1956년이 되면서 전쟁에 관한 소개가 많이 사라지고 있었기 때문에 미국인들의 관심도 이에 따라 줄어들었다. ARK 운영이 중단된 것도 구호금을 더는 모집하기가 어려워졌기 때문이다.[40]

이때 미국 정부의 외교 정책을 미국인들이 지속적으로 지지하도록 촉발한 것이 월드비전, 홀트 입양 프로그램, CCF 등이었다. 이 단체들은 한국전쟁 휴전 회담 이후 한미 혈맹 관계를 지속시키고 촉진하는 데 중요한 역할을 했다. 이러한 운동을 통해 이 조직들은 거대한 정치적·사회적 권력이 되었다.

4. 전쟁고아 사업과 미국 복음주의의 헤게모니 확장

1) 미국 정부의 냉전 외교 정책과 미국 복음주의

한국전쟁 이후 미국 정부는 반소·반공 외교 정책에 대한 미국인들의 지지, 아시아와 유럽에서 미국의 가치를 선전해줄 수 있는 민간 세력이 필요했다. 이에 가장 적합한 세력이 미국 복음주의자들이었다. 미국 복음주의는 한국전쟁 이후 미국 정부의 정책에 협력하고 지지하며 정부의 후원을 받음으로써 거대한 정치·사회 세력으로 성장했다. 여기에서 가장 중요한 요소가 된 것이 한국 전쟁고아 사업이었다.

한국 전쟁고아 사업은 미국과 한국이 가족애에 바탕을 둔 혈맹적 관계를 구축하는 데 기여했다. 클라인은 이러한 냉전의 역사에 미국인들을 동참시

40 Chi, "Teaching Korea," p. 140.

킨 요인은 전쟁고아 후원과 입양 사업이었다고 주장했다.[41] 이러한 사업은 미국의 가족적인 관계를 국경을 넘어 해외로 확대시켰으며, 이를 통해 미국과 동맹국 간의 관계는 가족적인 동맹 관계로 구축되었다고 설명한다.

아리사 오(Arissa Oh)는 1950년대 전쟁고아를 개인적으로 후원하고 입양하는 미국 사회의 움직임은 종교적 믿음과 휴머니즘에 의해 폭발적으로 일어났다고 하면서, 이 독특한 분위기를 '크리스천 아메리카니즘'이라고 지칭하고 이를 촉발한 것은 미국 교회, 정부, 언론 등이라고 주장했다. 즉, 오가 주장하는 미국 교회들이란 미국의 복음주의자들을 가리킨다고 할 수 있다.[42]

미국 복음주의는 제2차 세계대전 이후 미국과 소련 사이에 냉전이 시작되는 것과 함께 미국 내에서 부흥하기 시작했다. 미국 복음주의는 1942년에 해럴드 오켄가(Harold Ockenga)의 주도 아래 미국 복음주의협의회(The National Association of Evangelicals: NAE)가 조직되면서 정치 세력화하기 시작했다. 당시 미국 내에서 가장 큰 영향력을 지닌 기독교 조직은 자유주의적 교회 연합회인 미국 연방교회협의회(미국 FCC)였다. 그리고 제3장에서 설명했듯이 이에 대항하기 위해 근본주의 세력 내에서 칼 매킨타이어의 주도로 1941년에 미국기독교협의회(ACCC)가 조직되었다. 매킨타이어는 극보수주의자였으므로, 미국 FCC와의 동행을 엄격히 금지했다. 이에 반발해 조직된 단체가 NAE였다. 전혀 타협하지 않는 근본주의로는 대중을 설득하기 어렵다고 여긴 일부 세력이 만든 단체였다. 그 후 한국전쟁이 진행 중이던 1951년에 21개국에서 온 91명이 네덜란드에 모여서 세계복음주의협의회(The World Evangelical Fellowship: WEF)를 조직했다.[43] 또한 복음주의의 부흥을 위해 1944년 시카

41 Klein, *Cold War Orientalism*, pp. 152~159.

42 Arissa Oh, "A New Kind of Missionary Work: Christians, Christian Americanists, and the Adoption of Korean GI Babies, 1955~1961," *Women's Studies Quarterly*, 33: 3 & 4(Fall/Winter 2005), pp. 161~162.

고의 목사인 토리 존슨(Torrey Johnson)이 십대선교회(Youth for Christ: YFC)를 조직했는데, 이때 빌리 그레이엄과 월드비전의 설립자인 밥 피어스(Bob Pierce)가 함께했다. 그레이엄은 전임 설교자를, 피어스는 미국 시애틀 지부의 책임을 맡아 활동했다.[44]

미국 복음주의를 성장시키는 데 가장 핵심적 역할을 한 인물은 그레이엄과 피어스이고, 단체로는 월드비전과 홀트 입양 프로그램, CCF 등이었다. 이 중 그레이엄은 부흥 집회를 통해 미국 복음주의를 전 세계에 홍보하면서 미국의 도덕적 가치를 선전했다. 반면 나머지는 가족적인 도덕적 의무와 책임을 미국인에게 강조하면서, 미국의 가족 관계를 국경 너머로 확장했다. 월드비전과 CCF는 미국인들이 한 달에 10달러를 기부해 한국 전쟁고아를 자녀처럼 돌보는 프로그램을 운영했다. 홀트 입양 프로그램은 한국의 전쟁고아를 미국으로 데리고 가서 부모·자녀 관계를 실제로 구현했다.

이처럼 미국의 도덕적 가치와 미국인의 도덕적 의무 및 책임을 강조하는 미국 복음주의가 성장할 수 있었던 것은, 미국 정부의 강력한 후원과 미국인들이 이 사업에 동참할 수 있도록 최대한 이용된 각종 미디어의 활약 덕분이었다. 미국 정부가 이들을 동업자로 인정한 것은 피플 투 피플 프로그램에 가장 적합한 사업을 벌였기 때문이다. 즉, 아이젠하워의 피플 투 피플 프로그램은 미국 복음주의에 입각한 것으로, 미국 복음주의자들은 미국 사회와 해외에서 이러한 분위기를 조성하는 데 기여했다. 이들은 미국의 자비, 형제애, 가족애를 실천적으로 보여주면서 동맹국과의 관계를 강화하는 데 중요한 역할을 했다.

---

43 윌리엄 마틴, 『빌리 그레이엄』, 전가화 옮김(고려원, 1993), 90쪽.

44 John Robert Hamilton, "An Historical Study of Bob Pierce and World Vision's Development of the Evangelical Social Action Film," Ph.D. diss.(University of Southern California, 1980), p. 20.

그레이엄이 미국에서 유명 인사가 되기 시작한 것은 1950년 11월, 〈결단의 시간(The Hour of Decision)〉이라는 라디오방송을 통해서였다.[45] 이와 동시에 그는 미국 전역을 돌며 대대적인 부흥 집회를 이끌었으며, 전쟁 중인 한국을 비롯해 아시아와 유럽 등을 돌면서 공산주의에 반대하는 미국 복음주의를 선전했다. 그는 "세계 곳곳에 공산주의가 침투하고 있으며, 공산주의를 막을 수 있는 마지막 희망은 미국을 중심으로 한 세계복음주의 운동"이라고 강조했다. "기독교가 비기독교 국가들을 구원하지 않는다면 미국은 이 세계에 혼자 서 있게 될 것이며, 미국 젊은이들에게 영웅이 필요한데 그 영웅은 예수 그리스도"라고 주장했다.[46] 그는 훗날 베트남전쟁 때도 미국의 책임을 강조하면서 "세계를 주도할 수 있는 국가는 없다"라고 말했다. 그러므로 미국은 어려움에도 불구하고 인내하는 나라로서 세계와 신에 대해 책임과 의무가 있다고 그는 믿었다.[47]

1953년 미국의 국무 장관이 된 존 포스터 덜레스는 그레이엄을 주목했다. 국내에서 대중적 지지를 이끌어내고, 국외에서 미국의 가치를 선전할 수 있는 가장 적합한 인물이라고 판단했기 때문이었다. 1956년 그레이엄은 아시아 순회 집회를 떠나기 전 자신은 많은 사람 앞에서 미국을 대표할 것이며, 이번 여행으로 미국과 아시아 국가 사이에 더 나은 관계가 구축된다면 매우 감사할 것이라는 내용의 편지를 덜레스에게 보냈다. 덜레스는 그를 초대해 구체적인 외교적 주문을 했다. 그레이엄은 귀국 후 아이젠하워, 부통령 리처드 닉슨(Richard Nixon), 덜레스에게 여행 상황을 보고했다. 그는 기독교를 위해, 미국을 위해 좋은 대사가 되려 했다고 말했다.[48]

---

45 마틴, 『빌리 그레이엄』, 127쪽.

46 같은 책, 95쪽.

47 Preston, *Sword of the Spirit, Shield of Faith*, p. 534.

48 William Inboden, *Religion and American Foreign Policy, 1945~1960*(New York:

그레이엄을 비롯한 복음주의자들은 미국의 외교 정책에 가장 적합한 인물이자 세력이었다. 그레이엄은 부흥 집회로 이러한 정책에 부응했으며, 피어스의 월드비전, CCF, 홀트 입양 프로그램 등은 전쟁고아 사업으로 미국의 냉전 외교 정책에 기여했다. 그레이엄은 부흥회에 수많은 사람을 초대해 공산주의에 맞서는 미국 복음주의를 선전했다. 그는 공산주의에 대적하려면 인종 차별은 곤란하며 신의 자녀인 모두가 형제애, 가족적인 관계로서 서로 통합할 것을 주장했다.[49] 이러한 가족애, 형제애를 구체적으로 실천한 선교 사업이 피어스의 월드비전과 CCF, 홀트 입양 프로그램이었다.

미국 복음주의 세력의 성공은 앞에서 설명했듯이 미국 정부의 외교 정책에 적합했다는 점도 있지만, 다른 한편으로는 각종 미디어를 최대한 활용했기 때문이다. 이들은 교세를 선전하고 확대하기 위해 필름, 라디오, TV, 신문 잡지 등을 효과적으로 이용했다. 보수적인 교회들은 필름, TV 등을 죄악시 했지만,[50] 이들은 오히려 홍보 수단으로 삼았기 때문에 엄청난 선전 효과를 얻을 수 있었다.

2) 전쟁고아 사업

미국 복음주의의 성장을 가져다 준 한국에서의 전쟁고아 사업은 두 가지 방향으로 전개되었다. 즉, 결연 사업과 입양 사업이었다. 결연 사업은 월드비전과 CCF에서 이루어졌는데, 이는 미국인들이 한 달에 10달러를 기부하면 한국의 전쟁고아를 양육할 수 있는 프로그램이었다.

Cambridge University Press, 2008), pp. 244~245.

49 마틴, 『빌리 그레이엄』, 164쪽.

50 Hamilton, "An Historical Study of Bob Pierce and World Vision's Development of the Evangelical Social Action Film," p. 375.

미국의 후원자와 아시아의 전쟁고아를 연결하는 가족적 결연 사업을 가장 먼저 한 단체는 CCF다. 이 단체는 1938년에 칼빗 클라크(J. Calvitt Clarke)가 미국 리치먼드(Richmond)에서 설립했다. 원래는 중화아동복리회(China's children's Fund)라는 명칭이었다. 중국에서 선교 사업을 하다가 잠시 귀국한 스튜어트 네이글(J. Stewart Nagle)에게서 중일전쟁으로 발생한 전쟁고아들의 실태를 전해들은 클라크는 구호 사업을 하기로 결정했다. 클라크는 리치먼드의 가까운 이웃을 방문해 후원자를 모집했다. 700달러의 후원금을 모금해 고아원에 송금했으며, 지속적으로 후원하기 위해 위원회를 구성했다. 클라크는 베이징, 톈진, 상하이, 광저우 등의 도시에 설립된 45개 시설에 수용된 5000여 명의 중국 고아를 위해 지원금을 보냈다.[51]

1949년 중화인민공화국 설립 후 미국 후원자와 중국 고아 간의 관계가 끊어지자 가능한 한 많은 어린이를 홍콩으로 피신시키고, CCF 사업 지부를 상하이에서 홍콩으로 이전했다. 이후 복리회의 사업은 한국, 타이완, 마카오 등지로 범위를 넓히다가 한국전쟁으로 더욱 확대되었다.[52] 주로 신문과 잡지를 통해 후원자를 모집했지만, 이러한 사업을 널리 홍보한 것은 할리우드의 한국전쟁 관련 영화였다. 1957년에 미국에서 개봉한 더글러스 서크(Douglas Sirk) 감독의 〈전송가(Battle Hymn)〉는 한국 전쟁고아의 실상을 널리 알렸다. 이 작품은 딘 헤스(Dean Hess) 대령의 실화를 바탕으로 제작된 영화다. 헤스 대령은 제2차 세계대전 당시 미국의 전투기 조종사로 근무하면서 독일 대공습 중에 고아원을 폭격해 37명의 고아를 사망에 이르게 했다. 종전으로 예편한 후 그는 고아들에 대한 죄책감에 시달리다가 한국전쟁이 발발하자 속죄

51 한국어린이재단 엮음, 『CCF 38년사: 사랑은 국경을 넘어 1948~1986』(한국어린이재단, 1986), 51~52쪽.

52 같은 책, 53~54쪽.

를 하겠다는 마음으로 참전했다. 1·4 후퇴 당시 그는 미 공군 수송기를 동원해 수백 명의 전쟁고아를 제주도로 피난시켰다.

이 영화에서 헤스 대령은 전쟁고아를 돌보고 생명을 구한 구원자로 등장한다. 영화 속 전쟁고아들은 쓰레기통을 뒤지거나 바닥에 떨어진 빵 부스러기를 주워 먹기도 한다. 그런데 공산군의 공격으로 생명이 위험해지자 헤스는 미 공군 수송기를 이용해 고아들을 제주도로 피난시킨다. 영화는 자신이 피난시킨 고아들을 만나기 위해 임신한 아내 메리와 함께 제주도의 고아원을 방문하는 헤스 대령의 모습을 보여주면서 남북전쟁 당시 북군이 부른 「공화국 전송가(The Battle Hymn of the Republic)」가 울려 퍼지는 가운데 끝을 맺는다. 이 영화는 가족 멜로드라마로서 주요 관객인 미국인들에게 한국의 전쟁고아를 돌보고 도와주는 아버지 혹은 어른으로서의 도덕적 의무와 책임을 촉발했다.

월드비전은 신문, 잡지보다는 라디오, 필름, TV 프로그램 등을 통해 자신들의 사업을 선전했다. 이 중에서 1950년대부터 1960년대까지 가장 큰 효과를 거둔 것은 필름이었다. 1970년대에 들어서면 TV 선전 효과가 거의 80%에 이르게 된다. CCF는 실화를 바탕으로 한 영화 〈전송가〉를 통해 선전 효과를 크게 보았다. 필름은 대중을 동원하는 데 매우 효과적이었으며, 단기 재교육과 시민을 동원하기 위한 최고의 미디어였다.

피어스는 선교 사업을 하는 데 필름이 중요하다는 것을 깨닫고 한국전쟁이 일어나기 전부터 이를 활용했다. 그리고 이 사업을 위해 1950년 9월 22일에 미국의 오리건(Oregon) 주 포틀랜드(Portland)에서 월드비전을 설립했다. 1953년 5월에 미국 월드비전 본부에서는 한국 선명회를 세우기로 결정하고 사무실을 개설했다. 그래서 1954년부터 본격적으로 사업이 이루어졌다.

피어스는 1914년 미국 아이오와(Iowa) 주 포트도지(Fort Dodge)에서 출생했으며, 1940년에 침례교 목사로 안수를 받았다. 그 후 1947년에 YFC 사업의 일환으로 중국에 선교사로 파견되었다. 그는 중국의 상황을 미국인에게 전하고 모금을 하기 위해 필름을 제작하기로 결정하고는 카메라를 가지고 중국으로 갔다. 미국으로 돌아온 그는 제작한 필름을 교회에서 상영해 기금을 모집했다. 이러한 시도는 미국인에게 큰 충격을 주었다. 글과 사진을 통해서만 아시아를 접했기 때문에 상상 속에서만 그 지역이 존재했었는데, 이제는 필름을 통해 아시아 지역을 생생하고도 가깝게 느낄 수 있게 된 것이다. 피어스의 이러한 시도는 매우 성공적이었다. 그는 중국으로 갈 생각이었으나, 중화인민공화국의 설립으로 더는 갈 수가 없었다. 그런 중에 다른 선교사들이 한국에서 일할 것을 피어스에게 요청했기 때문에 한국에서의 선교사업이 시작된 것이다.[53]

그는 1949년 9월과 1950년 봄에 한국을 방문했다. 두 번째 방문 때는 미국의 유명한 트랙 선수 길 도즈(Gill Dodds)와 미국의 전국 대학 대항 권투 챔피언이기도 했던 밥 핀들리(Bob Findley)와 함께 들어왔다. 당시 한국인들은 마라톤에 큰 관심을 보이고 있었다. 일제강점기인 1936년 제11회 베를린 올림픽 마라톤 경기에서 손기정이 금메달을 획득해 민족의 자존심을 살려주었고, 1947년 제51회 보스턴 마라톤 대회에서 서윤복이 우승했으며, 1950년 제54회 보스턴 마라톤 대회에서는 함기용, 송길윤, 최윤칠 등이 1, 2, 3위를 기록하기도 했다. 그래서 피어스는 특별히 유명한 트랙 선수를 대동한 것이다. 그의 계획은 적중했다. 그들이 서울에 도착했을 때 스포츠 기자, 정부 관료, 한국 교회 지도자, 선교사들이 열광적으로 환영했다. 그들은 1950년 6월 초에 한국을 떠났는데, 한국에 머무른 9주일 동안 40개 학교를 방문했다. 이렇게 많은 학교를 방문할 수 있었던 것은 학교 교직자들이 학생들이 공산주의

53 Hamilton, "An Historical Study of Bob Pierce and World Vision's Development of the Evangelical Social Action Film," p. 119.

에 경도되지 않도록 하기 위해 종교 교육을 원했기 때문이다. 피어스가 한국을 떠난 지 몇 주 만에 한국전쟁이 일어났다.[54]

그는 한국을 돕기 위해 1950년에 월드비전을 설립하고, 같은 해 10월 잡지 ≪크리스천 투데이(Christian Today)≫의 종군기자로 다시 한국을 찾았다. 피어스는 미국에서 라디오와 필름을 통해 한국의 상황을 홍보했다. 그가 라디오방송을 시작한 곳은 1956년 미국 오리건 주 더글러스(Douglas) 카운티의 글렌데일(Glendale)에 있는 로린 휘트니 스튜디오(Lorin Whitney Studio)였는데, 그가 맡은 프로그램은 전국적인 라디오방송으로 한 시간 분량이었다. 그는 이 프로그램을 통해 한국전쟁을 세계의 재앙으로 설명했다. 당시에는 종교 방송국이 거의 없어서, 이 방송 역시 169개의 일반 방송국을 통해 송출되어 일요일 아침에 청취자에게 전해졌다.[55] 피어스는 한국 전란의 현장을 직접 경험했기 때문에 매우 자세한 설명이 가능했고, 이러한 인간 비극에 대한 생생한 묘사는 청중에게 큰 호소력을 발휘했다. 많은 감동을 받은 청중은 월드비전으로 기부금을 보냈다.

월드비전이 한국전쟁을 계기로 거대한 조직으로 성장하는 데 가장 중요한 수단이 된 것은 필름이었다. 피어스는 직접 필름을 제작했고, 주요한 소재는 한국전쟁과 고아들이었다.

1949년에 그는 그레이트 커미션 필름(Great Commission Films)을 설립해 필름을 제작했다. 1950년 〈38선: 한국에서 신의 데드라인(38th Parallel: The story of God's Deadline in Korea)〉(46분)을 시작으로 〈화염(The Flame)〉(1952,

54 Kai Yin Allison Haga, "An overlooked dimension of the Korean War: The Role of Christianity and American Missionaries in the Rise of Korean Nationalism, Anti-Colonialism, and Eventual Civil War, 1884~1953," pp. 304~306.

55 Hamilton, "An Historical Study of Bob Pierce and World Vision's Development of the Evangelical Social Action Film," p. 119.

47분), 〈월드비전 뉴스(World Vision News: Korean Edition)〉(1952, 15분), 〈폭풍전야(The Gathering Storm)〉(1953, 60분), 〈휴가 중의 데드맨(Dead Men on Furlough)〉(1954, 38분), 〈다른 한 마리의 양(Other sheep)〉(1955, 19분), 〈불쌍한 어린이(Mercy's Child)〉(1955, 5분), 〈하늘나라는 이런 자의 것이다(Of Such is the Kingdom)〉(1956, 20분) 등 8편을 만들었다. 이 필름사는 그레이엄의 복음주의 필름과 합병해 월드 와이드 픽처스(World Wide Pictures)로 재출발했다. 경영권은 그레이엄이 가져갔다.[56]

이후 월드비전은 자체의 필름 부서를 두고 필름을 제작했는데, 〈레드 플라주(The Red Plage)〉(1957, 29분)를 비롯해 〈크라이 인 더 나이트(Cry in the Night)〉(1958, 55분), 1960년대에 〈소 리틀 타임(So Little Time)〉(1964, 62분), 〈더 리스트 원스(The Least Ones)〉(1965, 52분) 등이 있다.[57] 1950년대부터 1960년대까지 제작한 필름 총 20편 중에서 한국전쟁과 고아에 관련된 필름은 12편으로 절반 이상을 차지한다. 피어스는 필름의 감동을 극대화하기 위해 오르간 연주, 재즈 등을 사용했으며, 할리우드 필름과 같은 크기로 제작했다.[58] 그리고 제작한 필름들은 교회와 지역의 시민 강당에서 상영했고, 도서관에도 빌려주었다.[59]

미 군대에서도 상영되었다. 미 군함 앰피언(Amphion)의 군목인 로버트 오델(Robert Odell)은 피어스의 〈다른 한 마리의 양〉을 보고 "우리는 지금 세계를 복음화하지 않으면 안 된다는 생각을 굳히게 되었습니다"라는 편지를 월드비전으로 보냈다.[60] 〈폭풍전야〉부터는 상영 장소를 고려해 14, 24, 44피트

56 같은 글, 60~95쪽.

57 같은 글, 96~150쪽.

58 같은 글, 73쪽.

59 같은 글, 71쪽.

60 민경배 대표 집필, 월드비전 한국 엮음, 『월드비전 한국 50년 운동사: 1950~2000』(홍익

등 크기별로 제작했으며, 약 6000여 석의 시민 강당에서 볼 수 있도록 만들었다.[61]

초기 작품 〈38선〉은 한국전쟁 전의 다큐로서 한국의 역사적 배경, 당시 서울의 모습, 월남 피난민촌, 한국 교회의 성장 등에 대해 다루고 있다. 한국전쟁을 소재로 찍기 시작한 것은 〈화염〉부터였다. 이후 작품들은 미국인들의 감성에 좀 더 호소하기 위해 다큐와 드라마를 병용했다. 소재는 '악마' 공산주의자의 침략에 의해 무고하게 희생당한 한국의 기독교인들, 이들을 위해 나선 십자군 미군과 이를 지지하는 미군의 아내, 수천 명의 월남 피난민, 피어스와 그레이엄의 한국에서의 부흥 집회, 전쟁 과부와 아이들, 고아원, 순교자(영락교회 김창화의 실화), GI 베이비들, 고난을 이겨낸 한국 기독교인 등이었다.

피어스는 필름에서 전쟁고아, GI 베이비들, 월드비전이 후원하고 있는 고아원들, 예를 들어 백선엽고아원, 홀트고아원 등을 소개하면서 미국인에게 이들을 위해 기부할 것을 요구한다. 피어스는 필름을 통해 8만 명의 사람이 기도하고 개개인이 1달러를 기부하기를 원하지, 한 사람이 80만 달러를 기부하는 것은 원하지 않는다고 말했다. 그는 어린이를 먹이고, 입히고 교육시키기 위해 매달 10달러씩 기부해줄 것을 제안했다. 또한 선교사를 위해 30달러, 혹은 의료 지원을 위해 100달러를 기부해달라고 호소했다. 피어스는 전쟁고아에 관한 필름과 함께 공산주의자들의 악행을 고발하는 필름도 함께 상영하면서 한국의 상황을 극적으로 묘사했다. 즉, 전쟁고아를 다룬 〈다른 한 마리의 양〉을 상영하기 전에 〈휴가 중의 데드 맨〉도 함께 보여주었다. 이

재, 2001), 141쪽.

61 Hamilton, "An Historical Study of Bob Pierce and World Vision's Development of the Evangelical Social Action Film," p. 80.

필름은 순교자 채 씨의 이야기로, 실화를 바탕으로 만들어진 것이다. 채 씨는 한국전쟁 당시 북한군에 의해 사망한 영락교회의 김창화를 가리킨다. 이 두 필름을 보고 홀트 부부[해리 홀트(Harry Holt)와 버사 홀트(Bertha Holt)]는 한국 전쟁고아 입양 사업에 뛰어들었다.[62]

1958년에 제작된 〈크라이 인 더 나이트〉에서 한국의 상황이 한 부분으로 달리 구성되어 있었다. 불구가 되어 고무다리를 한 어린이들, 파괴된 한국의 땅, 1957년에 열린 그레이엄의 부흥 집회 등을 다루고 있다. 이 필름은 이전 필름에 비해 가장 큰 호응을 얻었다. 미국 레이크 필름 페스티벌(Lake Film festival)에서 수상했으며, 캘리포니아 페이 TV(California's pay TV)에서 올해의 필름으로 선정되었고, 100개의 필름 사본으로 만들어졌다. 월드비전은 이 필름으로 막대한 수입을 얻었으며, 미국에서 가장 영향력 있는 중요한 서비스 조직으로 인정받았다. 1960년 1월에는 필름 사본 7000개를 요청받았지만, 2000개만 제공할 수 있었다. 월드비전은 홍보 필름과 관련해 많은 직원을 고용할 수 있었다. 당시 선교 업무를 위해 19만 달러가 모금되었다.[63]

1967년에 내부의 의견 갈등으로 피어스가 사임한 뒤, TV 시대인 1970년대를 맞이한 월드비전의 첫 TV 프로그램은 〈칠드런 오브 제로(Children of Zero)〉였다. 아시아 여러 나라에 있는 10억여 명의 어린이 중 홍콩, 사이공, 서울에 사는 세 어린이의 생활과 미래를 그린 작품이다. 그래서 원래 제목은 '십억 그리고 셋'이었다. 한국인으로는 전쟁고아로 성장해 간호사가 된 김영숙이 출연했다.[64] 이 다큐멘터리는 어린이들의 불우한 삶을 보여준 뒤 고아원에서 이 아이들을 돌보고 있는 김영숙을 소개하면서 이 불쌍한 아시아의

---

62 버다 홀트, 『동방의 자손들』, 이선명 옮김(대원출판사, 1972), 31~34쪽.

63 Hamilton, "An Historical Study of Bob Pierce and World Vision's Development of the Evangelical Social Action Film," pp. 115~117.

64 "기록 영화에 김연숙 양 소개", ≪동아일보≫, 1972년 5월 27일 자.

어린이를 보살펴주어야 할 이들이 바로 미국인임을 강조했다. 이 TV 다큐멘터리는 300개의 방송국을 통해 시청자들에게 전해졌다.[65] 이후 TV는 월드비전의 사업을 홍보하는 가장 중요한 미디어가 되었다.

월드비전에서 제작한 필름과 TV 다큐멘터리는 캐나다 월드비전(1957년 설립), 오스트레일리아 월드비전(1966년 설립), 뉴질랜드 월드비전(1966년 설립), 남아프리카 월드비전(1967년 설립), 영국 월드비전(1979년 설립) 등에서 방영되었다. 이들은 1970년대 초까지 피어스가 제작한 월드비전 필름을 이용해 월드비전의 사업 목적에 동참했다.[66]

월드비전은 냉전 시대에 공산권에 대응하는 미국의 복음주의 신념을 아시아 각국에 전파하는 한편, 한국 전쟁고아에 대한 미국인들의 지원을 통해 한국과 미국을 하나의 가족으로 통합하는 역할을 했다. 또한 한국과 미국의 관계를 혈맹 관계로 만드는 데도 기여했다. 월드비전은 한국이 독실한 기독교 국가라는 점을 내세우면서 같은 형제애, 자매애로서 도울 것을 요청했다.

둘째는 입양 사업이었다. 이것은 홀트 입양 프로그램을 통해 전개되었다. 홀트 입양 프로그램도 TV, 라디오, 신문 잡지 등을 통해 미국인들의 지지를 받으면서 급속도로 성장했다. 특히 홀트는 한국 전쟁고아를 입양하기 위해 '난민법'을 연기시키고 법의 빈틈을 이용해 사업을 수행하면서, 미국인들의 관심을 집중시켰다.

이 프로그램은 피어스의 적극적인 후원으로 시작되었다. 둘의 관계가 이러했기 때문에 홀트 입양 프로그램이 월드비전의 후원을 받는지에 대해 많은 사람이 궁금해했다. 홀트는 월드비전과 홀트 입양 프로그램은 다른 조직

65 Hamilton, "An Historical Study of Bob Pierce and World Vision's Development of the Evangelical Social Action Film," p. 187.

66 같은 글, 326~327쪽.

이며, 자신들의 조직은 전쟁고아를 미국으로 입양하고 데려오는 일을 한다고 밝혔다. 그리고 한국에서 9000명의 고아를 후원하고 있으며, 월드비전은 자신들을 후원하지 않지만, 완전한 협력하에 함께 일하고 있다고 설명했다.[67] 홀트 입양 프로그램은 초기에 월드비전과 함께 일했으나, 시간이 흐를수록 점차 독립적으로 운영되었다. 그렇지만 홀트가 밝힌 대로 서로 협력하는 가운데 사업을 전개했다.

앞에서 설명했듯이 홀트가 한국 전쟁고아에 관심을 두기 시작한 것은 월드비전이 상영한 필름 때문이었다. 1954년 12월 14일 저녁, 홀트 가족은 한 이웃의 초대를 받아 유진(Eugene) 고등학교에서 월드비전의 다큐멘터리 영화를 본 후 피어스의 설교를 들었다. 상영된 필름은 〈휴가 중의 데드 맨〉과 〈다른 한 마리의 양〉이었다. 홀트는 이 두 다큐멘터리 영화를 보고서, 공산주의자들은 잔악한 목적을 위해 가족까지 분열시키며 신체적인 가해는 물론이고 잔학한 행동을 서슴지 않는다는 것을 깨달았다고 한다. 우선 김창화의 순교를 다룬 〈휴가 중의 데드 맨〉을 보여주면서 피어스는 약 600명의 한국 목사가 공산주의자들에게 죽임을 당했다고 설명했다. 뒤이어 상영된 〈다른 한 마리의 양〉은 전쟁으로 고아가 된 수많은 어린이가 죽어가거나 장님, 귀머거리, 벙어리, 언어 장애가 되었다는 내용과 함께 나병 환자의 자녀와 GI 베이비에 대해 다루었다. 머리와 눈의 색이 달라 다른 한국 어린이들에게 맞거나 멸시의 대상이 되고 있는 GI 베이비들의 처지를 보여주었다. 어린이를 통해 전쟁 상황을 소개한 피어스는 자신의 목격담을 뒤이어 설명하는 방식으로 모임을 이끌었다. 피어스는 지프를 타고 미군 부대의 오물 처리장을 지나다가 파리 떼가 들끓는 쓰레기 더미에서 발견한 GI 베이비에 대한 경험담과 한국인은 혼혈아를 용납하지 않는다는 것을 설명하며, 구호를 기다리는

67 「고아국외입양(1957년)」, 국가기록원 소장 자료, 관리번호: CA0004545(1956), 136쪽.

고아들을 외면하는 미국인에 대해 비난 섞인 어조로 말했다. 홀트 가족은 다큐멘터리 영화와 피어스의 이야기를 듣고는 더는 외면할 수 없다는 생각에 13명의 고아를 위해 양육비를 기부하기로 했다. 그러나 양육비를 기부하는 것에 만족하며 전쟁고아들을 외면할 수 없었던 홀트 부부는 8명을 입양하기 위해 한국행을 결정했다.[68]

당시에 한국으로 입국하는 것은 정치인과 선교사에게만 허락되고 있었다. 홀트는 오리건 주에서 농사와 제재업을 하던 복음주의 평신도였다. 그는 유엔에서 주선해줄 수 있게 해달라고 월드비전에 요청했다. 1955년 홀트는 8명의 입양아를 데려오기 위해 한국으로 떠났다. 1953년 당시의 '난민구제법'에는 대리 입양을 허용하기는 했지만, 2명으로 제한하고 있었다. 홀트는 오리건 주 포틀랜드 지역의 사회 복지 사무실을 통해 입양 절차를 처음 시작했다. 그러나 그들의 집이 대가족에게 적합하지 않다는 이유로 거절당했다. 그러자 홀트는 오리건 주의 리처드 뉴버거(Richard Neuberger) 상원 의원에게 GI 베이비 8명의 입양을 허용하는 의안을 의회에 제출해달라는 청원서를 보냈다. 뉴버거 의원의 적극적인 지지로 특별 법안이 통과되어 홀트는 12명의 고아와 함께 1955년 10월에 미국으로 돌아올 수 있었다. 4명은 대리 입양이었다.[69]

홀트는 1961년 '고아법'이 새로 제정될 때까지, 1953년에 제정된 '난민구제법'을 적극적으로 활용해 입양 사업을 성공적으로 이끌었다. 그는 비전문가였으나, 종교적인 열정에 사로잡혀 있었다. 홀트는 1956년 대리 입양을 결정하고 이를 실행에 옮겼다. 그가 대리 입양을 할 수 있었던 것은 한국 정부와 월드비전의 도움이 있었기 때문이다. 피어스는 사회부 장관에게 대리 입양을

68 홀트, 『동방의 자손들』, 59쪽.

69 같은 책, 67~226쪽.

통해 입양 문제를 해결할 수 있을 것이라고 제안했다. 1956년 3월 9일 한국 사회부 장관은 자원봉사 단체 대표들과 이에 관해 논의했고, 참석자 모두가 한국아동양호회에 대리 입양 책임을 맡기는 데 동의했다. 또한 될 수 있는 한 많은 입양을 주선하기 위해서 홀트의 방문을 검토해 그에게 제안하기로 결정했다.[70]

홀트는 입양 부모들의 강력한 지지, 적극적인 매스컴 활용과 전략 구사로 입양 사업을 급속도로 성장시켰다. 그런데 이러한 대리 입양에 대해 미국의 입양 관련 전문 단체인 국제사회복지회(The International Social Service: ISS)가 반대를 표명했다. ISS는 홀트 입양 프로그램에 타격을 가하기 위해 입양 부모들을 조사하는 등 갖가지 방법을 동원했다. 월드비전은 ISS와 홀트의 관계를 개선하기 위해 모임을 주선했지만, ISS는 대리 입양을 반대하는 입장을 고수했다.[71]

그럼에도 불구하고 홀트 입양 프로그램은 많은 미국인의 지지를 받았다. 미국인들은 후원금을 보내고, 각종 악기나 사무기기, 음식 등을 기부했으며, 유아용품 회사에서는 기저귀 등을 기부했고, 해병대 등 많은 사람이 홀트 입양 프로그램을 도왔다. 이와 같이 홀트 입양 프로그램이 많은 인기를 얻은 이유는 6개월 만에 입양이 완료되며, 조사가 엄격하지 않고, 비용이 절감된다는 점 때문이었다. ISS를 통해 입양을 하려면 3년이 걸렸으며, 엄격한 확인 과정과 1년간의 모니터링, 과도한 입양 비용 등으로 입양을 원하는 가족들이 쉽게 접근할 수 없었다. 그러나 홀트 입양 프로그램의 입양 비용은 입양할 어린이의 항공료와 절차 비용뿐이었다.[72]

---

70 「고아국외입양(1956년)」, 국가기록원 소장 자료, 관리번호: CA0004545(1956), 46쪽.

71 Rachel Winslow, "Immigration Law and Improvised Policy in the Making of International Adoption, 1948~1961," *The Journal of Policy History*, Vol. 24, No. 2(Cambridge University, 2012), p. 335

펄 벅이 1957년 2월에 한국 정부로부터 받은 편지를 통해 비용 산출 방법을 엿볼 수 있다. 펄 벅은 홀트의 이야기를 듣고는 그녀가 설립한 웰컴 하우스(Welcome House)를 통해 한국의 전쟁고아를 대리 입양할 생각으로 이승만에게 편지를 보냈다.[73] 한국 정부는 입양 비용과 함께 절차에 대해 다음과 같은 내용의 답장을 보냈다. 입양 어린이 선발에서 비자 발행까지 평균적으로 걸리는 시간은 두 달 정도이며, 일차적으로 드는 비용은 다음과 같다. ① 두 달 동안 각 어린이에게 드는 생계비용 3만 원(60달러), ② 비자와 여권 발행 비용 2만 5000원(50달러), ③ 한국을 떠날 때 입을 옷값 1만 원(20달러), ④ 여행 경비로는 2세부터 12세 어린이는 항공료(서울 → 샌프란시스코)가 253달러, 2세 이하 유아의 항공료는 50, 60달러(어른의 10분의 1), 여기에 5명의 어린이를 담당하는 보모(에스코트)의 경우 노스웨스트 유나이티드 에어라인의 항공료는 들지 않지만, 미국 체류 기간 동안의 경비가 100달러라고 했다. 2세 이상 어린이를 입양하는 데 드는 총비용이 483달러이며, 2세 이하일 경우에는 239달러가 필요했다. 그런데 ISS에서 청구하는 비용은 3000달러였으므로,[74] 홀트 입양 프로그램보다 6배가 더 들었다. 그러므로 홀트 입양 프로그램의 인기는 갈수록 높아졌다.

홀트가 한국 전쟁고아를 입양한다는 소식을 들은 지역 신문은 이를 크게 보도했다. 이를 보고 입양을 원하는 가족들의 문의가 쇄도했다. 1955년 10월 홀트가 한국의 전쟁고아 12명을 데리고 미국에 도착했을 때 공항에는 50여 명의 기자와 수많은 구경꾼이 모여들었다. 홀트는 월드비전의 대표 피어스와 함께 고아들을 데리고 왔다. 이 때문에 수많은 사람이 홀트 부부를 찾아

72 같은 글, 329쪽.

73 「고아국외입양(1957년)」, 국가기록원 소장 자료, 관리번호: CA0004545(1956), 76쪽.

74 버다 홀트, 『원방에서 내 자녀들을 오게 하라』, 유제선 옮김(홀트일산복지타운, 1989), 33쪽.

왔으며, 홀트 부부는 입양을 문의하거나 축하하는 편지를 600장이나 받았다고 한다. 500쌍의 부부가 입양에 필요한 정보를 문의했으며, 각 TV 방송국, 라디오에서의 출연 요청과 신문, 잡지 등에서 인터뷰 요청이 쇄도했을 뿐만 아니라, 여성 단체들에서도 강연 요청이 들어왔다. 이후 홀트 부부가 한국에서 고아를 데리고 올 때마다 미국의 방송과 신문 잡지 등에서는 이를 대대적으로 보도했다. 이 보도는 전국적으로 관심을 집중시켰다.[75]

1956년 홀트 부부는 자신들의 집에 사무실을 차리고 홀트 입양 프로그램을 시작했다. 1956년 6월, 피어스가 인솔한 18명의 입양아가 로스앤젤레스에 도착했고, 6월 25일에는 21명이 미국에 도착했다. 입양 사무실은 업무가 더욱 많아졌으며, 1956년 10월 정식으로 입양 사업을 하기 위한 재단을 미국에 설립했다.[76]

1953년에 제정된 '난민구제법'이 1956년 12월로 만료를 앞두자, 홀트 입양 프로그램에서는 입양아들의 미국 입국을 가능하게 할 방법을 찾아냈다. 입국 사증 신청자가 생명의 위협을 당하고 있을 때는 잠정 입국 사증을 발행할 수 있다는 규정이 있었는데, 이 조처의 유효 기간은 1957년 1월 31일까지였다. 1956년 12월 17일 첫 전세기를 이용해 입양단 97명이 미국에 도착했다. 입양단이 미국에 도착할 때마다 신문과 잡지가 이를 보도해주었으므로 전국 각지에서 고아를 입양하는 방법을 문의하는 전화가 쇄도했다. 1956년에 191명, 1957년도에는 287명의 고아를 입양시켰다. 1957년 8월에는 '난민구제법' 연장안이 다시 통과되었다. 이 연장안의 기한은 1959년 6월 30일까지였으나, 1960년 6월로 연장되었다가 1961년 6월 30일로 다시 연장되었다. 홀트 입양 프로그램은 1958년에는 598명, 1959년에는 441명을 대리 입양했다. 이에 따

75 같은 책, 226~248쪽.

76 같은 책, 266쪽.

〈그림 4-3〉 전세기 안의 입양아들

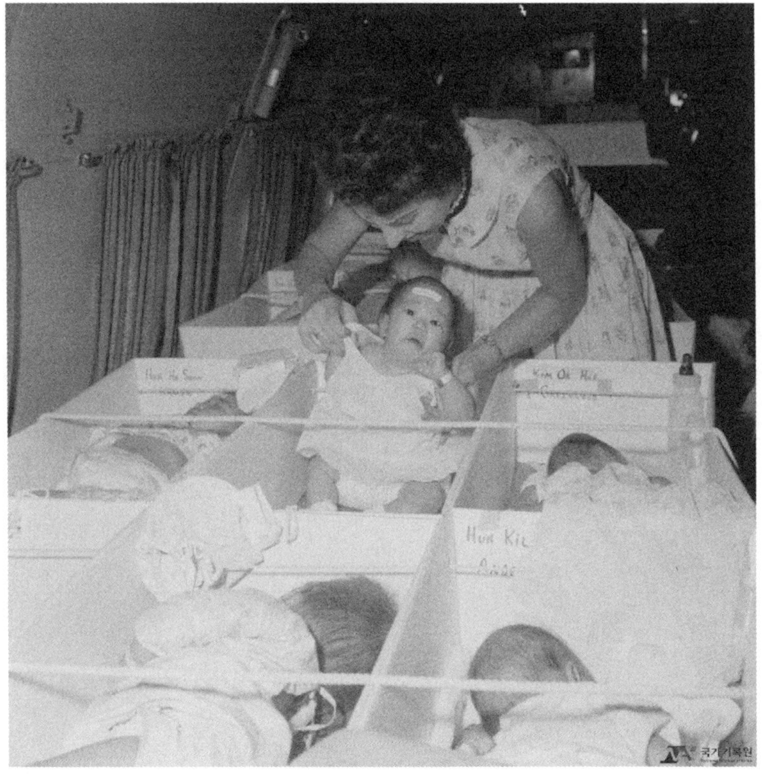

자료: "한국고아를안고있는미국인13", 국가기록원 소장 자료, 관리번호: CET0062238(1959).

라 홀트 입양 프로그램에서 일하는 직원은 100명이 넘었다.[77] 이처럼 '난민구제법'이 연장될 수 있었던 것은 수많은 입양 가족의 정치적 활동 때문이었다. 홀트 부부는 입양한 가족들에게 법안의 연장을 촉구하는 편지를 각 지역의 하원·상원 의원에게 보내고 기도해줄 것을 부탁했다. 또한 입양을 원하는 가족들은 한국 정부에도 편지를 보냈다.[78] 한국 정부에서는 홀트에게 공로상을

77 같은 책, 263~275쪽.

수여하기도 했다. 한국 정부의 적극적인 협력과 미국 입양 가족들의 편지 보내기, 매스컴의 보도 등은 홀트 입양 프로그램이 성장하는 데 중요한 요인이 되었다. 펄 벅도 직접 나섰다.

그러나 ISS에서는 대리 입양을 금지해야 한다고 계속 주장했다. ISS는 홀트 입양 프로그램을 통해 입양한 가족들을 조사하고 이를 근거로 대리 입양을 금지하기 위해 다양한 방법을 동원했다. ISS의 주장은 1961년 '이민귀화법'으로 귀결되었다. 이 법안에는 대리 입양을 금지하는 새 '고아법'이 포함되었다. 그러나 법의 허점을 이용해 홀트 입양 프로그램은 대리 입양을 계속할 수 있었다. 즉, 아동이 살게 될 주에서 입양을 허락할 경우, 부부가 아동이 도착하면 입양을 하겠다고 서면으로 약속하면 아동을 직접 보지 않고도 입양할 수 있었다. 그러나 캘리포니아(California), 미네소타(Minnesota), 오하이오, 미시간(Michigan) 주에서는 이를 금지했기 때문에 이러한 주에 거주하는 이들은 아이를 미국으로 데려오기 전에 아이를 보러 한국으로 가야 했다. 홀트 입양 프로그램은 이런 방식으로 사업을 계속 전개할 수 있었다.[79] 1960년대 후반 한국에서 활동하는 직원은 약 170명이었고, 서울에 있는 위탁 부모는 500명이나 되었다.[80] 한국 전쟁고아 사업을 통해 성장한 이 단체는 베트남전쟁으로 더욱 규모가 커졌다. 1975년 4월 미군 부대가 베트남에서 철수하면서 2000명 내지 3000명의 전쟁고아를 비행기로 실어 홀트 입양 프로그램에 보내기도 했다.[81] 이처럼 홀트 입양 프로그램은 아시아의 전쟁을 통해 성장했고, 미국 복음주의가 헤게모니를 확장하는 데 크게 기여했다.

---

78 「고아국외입양(1956년)」, 국가기록원 소장 자료, 관리번호: CA0004545(1956).

79 같은 자료, 285쪽.

80 같은 자료, 291쪽.

81 이삼돌, 『해외 입양과 한국 민족주의: 한국 대중문화에 나타난 해외입양과 입양 한국인의 모습』, 뿌리의집 옮김(소나무, 2008), 82쪽.

5. 미국 복음주의의 성장과 한경직

미국 복음주의의 성장은 한국 기독교, 특히 한경직과 월남한 서북 출신의 기독교인들이 정치적·사회적 헤게모니를 확장하는 데 중요한 역할을 했다. 이와 동시에 한경직 등 기독교인들은 미국 복음주의가 성장할 수 있도록 한국에서 그 발판을 마련하는 역할을 했다.

한경직과 월남한 서북 출신의 기독교인들은 한국전쟁이 발발하자 세계교회협의회(WCC)와의 관계를 독점해서 한국 기독교에서 주도 세력으로 자리잡았다. 미국교회협의회(NCC) 산하의 구호 단체인 기독교세계봉사회(CWS)는 한국에 기독교세계봉사회 한국위원회(KCWS)를 설치하고 구호에 앞장섰는데, 월남한 서북 출신 기독교인들은 한국기독교연합회(KNCC)를 통해 이러한 구호물자를 독점함으로써 자신들의 세력을 키웠다.

이와 함께 한경직과 월남한 서북 출신 기독교인들이 재정적 기반을 마련하는 데 중요한 역할을 한 단체는 WEF다. 이 조직이 성장하는 데 중요한 기반이 된 것이 한국 전쟁고아 사업이었다. 이 사업은 월드비전, CCF, 홀트 입양 프로그램을 통해 이루어졌다. 월남한 기독교인들을 대표하는 한경직은 이 조직의 정책을 결정할 수 있는 중요한 위치에 있었다. 한국 선명회(오늘날의 한국 월드비전)는 피어스와 한경직이 함께 설립했으며, 1964년에 이사장직이 만들어지자 한경직은 이사장으로 취임해 1985년까지 활동했으며, 그 이후로도 명예 이사장으로 계속 자리를 지켰다. 또한 CCF가 한국 지부를 설치하자 1955년부터 1974년까지 이사로 재직했다. 홀트 입양 프로그램과 관련해서는 월드비전 창립자로서 처음부터 함께 활동했으며, 1967년부터 1974년까지 이사장으로 활동했다. 이 중에서 한경직의 정치적·사회적·재정적 기반을 확대하고 강화하는 데 가장 큰 도움을 준 것은 월드비전이었다.

한경직은 WEF의 인물들이 한국에서 기반을 마련하는 데 도움을 주었으며, WEF를 대표하던 그레이엄과 피어스의 부흥 집회에 적극적으로 협력했다. 피어스는 홀트를 끌어들여 한국에서 미국 복음주의 세력을 확장했다. 이를 위해 교역자 수양회, 부흥 집회, 전쟁고아 사업 등을 전개했다. 이들과 한경직이 친분을 맺을 수 있게 해준 인물이 미국 선교사 해럴드 보엘켈이다. 그는 북장로교 선교사로, 한경직과는 프린스턴 신학교의 동기 동창이었다. 1950년에 보엘켈은 한경직에게 피어스를 소개했고, 피어스는 한경직의 초청으로 영락교회에서 처음 설교를 했다. 한경직은 또한 남대문 옆에 있는 공터에서 연합전도대회를 할 수 있게 주선했다.[82]

한경직은 그레이엄과 피어스가 교역자 수양회와 부흥 집회를 여러 차례 열 수 있도록 도와주었다. 1955년, 1956년, 1957년 세 차례에 걸쳐 대대적인 부흥 집회가 열렸다. 1956년 부흥 집회에는 대통령 이승만, 부통령 함태영, 각 부 장관과 육군 참모총장 등 8만여 인파가 모였다. 1957년에는 9월 29일부터 10월 20일까지 20일 넘게 부흥 집회가 개최되었다. 매일 밤 열리는 집회에는 1만 5000여 명이 모여들었다. 이 집회를 위해 KNCC는 자문위원회를 구성해 협조했으며, 모든 비용은 월드비전에서 부담했다.[83]

월드비전의 한국 내 활동은 한경직을 통해 이루어졌다. 한경직은 1953년 한국 선명회가 조직되었을 때부터 한국의 중요 인사로 활동했으며, 앞에서 언급했듯이 1959년에 이사로 재직했고 1964년부터 1986년까지 이사장을 지냈다. 월드비전은 미국에서 조직된 후 한경직의 활동 기반이던 영락교회와 다비다모자원에 상당한 금액을 지원했다. 1951년과 1953년에 월드비전이 모금한 금액의 14%가 영락교회에 대한 후원금으로 사용되었으며, 한경직 개인에게도 1%가 지원되었다. 1954년에는 한경직에게 지프도 기증했다. 다비

---

82 김병희 편저, 『한경직목사』(규장문화사, 1982), 81쪽.

83 민경배, 『월드비전 한국 50년 운동사』, 164~165쪽.

다모자원에는 1951년 처음으로 250달러와 건물 건축 기금으로 2400달러가 전달되었다.[84]

월드비전과 백선엽의 인연은 고아원 지원으로 시작되었다. 앞에서 설명했듯이 백선엽은 1951년 지리산 토벌로 발생한 많은 고아를 위해 고아원을 설치했고, 이를 지원한 단체가 월드비전이었다. 이를 통해 월드비전의 피어스와 한경직은 백선엽과 친분을 쌓았고, 백선엽을 통해 군 선교를 확대해나갔다.[85] 백선엽도 한경직과 마찬가지로 월남인 출신이어서 공통점을 가지고 있었다.

한국 선명회가 설립되기 전 월드비전은 미국에서 모금한 돈을 모자원, 한경직의 영락교회, 백선엽고아원 등에 직접 지원하는 한편 장로교, 동양선교회 등 선교 기관을 통해 지급했으나, 1953년 한국 선명회가 설립된 이후에는 이 조직을 통해 각 고아원에 지급했다. 1955년에 한국 선명회에 가입한 시설의 대표자 회의가 50여 명이 참석한 가운데 서울 승동교회에서 개최되었다. 같은 해 1월 현재 한국 선명회의 도움을 받고 있는 고아의 수는 4000여 명으로 48개소 고아원에 분산·수용되어 있었다. 한국 선명회는 고아원을 직접 짓기도 하고 인수하기도 했다. 1956년 2월 27일에는 미국으로 입양을 보내기 위한 혼혈아 고아원을 개소했다. 서울 상도동에 60평 넓이의 벽돌집 3개 동을 세워, 약 50명의 고아를 동시에 수용할 수 있는 시설을 갖추었다. 이 고아원의 개원을 기념하는 거행식에는 한국아동양호회 직원들, 주한 종교 대표들, 그레이엄 등이 참석했다.[86]

홀트는 처음 얼마간은 월드비전과 함께 일을 했다. 그러나 월드비전의 주

---

84 같은 책, 156쪽.

85 같은 책, 160~163쪽.

86 "혼혈아 고아원 개소", ≪동아일보≫, 1956년 2월 28일 자.

요 사업은 고아원에 있는 고아를 양육하는 일이었으므로, 홀트는 독립적인 입양 프로그램을 짜서 입양 사업에만 열중했다. 월드비전은 혼혈아 일시 보호소에 지속적으로 지원했는데, 1955년에 혼혈아 일시 보호를 위해 9000달러, 가구와 장비 등을 위해 1800달러, 1956년에는 1만 4600달러, 1957년에는 1만 1000달러, 1958년에는 1만 2000달러를 지원했다.[87]

한국 선명회는 1957년에 9000여 명의 고아를 후원했다. 1972년에는 한국 선명회 산하에 있는 170여 개 시설에 1만 6000여 명을 수용했다. 영등포 고아원계의 산림보육원을 비롯해 79개소, 영아원계의 대구 대성영아원을 비롯해 23개소, 탁아원계의 대전 피어스탁아원을 비롯해 20개소, 전쟁미망인 구호계의 평화모자원을 비롯해 17개소, 직업 보도 학교 3개소, 대구 장애 아동을 위한 경북소년학원을 비롯해 3개소, 결핵 환자 요양 시설 1개소, 맹농아 학교 4개소 등이었다.[88] 1974년 통계에 의하면 한국 선명회는 한국 내 민간의 외국 원조 기관 중 1위를 차지했으며, 외국 원조 기관으로는 1, 2위를 차지하는 거대한 기관으로 성장했다.[89]

한경직과 월남한 서북 출신 기독교인들은 이를 기반으로 종교뿐만 아니라 정치적·사회적으로 세력을 확장했다. 영락교회는 1960년대에 교인 수가 1만 명을 넘었고, 1963년부터는 한국 최초로 주일 3부 예배를 시작하는 대형 교회가 되었다.[90] 영락교회는 다른 지역의 많은 교회도 지원했다. 1980년 초반까지 영락교회에서 세운 교회가 200여 곳 이상이었으며, 남한의 어느 교파나 교회보다 많은 수의 '군인 교회'를 설립했다.[91]

---

87 민경배, 『월드비전 한국 50년 운동사』, 617~627쪽.

88 같은 책, 285쪽.

89 같은 책, 636쪽.

90 영락교회 엮음, 『영락교회 50년사』(영락교회, 1998), 205쪽.

91 김병희 편저, 『한경직목사』, 76쪽.

한경직과 월남한 서북 출신 기독교인들에게 한국전쟁은 신이 준 기회였다. 월남한 서북 출신 기독교인들은 이승만에게는 항상 의심스러운 존재였다. 이들은 한국과 미국의 관계에서 창구 역할을 했으며, 이 창구를 독점하고 있었기 때문이다. 그러나 박정희 정권과는 협력 관계를 유지했다. 1961년 5·16 군사 정변이 일어나자 미국 정부와 미국인들은 박정희에 대해 약간의 의심을 품었다. 그의 남로당 전력과 군사 정변 때문이었다. 그러므로 정변 세력에게 가장 먼저 필요했던 것은 국민과 국제 사회의 승인을 얻는 것이었다. 특히 국가 예산의 50%, 국방 예산의 72.4%를 후원하고 있는 미국의 지지를 얻는 것이 가장 중요했다.[92]

이러한 상황에서 박정희 군사 정부에 대한 미국과 미국인들의 부정적인 인식을 변화시키기 위해 나선 이가 한경직이다. 군사 정변이 일어난 지 한 달 정도 지났을 때 친선 사절단이 미국으로 파견되었다. 이 친선 사절단에는 한경직, 동아일보사 사장 최두선, 이화여자대학교 총장 김활란 등이 포함되었다.[93]

한경직은 미국에서 가장 큰 기독교 세력이면서 미국 정부에 영향력을 행사하는 WCC, WEF의 인사들과 친분 관계를 맺고 있었다. 김활란은 1949년 10월 15일에 미국 영부인 중 가장 활동적이고 대중적으로 유명한 엘리너 루스벨트(Eleanor Roosevelt) 및 미국의 유명한 다른 여성들과 함께 스미스 칼리지(Smith College)에서 명예 학위를 받을 정도로 미국에서 유명한 한국인 중 한 사람이었다.[94] 미국 대중은 한국 기독교인과 교회 단체를 통해 한국을 접할 수 있었으므로, 한경직과 김활란은 미국 여론을 움직일 수 있는 가장 적합

92 김형아, 『박정희의 양날의 선택: 유신과 중화학공업』, 신명주 옮김(일조각, 2005), 125쪽.

93 김활란, 『그 빛 속의 작은 생명: 우월 김활란 자서전』(이화여자대학교출판부, 1965), 376~379쪽.

94 Haga, "An overlooked dimension of the Korean War," pp. 304~306.

한 인물이었다. 이들은 워싱턴으로 가서 나흘 동안 정계, 언론계, 교회와 사회단체에 있는 인물들을 만났으며, 그 뒤 뉴욕으로 가서 일주일 동안 수많은 단체를 방문했다. 김활란의 회고에 의하면 대부분이 군사 정변에 대해 부정적인 반응이었다고 한다. 김활란은 학교 일로 뉴욕에서 급히 귀국하고, 한경직과 최두선은 보스턴(Boston), 시카고, 샌프란시스코(San Francisco), 로스앤젤레스, 호놀룰루(Honolulu), 일본의 도쿄를 거쳐 귀국했다. 이 사절단은 군사 정변에 대한 미국인들의 이해를 얻는 데 성공적인 성과를 거두었다.[95]

한경직은 아울러 선명회 어린이 합창단을 통해 한미 관계가 가족적 혈맹 관계임을 다시금 확인할 수 있게 했다. 선명회 어린이 합창단은 1956년 1월 25일에 만들어졌으나, 재정 문제로 말미암아 1년 만에 해산되고 말았다. 그러다가 1960년 8월 22일, 서울 돈암동 261번지 100평 정도의 건물에서 선명회 음악원으로 다시 발족했다. 원장은 정용태, 원감 유의성, 지휘자는 장수철과 장병주였다. 장수철은 평양 근교 출생으로 한국전쟁 때 구국 합창단을 조직해 국군 위문 활동을 했다. 단원은 여자 어린이 36명과 남자 어린이 7명으로 총 43명이었는데, 전국에 있는 한국 선명회 시설 산하의 고아원에 있는 어린이 1만 5000명 중에서 선발했다. 어린이 합창단은 매일 아침 6시 반에 기상해 새벽 예배를 본 후 발성 연습으로 시작했고, 학교에서 돌아온 뒤 저녁 6시부터 8시까지 훈련을 받았다. 이러한 훈련 끝에 같은 해 8월 26일 개원 예배를 드렸으며, 10월 10일 피어스의 방한을 계기로 정식으로 개원식을 가졌다.[96] 합창단은 우선 국내에서 활동을 시작했다. 피어스는 1961년 군사 정변 이후인 8월 29일 박정희를 만났다. 한경직이 친선 사절단으로 미국에 다녀온 지 두 달이 지난 후였다. 피어스가 내한한 것은 같은 해 10월로 예정된

95 김활란, 『그 빛 속의 작은 생명』, 376~379쪽.

96 민경배, 『월드비전 한국 50년 운동사』, 234쪽.

어린이 합창단의 방미를 앞두고 사전 준비를 하기 위해서였다.[97]

어린이 합창단은 미국을 방문하기 전인 1961년 10월 13일에 박정희를 만났으며, 16일에 가슴에 태극기를 달고 노스웨스트 유나이티드 에어라인 편으로 미국을 향해 떠났다. 순회공연은 미국 44개 주 72개 도시를 망라해 이루어졌다. 이들의 공연은 약 4개월 동안 50여 군데에서 이루어졌다. 교회, 방송국, 시 공회당, 비행기, 기차, 백화점, 식당, 호텔 로비, 뉴욕 엠파이어 스테이트 빌딩 꼭대기, 번잡한 도로 등 미국인들의 관심을 끌 만한 곳에서 기회가 있을 때마다 공연했다. 이들의 공연은 전략적으로 사전에 철저히 준비된 것이었다. 이들은 공연 지역을 방문하기 전에 최소 12일 동안 주로 신문, TV, 라디오 등을 이용해 선전했는데, 사전에 미리 제작한 테이프와 필름을 사용했다. 목적지에 도착하면 신문기자를 만나고 TV 방송을 시작했다. 이러한 선전 활동은 3~4명의 미국 월드비전 직원들이 담당했다. 이렇듯 전략적 사전 준비로 인해 공연 장소는 시작 30분 전에 초만원을 이루었다.[98]

처음으로 연주회를 시작한 곳은 10월 22일 로스앤젤레스의 '오픈도어 교회(Church of the Open Door)'였다. 24일에도 한 번 더 공연을 해 4000여 명이 모여들었다. 29일에는 포모나 제일 침례교회, 30일에는 패서디나(Pasadena)의 시 공회당에서 공연했다. 어린이 합창단은 캘리포니아, 오리건, 워싱턴, 콜로라도(Colorado), 네브래스카(Nebraska), 아이오와, 일리노이(Illinois), 미네소타, 미시간, 캐나다의 온타리오(Ontario) 등 여러 주를 거쳐 뉴욕에 도착했다. 12월 19일에는 뉴욕 센트럴 역에서, 12월 24일에는 카네기홀에서 공연했다. 그 외에 각종 TV 프로그램에도 하루에 3~4회 정도 출연했다. 예를 들어 〈에디 설리번 쇼〉, 〈스티브 알렌 쇼〉, 〈자크 베일리 쇼〉, 〈보조 크라운

97 같은 책, 240쪽.

98 "노래하는 고아 사절", ≪경향신문≫, 1962년 2월 4일 자.

쇼〉, CBS의 〈퍼시픽 파노라마 쇼〉 등이었다. 그리고 크리스마스를 맞이해 백악관 정원 앞에서도 성탄 노래를 불렀으며, 12월 31일에는 엠파이어 스테이트 빌딩에서도 공연을 했다. 공연 음반을 월드 레코드사에서 판매했는데, 5만 장이 팔렸다. 이들의 공연은 전 미국을 술렁이게 했다.[99]

어린이 합창단의 공연에는 박정희의 후원이 크게 작용했다. 박정희가 시애틀에 도착하자 어린이 합창단은 국제공항에서 그를 환영했다. 그리고 박정희는 어린이 합창단이 순회공연으로 미국인들의 인기를 한 몸에 받고 있던 1961년 11월에 존 케네디(John F. Kennedy) 대통령을 만남으로써 미국으로부터 정식으로 인정받았다.[100] 합창단은 귀국 후 박정희를 찾아가 귀국 인사를 했다. 박정희는 이후 어린이 합창단을 계속 지원했으며, 육영수와 박근혜도 이들을 크게 지원했다. 어린이 합창단은 박정희 정권을 미국인이 적극적으로 지원하도록 한 '꼬마 친선 외교 사절'이었다.[101] 미국 정부와 미국인들은 어린이 합창단을 통해 한미 간의 혈맹적 관계를 다시 확인했고, 한국 정부에 열렬한 지원을 보냈다. 이로써 박정희는 자신이 일으킨 정변에 대해 정당성을 인정받을 수 있는 발판을 마련한 셈이었다. 미국 정부와 미국인들의 지지는 국내에서도 군사 정변의 정당성을 인정하도록 하는 중요한 요소가 되었다. 박정희는 1975년 한국 선명회에 5·16민족상을 수여했다.

어린이 합창단은 1962년 10월 1일부터 1963년 5월 7일까지 7개월 동안 두 차례에 걸쳐 순회공연을 해서 동남아시아와 유럽, 미국 등 14개국을 방문했다. 일본 도쿄에서 열린 공연에 이어 타이완 타이베이(臺北)에서 한 공연에는 장제스(蔣介石)와 쑹메이링(宋美齡), 장제스의 아들 장징궈(蔣經國) 등이 참

---

99 민경배, 『월드비전 한국 50년 운동사』, 239~245쪽.

100 "역사적 박·케네디 회담 개막", ≪경향신문≫, 1961년 11월 15일 자.

101 "노래사절꼬마합창단", ≪경향신문≫, 1962년 2월 6일 자.

〈그림 4-4〉 1962년 귀국 인사차 박정희를 예방한 선명회 어린이 합창단

자료: "박정희국가재건최고회의의장귀국인사차예방한선명회어린이합창단접견악수2", 국가기록원 소장 자료, 관리번호: CET0028353(1962).

석했다. 그다음 필리핀 마닐라(Manila), 인도 콜카타(Kolkata) 및 뉴델리(New Delhi), 아프가니스탄, 이란의 테헤란(Tehran), 레바논, 요르단 등을 거쳐 프랑스 파리에서 공연을 하고, 독일, 네덜란드, 노르웨이, 영국 등을 거쳐 다시 미국으로 향했다. 합창단은 1962년 11월 27일 미국 뉴욕 공항에 도착했으며, 뉴욕 시장을 비롯해 유명 인사들이 참석한 가운데 뉴욕 시청에서 첫 공연을 가졌다. 그 후 미니애폴리스(Minneapolis), 워싱턴, 필라델피아(Philadelphia) 등에서 공연했고, 워싱턴에서는 백악관을 방문해 케네디를 만났다. 1963년 1월에는 캘리포니아 지사를 찾아가 노래를 불렀다. 그는 '세계 월드비전 한국 고아 합창단의 날'을 선포하기도 했다. 캘리포니아 주 패서디나에서는 로즈볼 퍼레이드(The Roseball Parade)에서 꽃수레를 타고 두 시간 반이나 행진

했는데, TV를 통해 4000만의 시청자가 이 모습을 지켜보았다. 공연으로 받은 막대한 후원금은 한국 선명회를 통해 김해에 아동 병원을 건축하는 데 사용되었다. 어린이 합창단은 1970년대까지 총 일곱 차례에 걸쳐 해외 공연을 했다.[102]

한경직은 어린이 합창단을 통해 미국이 박정희 정권을 지지하게 만드는 데 성공했다. 이러한 활동으로 박정희 정권과 한경직을 중심으로 한, 월남한 서북 출신 기독교인들은 굳게 결합할 수 있었다.

6. 맺음말

미국 복음주의는 한국 전쟁고아 사업을 통해 성장했고, 이를 기반으로 미국 정부와 한국 정부에 영향력을 미치는 세력이 되었다. 이와 함께 미국 복음주의자들과 밀접한 관계를 맺어온 한경직과 월남한 서북 출신 기독교인들은 이를 기반으로 한국의 종교·정치·사회에서 무시할 수 없는 존재로 성장했다.

이승만은 한경직과 월남한 서북 출신 기독교인을 항상 경계했으며, 그들의 활동 폭을 제한했다. 그러나 서북 출신 기독교인들은 미국 복음주의와의 독점적 관계를 통해 남한에서 정치적·사회적 기반을 마련했고, 이를 토대로 군사정권이 들어섰을 때 박정희 정권을 위해 미국 정부와 미국인들부터 지지를 얻어내는 데 성공했다. 이것은 한국 전쟁고아 사업을 통해 이루어진 것이다.

한국의 전쟁고아들은 한국 정부로부터 '전쟁의 부산물', '거리의 부랑아' 등 범죄 용의자로 취급을 받아 격리 수용되었다. 반면 한국전쟁에 참전한 미

102 민경배, 『월드비전 한국 50년 운동사』, 247~264쪽.

군들은 대민 정책의 일환으로 전쟁고아를 보살폈다. 전쟁고아들은 미국과 한국의 언론을 통해 반공과 한미 동맹의 상징물로 거듭났다. 전쟁 구호 활동은 전쟁고아를 내세우면서 전개되었다. 이것은 비록 미국의 민간인 단체가 전개했지만, 미국 정부의 적극적인 협력으로 이루어졌다.

1956년 아이젠하워는 반소·반공 정책의 일환으로 피플 투 피플 프로그램을 제안한다. 그러나 이 시기에 들면서 한국인에 대한 미국인의 관심은 많이 사그라져 있었다. 그런 미국인들을 다시 냉전 외교 정책에 동참시킨 것이 미국 복음주의자들의 한국 전쟁고아 사업이었다. 월드비전, 아동복리회, 홀트 입양 프로그램 등은 전쟁고아 사업을 통해 미국과 동맹국의 관계를 가족적인 관계로 만듦으로써, 반소·반공을 위한 봉쇄 혹은 통합 정책에 기여했다. 이들은 자신들의 사업을 위해 미국의 보수적인 교회에서 죄악시하던 필름, TV 등을 최대한 이용해 선전, 홍보에 성공했다. 이러한 미디어의 활용은 많은 미국인이 미국과 소련의 냉전 구도에 참여하게 했다. 이들의 사업은 베트남전쟁을 통해 더욱더 확대되었다.

한국에서 이들의 사업을 성공시키는 데 중요한 역할을 한 세력은 월남한 서북 출신 기독교인들이었다. 이들을 대표하던 한경직은 월드비전, CCF, 홀트 입양 프로그램의 이사장과 이사 등을 역임하면서 이 사업의 정책을 주도했다. 한경직과 월남한 서북 출신 기독교인들의 거점인 영락교회는 1960년대 중반이 되면 3부 예배를 할 정도의 대형 교회로 성장했으며, 그 외에 많은 사회사업 기관을 보유하게 되었다.

한경직은 박정희가 군사 정변을 일으키자 이를 반대하던 미국 정부와 미국인을 설득하기 위해 많은 노력을 기울였다. 미국 정부에 대한 설득은 한경직과 한국전쟁으로 친분을 맺었던 미국 정관계, 종교계 인사들을 통해 이루어졌다. 또한 일반 미국인들을 설득하기 위해 여러 차례에 걸쳐 전쟁고아로 구성된 선명회 어린이 합창단의 미국 순회공연을 기획했다. 이 공연은 대성공을 거두었고, 미국인들이 한국 정부를 다시 지지하도록 하는 데 크게 기여했다. 박정희는 자신을 도와준 한경직 세력과 밀착된 관계가 되었다. 한경직 세력은 그 후에도 박정희 정권이 위급한 상황에 처할 때마다 미국인들과 한국인들을 설득하는 데 중요한 역할을 했다. 1973년 박정희는 한경직에게 다음과 같은 신년 인사 편지를 보냈다.[103]

> 지난해에 귀하가 베푸신 협조와 성원에 깊이 감사하는 바입니다.
>
> 민주 제도의 건전한 발전과 조국 통일의 영광된 그날이 올 때까지 유신의 과업 수행에 더욱 헌신할 것을 다짐하오니 아낌없는 지원이 있으시기를 바랍니다. 새로운 역사의 창조를 이룩하는 새해의 염원이 성취되시기를 충심으로 비는 바입니다.
>
> 1973년 신정
>
> 대통령 박정희

박정희의 편지를 받은 한경직은 1973년에 그레이엄을 초청해 여의도에서 대규모의 부흥 집회를 개최하는 것으로 응답했다. 당시 부흥 집회는 교파를 초월해 이루어졌다.[104] 이는 반공을 통해 한미 관계의 강고함을 보여줌으로써 국민을 설득하고 지지를 얻으려 한 것으로 볼 수 있다. 박정희 정권은 정부 차원에서 이 부흥 집회를 대대적으로 지원했다. 1974년 박정희는 남강 이승훈 동상 재건위원회 회장이던 한경직에게 동상 건립을 위한 금일봉을 전달함으로써 월남한 서북 출신 기독교인들과의 관계를 더욱 공고히 했다.[105]

---

103 최태육(강동예수교회 목사) 개인 소장 자료.

104 자세한 내용에 대해서는 조선출 엮음, 『복음의 대향연』(대한기독교서회, 1973) 참조.

박정희 정권과 서북 출신 기독교인들의 밀착된 관계는, 한국의 근대화를 가속화하고 산업화를 성공시키는 중요한 요소 중 하나가 되었다.

105 "박대통령이 금일봉", ≪동아일보≫, 1974년 3월 25일 자.

제5장

서북청년회 출신들의 정치적 배제와 부활

1. 머리말

서북청년회는 1946년 11월 30일에 결성되어, 1948년 12월 19일 대한청년단의 결성으로 해체된 대표적인 우익 청년 단체다. 이 단체는 서북 지역의 오산학교, 신성학교, 숭실학교 등의 기독교 문화를 계승한 월남한 서북 출신 기독교인들과 연결되어 있었다. 한경직이 세운 영락교회의 학생회와 청년회는 서북청년회의 중심 세력이었다. 학생들은 서북학생총연맹(이후 이북학생총연맹)에서 활동하면서 서북청년회 소속으로 함께 행동했다.[1] 서북청년회, 서북학생총연맹, 월남한 서북 출신의 기독교인들은 서로 유기적인 관계였다.

서북청년회는 1948년 단독 정부가 수립될 때까지는 이승만과 정치적 협력 관계를 맺고 있었으나, 여순사건 이후 점차 정치적으로 배제되었다. 그러

1 서울 서부 지역은 평안북도 청년들이, 중부 지역은 학생들이 주축을 이루었다. 구체적인 지부의 형태는 선우기성, 『어느 운동자의 일생』(배영사, 1987), 281~283쪽 참조.

나 이 단체 출신들은 박정희 정권이 들어서면서 정치적으로 부활했다. 이후 서북청년회 출신들은 한국 사회에서 중요한 영향력을 지닌 세력으로 성장했으며, 오늘날까지 막대한 영향력을 미치고 있다.

이러한 정치적 특성을 지닌 서북청년회에 대해 지금까지는 주로 '민간인 학살'과 관련해 조사와 연구가 진행되었다. 서북청년회의 민간인 학살과 관련된 최초의 조사는 1960년 4·19와 함께 시작되었으나 5·16 군사 정변으로 더는 조사할 수 없었다. 이후 1978년의 ≪창작과 비평≫에 현기영의 소설 「순이 삼촌」이 실리자, 다시 관심이 집중되기 시작했다. 1987년 직선제 개헌과 함께 15대 대통령 김대중이 선거 공약으로 제주 4·3 사건의 진상 규명을 내세우면서 정치적 문제로까지 확대되었다. 이러한 사회적 분위기 속에 서북청년회의 민간인 학살에 관해 학술적으로 처음 규명한 것은 1998년에 나온 박명림의 「제주도 4.3 민중항쟁에 관한 연구」다.[2] 뒤이어 본격적으로 서북청년회의 역사적 실체에 대해 살펴본 것이 1999년에 발표된 임대식의 「제주 4·3 항쟁과 우익청년단」[3]이었다. 이후 서북청년회 연구는 2007년 정종식의 「서북청년회의 결성과 활동」,[4] 2010년 김평선의 「서북청년회의 폭력행위 연구: 제주 4·3을 중심으로」[5] 등으로 이어졌다.

이 네 편의 연구는 서북청년회가 왜 앞장서서 잔혹한 민족 학살에 가담했는지에 초점을 맞추고 있다. 박명림은 서북청년회를 북한의 사회 개혁에 따

2 이와 관련해 구체적인 내용은 제민일보4·3취재반, 『4·3은 말한다. 5』(전예원, 1998), 395~416쪽 참조.

3 임대식, 「제주 4·3항쟁과 우익청년단」, 역사문제연구소 외 엮음, 『제주 4·3 연구』(역사비평사, 1999), 205~237쪽.

4 정종식, 「서북청년회의 결성과 활동」(건국대학교 대학원 석사학위논문, 2007).

5 김평선, 「서북청년회의 폭력행위 연구: 제주 4·3사건을 중심으로」(제주대학교 대학원 석사학위논문, 2010).

라 일제 치하에서 누려온 사회적·경제적 기득권을 모두 박탈당한 뒤 월남한 집단으로 규정해, 이들이 반공 전위역의 청부 테러단이 된 것은 생계 때문이었다고 결론을 내렸다. 임대식은 미군정과 극우 세력의 희생양이 되었다는 관점에서 보았으며, 정종식은 북한의 공산화 과정에서 피해를 입고 월남해 우익 세력에게 이용당한 피해자로서의 모습을 강조했다. 김평선은 서북청년회의 폭력 동기에 대해 정치적 차원과 세속적 차원으로 구분해 살펴보았다. 즉, 지도부와 회원의 사회적·경제적 차이를 구분한 후 이들의 폭력 동기에 대해 지도부는 기득권 수호, 단원들의 경우에는 생존 전략 차원이었다고 주장했다.

이와 같이 서북청년회에 대해서는 이들의 폭력 동기에 관심을 둔 연구가 주로 진행되었으므로, 서북청년회는 지금까지 '백색테러단', '역겨운 단체'[6] 등으로 평가되거나 기억되고 있다. 이에 따라 서북청년회 관련 연구는 주로 민간인 학살에 대한 동기에만 머물러 있다. 그러나 서북청년회 출신자들은 이승만 정권에서 정치적으로 배제되었다가 박정희 정권의 성립과 함께 부활해 오늘날까지 중요한 정치 세력으로 자리 잡고 있다. 학계는 이러한 과정에 대해 지금까지 크게 관심을 두지 않았다. 서북청년회와 그 출신자들의 역사적 정체성은 박정희 정권과 오늘날 한국 사회의 특성을 파악하기 위해 반드시 규명해야 할 중요한 주제라고 할 수 있다.

따라서 이 장에서는 서북청년회 출신들이 이승만 정권에서 어떻게 정치적으로 배제되었으며, 이후 박정희 정권에서는 어떤 과정을 통해 부활해 오늘날 한국 사회의 주요 정치 세력이 되었는지에 대해 살펴보고자 한다. 이를 위해 먼저 서북청년회의 결성과 역사적 정체성, 서북청년회의 활동과 이승

---

6 Bruce Cumings, *The origins of the Korean War II: The Roaring of the Cataract 1947~1950*, I (Seoul: Yuksabipyungsa, 2002), p. 198.

만 정권의 성립, 그리고 이승만 정권에서 이들이 정치적으로 배제된 배경과 박정희 정권에서 어떻게 부활했는지를 규명해보고자 한다.

2. 서북청년회의 결성과 역사적 정체성

서북청년회 회원들은 대부분 정치적·사회적으로 북한에서 '반동분자'로 낙인찍혔거나 다양한 이유로 북한 체제에서 생존하기 어려워 월남한 청년 학생들이었다. 이들은 월남했다는 이유만으로 북한에서는 '반동분자'가 되었으나, 남한에서는 그중 대부분이 '애국자'가 되었다.

이들은 1946년 자신들의 입지를 강화하고 더 강력한 세력이 되기 위해 지역별로 독립되어 있던 각 지역 북한 청년 단체를 통합했다. 이렇게 통합된 단체가 1946년 11월 30일에 결성된 서북청년회였다. 이 단체는 대한혁신청년회(주로 함경남도), 함북청년회, 황해청년부, 북선청년회, 양호단(함경남도), 평안청년회 등에서 활동하던 월남한 청년들이 기존의 조직을 해체하고 연합한 것이다. 조직명은 관서 지방, 해서 지방, 관북 지방 등에서 '서'와 '북'을 따와 서북청년회로 결정했다. 결성 대회는 종로 YMCA 대강당에서 개최되었다. 이날 선언서를 채택하고 강령 규약 등을 통과시킴과 동시에 중앙집행위원 120명을 선출했다. 김구와 이승만을 비롯한 민족진영은 이를 적극적으로 지지했다. 서상용, 강기덕, 백영엽,[7] 이윤영, 김병연, 백남훈, 장덕수, 김선량 등 월남한 인사들도 참석했다. 강령으로는 조국의 완전한 자주 독립 전취,

---

7 백영엽은 광복 당시 평안북도 선천 북교회의 담임 목사로 있으면서 남교회의 김석창과 함께 인민위원회 활동에 참여했다[김성보, 「지방사례를 통해 본 해방 후 북한사회의 갈등과 변동: 평안북도 선천군」, ≪동방학지≫, 125집(연세대학교 국학연구원, 2004), 178쪽].

균등 사회 건설, 세계 평화에 공헌 등이 채택되었다. 회원 자격은 서른다섯 살 이하였다.[8]

서북청년회를 서둘러 결성한 데는 1946년 9월 12일 대한독립청년단(단장 서상천)과 10월 9일 민족청년단(단장 이범석) 등의 창립 선언이 계기가 되었다. 게다가 10월 1일 '대구 봉기'가 일어나자 이에 대항하기 위한 반공 세력의 결집이 시급하다고 생각했기 때문이다.[9] 이와 동시에 1946년 9월에 발발한 중국 국공내전에서 장제스의 국민혁명군이 마오쩌둥의 인민해방군보다 우세했던 것도 한 요인이 되었던 것으로 보인다.

1946년 12월 13일 제1차 중앙집행위원회 개최로 위원장을 비롯한 임원들이 선출되었다. 위원장 선우기성(평안북도), 부위원장 장윤필(함경북도), 조영진(함경남도), 총무 김성태(황해도), 조직 장창원(함경북도), 훈련 반성환(함경북도), 정보 이주효(함경남도), 선전 심순섭(평안북도), 사업 김성주(평안북도), 학생 송태윤(평안남도), 여성 김경배(강원도), 심사 손달수(황해도), 심계 박상준(강원도) 등이었다. 출신을 보면 함경도 5명, 평안도 6명, 황해도 3명, 강원도 2명 등으로 임원 구성은 지역별로 배분되었다.[10]

이와 같이 결성된 서북청년회의 역사적 정체성은 서북 지역의 대표적 기독교 민족주의자인 안창호, 이승훈, 조만식 등으로 이어지며, 평양의 대성학교, 정주 오산학교, 평양 숭실학교 등의 설립으로 민족의식을 고취했던 기독교 문화에 기반을 두고 있었다. 이에 대해서는 서북청년회 위원장이던 선우기성을 통해, 그리고 서북청년회와 밀접한 관계를 맺고 있던 한경직을 통해 살펴볼 수 있다.

---

8 이경남, "청년운동반세기 6", ≪경향신문≫, 1986년 12월 10일 자.

9 선우기성, 『어느 운동자의 일생』, 264쪽.

10 이경남, "청년운동반세기 6".

선우기성은 평안북도 정주 출신으로, 임시정부 요인이던 선우혁, 선우훈, 선우섭 등의 조카였다. 민족운동가 집안에서 성장한 그는 오산학교 재학 중에 광주학생항일운동을 주도해 일본 경찰에 체포되었으며, 학생 신분으로 유죄 판결을 받았다. 선우기성의 둘째·넷째 숙부인 선우혁과 선우훈은 모두 105인 사건으로 옥고를 치렀다. 선우혁은 1918년 중국 상하이에서 결성된 신한청년당 당원으로, 국내에서 이명룡, 이승훈을 만나 삼일운동을 일으키는 데 중요한 역할을 했으며, 상하이임시정부에 참여했다. 그는 상하이에서 교회와 교육 사업에 전념했다. 광복 후에도 상하이에서 거류민단 단장을 지냈으나 1949년 중화인민공화국이 수립되면서 행방을 알 수 없게 되었다. 선우기성은 출옥 후 만주로 가서 항일운동에 뜻을 품고 있다가 다시 체포되었다. 그는 1941년 봄 상하이로 가서 선우혁과 함께 지내다가 광복이 되자 귀국했다. 선우혁은 당시 충칭(重慶) 임시정부와 연락을 취하면서 상하이 소식을 알리는 역할을 하고 있었다.[11] 이와 같이 선우기성은 서북 지역 민족운동의 흐름과 함께하고 있었다.

그는 서북청년회의 활동이 서북 지역의 '애국적' 민족운동을 계승하는 데 있다는 점을 강조했다. 선우기성은 이를 위해 1946년 7월 『서북의 애국자』라는 단행본을 발간했다. 조만식, 이윤영, 오윤선, 박현숙, 선우훈, 주기용, 이유필, 강기덕, 김성 등의 민족운동과 이들에 대한 공산당의 탄압에 관해서 기술한 책이다. 박정희 정권이 들어선 뒤로는 서북청년회의 '애국적인' 정통성을 강조하기 위해 1969년 『청년운동의 어제와 내일』(횃불사, 1969), 『한국청년운동사』(금문사, 1973) 등을 출판했으며, 1987년에는 『어느 운동자의 일생』(배영사)을 남겼다. 그가 자신의 저서에서 강조한 것은 서북청년회의 역사적 정체성이었다. 19세기 말 이후 서북 지역에서 근대 시민사회를 만들기 위

11 선우기성, 『어느 운동자의 일생』, 15~51쪽.

해 기독교를 수용하면서 민족운동에 나섰던 서북 지역의 민족적 정통성을 계승한 것이 서북청년회라는 것이다.

한경직 또한 오산학교, 숭실전문학교 출신으로, 이러한 역사적 정통성을 강조했다. 그는 오산학교 출신임을 자랑스러워했다. 당시 서북 지역에서는 민족주의적 학교로 숭실학교, 신성학교, 오산학교가 유명했는데, 한경직의 아버지는 그를 오산학교로 보냈다. 그것은 오산학교가 '더 애국하는 학교'라고 생각했기 때문이라고 한다.[12] 한경직도 자신의 역사적 정체성을 안창호, 이승훈, 조만식 등에게서 찾았다. 오산학교는 기독교계에서 삼일운동을 대표로 주도한 학교였기 때문에 서북 지역에서는 가장 널리 알려진 민족주의 학교였다. 또한 1945년 기독교사회민주당을 조직했을 때 한경직은, 한국에 자주적인 민주주의 정부가 수립되는 것을 지지하며 한국의 대내외 정치에 대한 다른 정부들의 영향력을 반대한다는 뜻을 분명히 했다. 그리고 김구의 대한민국임시정부에 대한 지지를 확고하게 밝혔다.[13] 한경직은 한국전쟁 이후 북쪽에 있던 여러 기독교 사립학교의 재건과 더불어 숭실대학 재건에 앞장섰다. 그는 1973년 12월에 이승훈동상재건위원회가 조직되었을 때 회장으로,[14] 1976년에 조만식기념사업회가 결성되었을 때도 대표로 선정되었다.[15] 월남한 서북 출신 기독교인들은 한경직을 이와 같은 조직의 대표로 내세워 서북 출신 기독교인들이 애국적 정통성과 기독교 문화에 기반을 두고 있었다고 강조하면서, 자신들이 한국 사회에서 민족운동의 핵심 주체였음을 내세웠다.

한경직은 서북 지역의 이러한 역사적 계보를 잇고자 월남 이후 영락교회

---

12 김병희 편저, 『한경직목사』(규장문화사, 1982), 12~22쪽.

13 김성보, 『남북한 경제구조의 기원과 전개』(역사비평사, 2000), 112쪽.

14 오산중·고등학교 엮음, 『오산팔십년사』(오산중·고등학교, 1987), 570쪽.

15 "고당 조만식선생 기념사업회 발기", ≪경향신문≫, 1976년 1월 13일 자.

를 설립했으며, 서북청년회와 밀접한 관계를 맺었다. 다음과 같은 한경직의 인터뷰는 영락교회의 청년회가 서북청년회에서 얼마나 주도적으로 활약했는지를 잘 보여준다.

그때 공산당이 많아서 지방도 혼란하지 않았갔시오. 그때 「서북청년회」라고 우리 영락교회 청년들이 중심되어 조직을 했시오. 그 청년들이 제주도 반란사건을 평정하기도 하고 그랬시오. 그러니까니 우리 영락교회 청년들이 미움도 많이 사게 됐지요.[16]

강화도 강동예수교회의 최태육 목사(2015년 현재)는 2014년 7월 12일 『영락교회 50년사』의 자료 수집 위원이던 영락교회 교인 김성보와의 통화 구술에서도 서북청년회와 영락교회의 관계를 확인한 바 있다. 김성보는 당시 영락교회의 청년들이 서북청년회를 주도했기 때문에 영락교회가 사무실처럼 사용되었다고 했으며, 영락교회와 가까운 현재 조만식기념관 건너편에 서북청년회 사무실이 있었다고 확인해주었다.[17] 당시 이북 5도청의 역할을 대신하던 영락교회에는 노년층보다 청년층이 많았다. 그러므로 서북청년회에서 활동했던 많은 청년이 영락교회를 다닌 것으로 보인다.

동시에 한경직은 월남 기독교인들이 남한에서 정착할 수 있도록 해방촌을 주선했다. 이곳에 자리 잡은 월남민들은 교회를 중심으로 생활했으며, 해방촌의 청년들은 서북청년회에 가입해 활동했다.[18] 이들은 해방촌 주위에 천

16 김병희 편저, 『한경직목사』, 55~56쪽.

17 최태육, 「남북분단과 6·25전쟁 시기(1945~1953) 민간인 집단희생과 한국 기독교의 관계 연구」(목원대학교 대학원 박사학위논문, 2014), 230쪽.

18 "우리 동네", ≪경향신문≫, 1981년 9월 12일 자; 해방촌, 영락교회, 서북 지역의 월남 기독교인들과의 관계에 대한 구체적인 내용은 김귀옥, 『이산가족, '반공전사'도 '빨갱이'도 아

막을 설치하고 숙식하며 지냈다. 월남한 청년들의 나이는 거의 20대와 30대였다. 이보다 어린 10대들은 서북학생총연맹에 가입해 활동했으며, 서북청년회와 함께 행동했다. 1947년 5월에 월남해 서북청년회 경상남도 지부 선전부장을 지낸 손진이 그의 책 『서북청년회가 겪은 건국과 6·25』에서 서북청년회가 영락교회에서 결성되었다고 잘못 기억을 할 정도로, 영락교회와 서북청년회는 매우 긴밀한 관계[19]였던 것으로 보인다.

제1장에서 살펴본 바와 같이 서북 지역은 19세기 말부터 기독교를 통해 서양의 문물에 가장 빨리 적응한 곳이다. 오산학교, 신성학교, 숭실학교 등이 위치하고 있던 정주, 선천, 평양 등은 '동양의 예루살렘'이라고 불릴 정도로 기독교 세력이 강했다. 특히 오산학교는 평민인 자신들의 미래를 위해 평민 자제들을 교육하기 위해 설립한 학교였다. 정주, 선천, 평양 등을 중심으로 한 이 지역에서는 각급 학교, 교회 그리고 기독교 관련 조직 등을 기반으로 민족주의자들이 성장했고, 민족주의자들은 이러한 조직을 토대로 자신들의 세력을 강화하고 확장해나갔다. 조만식을 비롯한 기독교인들이 광복 이후 서북 지역의 지도자가 될 수 있었던 것은 일제강점기 교회와 기독교 관련 단체를 통해 민족운동을 전개한 것과 해방 이후에도 교회와 기독교 관련 단체 등을 중심으로 한 지지 기반 때문이었다. 해방 이후 서북 각 지역에서 지역 자치 조직을 설립했을 때 이를 주도했던 것은 대부분 목사, 장로 등을 비롯한 기독교인이었다.

그러나 이러한 단체는 공산주의를 지지하는 적위대와 계속 충돌했다. 기독교 민족주의자들의 자치 단체와 적위대가 계속 충돌하게 된 것은 적위대가 일본군 총기를 소지하고 있었기 때문이었다. 적위대는 소군정의 비호로

난……』(역사비평사, 2004), 214~250쪽에서 참조.

19 손진, 『서북청년회가 겪은 건국과 6·25』(건국이념보급회 출판부, 2014), 50쪽.

일본군들의 무기고에 있던 총기를 소지할 수 있었다. 많은 학생이 반공 학생 운동을 전개하기 시작했는데, 각종 출판물을 제작·배부하면서 운동을 확대해나갔다.

첫 반공 학생 운동은 오산학교에서 일어났다. 1945년 11월 6일에 4학년 학생들이 주도했다. 당시 북한의 임시 정권이 오산학교 재산인 토지를 몰수하고 지주를 숙청한다는 이야기를 듣고 이를 저지하기 위해 각 기관을 습격했다. 이 때문에 교장 주기용이 체포되었으며, 학생들은 이러한 사건의 전말을 신의주 동중학교에 있던 평안북도 학생회 본부에 알렸다. 신의주에서는 오산학교에서 반공 궐기가 있었다는 사실을 알고 준비를 하고 있었다.[20] 이 사건이 일어난 후 얼마 지나지 않아 같은 해 11월 23일 신의주 학생 시위 사건이 일어났다. 이 사건의 도화선이 된 것은 오산 학생 사건과 용암포 사건이었다. 제2장에서 자세하게 설명한 바와 같이 용암포 사건은 한경직과 윤하영이 조직한 기독교사회민주당과 깊은 관련이 있었다. 이 사건은 김일성이 이 지역을 방문해 조사를 한 뒤 정책의 방향을 조정했을 정도로 대표적인 학생 반공 사건이었다.[21] 이렇듯 공산 정권과의 충돌을 경험한 학생 청년들이 월남한 뒤 조직한 단체가 서북청년회였다.

3. 서북청년회의 활동과 이승만 정권의 성립

서북청년회는 이승만에게 기대를 걸고 정권 수립에 주요한 역할을 했다. 또한 당시 중국의 국공내전에서 장제스가 이끄는 국민당 정부가 우세했기 때

20 오산중·고등학교 엮음, 『오산팔십년사』, 422~425쪽.

21 찰스 암스트롱, 『북조선 탄생』, 김연철·이정우 옮김(서해문집, 2006), 108~111쪽.

문에 이들은 이러한 상황에 기대를 걸면서 어떤 정치 단체보다도 적극적으로 활동했다. 서북청년회 위원장을 지낸 선우기성의 회고를 통해서도 중국의 국공내전이 이들의 활동에 많은 영향을 끼쳤다는 것을 알 수 있다.

> 이 당시 중국에서는 장개석 총통이 영도하는 중앙군이 만주에 진주하였고 유엔을 중심으로 하는 국제정세도 상당히 유리했던 때문에 서청은 필승의 신념과 용기를 가지고 대북한 공작을 전개했다.[22]

서북청년회가 가장 먼저 착수한 것은 세력 확대를 위한 지부 결성이었다. 그리고 주요 활동으로는 대북 활동, 좌익 소탕 활동 등을 벌였다. 이에 대해 구체적으로 살펴보면 다음과 같다.

서북청년회는 결성되자마자 서울역 앞에 안내소를 설치해 숙식을 제공하면서 월남한 청년을 결집시켰으며, 서울 시내에 각 지부를 결성했다. 월남한 청년들을 각 구의 합숙소에 수용했기 때문에 동원 기동력은 계속 강화되었다.[23] 북한이 체제를 수립하는 과정에서 단행한 사법·치안 체제 확립과 토지개혁 등으로 하루 수백 명 혹은 수천 명에 이르는 청년이 월남했다. 서북청년회에서 감당할 수 없을 정도로 많은 청년이 월남해 이들을 모두 수용할 수 없게 되자, 서북청년회는 남선파견대 총본부를 대전에 설치하고 임일을 책임자로 임명했다. 영남과 호남 각지의 민족진영에서는 남선파견대 본부에 지원을 계속 요청했다. 중앙 본부에서는 남선파견대에 지원을 요청하면 계속 대원을 보급했다. 서북청년회 파견 대원들은 현지에 머물면서 지부를 결성했다. 군마다 각 지부를 결성해 현지 청년 단체와 협력해 반공 투쟁에 나

22 선우기성·김판석, 『청년운동의 어제와 내일』(횃불사, 1969), 37쪽.

23 선우기성, 『어느 운동자의 일생』, 272~273쪽.

섰다. 이 과정에서 사망한 대원들도 있었다.[24]

서북청년회의 주요 활동 중 대북 활동은 첩보와 선전 중심으로 이루어졌다. 중앙 본부의 조직부장 장창원은 지하 공작대를 직접 인솔해 삼팔선을 넘어 지하조직을 강화했다.[25] 이들은 미군 방첩대의 후원으로 활동했다. 광복 이후 주한 미군(미 육군 제24사단)은 한반도 진주 이후 전 지역적 정보망을 광범하게 구축하고 정보를 수집·정리·활용했는데, 그 업무를 정보부(G-2) 산하 971방첩대가 주로 담당했다. 이 방첩대는 일본에 주둔한 연합군 최고 사령부(SAP/GHQ: Supreme Commander of Allied Powers/General Headquarter) 산하 441방첩대 소속이었다.[26] 971방첩대는 미군정과 각 기관 가운데 남한 정치에 간여하고, 대북 첩보 수집 및 대북 공작 활동이 가능한 유일한 기관이었다.[27] 방첩대는 이러한 정보를 수집하기 위해 우익 청년 단체를 활용했는데, 특히 서북청년회를 주목했다. 서북청년회 회원들은 월남하기 전 공산당원들과의 무력 충돌을 이미 경험했고, 북한 지역과 지역민들의 사정을 잘 알고 있는 데다 북한 말씨가 배어 있었기 때문에 방첩대로서는 매우 유용한 인력이었다.[28]

서북청년회가 월남한 청년들을 위한 안내소를 운영하고 있었기 때문에 방첩대의 활동에 많은 도움을 줄 수 있었다. 서북청년회 회원이 특정한 사람을 '북한 빨갱이'로 지목하면 수사를 시작했다. 방첩대는 각 지부에 명령하여 이러한 활동을 하도록 했다.[29] 미군 방첩대는 1947년 3월 23일 대북 첩보 수

---

24 같은 책, 33~34쪽.

25 같은 책, 37쪽.

26 정용욱, 「해방 직후 주한미군 미군방첩대의 조직 체계와 활동」, ≪한국사론≫, 53권(서울대학교 국사학과, 2008), 443~444쪽.

27 같은 글, 462~463쪽.

28 같은 글, 464쪽.

집 활동 임무를 추가로 포함해 첩보과를 설치했다.[30] 서북청년회의 조직부장 장창원이 지하 공작대를 만들어 이미 이러한 활동을 하고 있었기 때문에, 방첩대는 이들과 접촉해 대북 정보를 수집했다.[31]

이들은 목숨을 걸고 대공 투쟁을 벌였다. 이 중 가장 격렬한 대공 투쟁은 대북 첩보 활동과 유격대 활동 등이었다. 대북 첩보 활동은 적진에 들어가 비밀 정보를 입수해야 하기 때문에 매우 위험했다. 그러나 이들은 특별한 보수 없이 자발적으로 이 활동에 나섰다. "가족을 구하고 조국을 되찾아야 한다"[32]라는 강한 신념으로 대공 투쟁의 전위대 역할을 한 것이다. 권헌익의 표현에 따르면 "골육지정(骨肉之情)이 골육지화(骨肉之禍)가 된"[33] 것이다.

서북청년회가 결성된 초기에는 미군 방첩대의 지원을 받아 일부 회원이 북한에서의 지하공작에 적극적으로 참여했다. 1946년 11월 북조선인민회의 대의원 선거 당시 북으로 비밀리에 들어가 선거 선전을 위한 강연회를 방해하거나 선거 장소를 파손하고, 입후보가 '무식쟁이'라든가 '누구 집 머슴'이라는 소문을 퍼뜨리기 위해 전단을 뿌리고 벽보를 붙이면서 선거를 방해했다. 그 외에도 대북 활동 과정에서 선거선전대원을 죽이기도 하고 선거선전대원의 숙소나 선거 사무실을 습격하기도 했다.[34] 이들은 제주 4·3 사건 이후 육군 정보국, 유엔군 유격대 KLO(Korea Liaison Office) 부대, 한국군 유격대 호림 부대 등에서 활약했다. KLO 부대장이던 최규봉은 서북청년회의 한 계열

29 같은 글, 463쪽.

30 같은 글, 473쪽.

31 선우기성·김판석, 『청년운동의 어제와 내일』, 37쪽.

32 조성훈, 『한국전쟁의 유격전사』(국방부 군사편찬연구소, 2003), 164쪽.

33 권헌익, "피는 이념보다 진한가?: 한국전쟁의 도덕적 역사", 해외 석학 초청 강연, 2011.1.6[한양대학교 ERICA(안산)캠퍼스 국제문화대학 520호].

34 박병엽 구술, 유영구·정창현 엮음, 『조선민주주의인민공화국의 탄생: 전 노동당 고위간부가 겪은 건국 비화』(선인, 2010), 216쪽.

인 양호단에 입단한 후 월남했다. 양호단을 이끌던 김성이 세상을 떠나자 이 조직은 백의사에 흡수되었다. 당시 백의사는 미군 방첩대의 재정 지원을 받았다. 최규봉은 북한 침투 공작에 성공한 대가로 미군 제24군단 CIC(Counter Intelligence Corps)의 정보 요원으로 채용되었다. 그는 서북청년회 회원 40명을 이끌고 대북 첩보 공작을 전개했다. 그 후 미국이 철수하기 전 대북 첩보를 위해 창설한 KLO 부대에 흡수되었다.[35] 인천 상륙작전 당시 성패의 관건은 팔미도 등대 탈환이었는데, 이 부대가 투입되어 성공을 거두었다.[36] KLO 부대는 1951년 11월에 8240부대로 명칭이 바뀌었고, 50여 개의 유격 부대가 여기에 배속되었다. 그 후 북한 각처에서 청년들이 봉기를 일으키고 유격 활동을 벌이자, 이 부대는 그들에게 보급품을 조달하고 작전을 지휘하는 역할을 맡았다.[37] 예를 들어 8240부대의 많은 유격대 중 동키 부대는 주로 황해도와 평안남북도 출신으로 구성되어 있었으며, 그중 70% 이상이 기독교인이었다고 한다. 특히 동키 15부대는 다른 부대보다 인원수가 많았는데, 평안북도 정주 출신으로 구성되었으며 상당수가 오산학교 학생들이었다.[38] 유격대원들은 정전 후인 1954년 2월 육군 본부 정보국으로 수평 이동했다. 유격대 간부들은 현지 임관했으며, 대원들은 하사관이나 사병으로 편입되었다.[39]

호림 부대 또한 강한 정신력을 가져야만 활동할 수 있는 유격대였다. 이 부대는 1948년 11월 25일 육군 본부 정보국 직할의 수색 학교로 출발한 후 1949년 2월 29일 육군 본부 정보국의 호림 부대로 편성되었다. 이 부대원은

---

35 이창건, 『KLO의 한국전 비사』(지성사, 2005), 32~35쪽.

36 같은 책, 78~87쪽.

37 같은 책, 111~112쪽.

38 "6·25전쟁 숨은 영웅 동키부대원 70%가 기독교인이었다", ≪국민일보≫, 2014년 6월 27일 자.

39 조성훈, 『한국전쟁의 유격전사』, 583~584쪽.

서북 출신 240명으로 5대대와 6대대의 2개 대대로 구성되어 있었다.[40] 호림 부대원들은 대부분 제주 4·3 사건 당시 경찰 병력으로 투입된 경험이 있었다. 호림 제6대대의 소대장을 지낸 이영수는 평양 출신으로 숭인상업학교를 졸업했고, 1947년 9월 9일 월남한 뒤 서북학생총연맹에 가입해 반공 투쟁에 나섰다. 그는 수도 특별 경찰대에 입대해 소정의 훈련을 마친 뒤 1949년 2월 19일 제주도로 투입되었다가, 같은 해 5월 18일 서울로 복귀했다. 그 후 호림 부대가 창설되자 입대했다.[41] 제4중대의 황휘성[42]과 의무대장 박병성[43]의 증언에 따르면 중대 병력의 평균 연령은 10대가 80% 이상인 서북 청년들이었으며, 공산주의자에 대한 증오가 극에 달해 있었다고 한다. 대원 240명은 각자 머리카락, 손톱, 발톱 등을 깎아 대청봉 봉정암 기슭에 파묻고, 그중에 생존자가 있으면 이곳을 찾아와 흙을 파내고 추모제를 지내기로 맹세했다[44]고 한다.

대북 선전 활동은 위원장인 선우기성에 의해 이루어졌다. 그는 금요일 밤마다 일주일에 한 번씩 위원장 자격으로 대북 방송을 했다. 이 방송은 북한에 있는 청년들이 월남을 감행하도록 하는 데 중요한 영향을 미쳤다.[45]

좌익 소탕 활동은 군, 학교, 공장, 지역 파견 등으로 이루어졌다. 서북청년회는 군과 각급 학교에 좌익이 많다는 사실을 알고 이를 소탕하기 위해 입대, 입학 혹은 편입학을 했다. 서북청년회가 결성될 당시 미 군정청의 '국립대학설립안'에 대한 반대 운동이 절정에 이르고 있었다. '국립대학설립안' 반

---

40 호림유격전우회, 『호림부대전사: 영등포학원』(삼원토탈기획, 2000), 59쪽.

41 같은 책, 125쪽.

42 같은 책, 153쪽.

43 같은 책, 162쪽.

44 같은 책, 179쪽.

45 같은 책, 48쪽.

대 운동은 1946년 7월 13일 미 군정청이 '국립대학설립안'을 발표하자 이에 많은 학생과 교수가 반대해 일으킨 것이다. 당시 미 군정청은 경성대학과 경성경제전문학교, 경성치과전문학교, 경성법학전문학교, 경성의학전문학교, 경성약학전문학교, 경성광업전문학교, 경성사범학교, 경성고등공업교, 수원고등농업학교 등을 통합하는 '국립대학설립안'을 발표하고, 8월 22일 '군정령 102호'로 '국립 서울대학교 설치령'을 공포했다.[46] 이에 많은 학생과 교수가 반대 운동을 전개했다.

서북청년회는 이러한 운동의 중심 세력이 좌파라고 단정하고, 이를 소탕하기 위해 6000여 명의 회원을 각 학교에 편입학시켰다고 한다. 1947년 2월 3일에 서북청년회 중앙 본부의 학생부장인 김계용은 문교부장 유억겸을 찾아가 월남한 청년들의 학력 증명서 발급을 허락해달라고 요구했다. 월남민 수십만 명 중에는 중등 과정과 대학 과정을 밟아야 할 청년이 수만 명이었다. 구(舊)제도의 중학 과정을 졸업했거나 재학 중에 월남한 청년이 대부분이었고, 평양의학 전문과, 대동공전을 비롯해 평양·함흥·신의주·해주 등지의 사범학교 졸업생과 재학 중이던 학생도 많았다. 이들은 거의 빈손으로 월남해 편입학 자격이 없었다. 서북청년회는 문교부장을 만나 문교부에 다음과 같은 건의서를 제출했다. 첫째, 서북에서 월남한 학생들은 편입학 증명이 없으므로 서북청년회 위원장의 확인증으로 대체해줄 것, 둘째, 이를 실행하기 위해 문교부장은 전국의 각급 학교에 이 같은 내용을 시달할 것 등이었다. 문교부장은 이 건의서를 승인하고, 서북청년회에 학력 증명서 발급을 맡겼다. 이렇게 해서 서북청년회 본부에서는 위원장 선우기성 명의로 학력 증명서를 발급할 수 있었다.[47]

46 한국반탁·반공학생운동기념사업회 엮음, 『한국학생건국운동사: 반탁·반공 학생 운동 중심』(한국반탁·반공학생운동기념사업회 출판국, 1986), 270~271쪽.

'국립대학설립안' 반대 운동 세력에 맞선 핵심 조직은 서북학생총연맹이었다. 이들은 서북청년회와 함께 여러 합숙소에 있었기 때문에 각 학교의 요청이 있을 때 즉시 기동력을 발휘할 수 있었다.[48] 위원장은 신의주 학생 시위 사건 당시 학생 주도자인 김인덕이었다.[49] 1946년 10월 대구 봉기의 진압을 주도한 것은 숭실학교, 광성중학교 출신이었다. 이 학생들은 제주 4·3 사건 진압에도 함께했다.[50] 서북학생총연맹이 해체되자 1947년 8월 영락교회에서 이북학생총연맹이 발족해 그 뒤를 이어 활동했다.[51] 이북학생총연맹은 서북청년회 출신이거나 서북청년회 창립 전에 결성되어 있던 여러 이북청년회 출신들이 주류를 이루었다.

이와 동시에 서북청년회는 조선경비대를 목표로 삼았다. 조선경비대는 한국군의 전신으로, 1946년 1월 14일 남조선국방경비대라는 이름으로 정식 발족했다. 미군정 당국은 1945년 11월 3일 '군정법령'을 공포하고 국방사령부를 설치했으며, 1946년 1월 남조선국방경비대와 해안 경비를 위한 해병병단을 창설했다. 1946년 3월 29일 '군정법령' 제64호로 국방사령부를 국방부로 승격·개칭하고 그 예하에 군무국을 설치했으며, 그 하부에 육군부와 해군부를 두었다. 그런데 1946년 5월 제1차 미소공동위원회에서 소련 측은 미군정 당국이 한국에 임시정부가 수립되기 전에 일방적으로 국방부라는 명칭을 사용하는 데 대해 문제를 제기했다. 그래서 미군정은 국방의 개념을 국내

47 이경남, "청년운동반세기 8", ≪경향신문≫, 1986년 12월 24일 자. 당시 서북청년회의 도단위 청년회 학생회에서 활약하다가 학교로 들어간 인물들에 대해서는 선우기성·김판석, 『청년운동의 어제와 내일』, 293쪽을 참조.

48 한국반탁·반공학생운동기념사업회 엮음, 『한국학생건국운동사』, 477쪽.

49 같은 책, 472~476쪽.

50 같은 책, 484쪽.

51 같은 책, 492쪽.

치안으로 바꾸기로 결정하고, 같은 해 6월 15일 '군정법령' 제86호를 공포해 국방부를 국내경비부로 개칭했다. 한국 측에서는 국방의 뜻을 그대로 살리기 위해 대한제국 군제의 명칭인 통위영을 본떠 국방부를 통위부로 불렀다. 그리고 군무국을 폐지하고, 그 예하에 조선경비국과 조선해안경비국을 두었다. 이에 따라 남조선국방경비대는 조선경비대로 개칭되었다.[52] 조선경비대의 9연대와 11연대는 제주 4·3 사건 때 처음으로 무력 진압에 투입되었다.

한편 조선경비대가 설치되기 전 미군정에서는 언어 장벽을 해소하기 위해 1945년 12월 5일 서울 서대문구 냉천동 감리교 신학교에 군사영어학교를 설립했다. 이 학교에서는 언어뿐만 아니라 기초적인 군사 영어도 습득시켜 미군 지휘관의 통역관을 양성하는 데 목적을 두었다. 그런데 조선경비대의 간부 요원이 부족해지자 기간요원으로 군사영어학교 학생들이 차출되기 시작했다. 군사영어학교가 1946년 4월 30일에 폐교된 뒤 남조선 국방경비사관학교가 설치되었다.[53] 그런데 조선경비사관학교 사관후보생으로 수십 명의 남로당원들이 입학한 것이다. 남로당 소속의 박정희도 사관후보생 2기로 입학했다.[54]

이러한 사실을 알게 된 서북청년회는 대책을 마련했다. 통위부장 유동열은 평안북도 정주 출신으로 서북학회와 신민회, 임시정부에서 활동했으며, 선우기성과 매우 친밀한 관계였다. 서북청년회에서 응시 자격이 있는 사람을 조선경비사관학교에 되도록 많이 입학시키기로 결정하자, 조선경비대 사령부에서는 서북청년회의 결정을 크게 환영했다. 마침 조선경비사관학교가 5기생을 모집하고 있었으므로 서북청년회에서는 산하의 도 단부와 시·군

52 국방군사연구소, 『건군 50년사』(국방군사연구소, 1998), 29~38쪽.

53 같은 책, 27~28쪽

54 같은 책, 35쪽.

지부에 통첩을 내렸다. 그 무렵 대동청년단의 태동으로 서북청년회가 합동파와 반대파를 놓고 고민 중이었으므로, 제3의 진로를 조선경비사관학교 입학으로 결정하는 사람이 많았다.[55] 그래서 1947년 10월 23일에 입교한 조선경비사관학교 5기생 중에 서북 출신이 3분의 2를 차지했다. 당시 서울의 경우에는 15 대 1의 높은 경쟁률을 보였는데, 이는 서북 출신이 대거 응시했기 때문이다. 6개월의 교육을 마치고 1948년 4월 6일 육군 소위로 임관한 5기생 380명은 각 연대에 배치되었다.[56]

6기생은 현역 하사관과 사병 중에서 우수한 사람을 선발했으므로, 서북청년들은 7기에 응시했다. 한국전쟁으로 장교가 부족했기 때문에 조선경비사관학교 출신들은 단기 교육을 통해 상층부로 쉽게 진입했다. 그래서 육사 7기까지는 진급이 빨랐다. 육사 8기생은 1948년 12월 7일에 입교했으며, 이때도 서북 출신이 많았다.[57] 육사 8기생에 서북 출신이 많았던 것은 1948년 8월 15일 대한민국 정부가 수립된 이후 진로에 대해 고민하던 이들이 의식주를 해결하고 고향을 되찾는 데 군대가 가장 적합하다고 판단했기 때문이라고 한다. 이에 따라 포병 부대의 장교 대부분이 서북청년회 출신이었으며, 첩보 부대 장교들도 대부분 서북청년회 출신이었다는 것이다.[58] 5기와 8기는 1961년 5·16 군사 정변의 주역이 되었다.

서북청년회의 좌익 소탕 활동 중에서 공장과 지역으로의 파견을 통한 활동에 대해 살펴보면 다음과 같다. 그들은 영등포 경성방직, 양평동 고무공장, 인천의 동양방직공장, 조선화학비료공장, 조선기계공장, 조선제마공장, 조선차량공장, 조선알미늄공장, 노다장유(野田醬油)공장 등에서 좌익들이 만든

55 이경남, "청년운동반세기 12", ≪경향신문≫, 1987년 1월 28일 자.

56 장창국, 『육사졸업생』(중앙일보사, 1984), 134쪽.

57 같은 책, 152~230쪽.

58 손진, 『서북청년회가 겪은 건국과 6·25』, 61~63쪽.

조선노동조합전국평의회(이하 전평) 대신에 대한노동총연맹을 조직했다.[59] 특히 서북청년회와 함께 서북학생총연맹 소속의 평양 숭실학교 출신들은 전평 파괴 활동에서 전위 역할을 했다.[60]

이와 동시에 각 지역의 우익 진영이나 경찰청장이 도움을 요청하면 대원을 파견해 활동을 전개했다. 가장 대표적인 사례로 제주 4·3 사건을 진압하기 위해 파견된 것을 들 수 있다. 제주도 사람들이 이들을 '악몽의 그림자'로 기억할 정도로 악명을 떨쳤다. 서북청년회가 이와 같이 악명을 떨친 것은 아마도 당시의 중국 정세와 깊은 관련이 있었던 것으로 보인다. 앞에서 설명했듯이 서북청년회가 설립 초기에 적극적으로 활동을 벌인 것은 중국에서 장제스의 국민혁명군이 우세한 상황이었으므로 여기에 희망을 걸었기 때문인 것으로 보인다. 그런데 1948년 10월 이후부터 1949년까지 국내에서 엄청난 학살이 일어난 것은 1948년 가을을 지나 1949년 초에 이르면서 마오쩌둥의 인민해방군이 우위를 차지했기 때문으로 볼 수 있다.[61]

1946년 6월 중국의 국민혁명군은 공산당 지구 침공으로 내전을 개시했다. 내전 초반에는 병력, 장비, 보급 등 모든 면에서 국민혁명군이 중국 인민해방군보다 우세했다. 국민혁명군은 미국의 지원을 대대적으로 받고 있었기 때문에 인민해방군에 승리할 것으로 기대했다. 1947년 3월에는 국민혁명군 20만 병력이 중국 인민해방군의 거점인 옌안(延安)을 점령했다. 이처럼 서북청년회가 결성될 당시만 해도 중국 국민혁명군이 여러 면에서 우세했으므로 반드시 승리할 것이라고 믿었다. 그랬기 때문에 서북청년회는 남한의 어떤 청년 단체보다 마치 전쟁처럼 격렬하게 좌익 진영 청년들과 충돌했다. 그러

59 같은 책, 19~21쪽.

60 한국반탁·반공학생운동기념사업회 엮음, 『한국학생건국운동사』, 478쪽.

61 로이드 E. 이스트만, 『장개석은 왜 패하였는가: 현대중국의 전쟁과 혁명, 1937-1949』, 민두기 옮김(지식산업사, 1986), 196쪽.

나 1948년 가을 이후 전세는 마오쩌둥의 인민해방군에 유리하게 전개되었다. 또한 북한의 김일성은 중국 인민해방군을 전폭적으로 지원했다. 예를 들어 군수 시설을 조선으로 옮겨 인민해방군의 보급품을 생산하기도 하고, 만주에서 인민해방군이 수세로 몰릴 때는 국경을 넘어 조선으로 퇴각하기도 했다. 11월에는 만주 전역을 인민해방군이 차지했다. 북한의 지원으로 인민해방군이 만주에서 우세해지자 북한을 비롯해 만주의 조선족도 고무되기 시작했다. 만주의 조선족 언론은 조선민주주의인민공화국의 건국과 만주의 해방이 불가분의 관계에 있다고 주장하면서 장제스과 함께 이승만을 타도하라는 목소리를 높이기 시작했다. 이승만은 이에 위기감을 느껴 북진 통일을 외치기 시작했다. 1월 말부터 2월까지 남한의 경찰과 군은 삼팔선을 넘어 공격을 가했고, 이승만은 미 육군 장관 케네스 로열(Kenneth C. Royall)에게 북진 통일에 대한 의견을 전했다. 그리고 병력 증강을 비롯해 장비와 무기를 요구했으나 미국 정부는 이에 응하지 않았다.[62]

이런 상황에서 제2장에서 살펴보았듯이 국민혁명군이 양쯔 강 이남으로 쫓겨 내려오자 주류 기독교 단체인 미국 연방교회협의회(미국 FCC)는 기독교세계봉사회(CWS)를 통해 중국 피난민들에 대한 구호 활동을 대대적으로 전개했으며, 한국의 월남한 서북 출신 기독교인들에 대한 구호 활동도 시작했다. 이와 같이 한반도에서 좌우익의 갈등은 이미 중국의 국공내전에서 실전으로 전개되고 있었다.

제주도는 해양과 연결되는 중요한 보급로이자, 미군이 직접 입도해 진두지휘할 정도로 중요한 군사 기지였다. 그러므로 좌익 진영에 결코 빼앗겨서도, 민간인들이 좌익 진영에 대해 조금이라도 호의적이어도 안 되는 곳이었

---

62 "시진핑이 김정은에게 보내는 '가상 편지'", ≪한겨레≫, 2013년 7월 5일 자; 和田春樹, 『北朝鮮現代史』(岩波書店, 2012), pp. 49~50.

다. 만주와 북한 지역을 공산권이 점령한 상황에 만약 제주도마저 좌익 진영이 차지한다면 남한 지역은 완전히 고립된 상태가 되기 때문에, 제주도에서의 양상이 더 폭력적이고 격렬했던 것으로 추정된다. 물론 이와 관련한 연구가 앞으로 더욱 진행되어야겠지만, 이와 같은 요소도 분명히 고려되어야 할 것이다.[63]

서북청년회는 제주도에 총 세 차례에 걸쳐 파견되었다. 첫 번째는 1947년 3·1 사건 직후에 유해진 지사의 부임과 함께 호위병 형식으로 입도한 것이다. 두 번째는 1948년 4·3 사건 발생 후였다. 세 번째는 1948년 10월에 평안남도 출신인 경무부 공안과장 홍순봉이 제주도로 발령받은 뒤였다. 이때 서북청년회 회원들은 경찰과 군인 복장을 하고 나타나서 대대적인 학살극을 벌였다.[64]

서북청년회는 발족 후 1946년 12월 미군정 여론국에 등록할 때까지만 해도 회원 수가 6000명에 이르렀다. 그러나 1947년 6월에 이르면 2000명으로 줄어들었다. 이는 서북청년회의 테러리즘에 대한 염증 때문이기도 했지만,[65] 서북청년회 회원들이 조선경비사관학교 혹은 일반 학교에 들어간 것도 그 요인 중 하나일 것이다. 서북청년회는 같은 해 9월 분열되면서 세력이 더욱 약화되었다.

1947년 9월 19일 대동청년단이 결성되자 서북청년회는 합동파와 반대파

---

63 전략적 군사 기지로서의 제주도에 대해서는 허호준, 「냉전체제 형성기의 국가건설과 민간인 학살: 제주4·3사건과 그리스내전의 비교를 중심으로」(제주대학교 대학원 박사학위 논문, 2010), 71~85쪽 참조. 지금까지 학계에서는 중국의 국공 내전과 제주도의 관련성에 대해 관심을 두지 않았다. 그러나 제주도의 비극적인 역사는 군사상의 요지라는 점에서도 개연성이 있다고 생각한다.

64 제주4·3사건진상조사보고서작성기획단, 『제주4·3사건 진상조사 보고서』(제주 4·3 사건진상규명및희생자명예회복위원회, 2003), 266~267쪽.

65 제민일보4·3취재반, 『4·3은 말한다. 4』(전예원, 1997), 430쪽.

로 완전히 분열되었다. 서북청년회는 1차 제주도 파견 이후 대동청년단에 합류하는 문제를 놓고 논의했다. 합류파는 전국 청년이 대동단결하는 상황에 서북청년회라는 지역적 간판을 고집하는 것은 대의명분에 어긋난다는 점과 서북청년회 회원들은 모두 타지방에 기거를 하고 있어 통제가 되지 않은 상황인데 서북청년회라는 간판을 걸어 비난의 대상이 될 필요가 없다는 점 등을 내세웠다. 반대파에서는 이승만이 대동청년단과의 합동을 반대하라는 명령을 내렸다는 점을 이유로 들었다. 그러나 선우기성을 비롯한 많은 회원이 대동청년단에 합류했으며, 문봉제를 비롯한 일부 회원은 서북청년회를 그대로 존속시켰다.[66]

서북청년회 제주도 지부는 이러한 분열을 겪고 난 뒤인 1947년 9월 21일에 발족했다. 그 후 제주 4·3 사건이 발발하기 전까지 760명이 제주도에 상주했다.[67] 정부에서는 여순사건 직후 해군 함정을 동원해 제주도 해안을 봉쇄하고 선박 출입을 금지함으로써 육지와의 모든 연결을 차단했다.[68] 앞에서 살펴본 것처럼 중국 인민해방군이 만주에서 승리를 거두고 있던 시점에, 위기감을 느끼며 북진 통일을 외치던 이승만은 또한 1948년 11월 17일 자로 계엄령을 선포하고 같은 해 중순 서북청년회 회원의 군 투입에 관해 구체적 계획을 수립했다. 같은 해 12월경부터 서북청년회 회원으로 구성된 특별 중대가 9연대와 교체된 2연대에 주둔하기 시작했다. 서북청년회는 군과 경찰로 옷만 갈아입고 투입되었다. 11월 중순부터 1949년 3월까지 4개월간 대대적인 방화와 학살이 일어났다.[69] 이들은 계엄령이 선포된 제주에서 상상하기 어려울 정도의 학살극을 벌였다. 그 결과 한국인들은 서북청년회를 '백색테

---

66 선우기성·김판석, 『청년운동의 어제와 내일』, 39~41쪽.

67 제민일보4·3취재반, 『4·3은 말한다. 1』(전예원, 1994), 434쪽.

68 박명림, 「제주도 4.3 민중항쟁에 관한 연구」(고려대학교 대학원 석사학위논문, 1988), 154쪽.

69 제주4·3사건진상조사보고서작성기획단, 『제주4·3사건 진상조사 보고서』, 304쪽.

러단', 제주도민들은 '악의 그림자'로 기억하게 되었다.

지금까지 살펴본 바와 같이 서북청년회는 결성되자마자 경찰과 미군정의 후원을 받아 활동하면서 어떤 청년 단체보다도 좌익 소탕의 전위대 역할을 수행했다. 서북청년회가 그렇게까지 격렬하게 행동한 것은 북한으로 돌아갈 수 있으리라는 기대가 있었기 때문이다. 이는 1948년 남한 단독의 총선거가 결정되었을 때 서북청년회 출신들이 이를 두고 갈등한 데서 알 수 있다. 이북학생총연맹은 김구의 경교장 경비를 담당하면서 남북 협상과 단선 반대를 지지했다.[70] 이들은 북한 지역을 되찾을 것이라는 기대로 격렬히 투쟁에 나섰는데, 단독 총선거 결정은 잠정적으로 이 지역을 방기하는 정치적 결정으로 판단했다. 이들은 심정적으로 참을 수 없는 고통을 느꼈다고 한다. 또한 북한 지역을 방기하고 남한 단독으로 선거를 실시하는 것은 서북청년회의 탄생 원리에 상충한다고 보았다. 그러나 현실적인 판단을 하기로 결정했다. 즉, 단독 정부의 수립은 북한을 되찾기 위한 정치적·군사적 역량의 증강이라고 해석했다. 게다가 서북청년회가 5·10 선거를 반대하면 남한의 정부 수립 후에 받을 정치적인 탄압과 배제에 대해 걱정하는 신중론도 제시되었다. 서북청년회는 정치적 현실론의 입장에서 5·10 선거에 출마하거나 혹은 민족진영 인사의 당선을 지원하는 데 협조하기로 결정했다. 그러나 서북청년회 출신 입후보자들은 고배를 마셨다.[71] 이들의 낙선은 아마도 무자비한 좌익 소탕과 약한 지역 기반에서 비롯되었을 것이다.

70 한국반탁·반공학생운동기념사업회 엮음, 『한국학생건국운동사』, 494쪽.

71 선우기성, 『어느 청년운동자의 일생』, 299~300쪽.

4. 이승만 정권과 서북청년회 출신들의 정치적 배제

서북청년회는 이승만의 대통령 당선에 중요한 역할을 했지만, 결국 해산되고 말았다. 이승만이 1948년 12월 19일 40여 개의 우익 청년 단체를 통합해 대한청년단을 발족시켰기 때문이다. 서북청년회는 대동청년단 창단 시에 양파로 분열되었다가 잔류파가 후기 서북청년회를 재건함으로써 계속 명맥을 이어갔지만, 결국 대통령이 통합을 명했기 때문에 해산할 수밖에 없었다.

대한청년단이 발족된 것은 이승만의 위기의식 때문이었다. 1948년 남한의 단독 총선거에 반대해 제주 4·3 사건을 시작으로 여순사건 등이 이어졌고, 여순사건 이후에는 전라남도·경상남도·경상북도 등지로 계속 확산되어 대구·광주 등지에서는 군인들의 저항도 발생했다. 이어 지리산을 중심으로 저항을 위한 지도부가 결성되어 전국적인 양상으로 확산되었다. 이승만 정권은 이에 대한 대책으로 '국가보안법'을 제정하는 한편, 이에 맞설 수 있는 조직을 결성하기로 결정했다. 그것은 청년 단체의 통합으로 이어졌다. 국회도 20명의 시국대책위원회를 구성해 청년 단체의 일원화를 결정하는 동시에, 유사시에는 그 단체의 일원을 국군으로 전환한다는 결정도 내렸다.[72]

대한청년단 결성 대회 성명서에서 "전남 사건이 발발한 이래…… 국론은 민족진영의 강력한 결속을 요청하게 되었으며"[73]라고 밝힌 것처럼, 여순사건이 대한청년단 결성에 중요한 배경이 되었다는 것을 알 수 있다. 이와 동시에 앞에서 설명한 바와 같이 만주 전역에서 북한의 지원을 받은 중국 인민해방군이 국민혁명군보다 우세해진 것도 중요한 요인이 되었다. 서북청년회는 대

---

72 전갑생, 「한국전쟁 전후 대한청년단의 지방조직과 활동」, ≪제노사이드 연구≫, 4호(한국제노사이드연구회, 2008), 14~17쪽.

73 같은 글, 18쪽.

한청년단의 핵심부에서 소외되었다. 서북청년회를 고려해 서북청년대, 서북 변사처[74]를 두기는 했지만, 핵심 지도부와는 거리가 멀었다.[75] 서북청년회 계열을 소외한 것은 이승만과 대립각을 세우고 있던 김구 세력을 약화하려는 의도도 담겨 있었다. 서북청년회는 자신들의 정통성을 안창호 계열의 임시정부에서 찾고 있었기 때문에 이승만의 입장에서 볼 때는 이 세력은 언제든 자신과 경쟁 관계가 될 수 있다고 판단한 것으로 보인다.

선우기성은 김구 계열의 이범석이 주도한 민족청년단에 합류한 적이 있었으므로, 이승만 입장에서는 불안한 세력이 틀림없었다. 그리고 앞에서 언급한 것처럼 서북청년회는 미국 선교사와의 관계를 독점하고 있는 한경직 등 월남한 기독교인들과 밀접한 관계를 형성하고 있었다. 이승만에 의해 점차 세력이 약해져 가던 서북 청년 출신들에게 한국전쟁은 세력을 강화할 기회로 작용했다. 그러나 그 기회는 서북 청년 출신들이 정치적으로 완전히 배제되는 결과를 낳았다.

1950년 6월 25일 한국전쟁 발발 후 북한군이 나흘 만에 서울을 점령하고 3개월 만에 대구, 부산 등 경상도 일부를 제외한 전 지역을 장악하자 맥아더는 9월 15일 인천 상륙작전으로 전세를 역전시켰다. 이러한 여세를 몰아 9월 28일 서울을 수복하고, 10월 10일 평양을 점령했다. 이로써 북한에서는 유엔군정이 실시되었고, 대한민국 행정권은 미치지 못했다.

이승만은 북한에서의 행정권을 장악하기 위해 북한으로 들어가 청년단을 조직할 것을 대한청년단에 지시했다. 이때 서북청년회 계열의 청년들은 대한청년단보다 서북청년회의 이름으로 들어가는 것이 더욱 효과적이라고 판단해 따로 모임을 갖고 이를 위해 구체적인 활동 계획을 세웠다. 서북청년회

74 같은 글, 21쪽.

75 선우기성·김판석, 『청년운동의 어제와 내일』, 62쪽.

출신들은 대한청년단 조직에서 주변화되어 있었으므로, 서북청년회 이름으로 입북해 남북한의 행정이 완전히 통일되었을 때 대한청년단과 서북청년회가 일대일로 통합해야 한다는 결론을 내렸다. 이렇게 되어 선우기성은 다시 서북청년회 위원장이 되었다.[76]

이들은 규약을 만들고 도별로 5명의 부위원장을 선출했다. 북한으로 들어가는 서북청년회의 깃발과 벽보를 작성해 선발대가 먼저 입북하기로 결정했다. 모임 이틀 뒤에 선발대가 먼저 출발했다. 그런데 가장 강경하게 발언하던 김성주가 유엔군정에 의해 평안남도 도지사로 발령을 받아 먼저 평양으로 가버렸다.[77]

상황을 알게 된 이승만은 이들의 독자적 행동에 불만을 품었다. 이렇게 되자 선우기성은 대한청년단 측과 만나 다시 계획을 세웠다. 서북청년회가 아닌 대한청년단 북한총단부를 구성해 북한으로 들어가기로 하고 문봉제를 북한총단부 단장으로, 선우기성을 고문으로 결정했다. 평양에 도착한 서북청년회 출신들은 서울에서 임명한 이북 각도 위원장 회의를 개최하고, 조직 책임자를 각 지역에 파견해 지방에서의 조직 결성에 착수했다.[78] 그런데 유엔군정에서도 정당을 조직하고 그 전위대로 청년 단체를 만들고자 했다. 그들은 청년 단체로 서북청년회를 다시 조직할 계획이었다. 손진에 따르면 김성주는 신속하게 행정 조직을 갖추고 도청을 비롯해 지방의 군수 직책에도 대부분 서북청년회 출신들을 임명했다고 한다. 미국은 서북청년회를 다시 조직할 계획이었기 때문에 김성주도 이에 따라 활발하게 활동을 벌였다는 것이다.[79] 선우기성은 유엔군정으로부터 여러 번 초대받아 조직 결성을 요청

76 같은 책, 62쪽.

77 같은 책, 63쪽.

78 같은 책, 63~65쪽.

79 손진, 『서북청년회가 겪은 건국과 6·25』, 161~164쪽.

받았다.[80] 이러한 와중에 철수 명령이 내려진 것이다.

이승만은 이를 계기로 서북청년회 출신들이 정치적으로 재기할 기회를 없애버렸다. 그 시작은 김성주의 이승만 암살 음모 사건이었다. 선우기성은 구명 운동을 하기로 결정하고 진정서에 서북청년회 출신들의 날인을 받아 제출했다. 그러나 김성주는 사형을 언도받고, 사형일 전에 헌병총사령부 사령관 원용덕에게 살해되고 만다. 이 사건으로 서북청년회 출신들은 큰 타격을 입었다.[81]

한편으로 한경직을 비롯한 서북 출신 기독교인들도 유엔한국통일부흥위원단(UNCURK)에 파견할 대표단을 구성하는 등 이승만과는 독자적인 행보를 걸었다. 한국전쟁 직전 국민보도연맹을 조직한 오제도 역시 이승만의 정적으로 오해받았는데, 국민보도연맹을 조직한 것은 대권을 꿈꾼 것이며 고향이 평안북도라는 이유 때문이었다.[82] 오제도는 영락교회 교인이었다. 이뿐만 아니라 이승만은 국민사상연구원을 설립한 백낙준도 경계했다. 당시 문교부 장관으로 재직하고 있던 백낙준은 장준하에게 ≪사상≫을 발행하게 했다. 이승만은 백낙준이 ≪사상≫을 통해 평안도 사람들을 결집하려는 의도가 있다고 의심했다. 그래서 ≪사상≫을 폐간하고자 자금을 대던 국회의원 이교승에게 이를 끊으라고 요구해, ≪사상≫은 4호를 끝으로 폐간되었다.[83]

이승만은 일제강점기부터 서북 지역의 기독교인들을 신뢰하지 않았다.

---

80 선우기성·김판석, 『청년운동의 어제와 내일』, 69쪽.

81 같은 책, 85~89쪽.

82 오제도, “그때 그 일들”, ≪동아일보≫, 1976년 6월 24일 자.

83 박경수, 『재야의 빛 장준하』(해돋이, 1995), 253~262쪽. ≪사상≫은 백낙준이 만든 ‘국민사상연구원’에서 발간한 잡지다. 그러다가 이승만의 방해로 ≪사상≫ 4호를 끝으로 폐간되고 말았다. 폐간된 이후 장준하는 백낙준의 도움으로 ≪사상≫ 5호를 발간했으나 실패하고, 다시 만든 것이 ≪사상계≫다.

그는 서북 지역 출신자들을 정치권에서 배제하기 시작했다. 서북 지역 출신 대다수가 정치권의 중심에서 물러나야 했다. 이들은 1955년 민주당 신파의 중심 세력을 이루었으며, ≪사상계≫를 중심으로 집결했다. ≪사상계≫의 지식인 집단은 오산문화와 숭실문화의 자장 속에 있었다. 이들은 기독교와 강한 유대 관계를 맺고 있었다.[84] 이는 고은의 글을 통해서도 잘 엿볼 수 있다. 고은은 「땅 속의 장준하 선생이시여」라는 글에서 "≪사상계≫의 불가피한 결함은…… 이른바 오산문화, 숭실문화의 정치적 위선주의 또는 식민지 기독교의 복음주의가 반영된 사실도 없지 않았습니다"라고 말했다.[85] 오산학교와 숭실학교 출신들에 대해 부정적으로 쓴 글이지만, 이를 통해 ≪사상계≫에 두 학교 출신들이 참여하고 있었다는 것을 알 수 있다.

한경직은 지연, 학연, 종교 등에 의해 서북 출신으로 분류되어 이승만으로부터 불이익을 당하기도 했다. 제3장에서 언급한 바와 같이 1954년에 예수교장로회의 총회장 자격으로 세계교회협의회(WCC) 2차 총회에 참석하려고 했으나, 이승만의 통제로 가지 못했다.

이승만은 대한청년단이 자신의 권력을 위해 크게 도움이 되지 않는다고 생각하자, 1953년 9월 10일 해산 명령을 내려 해산시켰다.[86] 이로써 서북청년회 출신들은 이승만에 의해 정치권에서 완전히 배제되었으며, 제주도를 비롯한 각 지역에서 자행한 무자비한 좌익 소탕 때문에 '양민 학살의 선봉장', '백색테러단'이라는 악명 높은 단체로만 기억되게 되었다. 그런데 정치권에서 완전히 배제됐던 그들이 1961년 5·16 군사 정변으로 부활한다.

---

84 김건우, 『사상계와 1950년대 문학』(소명출판, 2003), 76, 80쪽.

85 고은, 「땅 속의 장준하 선생이시여」, 장준하선생20주기추모문집간행위원회 엮음, 『광복 50년과 장준하』(장준하선생 20주기추모사업회, 1995), 457쪽.

86 "일절의 청년단 폐지", ≪동아일보≫, 1953년 9월 10일 자.

5. 박정희 정권과 서북청년회 출신들의 부활

서북청년회 출신들은 박정희 정권의 출범과 함께 부활해, 그 후 오늘날까지 한국 사회에 막대한 영향력을 미치고 있다. 이는 다음과 같은 사실을 통해 확인할 수 있다. 서론에서 언급한 바와 같이 제6공화국이 출범한 지 1년이 지났을 때 세간에는 "비행기를 타려면 TK 노스웨스트 유나이티드 에어라인을 타라"라는 말이 유행했다.[87] 즉, 노태우 정권의 실세가 대구·경북 세력과 서북청년회 출신으로 구성되어 있다는 의미다. 이러한 결합은 박정희 정권에서부터 이루어졌다. 서북청년회 출신들은 박정희와 강하게 결합함으로써 이후 국가 운영에 막강한 영향력을 행사하는 세력으로 부상했다.

서북청년회 출신들이 박정희와 강하게 결합할 수 있었던 것은 민족주의에 토대를 둔 승공주의 때문이었다. 서북 출신들은 이승만 정권이 반공을 제대로 실천하지 않는 데 대해 불만을 표해왔다. 이러한 생각은 제6장에서 자세히 설명할 한국기독교연합회(KNCC)의 「이승만 대통령 각하께 드리는 건의문」에 잘 드러난다.

현영학은 5·16 군사 정변이 일어난 직후 ≪기독교사상≫ 1961년 7월호에 군사혁명을 좋아할 사람은 없을 것이며 그것은 불가피한 선택이었다고 하면서, 광복, 한국전쟁 이후 반공은 언제나 '국시'가 되어 있었지만 주로 정적을 모함하기 위한 수단으로 사용되어왔으므로 군사 정부는 "형식적이고 구호에만 그친 반공 체제를 재정비·강화"해달라고 주문했다.[88]

이러한 점은 정변 이후 반혁명 정변 혐의로 축출된 장도영의 논문을 통해

87 "공직자: 변화의 시대 방황의 현주소", ≪동아일보≫, 1989년 6월 19일 자.

88 현영학, "5·16 혁명과 한국교회의 과제", ≪기독교사상≫, 5권 7호(대한기독교서회, 1961), 62~63쪽.

서도 알 수 있다. 장도영은 정치권에서 축출된 이후 미국의 웨스턴 미시간 대학교(Western Michigan University)으로 유학 가서 정치학 석사과정과 박사 과정을 마쳤는데, 자신의 박사 학위논문인 「남월남의 공산주의 혁명의 본질과 그 특징(The Nature and Characteristics of the Communist Revolution in South Vietnam)」에서 아시아에서의 공산주의 혁명을 방지하기 위해서는 반공 민주 국가를 건설해야 한다고 주장했다.[89]

이와 같이 서북청년회 출신들은 정적 모함 수단이 아닌 제대로 된 민족주의에 토대를 둔 반공을 하기 위해 박정희 군사 정변에 주역으로 동참했다.

박정희는 제3공화국 대통령 취임사에서 한민족은 단군 이래 같은 핏줄, 같은 언어, 같은 문화와 역사를 함께한 단일 민족이고 공동 운명체라는 것을 강조하면서, 공산주의에 맞서 민족의 부흥을 일으켜야 한다고 주장했다. 그는 경제적 자립에서 그것이 시작될 수 있다고 하면서 경제 개발 5개년 계획을 밝혔다.[90] 박정희가 강조한 민족사는 19세기 말 이후 서북의 지역사이며, 이는 신채호의 "독사신론"을 계기로 지역사에서 민족사로 확대·팽창된 것이었다. 단군을 중심으로 한 지역사는 민족사가 되었으며, 박정희를 통해 서북의 지역사는 민족사로, 나아가 국가의 역사로 결합되었다. 그리고 체제 경쟁에서 이겨야 한다는 승공은 단군의 핏줄을 이은 민족 공동체가 당연히 해야 할 의무였다. 19세기 말 이후 조선의 역사를 부정하고 단군의 역사를 강조하면서 민족사의 중심에 섰던 서북 지역 월남민들은 이와 같이 민족, 국가, 승공 등으로 박정희와 강력하게 결합할 수 있었다.

서북청년회 출신들은 군인과 정권의 브레인으로서 박정희와 함께했다. 앞에서 설명했듯이 서북청년회 계열은 1947년 이후 조선경비사관학교 5기

---

89 장도영, 『망향』(숲속의꿈, 2001), 441쪽.

90 "자제와 책임이 따르는 민주적 정치 질서 확립", ≪경향신문≫, 1963년 12월 17일 자.

와 7기, 8기, 9기로, 그리고 일반 학교에 입학함으로써 박정희 시기에 이르러 한국 사회의 중심적인 세력으로 자리 잡는다.

5기와 8기는 5·16 군사 정변의 주역이었다. 7기는 베트남전쟁 참전으로 박정희 정권에서 중요한 역할을 담당했다. 앞에서 설명했듯이 5기와 8기 대부분은 서북청년회 출신이거나 관련자였다. 주로 1928년과 1929년 출생으로, 이 기수에는 군 경력자를 중심으로 뽑은 6, 7기와는 달리 민간인을 대상으로 선발했기 때문에 서북청년회 출신들이 많이 지원했다. 서북청년회 출신들은 정부 수립 이후 대거 군대로 들어갔기 때문에 8기생 중에 많은 수를 이들이 차지했다. 5기와 8기는 어느 기보다 나이, 학력, 출신 등에서 동질성이 있었으며, 상대적으로 학력이 높았다.

5기는 1947년 1월 1일 입교해 만 9개월의 교육을 받고 1948년 4월 6일 380명이 소위로 임관했다. 실제로 정변 당시 무력을 행사한 지휘관들은 모두 5기생이었다. 이들은 직위가 대부분은 사단장 혹은 참모장이었으므로, 주력 부대인 일선 부대를 지휘했다. 따라서 정변이 성공한 후 다수가 요직을 차지했다. 5기생들이 정변에 참여한 것은 박정희가 이들의 교관이었기 때문이다. 박정희는 조선경비사관학교 2기생으로 입교해 3개월간의 훈련을 마친 뒤 조선경비대 소위로 임관했다. 소위로 임관해 춘천의 제8연대 본부에서 근무했던 박정희는 대위로 진급하면서 1947년 9월 27일 조선경비사관학교 교관으로 옮겨가서 10월 23일에 입교한 5기생의 교육을 담당했다. 이러한 인연으로 박정희와 5기생들은 특별한 관계를 맺게 되었다.[91]

8기생은 1948년 12월 7일에 입교했으며, 1960년 4·19 이후 군에서 정군 운동이 일어났을 때 이를 주도했다. 거의 70% 이상이 서북 출신이었다.[92] 이

91 장창국, 『육사졸업생』, 134~136쪽.

92 같은 책, 238쪽.

들은 5·16 군사 정변을 초기부터 주도했다. 8기들은 육군 본부 정보국에 주로 배치되어 있었다. 졸업 후 거의 전부가 일선 소대로 배치되어 소대장을 맡았으나, 1등에서 20등까지는 육군 본부로 발령이 났다. 5등까지는 육군 본부 작전처와 군수처로, 6등에서 20등까지 15명은 정보처로 배치되었다.[93] 그리고 육군 정보국에는 유격대 출신들도 편입되어 있었다. 이 부대들은 휴전회담 이후에 해체되어서 일부 병력은 육군 정보국 첩보 부대(Headquarters of Intelligence Detachment: HID) 혹은 논산훈련소 교관 요원으로 들어갔다.[94]

4·19 이후 8기들이 정군 운동을 주도하면서 가장 먼저 실천에 옮긴 일은 서북청년회의 김성주를 살해한 원용덕을 군에서 제거한 것이었다. 김성주는 KLO 부대의 공작원을 모집할 당시 서북청년회 부회장으로 있으면서 서북 출신들을 주선하는 역할을 담당했다.[95] 그들은 이승만 정권과 밀착된 중장급 이상의 장성 퇴진을 요구했다.[96]

한편 5기 중 일부는 정변이 일어난 지 얼마 지나지 않아 정권의 중심부에서 탈락했다. 군사 정변이 성공한 직후 군사혁명위원회가 구성되어 육군 참모총장 장도영이 의장으로 추대되었다가, 6월 22일에는 군사혁명위원회를 대체한 국가재건최고회의의 의장으로 추대되었다. 이후 박정희는 장도영과 5기생 장교 44명에게 반혁명 정변 혐의를 씌워 모두 체포하고,[97] 추대 형식으로 최고회의 의장 자리에 올랐다. 이 사건으로 8기생들이 권력의 핵심을 장악했다. 그리고 중앙정보부가 만들어지자 많은 8기생이 여기에 배치되었다.[98] HID 출신 김병학, 방첩대(The Counter Intelligence Corps: CIC) 출신 이

---

93 같은 책, 232쪽.

94 이창건, 『KLO의 한국전 비사』, 583쪽.

95 조성훈, 『한국전쟁의 유격전사』, 529쪽.

96 김형욱·박사월, 『김형욱 회고록. 제1부, 5.16비사』(교육도서, 1988), 29쪽.

97 장창국, 『육사졸업생』, 276~277쪽.

영근을 비롯해 서정순 등이 주도적으로 참여했다. 초대 중앙정보부 부장, 차장, 국장, 지부장 등은 거의 8기생이 독점했다.[99]

5·16 군사 정변의 주체는 아니지만, 7기에도 서북청년회 출신들이 많았다. 이들은 베트남전쟁에 사단장, 참모장 등으로 참전해 중추적인 역할을 해냈다.[100] 조선경비사관학교에 입교했던 서북청년회 출신들은 요직을 담당하며 한국 사회를 주도했다. 게다가 군 내부에 대거 포진되어 있던 서북청년회 출신들이 이들을 지지했다. 첩보 부대뿐만 아니라 한국전쟁 전에 만들어진 육군 제18연대 백골 부대는 서북청년회 출신들로 구성되었다. 그래서 백골 부대는 한국전쟁 중에 가장 치열하고 격렬하게 전쟁을 치른 군대로 알려져 있다. 손진의 회고에 의하면 당시 서북청년회 회원 3000명이 군복을 입었다고 한다.[101] 이와 같이 군 집단에는 서북청년회 출신들이 대거 포함되어 있었던 것이다. 이들은 제대 후에도 조직을 만들어 관계를 계속 이어갔다.

이와 동시에 박정희 정권의 브레인으로 활동한 인물 중에는 서북청년회 출신들이 많았다. '국립대학설립안' 반대 운동 당시 좌익 소탕을 목적으로, 서북청년회가 학력을 증명한 이들이 서울대학교를 비롯해 많은 고등교육기관에 입학했던 것이다. 또한 휴전 회담 이후 미국의 교육 원조를 통해 많은 혜택을 받았다. 특히 기독교와 밀접한 관계를 맺고 있었기 때문에 많은 이가 미국에서 유학했다. 1950년대 지식인의 활동 공간이던 ≪사상계≫에 미국에

---

98 같은 책, 270~271쪽.

99 한용원, 『한국의 군부정치』(대왕사, 1993), 256~257쪽.

100 장창국, 『육사졸업생』, 182~183쪽.

101 손진, 『서북청년회가 겪은 건국과 6·25』, 61쪽. "백골 부대는 1947년 12월 1일에 부산에서 조선경비대 3여단으로 창설되었으며 1949년 5월 12일 사단으로 승격되었다. 백골의 뜻은 서북청년회 회원들이 사단 예하 18연대에 자진 입대하면서 죽어 백골이 되어서도 고향 땅을 되찾겠다는 뜻으로 철모에 백골을 그려 넣은 데서 유래가 되었다"라고 했다[http://ko.wikipedia.org/wiki (검색일: 2015년 3월 1일)].

서 유학한 서북 출신 지식인들이 대거 몰려들었다.[102] 1957년에 창간된 ≪기독교사상≫에도 미국에서 유학한 신학자들이 편집위원과 필진으로 대거 참여했다.

이 지식인들은 군사 정변을 지지해 각종 정부 기구에 참여했다. 군사정권은 고문, 각종 자문위원회, 평가단 등의 명목으로 다수의 지식인을 동원했다. 국가재건최고회의는 자문 단체로서 기획위원회, 재건국민운동본부, 경제과학심의위원회와 평가단 등을 두었다. 기획위원회는 정치, 경제, 사회문화, 재건기획, 법률 등 5개 분과 위원회를 두었는데, 여기에 참여한 지식인 수는 470명이나 되었다. 이 470명 중 서북 출신에 대한 면밀한 분석이 필요하지만, 이 470명 중에 서북 출신이 대거 참여했다는 것은 여러 가지 사례로 보았을 때 충분히 추정할 수 있다. 당시 군사정권에서는 ≪사상계≫와 『전국 대학 교원 명부』를 놓고 필요하다고 생각되는 인물을 모두 망라해 기획위원회를 채웠다고 한다.[103] 1960년대 초반 정치 엘리트의 배경에 관한 조사를 살펴보면 월남한 북한 출신이 차지하는 비율이 거의 10배나 되었으며, 그 외에 종교계·학계·문예계·경제계 등의 사회지도층에도 월남한 북한 출신이 많이 포함되어 있었다. 1978년에 ≪월간중앙≫이 선정한 '건국 30년을 움직인 100인의 목록'에도 30명의 북한 출신이 포함되어 있었다.[104]

재건국민운동본부는 '조국 근대화'의 이념을 민간에 계몽하고 전파하기 위해 설립되었는데, 이러한 교육 과정에 많은 지식인이 참여했다. 또한 경제과학심의위원회는 박정희 정권의 전문 직속 기구로서 이름 있는 경제학자들이 참여했다. 이와 동시에 경제 개발 계획과 정부 정책을 평가하고 심의하는

102 임대식, 「1950년대 미국의 교육원조와 친미 엘리트의 형성」, 역사문제연구소 엮음, 『1950년대 남북한의 선택과 굴절』(역사비평사, 1998), 181~182쪽.

103 김건우, 『사상계와 1950년대 문학』, 48쪽.

104 같은 책, 79쪽.

평가교수단에도 지식인들이 참여해 박정희 정권의 정책에 협력했다.[105]

이와 같이 서북청년회 출신 혹은 관련 인물들은 군과 브레인으로서 박정희 정권을 통해 부활했다. 또한 군사 정변에 대해 미국 정부와 미국인들을 설득하기 위해 월남한 기독교인을 대표하는 한경직이 나섰다. 그는 이화여자대학교 총장 김활란, 동아일보사 사장 최두선과 함께 미국의 지인들을 찾아다니면서 한국의 정치적 상황을 이해시켰다.[106] 정변 세력은 될 수 있는 한 신속하게 국민과 국제 사회의 승인을 얻어야 했다. 무엇보다도 국가 예산의 막대한 부분을 원조하는 미국의 이해를 얻는 것이 가장 중요했던 것이다. 제4장에서 살펴본 바와 같이 미국인의 이해를 얻기 위해 한경직은 전쟁고아로 구성된 어린이 합창단을 미국 전역에 순회공연시킴으로써 미국인들의 강한 지지를 얻어냈다. 박정희와 육영수는 한경직이 이사장으로 있는 한국 선명회를 적극적으로 후원했다. 그리고 한미 관계가 위기에 처할 때마다 선명회 합창단은 미국 순회공연을 떠났고, 한국인들을 안심시키기 위해 미국 정부에 영향력을 크게 행사하던 미국 복음주의의 대표인 빌리 그레이엄을 한국으로 초청해 대대적인 부흥회를 개최함으로써 한미 관계가 돈독하다는 것을 보여주었다.

이러한 분위기 속에 당시 서북청년회의 위원장이었던 선우기성은 1963년 10월 10일 청우회를 결성해 각 지역에 있던 회원들을 결집했다. 이 조직은 박정희 정권의 반공 정책을 지지하는 민간단체로 활동했다. 박정희 정권에 반대하는 시위가 있을 때마다 이들은 조직원을 동원해 정권을 지지하는 시위를 벌였다.

---

105 정용욱, 「5·16 쿠데타 이후 지식인의 분화와 재편」, 『1960년대 한국의 근대화와 지식인』, 173~175쪽.

106 김활란, 『그 빛 속에 작은 생명: 우월 김활란 자서전』(이화여자대학교출판부, 1965), 376~379쪽.

처음에는 선우기성의 주도로 1963년 1월부터 친목회 형태로 모임을 가지기 시작했는데, 각지로 흩어져 있던 과거 회원 중 200여 명이 이 소식을 듣고 모여들었다. 많은 인원이 모여들자 친목회만으로 모임을 유지하기 어려워 청우회를 조직했다. 결성 대회에서 선언, 강령, 회헌 등을 통과시키고 초당적 입장을 표명했다. 위원장으로 일제강점기에 독립군 간부를 양성하던 독립운동가 오광선을 선출하고 부위원장에 선우기성과 이창우, 간사장에 김판석 등을 선임했으며 고문으로 이선근을 추대했다. 1967년 오광선이 세상을 떠나자 이은상을 위원장으로 선출했다.[107]

이선근은 한국사와 관련된 책을 여러 권 발행했으며, 주로 한국 근현대사를 집중적으로 연구했다. 그의 역사관은 서북 출신들의 역사 인식을 좀 더 강화해주었다. 이선근은 신채호의 민족사관을 계승했다고 자부했으며, 이러한 민족사관은 1970년대 이후 국사 교과서에 그대로 반영되었다.[108] 이선근은 민족 본연의 독립사상이 아닌 사대사상이 싹트기 시작한 것은 신라 말 유교 사상의 도입이었으며, 이러한 사대사상이 승리한 것이 조선의 건국이라고 주장하면서 조선의 역사를 강하게 부정했다. 그리고 민족 본연의 전통과 긍지를 찾기 시작한 것은 19세기 말 이후라고 주장했다.[109] 이러한 역사관은 서북 출신자 자신들이 민족사의 중심에 있다는 역사관을 강조한 것이었다.

이은상은 조선어학회 사건으로 독립 유공자로 포상을 받았으나, 1993년 ≪만선일보≫에서 재직한 경력이 알려지면서 친일 논란에 휩싸여 있다. 광복 이후에는 이충무공기념사업회 이사장, 박정희 정권에서는 이한응 열사

---

107 선우기성·김판석, 『청년운동의 어제와 내일』, 94~96쪽.

108 한국민족문화대백과사전편찬부 엮음, 『한국민족문화대백과사전. 17』(한국정신문화연구원, 1995), 910~911쪽; 손수범, 「이선근의 『한민족의 국난극복사』와 국사교과서」, ≪역사와 역사교육≫, 19호(웅진사학회, 2009), 94쪽.

109 이선근, 『한국독립운동사』(상문원, 1956), 6~27쪽.

숭모회장, 안중근 의사 숭모회장, 민족문화협회장, 독립운동사 편찬위원장, 세종대왕기념사업회, 문화보호협회 이사 등을 역임한 데서 알 수 있듯이 민족문화 보급에 많은 노력을 기울인 인물로, 1963년 창당한 민주공화당의 창당 선언문을 기안했다.[110]

선우기성은 청우회를 한국 청년 운동의 계승 단체로 규정하고, 이를 위해 '청년의 날' 제정 운동을 전개했다. 그는 한국의 근대 청년 운동은 일본에서 일어난 도쿄 2·8 독립선언에서 시작된 민족운동이며, 이를 계승한 것이 서북청년회를 비롯한 반공 청년들이라고 주장했다. 그래서 2월 8일을 '청년의 날'로 선포해줄 것을 국회에 청원했다.[111]

이러한 정체성을 지닌 청우회는 1963년 10월 11일 서울시민회관 대강당에서 제1차 전국순국청년운동자 합동 위령제를 지냈다. 위령제를 열기 위해 3개월 전부터 당시 박정희 정부에 반공 투쟁으로 사망한 청년들에 대해 조사해줄 것을 요구해, 1만 625명의 사망자 명단을 받을 수 있었다. 이날 명단 속 인물 전원에게 표창장이 수여되었다.[112] 청우회는 반공 청년들에 대한 연금 문제 해결, 반공 청년 기념비와 기념관 건립, 반공 청년 운동사 편찬 등과 같은 사업을 추진했다.[113]

1964년 10월 29일 「순국반공청년운동자들에 대한 연금 부여에 관한 청원서」를 국회에 제출해 이를 통과시켰다. 당시 보사보위원장 정헌조는 애국 운동, 민족운동, 반공 운동을 한 사람에 대해서는 반드시 보상이 이루어져야 한다고 강조하면서 이 청원서를 통과시켰다.[114]

---

110 한국민족문화대백과사전편찬부 엮음, 『한국민족문화대백과사전. 18』(한국정신문화연구원, 1995), 146~147쪽

111 선우기성, 『어느 운동자의 일생』, 114~118쪽.

112 같은 책, 96~97쪽.

113 같은 책, 96쪽.

반공청년운동기념비는 박정희의 재정적 후원과 김종필의 협조로 1969년 6월 25일 서울 남산에 세워졌다.[115] 비문은 이은상이 썼다. 기념비 건립과 동시에 책 3권을 출간했다. 제1권은 이은상의 강연 글을 묶은 『짧은 일생을 영원한 조국애』, 제2권은 이선근이 쓴 한국 역사에 관한 논문과 청년 운동에 관한 글로 구성된 『민족의 혈맥』, 제3권은 선우기성과 김판석이 쓴 『청년운동의 어제와 내일』이다. 이와 같이 서북청년회 출신 혹은 관련 인물들은 군사정변의 주역, 브레인, 박정희 정권의 반공 정책을 지지하는 민간단체로 군사정권에 참여했다.

6. 맺음말

이 장에서는 서북청년회 출신들이 이승만 정권에서 어떻게 정치적으로 배제되었으며, 박정희 정권에서는 어떤 과정을 통해 부활해 오늘날 한국 사회에서 중요한 정치 세력으로 자리매김했는지를 살펴보았다.

서북청년회는 서북학생총연맹, 한경직을 대표로 하는 월남한 서북 출신 기독교인들과 유기적으로 관련되어 있다. 이들은 역사적 정체성을 안창호, 이승훈, 조만식 등 민족주의 세력의 계보에 두고 있었다.

이승만에게 기대를 건 서북청년회는 그가 정권을 수립하는 데 중요한 역할을 했다. 이들이 가장 먼저 착수한 일은 세력 확대를 위해 지부를 결성한 것이다. 지부의 주요 활동으로는 대북 활동, 좌익 소탕 활동 등을 들 수 있다. 대북 활동은 첩보와 선전을 중심으로 진행되었는데, 첩보 활동은 미 방

114 같은 책, 99~100쪽.

115 같은 책, 113쪽.

첩대의 후원을 받아 이루어졌다. 좌익 소탕 활동은 군, 각급 학교, 공장, 지역 등으로 회원을 파견해 진행했다. 미군정의 '국립대학설립안'에 대한 반대 운동이 절정에 이르고 있을 무렵에 결성된 서북청년회는 좌익 소탕이라는 명분을 내세워 회원 6000여 명을 각 학교에 편입학시켰다. 학교에 들어간 이들은 '국립대학설립안'을 반대하는 운동 세력에 대항하는 운동을 주도했다. 또한 조선경비대를 목표로 삼아 조선경비사관학교 5기, 7기, 8기 등에 대거 응시해 합격했다. 서북청년회는 지역 파견을 통한 좌익 소탕 활동도 전개했다. 가장 대표적인 사례가 제주 4·3 사건이다.

서북청년회는 이승만의 대통령 당선에 중요한 역할을 했지만, 결국 해산되고 말았다. 그런 중에 한국전쟁이 발발하자 이들은 이 전쟁을 재기의 기회로 생각해 서북청년회를 다시 결성하려 했다. 그러나 이승만의 반대로 무산되었다. 서북청년회 위원장이던 선우기성은 유엔군으로부터 여러 번 초대받아 조직 결성을 요청받았으며, 서북청년회 간부를 지냈던 김성주는 유엔 군정에 의해 평안남도 도지사로 발령을 받았다. 서북청년회의 독자적인 행보에 이승만은 불만을 품었다. 결국 김성주에게 이승만 살해 음모라는 혐의를 씌워 사형을 언도하자, 서북청년회는 구명 운동을 전개했고 이를 빌미로 완전히 해산되고 만다.

이렇게 해산된 서북청년회 출신들은 박정희의 군사 정변으로 부활한다. 서북청년회가 결성될 당시 조선경비사관학교 5기와 8기로 입학한 서북 출신들이 군사 정변의 주역이 되었고, 서북청년회의 증명으로 학교에 들어간 서북 출신 학생들은 정변 이후 브레인으로 군사 정부에 참여하게 된다. 특히 조선경비사관학교 8기는 대부분 육군 정보국에 근무하고 있었는데, 정변 이후 이들 중 일부가 중앙정보부의 창립 구성원이 되었다. 이들이 한국 사회의 실세가 된 것이다. 한편 조선경비사관학교 7기는 베트남전쟁에 참전함으로써 박정희 정권에서 중요한 역할을 담당했다. 한국전쟁에 참전했던 미 군사

고문단 장교들은 1953년에 전쟁이 끝나자 베트남으로 갔으며,[116] 서북 출신의 한국군도 베트남전쟁이 발발하자 참전했다. 이들은 베트남전쟁에서 다시 제휴했다. 1965년 주베트남 한국군 사령부 사령관으로 임명된 인물은 서북청년회 출신의 채명신이었다. 그 외에도 한국전쟁 이전에 방첩대 활동을 했던 많은 서북청년회 회원은 1954년 2월에 육군 정보국으로 수평 이동했다.

서북청년회의 대표였던 선우기성은 박정희가 정권을 잡자 청우회를 조직해 반공 청년 기념비 설립 등의 사업을 벌이고, 이를 통해 회원들을 결집했다. 청우회는 민간단체로서 박정희 정권의 반공 정책을 지지하는 데 참여했다.

이렇듯 서북청년회 출신들이 박정희 정권과 강하게 결합할 수 있었던 것은 제6장에서 설명할 민족주의에 기반을 둔 승공주의 때문이었으며, 이로써 이들은 한국의 경제성장에서 주요한 동력이 되고 추진 주체가 되었다.

116 Jon Halliday, "Anti-Communism and The Korean War," *Socialist Register*, Vol. 21(The Monthly Review Press, 1984), p. 154.

제 6 장

반공의 재정의

/

'전투적 반공주의'에서 '승공'으로

1. 머리말

1960년 4·19가 일어나자 한국기독교연합회(KNCC)[1]는 이승만 대통령에 대

1 기독교장로회는 KNCC 회원 가입을 요구했으나 계속 거절당하다가, 1957년 제11회 총회에서 가입을 승인받았다. 그러나 기독교장로회의 회원권 행사는 1959년 12월부터 한다는 조건으로 가입했다[한국기독교장로회역사편찬위원회 엮음, 『한국기독교 100년사』(한국기독교장로회출판사, 1992), 396쪽]. 서북 출신의 월남 기독교인들이 주도하던 예수교장로회가 한경직과 박형룡으로 대표되는 통합파와 합동파로 분리되는 과정에서 기독교장로회는 회원 자격을 얻게 되었다. 이로써 1959년 12월 이후로 한경직으로 대표되는 통합파와 기독교장로회가 KNCC를 함께 주도했다. 4·19와 5·16 군사 정변 지지 성명 모두 이 두 집단이 주도한 것이라고 할 수 있다. 교파 연합이었지만, 여전히 장로회가 주도했다. 이에 대해 감리교에서는 불만을 토로했다. 감리교에서는 1960년 총무로 감독 유형기를 추천했으나 성공하지 못했다. 감리교에서는 예수교장로회가 WCC를 탈퇴했기 때문에 문제가 있다고 제기했으나 예수교장로회의 유호준이 다시 총무로 임명되었다[김준영, 「에큐메니칼운동과 한국감리교회」, 『한국교회와 에큐메니칼운동』(대한기독교서회, 1992), 115~116쪽]. 이후 한경직을 중심으로 한 월남한 서북 출신 기독교인들은 합동파와 다시 통합하기 위해 WCC를 탈퇴했기 때문에, 1960년대에 들어서면서 KNCC에서 기독교장로회의 권

해 1952년 부산에서의 정치 파동과 1960년 3·15 부정선거로 민주 국가 수립과 사회 정의에 역행하고 "국민의 민주주의 최후 기본 권리마저 박탈당해 공산주의와 싸울 민주주의 지반을 상실"했다는 비판이 담긴 건의문 형식의 글을 발표했다.[2]

그 후 1961년에 5·16 군사 정변이 일어나자, KNCC는 5·16에 대해 "부정과 부패로 기울어져 가는 조국을 재건하기 위한 부득이한 처지"였다고 하면서 이른 시일 내에 "혁명 공약을 성취시켜 금반 혁명 정신을 계승하는 민주 정부를 수립"해달라고 요구하며 적극적으로 지지를 표했다.[3] 그리고 혁명위원회에서 발표한 "반공을 국시로 삼는다"라는 혁명 공약에 대해서도 환영을 표시했다.[4]

KNCC는 민주주의적 질서의 수호를 요구한 1960년 4·19 시민 봉기를 지지하고, 다시 이 시민 봉기를 부정하고 민주주의적 질서를 붕괴시킨 1961년 5·16 군사 정변을 지지했다. 왜 이러한 모순적인 모습을 보였던 것일까? 이는 1950년대 중후반 발아되기 시작한 반공을 다시 정의한 것과 관련이 깊었다. 한국전쟁 이후 한국 기독교인 대부분은 전투적 반공주의자가 되었다. 그런데 한국 기독교인들은 1950년대 중후반 이후 전투적 반공주의에서 체제 경쟁을 통해 우위를 확보하는 것으로 반공에 대해 다시 정의하기 시작했다. 이와 같이 반공을 재정의했기 때문에 한국 기독교인들은 4·19와 5·16을 지

한이 점차 확대되었다. 기독교장로회는 1960년에 WCC에 가입해 1961년 제3차 WCC 세계 대회에 정회원 자격으로 참여했다(한국기독교장로회역사편찬위원회 엮음, 『한국기독교 100년사』, 396쪽).

2 한국기독교교회협의회 70년 역사편찬위원회 엮음, 『하나되는 교회, 그리고 세계: 한국기독교교회협의회 70년 연표』(대한기독교서회, 1994), 226쪽.

3 한국기독교교회협의회 엮음, 『기독교연감: 1972년』(한국기독교교회협의회, 1972), 295쪽.

4 "교회인사 긴급 회동", ≪기독공보≫, 1961년 5월 22일 자.

지하는 모순적인 모습을 보였던 것이다.

한국 기독교인들의 반공주의에 대한 이러한 변화에도 불구하고 그동안 학계에서는 한국전쟁 이후 강화되고 확장된 전투적 반공주의에 대해서만 다루어왔다. 강인철은 1950년대를 기독교 반공주의의 절정기로 보았는데 이러한 모습은 한국전쟁 당시 공산주의자들을 '마귀'로 표현한 이분법적 사고 체계가 1950년대 말의 재일 교포 북송 반대로 이어졌으며, 이것이 1961년 반공을 국시로 내건 5·16 군사 정변에 대한 지지로 나타났다고 보았다.[5] 박정신은 한국전쟁을 거치면서 한국 기독교인들은 반공을 교리 이상의 위치에 올려놓았으며, 이러한 반공주의 때문에 박정희, 전두환, 노태우 등으로 이어지는 군사정권을 적극적으로 지지하고 나섰다고 주장했다. 그는 이와 같은 반공주의를 '전투적 반공주의'라고 불렀다.[6] 류대영은 한국 반공주의의 역사성을 미국 선교사들에게서 찾았다. 그는 여기서 비롯된 신앙이 한국전쟁을 통해 더욱 강고해졌다고 보았으며, 이러한 반공주의는 오늘날까지 한국 사회에 큰 영향력을 미치고 있다고 주장했다.[7]

최근 학계에서는 한국전쟁 이후 한국 사회에는 항상 권위적이고 억압적인 반공 이데올로기만 존재했던 것은 아니며 반공주의에 대해서도 다양한 유형이 있다는 주장이 제기되었다. 전후 반공주의는 단순하게 억압적 이데올로기로서만 존재한 것이 아니라 다양한 이념과 접합하고 균열되면서 역사적 시기에 따라 변화하고 있었다는 것이다. 이하나는 반공주의를 단지 이념

---

5 강인철, 「한국 개신교 반공주의의 형성과 재생산」, ≪역사비평≫, 70호(역사문제연구소, 2005), 51~52쪽.

6 박정신, 「6·25전쟁과 한국기독교: 기독교공동체의 동향과 변화를 중심으로」, 유영익·이채진 엮음, 『한국과 6·25전쟁』(연세대학교출판부, 2003), 249~251쪽.

7 류대영, 「2천 년대 한국 개신교 보수주의자들의 친미·반공주의 이해」, ≪경제와 사회≫, 62호(비판사회학회, 2004), 67~69쪽.

의 차원만이 아니라 하나의 감성 정치로 바라볼 것을 제안하면서 이를 다양하게 유형화했다.[8] 또한 후지이 다케시(藤井たけし)는 한국전쟁 이후 반공주의가 4·19와 5·16을 통해 어떻게 재편되었는지에 대해 살펴보고 있다.[9] 김성보는 1950년대의 반공에 대해 "냉전, 친미, 자본주의, 국가 폭력 등의 닫힌 반공이 아닌 다양한 가능성이 경합하는 열린 공간으로서의 반공"이라는 관점을 견지하면서 전쟁 후 반공주의의 균열과 성격을 분석했다. 그는 1950년대의 권위주의적 반공이 4·19로 대중에 대한 호소력을 상실하자 그 대안으로 반공주의를 새롭게 재구성하기 위해 '승공'론이 대두하는 것으로 파악해 1950년대와 1960년대의 반공은 서로 차이가 있다고 지적했다.[10]

한국전쟁 후의 반공주의를 다룬 연구와 마찬가지로, 한국 기독교인들의 반공주의를 역사적 시기 구분 없이 단순히 권위적이고 억압적인 기제로서의 반공주의로 바라보는 관점에는 문제가 있다. 앞의 연구 성과에서 살펴본 바와 같이 1950년대와 1960년대의 반공은 서로 차이가 있다. 1950년대 중후반이 되면 한국 기독교인들은 전투적인 반공주의에서 체제 경쟁을 통해 공산주의 체제보다 우위에 서야 한다는 승공론으로 반공을 재정의하기 시작했다. 즉, 민주주의의 수호와 경제적인 안정을 통해 남한의 체제가 북한의 체제보다 더 우월하다는 것을 보여주는 것으로 반공을 다시 정의했던 것이다.

그래서 이러한 승공 담론 때문에 한국 기독교인들은 민주주의 수호를 요

---

8 이하나, 「1950~60년대 반공주의 담론과 감성 정치」, ≪사회와 역사≫, 95호(한국사회사학회, 2012), 201~233쪽.

9 후지이 다케시, 「4·19/5·16 시기의 반공체제 개편과 그 논리: 반공법의 등장과 그 담지자들」, ≪역사문제연구≫, 25호(역사문제연구소, 2011), 9~34쪽.

10 Seong-Bo Kim, "Reflections on the Postwar," *The End of the Korean War, 1953~2013: Beyond the Korean War Second International Conference*(Chicago: University of Chicago, 2013), 미출간 원고.

구한 4·19를 지지했음에도 다시 민주주의에 역행해, 경제적 성장을 통해 북한 체제보다 우위에 서야 한다고 주장한 5·16을 지지할 수 있었다. 이 장에서는 왜 이런 독특한 역사적 현상이 나타났는지에 대해 살펴보고자 한다. 이 연구가 한국 기독교인들, 특히 월남한 서북 출신 기독교인과 5·16 군사 정변의 주체들이 어떻게 결합하게 되었는지 이해하는 데 새로운 관점을 제시해주기를 기대한다.

2. 한국전쟁과 '전투적 반공주의'

1920년대부터 시작된 한국 기독교인과 공산주의자들 사이의 갈등은 1945년 8월 일본이 항복한 이후 미군정과 소군정이 한반도에 들어오면서 물리적인 충돌로 이어졌다. 특히 소군정이 점령한 북한에서 훨씬 더 격렬했다. 소군정과 공산주의자들에 의해 탄압받기 시작한 기독교인들은 월남한 후 남한에서 가장 강력한 반공 집단이 되었다. 한국전쟁을 겪으면서 남한에서는 월남한 서북 출신 기독교인들뿐만 아니라 기독교인 대부분은 공산주의자들을 악마로 규정하고 무력으로서 완전히 전멸시켜야 한다는 전투적 반공주의자가 되었다.

1945년 8월 일본이 항복을 선언한 후 우익 진영을 대표하던 기독교인들은 공산주의자들과 함께 새로운 국가를 건설하기 위해 연합해 활동하기 시작했다. 그러나 소군정과 미군정이 한반도의 통치 세력으로 군림하게 되면서 기독교인과 공산주의자들의 공존에 균열이 가기 시작했다. 기독교 기반이 강했던 북한 지역에서 소군정과 김일성 그룹은 점차 기독교인들을 반혁명의 주체로 단정하고 적으로 간주하기 시작했다.[11] 기독교인들은 이에 맞서 정당을 조직했지만, 계속적인 탄압으로 더는 유지할 수 없었다. 제2장에서 살펴본 바와 같이 교회의 수많은 지도자와 평신도가 처형 혹은 행방불명되면서 많은 기독교인은 월남했다. 이들은 모두 공산주의를 적으로 간주하면서 삼팔선을 넘었다.

월남한 서북 출신 기독교인들은 남한에서 정치적으로 세력이 점차 강해지고 있던 김구와 이승만의 비호를 받았고, 이와 동시에 한국을 다시 찾은 선교사들과 더욱 강고한 관계를 맺으면서 정치적·사회적 영향력을 확대했다. 제2장에서 살펴본 바와 같이 북한 지역의 기독교 지도자 중 가장 먼저 월남에 성공한 한경직은 교회를 기반으로 월남민들을 결집했다. 그리고 교회를 중심으로 미국 선교사들과 더욱 밀접한 관계를 가질 수 있는 이북신도대표회를 조직했다. 이 조직을 기반으로 미국 선교사들로부터 선교 자금을 지원받으면서 세력을 확대해나갔다. 그리고 제5장에서 살펴본 바와 같이 월남한 청년들을 중심으로 조직된 서북청년회는 남한에서 가장 강력한 반공 투쟁을 전개했는데, 이 조직의 중심은 한경직이 목사로 있던 영락교회였다. 한경직은 전국적으로 명성 있는 목사였기 때문에 월남민들은 그를 중심으로 자연스럽게 모여들었다. 서북청년회, 영락교회, 이북신도대표회는 남한 반공 투쟁의 가장 핵심적 기관이었다. 목사 황은균이 조직한 기독청년면려회와, 모스크바삼상회의 이후에 조만식이 고려호텔에 연금되자 그 뒤 월남한 조선민주당 소속 기독교인이 재조직한 조선민주당도 연대해 반공 투쟁에 나섰다.[12] 월남한 서북 출신 기독교인들은 교회에서의 설교, 부흥 운동, 물리적인 투쟁을 통해 반공 투쟁을 주도해나갔다.

한경직은 공산주의자를 「요한계시록」에 나오는 적룡으로 표현했다. 이들

11 장병욱, 『6·25공산남침과 교회』(한국교육공사, 1984), 33~39쪽.

12 강인철, 『한국기독교회와 국가·시민사회: 1945~1960』(한국기독교역사연구소, 1996), 217~218쪽.

은 괴물이며 민족 반역자로서 삼천리강산을 돌아다니며 삼킬 자를 찾고 있는 중이라고 했다. 그는 "이 괴물을 벨 자가 누구입니까?"라고 하면서 "사람은 떡으로만 살 것이 아니라 하나님의 입으로 나오는 말씀으로 살 것입니다"라고 강조했다.[13] 한경직은 공산주의자들을 『성서』의 「요한계시록」에 나오는 적룡으로 표현하면서, 이를 물리칠 수 있는 것은 신의 말씀뿐이라고 설교했다. 월남한 기독교인들은 미군정 사령부, 미 선교사, 이승만과 김구의 비호하에 점차 남한 교회를 주도했다. 그리고 이를 기반으로 반공 투쟁을 강력히 전개해나갔다.

제3장에서 살펴본 바와 같이 1950년 6월 25일 한국전쟁이 일어나자 반공 투쟁에 강력히 앞장섰던 한경직은 이 사태를 해결하기 위해 KNCC 총무 남궁혁을 만나 미국 교회와 세계 교회에 도움을 요청하는 전보를 보내기로 결정했다. 미국 교회와 세계교회협의회(WCC)는 이 문제를 신속하게 처리했고, WCC는 한국전쟁을 북한의 침략으로 규정했다. 그리고 유엔의 즉각적인 개입을 요구했다.

그동안 월남 기독교인들의 경험에만 그쳤던 공산주의자들 간의 물리적인 충돌이 한국전쟁으로 한반도 전역을 휩쓸게 되자 월남 기독교인들만이 아닌 대부분의 기독교인은 '전투적 반공주의자'가 되었다.

한국전쟁이 발발했을 때 일부 기독교인은 전쟁을 신의 심판론으로 이해하기는 했으나, 대다수 기독교인은 전쟁을 겪으면서 공산주의자들을 『성서』의 사탄과 동일시했다. 이러한 사탄론과 함께 선민의식과 구원론도 등장했다.[14]

---

13 한경직, 「기독교와 공산주의(1947)」, 『한경직목사 설교전집. 1』(대한예수교장로회총회교육부, 1971), 149쪽.

14 강인철, 「한국 개신교 반공주의의 형성과 재생산」, 51쪽.

일부 기독교인이 한국전쟁을 신의 심판이라고 이해한 것은 전쟁이 발발하기 2개월 전에 교권을 둘러싸고 발생한 무력 충돌 때문이었다. 1950년 4월 36회 장로회 총회에서 교권을 둘러싸고 난투가 벌어져 무장 경관까지 출동하는 사태가 벌어졌다.[15] 총회를 더는 계속할 수 없었고, 1951년에야 연속 총회가 개최되었다. 이런 사태 이후 한국전쟁이 일어나자 기독교인들은 이와 같은 분열 때문에 신이 심판한 것이라고 단정했다. 일제강점기에 식민지 독립운동으로 옥살이를 한 후 기독교를 받아들인 김인서는 36회 장로회 총회가 "신학교 문제와 고신파 노회 문제로 불상사가 일어나 정회되었으니 이는 한국 교회 사상에 일대 오점이었다"라고 하면서 이 불상사 때문에 한국전쟁이 일어났으므로, 모든 기독교인은 회개해야 한다고 주장했다.[16]

한국전쟁 당시 공산 세력에 의해 죽임을 당했다고 알려진 목사 손양원은 한국전쟁의 발발 원인을 네 가지로 구분하면서 그중에 가장 큰 이유가 "기독교의 죄악"이라고 주장했다. 그는 "오늘의 이러한 대환란은 4000년 역사상 초유의 신벌이다"라고 하면서, 그 원인으로 첫째, 국가 지도자들의 범죄적 결과, 둘째, 한국 민족의 범죄 결과, 셋째, 미군정 시에 잘못된 영향, 넷째, 기독교의 죄악을 들었다. 손양원은 기독교의 죄악을 여러 가지로 나열하면서 "신신학과 신사 참배 불회개"로 말미암은 교회 분열이라고 했다.[17]

또한 일선에서 군목을 하던 목사 황금천도 "민족의 양심이요 빛과 소금이 되어야 할 우리 교회가 먼저 허위 모략, 분열 교권, 다툼, 불신앙들을 회개하고 하나님의 용서와 구원을 받아야 한다"라고 주장했다.[18] 부산으로 피난을

---

15 김양선, 『한국기독교해방십년사』(대한예수교장로회 총회종교교육부, 1956), 249쪽.

16 김인서, 「제삼십육회총회(≪신앙생활≫, 1951.7.8)」, 정인영 엮음, 『김인서 저작전집. 1』(신망애사, 1973), 370쪽.

17 손양원, 「한국에 미친 화벌의 원인(1950.9.13)」, 안용준 엮음, 『산돌 손양원 목사 설교집』(경천애인사, 1962), 31~39쪽.

떠났던 새문안교회의 한 기독교인은 이는 "세기의 심판"이라며 소리를 높여 외쳤다.[19] 이 기독교인이 세기의 심판이라고 한 것은 민족의 장래를 위해 누구보다 앞장서야 했던 교역자들이 교회 분열에만 몰두한 현실을 비판한 것이다.

이처럼 한국전쟁은 한국 기독교인들의 죄에서 비롯되었다는 성찰도 나왔으나, 월남한 기독교인들을 대표하는 한경직을 비롯해 많은 기독교인은 한국전쟁을 공산당들의 야욕에서 비롯되었다고 주장했다. 한국 기독교인들은 공산당을 적룡, 아낙 자손, 사탄, 마귀로 표현했다. 기독교인들은 여러 차례의 집회와 성명서를 통해 공산주의자를 마귀로 표현했다. 예를 들어 1953년 「세계 교회에 보내는 휴전 반대 성명서」에서는 "마귀의 승리를 초래할 휴전을 반대", 휴전은 "그리스도로 하여금 마귀와의 타협을 강요하는 것"이라고 주장했다. 미국 대통령 드와이트 아이젠하워에게 보내는 메시지에서도 공산주의는 "영원히 회개할 수 없는 마귀"라고 표현했다. 한국전쟁 발발을 공산주의자인 '마귀'들이 일으킨 것으로 여기면서 그들을 전멸시키는 것만이 세계 평화를 이룩하는 것이기 때문에 이 전쟁에서 이길 수 있도록 신의 축복이 내리기를 기원했다.[20]

이와 같이 대다수 한국 기독교인은 한국전쟁을 공산주의자들의 야욕에 의한 침략으로 규정했기 때문에 즉각적으로 미국과 세계 교회에 도움을 요청했던 것이다. 그리고 신을 부정하는 공산주의 체제를 반드시 절멸해야 할 체제로 보았기 때문에 한국 기독교인들은 전쟁의 최전선에 서서 적극적으로 활동했다.

---

18 황금천, 「설교: 구국자 느헤미야의 눈물, 느헤미야 1:1~11」, ≪기독공보≫, 1952년 6월 23일 자.

19 새문안교회70년사 편찬위원회 엮음, 『새문안교회70년사』(새문안교회, 1958), 201~202쪽.

20 김양선, 『한국기독교해방십년사』, 140~143쪽.

제3장에서 살펴본 바와 같이 한경직을 중심으로 하는 한국 기독교인들은 1950년 7월 3일 대전제일장로교회에서 기독교구국회를 결성했다. 기독교구국회는 남한 30개 도시에 지회를 설치하고 남한 정부의 국방부, 사회부와 협력해 기독교의용대 모집과 선무공작대 활동에 주력했다. 선무공작대원들은 공산군과의 접전 지역에서 반공 투쟁과 선무 활동을 수행했다.

한국군의 사상 무장을 위해 군종 제도를 만들어 군에서도 세력 기반을 다져 나갔다. 서론에서 언급한 바와 같이 한경직은 천주교 선교사 조지 캐럴, 감리교 선교사 윌리엄 쇼, 목사 유형기와 함께 군종제도추진위원회를 결성했다. 서북청년회 출신들은 한국군에 대거 입대해 앞장서서 전투에 임했다. 이와 동시에 전쟁 구호 사업을 통해 많은 민간인이 월남 기독교인들의 반공 투쟁을 지지하게 만들었다. 한국전쟁이 끝났을 때 한국 교회의 막대한 인명 피해와 재산상의 피해는 한국 기독교인들을 더욱 분노하게 만들었다.[21]

그리고 전쟁이 끝난 후에는 '남은 자의 사명'이라는 흐름과 함께 선민의식이 강조되었다. 즉, 한국전쟁은 하나님이 한민족을 선택해 특별한 사명을 부여하신 계기이자 징표였다는 것이다. 1955년 한국 정부의 공보처장이자 감리교 목사였던 갈홍기는 남은 자의 사명과 선민의식에 대해 다음과 같이 강조했다.

> 오늘날 우리 한국은 공산진 타멸의 선봉국으로서 가장 중대한 위기에 처해 있는 것이다. 6·25 동란을 계기로 하여 우리 국내에서 전개되어온 민주진 대 공산진의 투쟁은 비단 우리 한국 혼자의 운명만을 좌우하는 것일 뿐만 아니라 실로 양 진영의 전체적 존망의 숙명적인 관건인 것이다. 그러므로 우리 한국은 자국의 운명과 아울러 민주진 전체의 삶을 양 어깨에 걸머지고 멸공 투쟁의 선봉

21 김양선, 『한국기독교해방십년사』, 88~90쪽.

으로서 혈투에 혈투를 거듭해온 것이다. 이 선봉이란 것은 곧 멸공 위업의 선구자라는 뜻이다. …… 공산진을 타도하기 위한 세계의 모든 길은 언제나 우리 한국으로 통해 있는 것이다.[22]

이러한 선민의식과 함께 구원론, 선교론도 등장했다. 한국 기독교인들은 공산주의자들에 대한 분노의 감정에서 더 나아가 악의 세력에게 고통을 당하는 북한 동포를 구원하고, 이러한 사명을 다하기 위해서는 각처에 많은 교회가 설립되어야 한다는 구원론, 선교론까지 주장했다. 한경직은 공산당을 "아낙 자손"이라고 표현하면서 "천륜도 모르고 인륜도 무시하는 공산당이 우리 삼천리강산의 반을 현재 점령하고 있습니다. 우리가 과연 이 땅에서 축복을 받으려면 아낙 자손과 같은 이 무리를 섬멸할 수밖에 없는 줄 압니다"라든지,[23] "북한은 문자 그대로 질식 상태에 놓였고, 우리 한국에도 사탄의 회라고 볼 수밖에 없는 공산당이 있습니다"라고 주장했다.[24] 또한 이를 위해 많은 교회를 설립해 십자군을 양성해야 하는 것이 기독교인들의 임무라고 생각했다.

한국 기독교인들은 전쟁을 경험한 후 한국 사회를 대표하는 '전투적 반공주의자'가 되었다. 따라서 한국 기독교인들은 이승만과 함께 북한 공산주의자들을 전멸시키기 위해 북진 통일을 외쳤다. 이를 위해 한국 기독교인들은 교회를 비롯해 학교, 군대 등을 통해 한국 사회 전반에 '전투적 반공주의'를 전파하고 투쟁하는 십자군으로서의 역할을 했다. 그러나 1950년대 중후반

22 강인철, 『한국의 개신교와 반공주의』(중심, 2006), 71쪽.

23 한경직, 「삼천리 가나안 복지(1956.8)」, 『한경직목사 설교전집. 2』(대한예수교장로회총회교육부, 1971), 221쪽.

24 한경직, 「죽도록 충성하라: 영락교회 창립 십일주년 기념 예배(1956.12)」, 『한경직목사 설교전집. 2』, 257쪽.

이후 한국 기독교인들은 반공을 재정의하기 시작했다. 그것은 국외의 변화와 국내 현실에 따른 것이었다.

3. 1950년대 중후반 이후 반공의 재정의: '승공' 담론의 발아

한국전쟁의 경험으로 물리적인 북진 통일만이 공산주의자들을 전멸시킬 수 있다고 생각했던 한국 기독교인들은 1950년대 중후반 이후 반공을 재정의하기 시작했다. 체제 경쟁에서 승리함으로써 자연스럽게 공산주의자들을 전멸시키겠다는 것이었다. 다시 말해 민주주의를 실천하고 사회적 빈곤에서 벗어나는 길이 반공이라고 생각하기 시작했다. 승공론이 나타났던 것이다. 이와 같이 반공을 재정의하기 시작한 것은 1950년대 중후반의 국외 정세 변화, 이에 대응하지 못하는 이승만 정권, 교회 내부의 소종파 난립과 분열 때문이었다.

1950년대 중후반 소련은 제3세계로의 팽창에서, 북한은 전후 재건에서 성공을 거두고 있었다. 반면 국내에는 이에 대응할 만한 기반조차 조성되어 있지 않았다. 민심은 정부로부터 멀어지고 있었으며, 한국 정부와 미국 정부의 관계는 계속 소원해지고 있었다. 그리고 한국 사회는 소종파의 난립과 분열 등을 겪는 한국 기독교를 호의적으로 보지 않았다. 상황이 이렇게 되자 한국 기독교는 긴장할 수밖에 없었다. 송정률은 기독교인들이 당시의 정세에서 어떤 역할을 해야 하는지에 대해 다음과 같이 주장했다.

> 오늘의 인류는 가장 강력히 조직된 공산 세력의 폭학한 공세 앞에서 인간성 상실의 위협을 받고 있다. 인간이 인간이기 위하여, 그리고 인간을 계급, 사회 국가의 지배에서 자유를 항시 향유케 하기 위하여 공산주의 및 모든 형식의 인본

주의, 세속주의를 극복·타파해야만 할 역사적 결단의 위치에 우리 기독자들은 처하여 있다.[25]

1950년대 중후반 소련은 기존의 무력 정책을 버리고 평화 정책으로 전환했으며, 아시아 각국의 반공 진영 일부에서는 소련과의 관계를 개선하기 시작했다. 1955년 제네바에서 개최된 4국 정상 회의에서 평화협정이 결렬된 뒤 소련의 니키타 흐루쇼프(Nikita Khrushchyov)는 인도, 버마(현재 미얀마), 아프가니스탄 등을 직접 방문해 평화 정책을 구체화했다. 소련은 정치적 조건 없이 경제원조를 약속했다. 소련과 인도는 중공의 유엔 가입, 타이완의 중공 귀속, 한국 문제의 해결, 핵무기 제조 금지 등 군비 축소 실시, 군사 동맹과 지역적 군사 블록 결성 반대 등이 포함된 공동 성명을 발표했다. 아울러 소련과 인도 간의 무역 확대 등을 약속했으며, 버마와의 사이에서도 협정을 맺었다. 그리고 아프가니스탄에 대해서는 1억 달러의 장기 차관을 비롯한 기타 원조 협정을 체결했다. 1956년 이후 소련의 각 분야 전문가들이 각 지역을 방문해 원조와 관련된 구체적인 활동을 시작했다.[26]

이러한 시기와 맞물려 북한에서는 전후 재건이 성공적으로 진행되고 있었다. 1953년 9월 김일성은 소련과 북한의 조약 조항들에 합의하기 위해 대표단을 이끌고 모스크바를 방문했다. 그리고 10월에 베이징을 방문했다. 소련은 한국전쟁으로 생긴, 북한의 막대한 채무금을 탕감 혹은 연기해주었다. 그리고 원조 기금, 공업 장비, 소비재 등을 제공하기로 약속했으며, 소련 기술자들을 북한으로 보냈다. 이들은 전후 북한에서 공장 재건의 주요 부분을

---

25 송정률, “한국에 있어서의 선교사업과 그 정책을 말한다”, ≪기독교사상≫, 3권 7호(대한기독교서회, 1959), 23쪽.

26 김영달, “소(蘇)의 평화공세와 아세아, 1956년-1957년: 아세아전후사”, ≪신태양≫, 78호(신태양사, 1959), 197~198쪽.

〈그림 6-1〉 1953년 10월, 베이징을 방문한 김일성

자료: United States Information Agency, "Prints: Master Photographic Files, Personalities, 1948~1973," (National Archives and Records Administration, 1953).

관리·감독했다. 중공도 한국전쟁으로 생긴 채무금 탕감과 막대한 원조 기금을 약속했으며, 기술자와 인민해방군을 북한으로 파견했다. 북한 사람들은 기술 훈련을 위해 중공을 방문했다. 중공의 인민해방군은 길, 철도, 학교, 다리, 터널, 댐 등을 복구했다. 이어 동독, 폴란드, 체코, 헝가리, 불가리아, 루마니아, 몽골, 북베트남 등에서도 북한을 원조했다. 1954년부터 1956년까지 북한은 산업 재건의 80% 이상을 공산권 형제국들의 원조에 의지했다. 그렇다고 북한의 전후 재건 성공이 형제국들의 원조만으로 이루어진 것은 아니다. 성공의 또 다른 요인으로 성공적인 인력 동원을 들 수 있다. 원조와 인민 동원의 결합으로 북한은 전후 재건에 성공할 수 있었다.[27] 1956년 북한은 전쟁 전의 농업 생산량을 복구했으며, 산업 생산량은 전쟁 이전보다 두 배로 증

가했다. 1957년 한 해 동안 공업 생산 성장률이 44%에 이르렀다. 천리마운동과 함께 1957년부터 시작된 5개년 계획은 1960년에 목표 이상의 성취를 거두었다. 1964년 10월 평양 방문 후에 「조선의 기적」이라는 보고서를 쓴 영국 케인스학파의 존 로빈슨(John Robinson)은 김일성을 "메시아"라고 칭할 정도로 북한의 경제성장은 놀라운 것이었다.[28]

이승만 정권은 이러한 국외 정세 변화에 제대로 대처하지 못했다. 소련 진영과 북한이 이와 같은 행보를 하는 동안 한국은 미국의 막대한 원조를 받았으나, 북한만큼 이른 시일 내에 전후 재건을 이루지 못했다. 한 미국 관료는 "한국은 원조를 위한 블랙홀이다"라고 지적했다.[29] 1957년 2월 18일 북한은 3년 계획이 목표 이상으로 달성되었으며, 전쟁 이전 수준으로 산업과 농업 생산량이 복구되었다고 발표했다. 북한 인민과 세계인에게 사회주의 체제의 우월성을 강조하기 위해 이를 전 세계인에게 널리 선전한 것으로 보인다. 미국은 그에 대해 예민하게 반응했다. 미 국무부 정보 분석국의 정보원들은 북한의 산업 생산량은 상당한 수준으로 증가했으나, 농업과 어업 부문은 3년 계획에 미치지 못했다고 주장했다.[30]

이와 같이 북한의 경제성장은 널리 선전되고 있었고, 북한의 경제성장에

---

27 김일성, 「쏘련 중화인민공화국 및 인민민주주의 제국가들을 방문한 조선민주주의 인민공화국 정부 대표단의 사업경과 보고」, 『조선중앙년감 1954~1955 (상)』(조선중앙통신사, 1954), 20~29쪽; Charles K. Armstrong, "Fraternal Socialism: The International Reconstruction of North Korea, 1953~1962," *Cold War History*, Vol. 5, No. 2(2005), pp. 164~171.

28 김성보·기광서·이신철, 『사진과 그림으로 보는 북한 현대사(개정 증보판)』(웅진지식하우스, 2004), 181~186쪽; 권헌익·정병호, 『극장국가 북한: 카리스마 권력은 어떻게 세습되는가』(창비, 2013), 220쪽.

29 Armstrong, "Fraternal Socialism," p. 165.

30 Hong Yongpyo, "North Korea in the 1950s: The Post Korean War Policies and Their Implications," *The Korean Journal of International Relation*, Vol. 44, No. 5(2014), p. 222.

대한 정보는 여러 경로를 통해 남한에도 들어왔던 것을 알 수 있다. 2000년 11월 5일에 김성호 의원이 국회에서 "1950년대에 북파된 공작원이 5500여 명에 달했다"[31]라고 보고한 내용을 보더라도 북한의 경제 상황에 대한 정보는 군 장성들에게 충분히 전달되었던 것으로 보인다. 당시의 육군 참모차장은 신의주 학생 시위 사건 이후에 월남한 장도영이었고, 많은 군 장성이 서북 출신이었다. 장도영은 영락교회의 한경직과 매우 가까운 관계였다. 1961년 5·16 군사 정변 이후 미국에 친선 사절단으로 영락교회의 한경직이 파견된 것도 당시 외무 장관 김홍일과 장도영의 추천에 의한 것이었다.[32]

그 외에 북한에 대한 정보를 입수하는 중요한 통로가 일본이었다. 북한의 경제성장은 재일 조선인을 크게 고무했다. 1959년 12월 26일 재일 조선인 975명을 태운 귀국선이 청진항에 도착했다. 생활고와 차별로 일본에서 어렵게 생활하던 재일 조선인들은 북한의 경제성장에 고무되어 수만 명이 북한으로 이주했다.[33] 한국의 기독교인들은 재일 교포 북송 반대 운동을 전개했으나, 위기감은 쉽게 떨쳐낼 수 없었다.[34]

오제연은 4·19 당시 서울대학교 정치학과 학생으로 문리대학 시위를 이끈 이영일과 2003년 8월 29일에 실시한 구술 면담을 통해 일부 지식인이 북한의 경제성장에 대한 정보를 가지고 있었음을 밝혀낸 바 있다. 즉, 이영일은 소련이 우주과학 분야에서 미국보다 앞선다고 판단했으며, 북한은 중국, 일본, 한국에 비해 경제적으로 더 우위에 있다고 생각했다는 것이다.[35] 이처럼 북한의 경제적 성공은 남한에 조금씩 알려지고 있었다. 그래서 이승만 정

---

31 김성호, 「은닉된 분단의 희생자: 북파공작원 리포트」(대한민국국회, 2000), 4쪽.

32 한경직, "내가 겪은 21세기", ≪경향신문≫, 1972년 7월 22일 자.

33 和田春樹, 『北朝鮮現代史』(岩波書店, 2012), pp. 97~99.

34 "교포 북송을 교회도 반대한다", ≪기독공보≫, 1959년 3월 2일 자.

35 오제연, 「1960~1971년 대학 학생운동 연구」(서울대학교 대학원 박사학위논문, 2014), 67쪽.

권이 내세우는 맹목적인 반공 정책에 대해 사회 일각에서는 회의를 품기 시작했던 것이었다.

이미 한국전쟁이 한창일 때부터 민심은 이승만 정권에서 조금씩 멀어지고 있었다. 1951년 1월 제2국민병으로 편성된 국민방위군 9만여 명에 대해 제대로 지원을 하지 않아 사망에 이르게 한 사건, 2월 한국군이 빨치산을 소탕하기 위해 벌였던 거창 양민 학살 사건 등이 대중에게 알려짐으로써 이승만 정권에 대한 민심이 흔들리게 되었다. 당시 부통령 이시영은 한국전쟁이 일어났을 때 예고 없이 수도 서울에서 후퇴해 막대한 인명 피해를 가져다준 이승만의 실책을 규탄하며, 대통령에게 하야를 권고하는 공개서한을 발송했다. 그러나 권고안이 묵살당하자 이시영은 즉각 사표를 내버렸다. 이때부터 반(反)이승만 여론이 표면화하기 시작했다. 1951년 7월 이후에는 반이승만 정권에 뜻을 둔 정치인들이 모이기 시작했다. 1952년 대통령 재선을 바라던 이승만은 자신을 반대하던 국회의원들을 국제공산당과 관련되었다는 이유로 헌병대로 연행한, 이른바 '정치 파동 사건'으로 이승만 정권에 반대하는 정치인들을 결집하게 만들었다.[36]

이승만은 반공의 강조로 민심을 통합하고자 1954년 6월 한국에서 제1회 아시아민족반공대회를 개최했다. 이어 1955년에는 아시아민족반공연맹을 결성했다.[37] 그럼에도 불구하고 민심은 정부로부터 계속 멀어졌다.

1956년 대통령 선거 후보로 나섰던 이승만의 반대파 신익희가 선거 유세를 할 때 서울 시내 한강 백사장에 30만 이상의 청중이 몰려든 사실에서도 이를 잘 엿볼 수 있다.[38] 1956년 5월 15일에 시행된 대통령 선거의 결과는 민

36 한창우 편저, 『한알의 밀이 죽지 않고는: 장면박사회고록』(가톨릭출판사, 1967), 41~49쪽.

37 자세한 내용에 대해서는 최영호, 「이승만정부의 태평양동맹구상과 아시아민족반공연맹 결성」, ≪국제정치논총≫, 39집 2호(한국국제정치학회, 1999), 165~182쪽 참조.

38 한창우 편저, 『한알의 밀이 죽지 않고는』, 49쪽.

심이 이승만 정권으로부터 떠났다는 것을 반증해주었다. 이승만은 투개표 부정에도 불구하고, 55%의 지지밖에 얻지 못했다.[39]

여기에다 이승만은 미국과의 관계도 제대로 풀지 못하고 한미 관계를 계속 소원하게 만들고 있었다. 장면은 1956년 좌담회에서 "미국과의 외교 관계에서 이승만은 언제나 마찰만 일으키고 있으며, 이로 인해 점차 국제 사회에서 한국은 고립되어가고 있다"라고 우려했다. 덧붙여 "민주주의는 병이 들어 있고 경제 형편은 말이 아니고 하니까 그만큼 군사원조나 경제원조가 지지부진"하다고 하면서, 대한 정책에 대한 "공격적인 여론"이 미국에서 형성되고 있다고 걱정했다.[40]

이승만은 미국의 여론을 움직일 수 있는 천주교와 월남한 기독교인들에 대해서도 적대적이었다. 천주교는 한국전쟁 초기까지 이승만을 절대적으로 지지했다. 그러나 앞에서 언급한 1952년 정치 파동 이후 불편한 관계가 되었다. 그것은 당시 국무총리인 장면 때문이었다. 장면은 천주교인으로서 한국 천주교로부터 절대적으로 지지를 받았다. 그런데 이승만을 반대하던 정치인들이 이승만의 경쟁자로 장면을 내세운 것이다. 이 때문에 이승만은 장면을 지지하는 천주교를 적대적으로 대했다. 이승만은 1959년 천주교에서 운영하던 ≪경향신문≫까지 폐간시키기에 이르렀다.[41] 천주교에서는 이러한 이승만의 태도에 대해 강력하게 비판했다. 즉, 종교를 배척하고 선악을 판단하는 신의 거룩한 뜻을 거부하는 곳에서 국가 주권과 법의 질서는 그 가치를 상실한 것이라고 주장했다.[42] 또한 이승만의 천주교에 대한 적대적인 태도는 물

---

39 "이대통령 당선확정", ≪동아일보≫, 1956년 5월 18일 자.

40 신익희, "1956년도 국내외 정세를 논한다", ≪신세계≫, 1권 1호(창평사, 1956), 54~55쪽.

41 강인철, 『한국 천주교의 역사사회학: 1930-1940년대의 한국 천주교회』(한신대학교 출판부, 2006).

42 편집부, "성모마리아 성년에 대한 교황 비오 12세 성하의 회칙 3", ≪경향잡지≫, 1030호

질에 대한 탐욕에서 비롯된 것으로 여겼으며, 이러한 탐욕이 폭력과 전쟁을 야기했다고 이해했다. 기독교에서는 공산주의권을 이기기 위해 경제적 부강이 필수적이라고 여겼으나, 천주교는 오히려 서양의 물질문명 자체를 비판했다. 즉, 르네상스 이후 유럽은 신으로부터 해방되어 자유를 얻었지만, 제국주의와 국가주의 속에서 끊임없는 전쟁에 시달렸고, 독일의 종교혁명, 프랑스의 정치혁명, 영국의 산업혁명 등으로 시민들은 더 고통을 받았으며, 과학기술의 발전은 인간을 더 옥죄어 신의 구원으로부터 더 멀어지게 했다고 주장했다.[43] 오늘날 전 세계를 지배하고 있는 서양 물질문명의 소산인 기계기술을 새로운 신으로 섬기고 있다고 지적하면서, 경제적 위기가 닥쳐오면 유물주의인 공산주의에 굴복하고 말 것이라고 주장했다. 그렇기 때문에 천주교에서는 물질문명과 공산주의를 적극적으로 반대했다.[44]

이와 동시에 월남한 기독교인들에 대해서도 용공주의자로 공격했다. 이승만은 월남한 기독교인들을 통제하기 위해 기독교 반공 단체를 조직하고 스스로 총재에 추대되었다. 이승만은 월남한 기독교인들과 WCC의 관계를 단절시키기 위해, 일부 기독교인과 함께 WCC와의 관계를 지속하기 원하는 한경직을 비롯한 서북 출신의 월남한 기독교인들을 용공주의자라고 공격했다.[45] 제3장에서 언급한 바와 같이 당시 한국 내에서 WCC에 가입한 단체는 한국 장로교와 감리교였고, 한국 내 초교파 단체였던 KNCC는 국제선교협의

(한국천주교중앙협의회, 1954), 52~54쪽.

43 최문순, 『생명의 곡(曲)』(경향잡지사, 1954), 88~126쪽; 한명환, 「한국전쟁기 대구 경북지역 신문 연재 수기의 반공 이데올로기 형성과정에 나타난 탈식민적 양상」, ≪로컬리티 인문학≫, 6호(부산대학교 한국민족문화연구소, 2011), 262쪽.

44 편집부, "교황 비오 12세성하의 훈유", ≪경향잡지≫, 1079호(한국천주교중앙협의회, 1958), 84쪽.

45 "기독교 반공단체에 대하여", ≪기독공보≫, 1959년 12월 21일 자.

회(IMC)에 가입한 상태였기 때문에 이를 통해 WCC와 독점적인 관계를 맺고 있었다. 제2장에서 살펴본 바와 같이 월남 기독교인들은 한국전쟁을 기회로 미국 선교사와의 밀접한 관계를 통해 구호물자를 독점함으로써 한국 교회에서 가장 영향력이 있었던 장로교와 KNCC를 모두 독점하고 있었다. 이승만은 미국 정부와 교회의 가장 신뢰를 받고 있던 월남한 기독교인들의 세력 확대를 두려워했으며, 이들의 세력을 약화시키기 위해 WCC를 일부 기독교인과 칼 매킨타이어와 연합해 용공 세력으로 공격했던 것이다. 제3장에서 언급한 바와 같이 이승만은 한경직이 1954년 장로교 대표로 WCC 2차 총회에 참석하려 하자 공권력을 동원해 이를 막았다. 이승만의 계속된 방해에도 불구하고 월남 기독교인들은 한국 장로교와 KNCC를 통해 WCC와 계속 연대하면서 세력을 확대했다. 이승만이 총재로 있는 기독교 반공 단체의 주도 인물들은 WCC 용공 공격의 중심에 있던 매킨타이어의 자금 지원을 받고 활동했다. 그리고 1959년 매킨타이어의 방한을 환영하기 위해 환영위원회까지 조직했다.[46]

이러한 상황 속에 한국 교회는 신종파의 난립, 내부 분열 등으로 공산주의에 대적하기 위한 사상전은 고사하고 내부적인 문제 해결에 급급해 있었다. 게다가 교회의 분열과 소종파의 난립은 비신자들에게 교회에 대한 혐오감을 일으켜 평신도들까지 교회를 떠나게 했다. 이에 대해서는 ≪기독교사상≫에 실린 김하태의 글을 통해 잘 알 수 있다. 그는 현재 교회가 문화의 밑받침이 되기 위해 교회의 적이 무엇인지를 분명히 인식할 필요가 있다고 주장했다. 그는 이 문제에 대해 다음과 같이 설명했다. 교회의 적은 다른 교회, 다른 교파가 아니며, 그리스도에 반대하는 반기독(反基督), 곧 무신론적인 공

46 "무분별한 환영, 매킨타이어 환영준비명단", ≪기독공보≫, 1959년 11월 23일 자; "ICCC 매킨타이어와 야합 노정", ≪기독공보≫, 1960년 1월 18일 자.

산주의 또는 세속주의, 무종교 등이다. 그런데 현대의 한국 기독교는 교회의 적에 대항해 싸우는 것이 아니라 교회와 교회, 교인과 교인이 대립하고 있고, 교회의 분열은 이 시대를 사는 사람들이 교회에 나가지 않는 좋은 핑계거리가 되고 있다. 이와 같은 불행한 현상은 비교인(非敎人)이 교회에 대해 증오를 품게 할 뿐만 아니라, 교회에 다니는 양심적인 교인들이 교회를 떠나게 하는 가장 큰 이유가 된다고 했다.[47]

소련의 평화 정책과 북한 재건 성공에도 불구하고 이에 대처하지 못한 채 맹목적으로 반공만 외치는 이승만 정권의 무능력, 이승만 정권에 대한 민심의 이반은 한국 기독인들에게 반공을 재정의하게 만들었다.

대한예수교장로회의 기관지 ≪기독공보≫는 1959년 12월 21일 자에서 반공이란 정치적 라이벌을 억압하기 위한 도구가 아니라 "전도, 애국 사상 고취, 부패 행위 방지 등 실력 양성"이라고 주장했다. 만일 반공을 정치적인 도구로 사용하고 국가의 실력 양성에 힘쓰지 않는다면 "국민들이 환멸을 느껴 공산화가 될 수 있다"라고 경고했다.[48]

그러면서 반공은 민주주의 질서 확립과 사회적 빈곤의 제거라는 것으로 재정의했다. 공산주의와의 체제 경쟁에서 이기는 것, 즉 승공론이 출현하기 시작했다.

한경직은 이승만 정권을 독재 정권으로 규정짓고 다음과 같이 비판했다. 1957년 3월 3일 설교에서 그는 "삼팔선이 그냥 있고 북한이 공산도배의 압제 아래 그냥 신음하고 있는" 현재 남한에서 자행되는 "그릇된 애국심을, 우리는 지금도 그렇고 앞으로도 경계하여야 합니다. 애국심이 잘못되어 변태적

---

47 김하태, "문화적 급전기에 처한 한국교회", ≪기독교사상≫, 2권 8호(대한기독교서회, 1958), 66쪽.

48 "기독교 반공단체에 대하여", ≪기독공보≫, 1959년 12월 21일 자.

으로 발전하게 되면 거기서 독재주의가 생기는 것이고, 거기서 배타주의가 생기고, 심지어는 온갖 불법과 테러가 생기는 것입니다"라고 이승만 정권을 비판했다. 이어 국민투표의 중요성과 절량농가를 비롯한 남한 전체의 혼돈에 대해 정당과 정부의 지도자, 사회의 지도자가 책임을 느껴야 한다고 강하게 질타했다.[49] 즉 공산주의자들에게 이기기 위해서는 민주국가 수립의 중요성과 남한 경제의 안정을 강조한 것이다.

1959년 11월 23일 자 ≪기독공보≫에서도 다음과 같이 반공은 단지 정치적 라이벌을 제거하기 위한 것이 아니라 정치적 부패와 사회적 빈곤을 사라지게 했을 때만이 진정한 반공이라고 주장했다.

> 교권을 잡고 사람을 잡아보기 위하여 용공주의 운운하는 것은 악질적인 죄악이 아닐 수 없다. 우리 교회는 그러한 방법으로 방공할 것이 아니요. 공산주의가 뿌리박으며 자라나는 온상이 되는 사회적 부패를 막으며 가난한 자들이 공산주의자들의 감언에 속아 넘어가지 않도록 그들의 생활수준을 향상하는 방향으로 나아가도록 힘써야 할 것이다.[50]

이와 같이 한국 사회 내부에서 정치적 부패 대신 민주주의적 가치의 실천, 사회적 빈곤 제거를 통한 실력 양성만이 공산주의와의 체제 경쟁에서 이길 수 있는 진정한 반공이라고 재정의했다.

1950년대 중후반 이후 기독교인은 반공을 재정의함과 동시에 이를 실천에 옮겼다. 기독교인들의 맹목적인 신앙을 비판하고 공산주의에 대한 구체적인 연구, 전문적인 신학 연구, 기독교가 지향하는 민주주의적 가치에 대한

---

49 한경직, 「성서적 애국심(1957.3)」, 『한경직목사 설교전집. 2』, 329~332쪽.

50 "반공 조공(造共)", ≪기독공보≫, 1959년 11월 23일 자.

교육을 위한 ≪기독교사상≫의 창간, 기독교인들의 단결을 위한 에큐메니칼 운동, 사회적 약자와의 연대를 위해 산업 전도를 전개하기 시작했다.

≪기독교사상≫은 1957년에 발간되었다. 여기에는 서북 출신을 비롯한 월남한 기독교 지식인들이 필진으로 대거 참여했다. 이 잡지는 공산주의에 대한 허구성을 폭로하고 기독교가 지향하는 민주주의적 가치를 선전하기 시작했다. 이러한 점은 ≪기독교사상≫의 편집장이던 김춘배의 글을 통해 잘 드러난다.

> 그리스도교를 연구하되 널리 세계 교회의 사상적 동향에 주의하여 시대적 감각에 둔하지 않으려 하며 그리스도교가 가진 근본 사상을 깊이 궁구하여 밖으로 닥쳐오는 반대 사상에 변증하려는 청년과 학도들의 요구에 수응하며 우리의 당면한 모든 문제를 그리스도교적 입장에서 어떻게 처리하며 해답하여야 할가 하는 것이 이 잡지의 과제이다.[51]

앞의 글에서 김춘배는 "밖으로 닥쳐오는 반대 사상에 변증"하고 "그리스도교가 가진 근본 사상을 깊이 연구하기 위해서" ≪기독교사상≫을 발간했음을 밝히고 있다. 이러한 이유 때문에 대한기독교서회에서 그동안 발간하던 ≪새가정≫을 적자 때문에 폐간한다고 밝혔었다.[52] 그런 적자에도 ≪기독교사상≫을 창간한 것은 그만한 당위성이 있었기 때문이다.

한국 기독교인들은 북한을 비롯한 공산 진영과의 체제 경쟁에서 이기려면 공산주의에 대한 더욱더 구체적인 연구가 필요하다고 판단했다. 이에 따

51 김춘배, "출판계획의 몇가지", ≪기독교사상≫, 2권 3호(대한기독교서회, 1958), 94쪽.

52 윤정란, 「1950년대 『기독교사상』의 창간과 그 방향」, ≪역사학연구≫, 48호(호남사학회, 2012), 201~202쪽.

라 ≪기독교사상≫에서는 공산주의가 무엇인지, 공산주의가 얼마나 허구와 기만에 차 있는지를 설명하기 시작했고, 이러한 공산주의와의 체제 경쟁에서 이기기 위해 민주주의 체제가 완비되어야 한다고 주장했다. ≪기독교사상≫에서는 공산주의에 대한 이해를 돕기 위해 관련 기사를 여러 차례에 걸쳐 실었다.[53]

예를 들어 필자 중 한 사람인 목사 송정률은 그의 글에서 공산주의에 대해 다음과 같이 주장했다. 공산주의자들은 불안, 절망, 대립 충돌이 가속화되어야 공산주의 사회가 빨리 도래한다고 믿기 때문에 오늘날 불안을 더욱 부채질하고 있다는 것이다. 그래서 오늘날의 불안은 이들에 의해 더욱 심해지고 있다고 했다.

그는 공산주의자들이 얼마나 허위로 가득 차 있는지를 몇 가지로 정리했다. 첫째, 역사 과정에서 생산양식이 중대한 영향을 미치는 것은 인정하지만, 인간을 생산양식의 노예나 도구로 보는 데는 찬성할 수 없다고 했다. 이들의 숙명론적 역사관은 인간의 삶과 괴리가 있다. 둘째, 인간 생활은 경제만이 전부가 아니라는 것이다. 진리와 영원, 선하고 아름다운 것들에 대한 동경, 신에 대한 신앙과 희생적인 사랑 등이 인간 문명의 발생과 발전에 지대하게 기여해왔다고 주장했다. 그러므로 인간 문명에 대한 총체적인 파악과 이해가 유물론자들에게는 결여되어 있으며, 이들이 주장하는 생산관계의 신격화는 받아들이기 어렵다는 것이다. 셋째, 유물론자들의 말에 의하면 자본주의가 발달한 나라에 공산주의 사회가 더 빨리 도래해야 할 텐데 현실은 그렇지 못하다는 것이다. 오히려 반봉건적인 나라, 즉 부르주아 경제의 참맛을 보지 못한 나라에서 공산주의가 헤게모니를 장악하고 있다. 넷째, 계급 없는 사회란 통치자와 피통치자, 소유자와 비소유자의 구별이 없는 사회를 의미하는

53 같은 글, 217쪽.

것이 아니라 연구와 직업 선택, 신앙과 행복 추구, 개성이 발전할 기회를 완전히 상실당하고 지배계급이 정해주는 곳에서 지정된 교육을 받으며 명령에 의해 직업을 가지는 등, 개인의 판단을 희생하고 불평 없이 일정한 생산조직의 한 단위로 살아가도록 꾸며진 사회, 곧 대중과 인민의 이름을 빙자한 극소수의 독재 사회라고 강조했다.[54]

송정률은 이러한 공산주의 사회와의 투쟁은 19세기처럼 무력전에 국한되는 것이 아니며, 사상, 경제, 문화, 선전 등 현대 생활의 모든 면에서 싸우는 것이라고 주장했다. 공산주의는 더욱더 적극적인 민주주의의 선전과 실천을 통해서만 물리칠 수 있다는 것이다. 이를 위해 기독교인들은 총력을 결집해 복음 선포와 선교에 나서야 한다고 주장했다.[55]

한국 기독교인들은 교회 내부의 소종파 난립과 분열을 극복하고 공산주의에 맞서 기독교인들의 단결을 위해 에큐메니칼 운동을 전개하기 시작했다. 1956년 10월 회장 한경직의 사회로 진행된 KNCC 총회에서는 에큐메니칼 연구위원을 선출했으며,[56] 1957년 예수교장로회 제42회 총회에서는 한경직을 에큐메니칼 연구위원장으로 선임하고 에큐메니칼 연구위원회를 구성했다. 한경직은 에큐메니칼 운동의 정의와 총회의 기본 방침을 발표했다.[57]

이들이 WCC와 밀접한 관계를 맺고 있었던 것도 WCC의 창립 취지가 반공 투쟁을 위한 에큐메니칼 운동의 전개에 있다고 이해했기 때문이다. 월남

---

54 송정률, "한 그리스도인이 본 현대의 불안", ≪기독교사상≫, 1권 3호(대한기독교서회, 1957), 14~16쪽.

55 송정률, "한국의 장래와 기독교", ≪기독교사상≫, 2권 4호(대한기독교서회, 1958), 15~16쪽.

56 전택부, 『한국에큐메니칼운동사』(한국기독교교회협의회, 1979), 359, 362쪽.

57 김응호, 『한국장로교 100년』(목양사, 1984), 128쪽; 이혜정, 『한경직의 기독교적 건국론』(대한기독교서회, 2011), 172~173쪽.

기독교인들은 UN이 반공 투쟁의 역할을 하지 못해서 WCC가 창립된 것으로 받아들였다. 즉 UN에는 공산주의권 국가들도 참가하고 있기 때문에 반공 투쟁에는 한계가 있으므로 반공 투쟁을 위한 세계적인 단체로서 WCC가 창립된 것으로 이해했고 WCC의 에큐메니칼 운동도 이러한 관점에서 이해했다.[58] 따라서 이와 같이 이해를 했기 때문에 한경직과 월남한 기독교인들은 WCC와 계속 관계를 가지면서 에큐메니칼 운동을 주장하고 이를 실천에 옮겼다.

사회적 약자들이 사회적 빈곤으로 말미암아 공산주의에 기울어지기 쉽다고 생각한 한국 기독교인들은 이들과의 연대를 위해 산업 전도를 하기 시작했다. 목사 홍현설은 산업 전도란 공장노동자들이 공산주의자들이 가장 많이 이용하는 노동조합을 지지하는 것을 방지하고 기독교 사상을 받아들이게 함으로써 진정한 민주주의 사회 건설을 위한 것이라고 주장했다. 그는 이러한 주장을 뒷받침하기 위해 스위스 신학자 에밀 브루너(Emil Brunner)의 말을 인용했다. 브루너는 일본에서 기독교인들은 공산당이 가장 많이 이용하는 노동조합과 긴밀히 접촉해 놀랄 만한 성과를 거두었다고 주장했다. 즉, 공장의 소수 기독교인이 성경 연구반이나 기도단 같은 것을 조직해 공산당의 전술 방법처럼 내부로 침투해 좋은 결과를 얻었다는 것이다.[59] 이와 같은 이유로 한국 기독교인들도 산업 전도에 뛰어들었다. 예수교장로회에서는 1957년 4월 전도부 산하에 산업전도위원회를 설치했다. 이 사업은 동아시아기독교연합회(The East Asia Christian Conference) 산업전도부의 협동 총무인 헨리 존스(Henry D. Jones)의 방한으로 이루어졌다. 그는 미 연합장로교에서 아시아 지역의 산업 전도를 위해 파송한 선교사였다. 당시 예수교장로회에서 군 선

58 "에큐메니칼 해부", ≪기독공보≫, 1959년 11월 16일 자.

59 홍현설, "산업전도에 대하여", ≪기독교사상≫, 3권 1호(대한기독교서회, 1959), 32~33쪽.

교와 마찬가지로 중요하게 생각한 것이 산업 전도였다. 존스는 예수교장로회 총회 본부 회의실에서 총회와 선교부 대표들과 연석회의를 열고 이 사업을 개시하도록 요청했다. 같은 해 4월 12일에는 산업전도위원 5명이 총회 회의실에서 제1회 위원회를 개최하고 사업 계획 예산안을 심의·결의했다. 그리고 산업 전도를 연구하기 위해 총무 황금찬 목사를 국내에, 회계 로버트 어쿼트(Robert C. Urquhart) 선교사를 타이완과 일본에 파견했다. 이러한 산업 전도 시찰을 통해 구체적인 방안을 마련하려고 한 것이다. 같은 해 7월에는 그 방안을 검토하고 문서 운동부터 시작하기로 결정한 후 문서를 평신도들이 활동하고 있는 공장에 배부했다. 문서는 산업 전도용 찬송가, 쪽복음, 성구 포스터, 전도지 등이었다. 동시에 기독학생 노동문제연구회도 설치했다. 1957년 11월에는 어쿼트를 산업전도위원회의 협동 총무로, 오철호를 전임간사로 채용했다. 1958년 3월에 예수교장로회 총회에서는 존스를 재차 초청해 서울, 인천, 대전, 부산, 광주, 전주, 문경 등지에서 교역자, 평신도, 노동자 대표 등을 중심으로 산업전도연구회를 개최했다. 그리고 전도사 3명을 채용해 영등포 지구에 2명, 안양 지구에 1명을 파견했다. 같은 해 6월에는 마닐라에서 개최된 제1회 아시아 산업전도대회에 대표 4명이 참석했다. 11월에는 미국 연합장로교의 장로이자 미국 강철 노동조합의 간부인 존 램지(John G. Ramsay)가 방한한 것을 계기로 인천, 대전, 부산 등 주요 도시에서 산업 전도 연구 모임을 가진 후 각 지방 산업전도위원회를 설치했다. 1960년 1월에서 2월까지 어쿼트와 오철호는 전국을 순회하며 조직을 확대·강화했다. 12개 도시에 산업전도위원회가 조직되었다. 1960년에는 3월 10일을 노동절 주일로 제정하고, 이 주일에는 노동 주일예배와 행사를 개최하며 헌금은 모두 산업 전도에 사용하기로 결의했다.[60]

---

60 "아세아산업전도대회에 대표들 향비(向比)", ≪기독공보≫, 1958년 6월 2일 자; "총회 '산

1960년대 박정희 정권이 내세웠던 '승공' 담론은 지금까지 살펴본 바와 같이 1950년대 중후반부터 월남 기독교인들에 의해 발아되기 시작했다. 그래서 1950년대 후반 이후 기독교인들의 반공의 재정의는 4·19와 5·16을 지지하는 배경이 되었던 것이다.

4. 4·19, 5·16에 대한 지지와 '승공' 담론의 확산

1950년대 후반이 되자 이승만 정권은 국외 정세의 변화에 대한 무능력한 대처로 위기에 봉착했다. 이 정권에서 내세웠던 반공을 위한 무력적 북진 통일론은 점차 설득력을 상실해갔다. 이승만 정권은 1960년 정·부통령 선거에서 권력 유지를 위해 노골적이고 대대적인 부정선거를 자행했다.

1960년 3월과 4월에 걸쳐 부정선거에 항의하는 시민 봉기가 일어났다. 이 봉기로 이승만 정권은 4월 26일 마침내 붕괴되었다. 시민들은 이승만 정권에 대해 민주주의를 짓밟은 독재 정권으로 규정지었다. 예를 들어 시민 봉기에 앞장섰던 대학생들은 언론, 집회, 결사의 자유가 보장되어야 함은 물론 국민에 의해 선출된 정부와 입법부는 국민의 의사를 존중하며 전 국민을 위한 정부가 되어야 한다고 주장했다.[61]

1960년에 4·19가 일어나자 KNCC는 이 시민 봉기를 지지하면서 「이 대통령에게 드리는 건의문」이라는 성명서를 발표한다.

전위(産傳委)' 창설 3주년", ≪기독공보≫, 1960년 3월 21일 자; 대한예수교장로회 총회 전도부 산업선교위원회 엮음, 『교회와 도시산업선교』(대한예수교장로회총회교육부, 1981), 33~34쪽.

61 학민사편집실 엮음, 『(4월혁명자료집) 4.19의 민중사』(학민사, 1984), 76쪽.

우리나라가 단기 4287년 8월 15일 하나님의 특별한 은혜로 해방의 기쁨을 맞이하였을 때 우리는 이 나라를 정의의 토대 위에 재건할 엄숙한 사명을 하나님 앞에서 받은 줄로 믿사오며 6·25 공산군 침범 이래로는 또한 전 세계 민주국가 진영의 최전선에서 공산 세력에 대결할 중대한 책무가 우리나라에 부과되었다고 믿나이다.

그러나 불행히도 단기 4285년 부산에서의 정치파동 이래 민주국가 건설과 사회 정의 수립에 역행하는 여러 가지 사실이 정계에 누적되어 민심이 불안하던 중 금반 3·15 부정선거에 이르러서는 국민의 민주주의적 최후 기본 권리마저 박탈당하여 공산주의와 싸울 민주주의 지반을 상실했으며, 이 부정 선거에 반발해 일어난 마산 사태에 대해서도 당국도 오히려 유혈의 강압수단으로 임하게 되자 전 국민의 사무친 울분은 마침내 폭발되고 말았다는 이 엄연한 현실을 직시 심사하시옵소서.[62]

KNCC가 4·19를 지지하는 이유는 이승만 정권이 공산주의보다 더 우위의 체제인 민주주의를 유린했기 때문이라는 것이다. 그리고 한국 기독교인들은 기존의 반공 논리로는 한국 사회와 소통하기 어렵다고 보았다. 즉, ≪기독공보≫는 기존의 반공 논리의 문제점을 다음과 같이 지적했다.

지금 국민은 반공이라는 이름이 붙은 단체에 호감이 없다. 그 이유는 저희가 반공을 하지 않고 다른 짓을 하여 국민을 괴롭혔기 때문이다.[63]

이와 같이 한국 기독교인들은 기존의 반공을 비판함과 동시에 이승만 정

62 한국기독교교회협의회 70년 역사편찬위원회 엮음, 『하나되는 교회, 그리고 세계』, 226쪽.
63 "반공단체는 무엇을 했나", ≪기독공보≫, 1960년 5월 2일 자.

권이 지향한 것은 경찰국가라고 단정했다. 이 경찰국가는 종교, 언론, 집회, 결사의 자유가 보장되어 있지 않은 공산주의 국가 체제를 가리킨다는 것이었다. 한국은 민주주의의 전초기지로서 공산주의 국가 체제와 비교해 민주주의 국가 체제의 우월성을 세계에 보여주어야 했음에도 불구하고 그렇지 못했다는 것이다. 한국은 종교, 언론, 집회, 결사의 자유가 보장되는 나라를 지향하고 있었는데, 이승만 정권은 경찰국가로 나아가고 있었다고 주장했다. 비록 이승만 정권에 의해 제한을 받기는 했지만 종교, 언론, 집회, 결사의 자유가 어느 정도 인정은 되고 있었기 때문에 분명히 한국은 민주주의 체제를 지향하는 국가라는 것이었다.[64] 반공이라는 것은 공산주의 체제와 경쟁해 민주주의 제도가 더 우월하다는 것을 보여주는 것으로 정의했다. 즉, 1950년대 중후반 이후 한국 기독교인들에게서 발아되기 시작한 승공론이었다.

승공이라는 용어를 처음 사용한 인물은 4·19 직후 평안남도 정주 출신으로서 예수교장로회 소속의 연세대학교 초대 총장 백낙준이었다. 언론에서는 그를 승공론자라고 불렀다. 백낙준은 "우리 사회의 모든 시책이 어느 공산 진영 그 집단 사회의 시책보다 나아야만 될 것입니다"라고 주장했다.[65]

그런데 4·19 이후 학생을 비롯해 사회 일각에서는 한국 기독교인들의 주장과는 달리 냉전 구도에서 벗어나려는 움직임이 확대되었다. 1960년 6월 이후 중립화 통일론, 남북협상론 등의 민간 통일 운동이 시작되고 사회주의 이념을 내세운 사회당이 창당되었다.

이러한 상황에서 북한의 경제 부흥 소식은 남한의 언론을 통해 빠르게 전파되었다. 예를 들어 ≪세계≫, ≪사상계≫는 북한의 천리마운동을 비판하기 위한 기사를 실었지만, 북한의 경제 부흥에 대해서는 '괄목'할 만하다는

64 편집부, "한국은 경찰국가인가", ≪기독교사상≫, 4권 5호(대한기독교서회, 1960), 10~11쪽.
65 "참의원으로 통하는 길", ≪경향신문≫, 1960년 8월 6일 자.

것을 인정하고 있었다. 이러한 현실에서 학생들이 주장하는 중립화 통일론은 한국 기독교인들 입장에서는 두렵고 무서운 일이었다.[66]

이에 위기감을 느낀 군 정훈 정보 장교 출신들은 같은 해 10월 4일 국민반공계몽단을 조직했다.[67] 단장 박영남은 황해도 재령에서 장로교 계통의 명신중학교를 졸업하고, 1948년 서울사범대학에 입학한 후 1950년에 졸업했다. 이어 한국전쟁이 발발하자 육군종합학교 정훈 장교 과정에 입교해 전쟁을 치르고, 1957년에 예편했다.[68] 그는 서북 지역 기독교인들과 지연, 학연으로 연결되어 있는 인물이었다. 이들은 1961년 1월 「중립화론은 이래서 반대한다」,[69] 같은 해 2월에는 '전국 학생에게 보내는 공개서한'으로 「우리는 왜 공산주의를 반대하는가」라는 성명서를 언론 지상에 발표했다.[70]

한국 기독교인들은 중립화 통일 논의에 신중을 기할 것을 주장했다. 중립화 통일론이 설득력을 가지기 위한 기본 전제는 공산주의 체제보다 우월해야 가능하다는 것이었다. 즉, 민주주의 제도 확립과 경제적인 안정이 필수조건이라는 주장이었다. 공산주의의 선전 공세를 능가할 이론적인 무장이 확고해야 하고 국민 대중의 경제적 생활의 안전을 보장할 수 있는 경제정책을 확립해야 한다는 것이었다. 오늘날 한국의 절박한 문제는 대중의 경제적 생

66 김삼규, "'천리마' 운동과 폭정", ≪세계≫, 20호(국제문화연구소, 1960), 78~83쪽; 박동원, "'천리마운동'하의 북한경제", ≪사상계≫, 89호(사상계사, 1960), 101쪽.

67 후지이 다케시, 「4·19/5·16 시기의 반공체제 개편과 그 논리」, 15쪽. 후지이 다케시는 국민반공계몽단과 군사 정변 주체들이 어떤 연관성이 있을 것이라는 문제를 제기했다. 그 근거로 이들의 연배가 군사 정변 주체들과 비슷하고 정변 모의 시점이 1960년 9월이라는 점을 들었다. 이 문제에 대해서는 심층적인 연구가 수반되어야겠지만, 육군 정보국에 서북 출신들이 많았기 때문에 개연성은 충분할 것으로 보인다.

68 「국민반공계몽단 등록의 건」, 국가기록원 소장 자료, 관리번호: BA0136498(1960).

69 "중립화론은 이래서 반대한다", ≪경향신문≫, 1961년 1월 21일 자.

70 "전국학생에게 보내는 공개서한", ≪경향신문≫, 1961년 2월 9일 자.

활을 안정시켜주는 것이며, 이것을 실현해내지 못하면 민주 진영 자체 안에서의 혼란으로 자멸해버리고 만다고 주장했다.[71]

급기야 1960년 12월, 학생들의 집단 월북 사건이 일어났다. 16일 새벽 전남 진도군 죽도 남방 5마일 해상에서 53명의 고등학생과 대학생이 여객선을 점령하고 월북을 기도하다 실패하고 부근을 지나던 어선 포리호와 선원을 납치해 월북한 사건이 일어났다. 이 집단 월북 사건은 큰 파장을 일으켰다.[72] 이러한 사건은 한국 기독교인들에게는 거의 공포에 가까운 일이었다.

감리교 목사 홍현설은 한국 기독교인들이 공산 진영과 맞서 싸우기 위해서는 생활 반공이 되어야 한다고 강조했다. 즉, 시장, 공장, 빈민굴, 학교, 회사, 관청 등 어디든지 '기독교인의 세포 조직'을 만들어 사람들의 생활 속으로 들어가야 한다는 것이다. 만일 교회가 가난하고 소외된 이웃에 대해 관심을 갖지 않는다면 이들은 공산 진영으로 넘어가게 될 것이라고 하면서 생활 속에서 실천하는 반공을 주장했다.[73] 장로교 목사 박창환과 강원용은 현재 기독교인들이 무엇을 해야 하는지에 대해 다음과 같이 주장했다. 박창환은 공산주의자들이 그들만의 독특한 이념과 선전, 실천적 행동으로 민중에게 호소할 때 우리들은 방관만 하고 있다가 송두리째 삼켜버림을 당한다고 하면서 "오늘 당장 우리에게 손 벌리고 애원하는 사람들에게 참사랑을 베풀자"라고 말했다.[74] 강원용 또한 기독교인들은 비신자들보다 더 긴밀한 유대를

---

71 강원용, "남북통일과 우리의 과제", ≪기독교사상≫, 5권 2호(대한기독교서회, 1961), 46~47쪽.

72 "목포 근해서 집단 월북 사건", ≪동아일보≫, 1960년 12월 17일 자; "집단월북사건 정계에 일대 충격", ≪경향신문≫, 1960년 12월 17일 자.

73 "공산주의와 대결하는 신앙", ≪크리스찬신문≫, 1960년 12월 10일 자. 김용복, 「민족 분단과 기독교의 대응」, 한국기독교사회문제연구원 엮음, 『분단현실과 통일운동』(민중사, 1984), 225~226쪽 재인용.

74 "중립 통일되면 크리스챤은 어떻게 살아야 하는가?", ≪크리스챤신문≫, 1961년 1월 14일

맺어 인간 존엄성, 자유의 가치, 사회 정의 등을 실현하려 해야 하며 "민족 속에 들어가 적극적으로 분투노력해야 한다"라고 강조했다.[75]

이러한 분위기에서 1961년 5월 16일 박정희의 주도로 군사 정변이 일어났다. 제5장에서 살펴본 바와 같이 박정희는 서북청년회 출신들이 대거 차지하고 있는 육사 5기와 육사 8기를 지지 기반으로 삼아 군사 정변을 일으켰다. 육사 8기의 서북청년회 출신 군인들은 4·19 직후 군대에서 정군 운동을 주도했다. 그들은 이승만 정권과 밀착된 중장급 이상 장성의 퇴진을 요구했다. 그런데 중립화 통일론, 남북협상론이 사회 일각에서 제기되자, 위기감을 느꼈다. 전술한 바와 같이 군 정훈·정보 장교 출신들은 중립화 통일론을 반대한다는 성명서를 발표했으며, 군사 정변의 핵심 세력으로서 서북청년회와 육사 5기 출신인 채명신은 군사 정변을 왜 지지할 수밖에 없었는지에 대해 다음과 같이 말했다. 그는 5·16 군사 정변 직후 주한 미8군사령관 카터 매그루더(Carter B. Magruder)에게 장면 정부는 무능한 정권이며, 사회는 혼란하고, 학생들은 평양으로 가겠다고 하는 이 상황에서 자칫하면 한국이 공산화될 수 있기 때문에 정변이 불가피했음을 주장했다. 채명신은 월남한 사람이 600만 명인데, 공산화가 되면 이들이 갈 곳도 없으며, 최악의 경우는 죽음밖에 없다고 강조했다.[76] 이런 중에 1961년 5·16 군사 정변이 일어나자 한국 기독교인들은 이를 적극적으로 환영했다. KNCC에서는 다음과 같은 성명서를 발표했다.

> 금반 5·16 군사혁명은 조국을 공산 침략에서 구출하며 부정과 부패로 기울어

자. 김용복, 「민족 분단과 기독교의 대응」, 226쪽 재인용.

75 강원용, 「남북통일과 우리의 과제」, 47쪽.

76 채명신, 『(채명신회고록) 사선을 넘고 넘어』(매일경제신문사, 1994), 389쪽.

져 가는 조국을 재건하기 위한 부득이한 처지였다고 생각하며 그 애국정신을 높이 평가하는 동시에 발표된 혁명 공약 실천에 있어서 과감하고도 민속(敏速)한 모든 시책을 환영하는 바입니다. …… 조속한 시일 내에 혁명 공약을 성취시켜 금반 혁명 정신을 계승하는 민주 정부를 수립하여 우리나라 역사상 새 기원을 만들며 나아가 자유 민주통일 조국이 하루빨리 이룩되기를 기원하는 바입니다.[77]

≪기독공보≫에서도 5·16 군사 정변을 지지하면서 중립화 통일론을 주장하는 학생들의 행동은 도를 넘었으며, 공산주의를 경험하지 못했기 때문에 하는 행동이라고 비판했다. 그리고 장면 정권도 더는 기대할 수 없는 정권이라고 주장했다.[78]

현영학은 ≪기독교사상≫ 1961년 7월호에 군사 정변을 지지하는 글을 실었다. 그는 "군사 혁명은 군 독재의 위험성을 내포하고 국민에게 위압감을 주기 때문에 적극 환영할 수는 없지만 어쩔 수 없는 선택"이라고 하면서, 군사 정변의 주역들이 내세운 "민족의 숙원인 국토 통일을 위해 공산주의와 대결할 수 있는 실력 배양에 집중할 것"이라는 '혁명 공약'을 지키기 바란다고 했다. 그리고 다음과 같이 덧붙였다.

실질적인 반공 체제가 확립되고 동남아, 남북미주, 구라파, 아푸리카 및 중동 여러 나라와의 친선과 유대의 강화가 이룩되고 부패와 부정이 소탕되는 한편 국민의 도의가 세워지고 국민의 근로정신과 국가 자주 경제가 성취되고 국군의 실력이 배양될 때에 우리의 사는 날이 오는 것이다.[79]

---

77 한국기독교교회협의회 엮음, 『기독교연감』, 295쪽.

78 "반공에 기대", ≪기독공보≫, 1961년 5월 22일 자.

KNCC, ≪기독공보≫, ≪기독교사상≫이 박정희의 군사 정변을 지지한 것은 공산주의 체제보다 우위에 설 수 있는 실질적 반공 체제의 확립인 '승공'을 원했기 때문이다. 5·16 군사 정변 이후 군사정권은 가난은 죄이며, 승공을 위해서는 가난에서 벗어나야 한다는 주장을 내세워 반공을 국가적 차원에서 재구성했다.

한국 기독교인들이 제기했던 승공 담론은 일반 군사정권 지지자들에 의해 널리 홍보되고 선전되었다. 예를 들어 당시 ≪조선일보≫ 주필이던 유봉영은 승공이 필요한 이유를 다음과 같이 주장했다. 민주주의와 공산주의의 차이는 자유가 있느냐 없느냐인데, 이 자유를 향유하기 위해서는 경제적 토대가 없이는 어렵다는 것이었다.[80] 이러한 논리는 민주주의 체제를 유보한 채 경제적 성장부터 먼저 달성해야 한다는 논리로 전개되었다.

천주교는 4·19로 장면 정권이 탄생하자 천주교의 정치적·사회적 영향력의 확대를 기대하며 환호했다. 그 뒤 5·16 군사 정변이 일어나자 천주교도 기독교와 마찬가지로 지지를 표명했다. 지지를 하기는 했으나 기독교의 지지와는 차이가 있었다. 천주교는 공산화를 막기 위해 군사 정변을 지지한다고 했으나,[81] 기독교처럼 승공을 위한 지지는 아니었다. 군사정권과 기독교는 반공을 위해 경제적인 부의 성장을 최고의 가치로 두었다. 그러나 천주교는 경제적인 부에 대한 지나친 신념을 경계했기 때문에 군사정권을 절대적으로 지지하기에는 어려운 면이 있었다. 예를 들어 군사정권이 정권 초기 경제적인 부를 달성하기 위해 가족계획 사업을 발표했을 때 기독교에서는 환영을 표했지만, 천주교에서는 반대의 입장을 표명했다. 이러한 사업을 완전

---

79 현영학, "5·16 혁명과 한국교회의 과제", ≪기독교사상≫, 5권 7호(대한기독교서회, 1961), 65쪽.

80 유봉영, "제3공화국과 승공", ≪공군≫, 81호(공군본부 정훈감실, 1963), 100쪽.

81 강인철, 『저항과 투항: 군사정권들과 종교』(한신대학교 출판부, 2013), 54~55쪽.

히 유물론적 해결책이라고 주장했다.[82]

승공 담론은 군사정권에 의해 국시로 승격되었다. 1961년 5월 19일 군사 정변 주체로 이루어진 혁명위원회에서는 혁명 공약 6개 항을 발표했는데, 제1항이 "반공을 국시의 제일의(第一義)로 삼고 지금까지 형식적이고 구호에만 그친 반공 태세를 재정비·강화한다"라는 것이었다.[83] 당시 ≪기독공보≫는 "'반공' 국시를 선명히 한 것은 한줄기 서광과 힘을 우리 앞에 준 것이리라"고 하면서 적극적으로 지지했다.[84] 1961년 5월 20일의 국가재건최고회의에서는 "5·16혁명의 구호를 '간접 침략의 분쇄'로 결정했다"고 발표했다.[85] 군사 정변의 주체들은 간접 침략을 "사회의 무질서와 빈곤"으로 규정했다.[86] 승공 담론이 군사정권의 국시로 승격된 것이다.

또한 1962년 5월 아시아민족반공연맹 임시 총회 제1분과 위원회에서는 서울에 자유센터를 건립할 것을 결의했다. 이는 한국 측 대표들이 제안한 것으로,[87] 공산주의를 체제 혹은 이념이 아니라 정상적인 발전 단계에서 벗어난 병리학적 현상으로 인식하고 공산주의에 대해 철저히 연구하기 위해 만들어진 것이다.[88] 1950년대에 ≪기독교사상≫에서 연구하기 시작한 공산주의를 이제는 국가적 차원에서 다루게 된 것이다.

5·16 군사 정변 이후 승공을 제기한 한국 교회와 군사정권의 결합은 한국 사회가 경제적 성장을 이루는 데 강력한 힘의 원천이 되었다. 그리고 대

82 "'산아제한 반대한다' 한국 천주교 주교단에서 성명 발표", ≪조선일보≫, 1961년 9월 29일 자.

83 "혁명내각에 요망한다", ≪경향신문≫, 1961년 5월 21일 자.

84 "반공에 기대", ≪기독공보≫, 1961년 5월 22일 자.

85 "간접침략의 분쇄", ≪동아일보≫, 1961년 5월 21일 자.

86 후지이 다케시, 「4·19/5·16 시기의 반공체제 개편과 그 논리」, 22~23쪽.

87 "서울에 자유센터", ≪동아일보≫, 1962년 5월 15일 자.

88 김활란, 『그 빛 속의 작은 생명: 우월 김활란 자서전』(이화여자대학교출판부, 1965), 358~359쪽.

다수 한국인이 이러한 논리에 압도되면서 경제성장을 위한 강력한 동력이 되었다.

5. 맺음말

이 장에서는 한국전쟁의 경험으로 형성된 한국 기독교인들의 반공주의가 어떻게 민주주의 수호를 요구하던 1960년 4·19 시민봉기를 지지하고, 이어 민주주의를 후퇴시킨 1961년 5·16 군사 정변을 지지하는 모순적인 모습을 보인 것인지에 대해 살펴보았다. 그러면서 어떻게 군사정권과 한국 기독교인들이 결합할 수 있었는지 반공주의를 통해 규명해보았다.

한국 기독교는 한국전쟁을 통해 교회를 넘어 전 사회적으로 반공의 상징으로 부각되었으며, 한국전쟁 당시에는 한국군의 대공 심리전과 사상전에서 중심적인 역할을 했다. 한국전쟁은 한국 기독교인들에게 반공을 종교적 차원으로까지 승화시켰다.

한국 기독교인들이 공산주의를 인식하게 된 것은 일제강점기이지만, 당시에는 전멸시켜야 할 적으로 간주하지는 않았다. 오히려 서로 협력하면서 민족운동에 나섰다. 그러나 1945년 광복 이후 미군정과 소군정이 한반도에 입성하자 이러한 공존에 균열이 가기 시작했다. 소군정과 김일성의 연합 정권에 의해 탄압을 받고 월남한 서북 출신 기독교인들은 대공 투쟁의 선봉에 섰지만 모든 기독교인의 지지를 전격적으로 받지 못했다. 그러나 한국전쟁으로 모든 기독교인은 대공 투쟁에 앞장서게 되었다. 한국전쟁이 발발했을 때 한국 기독교인 중 일부는 전쟁을 신의 심판론으로 이해하기는 했으나, 대다수 기독교인은 전쟁을 겪으면서 공산주의자들을 『성서』의 사탄과 동일시했다. 이러한 사탄론과 함께 선민의식, 구원론도 등장했다. 이와 같은 사고를 기반으로 한국 기독교인들은 한국 사회를 대표하는 '전투적 반공주의자'가 되었다. 이를 주도한 것이 월남한 서북 출신 기독교인들이었다.

그러나 1950년대 중후반 이후 월남한 서북 출신 기독교인들을 비롯한 한국 기독교인들은 반공을 재정의하기 시작했다. 그것은 국외의 변화와 국내 현실에 따른 것이었다. 1950년대 중후반 소련은 제3세계로의 팽창, 북한은 전후 재건에서 성공을 거두고 있었다. 이에 반해 국내 현실은 암담했다. 민심은 정부로부터 멀어지고 있었고 한국 정부와 미국 정부의 관계는 계속 소원해지고 있었다. 이승만 정권은 미국 여론을 움직일 수 있는 천주교와 월남한 서북 출신 기독교인들에게도 적대적이었다. 오히려 이승만은 그들을 용공주의자로 공격했다. 이러한 국내 현실에서 사상전을 위해 십자군이 되어야 할 교회는 신종파의 난립, 분열 등으로 그 역할을 수행하지 못하고 있었다. 이로 인해 많은 교인이 교회를 떠나고 일반인들은 교회를 혐오하는 현상까지 생겼다.

한국 기독교인들은 이승만 정권이 주장하는 맹목적이고 전투적인 반공주의를 비판했다. 대신에 반공을 민주주의 질서 확립과 경제적 안정을 통해 공산주의와의 체제 경쟁에서 승리하는 것이라고 재정의했다. 즉, 승공론을 주장하기 시작한 것이다. 반공을 이와 같이 재정의함과 동시에 이를 실천에 옮겼다. 공산주의와의 사상전을 위해 ≪기독교사상≫을 창간하고, 기독교인들의 단결을 위한 에큐메니칼 운동을 펼쳤으며, 사회적 빈곤으로 사회적 약자들이 공산주의를 따르지 않도록 하기 위해 이들과 연대하고자 산업 전도 사업을 전개하기 시작했다.

1950년대 중후반 이후 기독교인들의 반공의 재정의는 4·19를 지지하는 배경이 되었다. 그런데 4·19 이후 한국 사회는 월남 기독교인들이 원하는 방향으로 흘러가지 않았다. 이에 한국 기독교인들은 반공을 다시 주장하면서 5·16을 지지했다. 한국 기독교인들이 제기했던 승공 담론은 5·16 이후 국가적 차원에서 재구성되었다. 승공 담론은 군사정권에 의해 국시로 승격되었다. 가난은 죄이며, 승공을 위해서는 가난에서 벗어나야 한다는 것으로 반공은 국가적 차원에서 재구성되었다. 군사정권과 승공을 제기한 월남한 서북 출신 기독교인을 비롯한 한국 기독교들과의 결합, 그리고 가난에서 벗어나고자 했던 대다수 한국인의 승공론에 대한 지지는 한국 사회를 경제적으로 성장시키는 강력한 원천이 되었다.

사례

박정희 정권과 한국 기독교인들의 연대

/

가족계획 사업을 중심으로

1. 머리말

이 장에서는 박정희 정권과 한국 기독교인들의 협력 관계를 구체적으로 보여주는 가족계획 사업에 대해 살펴보고자 한다.

1960년의 5·16 군사 정변을 통해 탄생한 박정희 정권은 제1차 경제 개발 5개년 계획을 발표했다. 그 계획 중 하나가 가족계획 사업이었다. 이 사업에 한국 기독교인들은 적극적으로 참여했다. 반면 천주교에서는 이 사업을 둘러싸고 박정희 정권과 갈등을 겪었다. 천주교는 가족계획 사업에 문제가 있다고 지적하면서, 이에 반대한다는 입장을 발표했다.[1]

산아제한의 필요성을 계속해서 밝혀온 기독교는 1960년대 중반 이후부터 조직적으로 이 사업에 가담하기 시작했다. 기독교 잡지를 통해 가족계획의

1 구체적인 내용은 강인철, 『저항과 투항: 군사정권들과 종교』(한신대학교 출판부, 2013), 364~368, 398~400쪽 참조.

중요성을 계속 홍보했으며, 한국기독교개혁선교회에서는 이동 진료반을 조직해 가족계획 운동을 전개했다.[2] 1970년대 이후에는 한국기독교교회협의회[The National Council of Churches in Korea: NCCK, 한국기독교연합회(KNCC)의 후신][3]가 이 사업을 주도하면서 기독교인들은 본격적으로 가족계획 사업에 참여했다. 월남한 서북 출신 기독교인들의 집결지인 영락교회에서는 남전도부 주최로 가족계획 사업과 관련된 강좌를 개최하는 등 이 사업에 관심을 갖고 적극적으로 참여했다.

따라서 이 장에서는 생명 윤리를 중요시하는 기독교가 천주교와 달리 왜 이 사업에 적극적으로 참여하면서 박정희 정권과 연대했는지에 대해 밝혀보고자 한다. 이는 앞에서 설명했듯이 박정희 정권과 한국 기독교인들의 협력 관계를 잘 보여주는 사례라고 할 수 있다. 먼저 가족계획 사업에 대한 이해를 돕기 위해 관련 역사에 대해 개괄하고, 기독교인들의 가족계획 사업 지지와 참여의 배경, 가족계획 사업에 대한 성서적 해석, 기독교 여성들의 가족계획 사업 참여 등을 순서로 논지를 전개하고자 한다.

2. 역사적 개괄

가족계획 사업은 과거에 산아제한, 피임법, 임신 조절, 수태 조절 등의 용어로 사용되었다. 한국에서 인구 문제에 관심을 가지기 시작한 것은 구한말부터였다. 이 시기에는 민족의 자강을 위해 인구를 증식해야 한다고 주장했

---

2 같은 책, 365쪽.

3 KNCC는 1969년 3월 28일 제22회 총회에서 NCCK로 명칭을 변경하기로 결정했다. 전택부, 『한국에큐메니칼운동사』(한국기독교교회협의회, 1979), 428쪽.

다.[4] 산아제한 혹은 산아 조절이라는 용어가 등장하게 된 것은 1920년대 이후였다. 우생학의 보급,[5] 미국 산아제한론자 마거릿 생어(Margaret Sanger)의 방한[6] 등으로 조선의 지식인 사이에서도 출산 문제에 대한 담론이 형성되기 시작했다. 특히 사회주의자들의 단체인 서울청년회,[7] 조선여성동우회 등에서 관심[8]을 가지고 이 문제에 대해 토론회를 개최하기도 했다. 1933년 조선우생협회가 발기되어, 우생학적 산아제한에 대한 강연회나 잡지 ≪우생≫의 발간 등을 통해 더욱더 조직적으로 주장하기 시작했다.[9]

그러나 일제강점기에는 출산 문제가 담론에 그칠 수밖에 없었다. 일제 당국이 법률로 피임법을 금지하고 있었기 때문이다. 산아제한에 관심을 기울이던 한 지식인은 피임법에 대해 "여기에 발표할 자유가 없다. 개인적으로 말하는 것은 상관없지마는 피임법을 공표하는 것은 일본 법률이 허락지 않는다. 다만 잇는 정도로 말하려고 한다. 탈선하지 않기 위하여 전부 다른 책에서 인용하기로 한다"[10]라고 하며 일본 법률을 피해갔다.

일제강점기에 담론에만 그쳤던 출산 문제는 광복 이후 정부 관료가 정부 당국에서 관심을 기울여야 할 문제로 제기했지만, 이승만은 남북 총선거가

---

4 소현숙, 「일제시기 출산통제담론 연구」, ≪역사와 현실≫, 38호(한국역사연구회, 2000), 224쪽.

5 "제2회 학우회 순회강연", ≪동아일보≫, 1921년 7월 22일 자.

6 일기자, "사회일지(4월)", ≪개벽≫, 3권 23호(개벽사, 1922). 마거릿 생어는 일본을 거쳐 1922년 4월 6일 한국을 방문한 뒤 중국으로 떠났다.

7 "산아제한 가부(可否)토론회", ≪동아일보≫, 1924년 9월 11일 자; "산아제한토론 연사도 결뎡", ≪동아일보≫, 1924년 9월 14일 자.

8 「조선여성동우회 주최 강연회 보고」, 『검찰행정사무에 관한 기록 2』[경종경고비(京鍾警高秘)](제12300호의 2)(경성종로경찰서장, 1924.10.2), 165쪽.

9 소현숙, 「일제시기 출산통제담론 연구」, 240~246쪽.

10 「산아조절의 의의와 현세, 동광대학 제7강 사회문제편」, ≪동광≫, 25호(동광사, 1931), 93쪽.

실시될 때 남한의 인구가 적으면 안 된다는 논리를 펼쳐 출산 문제를 언급하지 못하게 했다. 한국전쟁 이후 1950년대에 여성들은 생존을 위해 스스로 출산을 조절했다. 1950년대 중반 이후 여성 잡지 ≪여원≫, ≪주부생활≫ 등은 출산 문제에 깊은 관심을 두어 이 문제를 공론화했으며, 1958년에 조직된 대한어머니회가 민간 차원에서 출산 조절 보급 운동을 조직적으로 시작했다. 대한어머니회에서 주장한 출산 조절 보급 운동은 모성 보호에 근거한 것이었다.[11]

이러한 역사적 과정 속에서 출산 조절 문제를 둘러싸고 모성 보호, 우생학적 산아제한, 여성의 사회 진출 등 다양한 담론이 전개되었으나, 1962년 제3공화국의 가족계획 사업이 시작되면서 이 모든 담론이 인구 억제 문제로 귀결되고 말았다. 정부에서는 모성 보호를 주장하던 대한어머니회를 배제하고,[12] 1961년에 의료인 중심으로 조직된 대한가족협회의 경제적 측면만 강조한 인구 억제 정책을 수용했다.[13]

1962년부터 시행된 가족계획 사업은 1980년까지 사업이 강화되었으며, 인구 감소가 예상되자 30여 년 만인 1996년 6월에 폐지되었다. 1960년대 '사업'의 역점은 상담과 서비스를 제공하는 것이었다. 1962년에는 전국 183개 보건소에 가족계획 상담소를 설치하고 간호사 자격 또는 조산사 자격 소지자 2명을 배치했으며, 1963년에는 선임 지도원 1명을 각 상담소에 추가로 배치했다. 1964년에는 전국의 각 시와 도에 가족계획 사업 담당계가 설치되었으며, 1473개 읍과 면에 가족계획 요원을 배치하고 홍보에 주력했다. 1968년

---

11 이진경, 「한국 '가족계획사업'의 생체정치학」, ≪문화과학≫, 33호(문화과학사, 2003), 182쪽.

12 배은경, 「가족계획 사업과 여성의 몸: 1960~70년대 출산조절 보급 과정을 통해 본 여성과 '근대'」, ≪사회와 역사≫, 67호(한국사회사학회, 2005), 273쪽.

13 이진경, 「한국 '가족계획사업'의 생체정치학」, 189쪽.

에는 도시 지역 보건소에 165명의 요원을 추가로 배치하고,[14] 전국의 이(里)와 동에 가족계획어머니회를 조직해 세 자녀 갖기 운동과 피임 보급 확산에 주력했다.[15]

1970년대에는 여성 불임 시술을 확대 실시하고 조건부 임신 중절을 합법화하는 '모자보건법'을 제정했다. 이를 위해 각종 규제를 완화하고 보상책을 마련했다. 1960년대에는 전체 인구의 70%를 차지하는 농촌이 중심이었으나, 산업화 정책으로 많은 농촌 사람이 도시로 몰려들자 1974년부터 도시 영세민을 사업의 주요 대상에 포함했다. 그리고 남성을 이 사업에 참여시키기 위해 직장 근로자와 예비군을 대상으로 한 집단 교육을 실시했다. 종전에는 중년 부부의 단산 시술에 역점을 두었으나, 1970년대 이후에는 신혼부부와 청소년을 대상으로 한 계몽과 교육에 역점을 두었다. 1980년대에는 한 자녀 가정과 저소득층에 대한 보상 확대, 소자녀 불임 수용 가정에 대한 영농·영어 자금의 우선적 대출, 남아 선호 관념의 불식을 위해 의료 보험에 처부모를 포함, 여성에 대한 상속 혜택을 확대하도록 한 '가족법' 개정 등 사회 제도적 시책을 강화했다.[16] 그러나 1990년대 중반 인구 감소를 초래할 것으로 예상되자 인구 억제 정책을 전면 수정하고 가족계획 사업을 가족 보건 사업으로 전환했다.

'사업'은 초기 추진 단계에서 세계적으로 알려져 에콰도르 정부의 가족계획협회 회장 부부, 인도네시아 보사부 가족계획처장, 포드 재단의 인도 후원 책임자, 필리핀 사회부 장관과 가족계획 국장 등이 자국의 인구 문제 해결에

14 홍문식, 「출산력 억제정책의 영향과 변천에 관한 고찰」, ≪한국인구학≫, 21권 2호(한국인구학회, 1998), 190~191쪽.

15 김홍주, 「한국 사회의 근대화 기획과 가족정치: 가족계획사업을 중심으로」, ≪한국인구학≫, 25권 1호(한국인구학회, 2002), 66쪽.

16 홍문식, 「출산력 억제정책의 영향과 변천에 관한 고찰」, 195~196쪽.

도움을 받기 위해 한국을 방문했다. 대한가족협회의 양재모, 김택일 등도 가족계획 사업을 계획하는 국가에 고문 자격으로 방문을 해 도움을 준 적이 있으며, 매년 250~300명의 외국인이 가족계획 사업을 연구하기 위해 한국을 방문했다.[17] '사업' 시작 후 25년 만인 1980년대 중반에 이르러 인구 전환에 성공했다.[18] 이러한 역사적 과정을 거친 가족계획 사업은 한국 사회에 큰 영향을 미쳤다.

첫째, 한국의 가족 구조 변화에 중요한 역할을 했다. 사적 영역에 속하던 개인을 경제적·사회적 과정 속에 위치시켜 공적인 영역으로 끌어들였다. 정부는 근대 가족의 이미지 동원, 의료 부문의 적극적인 동원, 지원과 통제 등을 통해 '사업'을 조기에 달성할 수 있었다. 특히 근대 가족의 이미지 동원에서 다산, 비위생적인 환경, 전근대적 출산과 양육, 문맹, 빈곤, 지배, 식민 등을 제거한 서구적 발전, 과학적, 기술적, 핵가족, 남녀평등관, 어린이와 모성 보호, 모자 보건, 소자녀관 등을 수시로 강조했다. 결국 가족계획 사업에 참여하는 것은 가난하고 열등한 과거와 단절하고 행복한 가정, 경제적인 부를 획득할 기회라고 생각하게 만들었다. 그리고 '사업'의 결과 근대적이고 정상적인 가족이라는 것은 소자녀를 둔 가족이라는 이미지를 한국 사회에 뿌리내리게 했다.[19]

둘째, 여성의 생활 주기 변화, 남아 선호 사상 감소, 여아 및 모성 사망률 감소 등을 이끌어냈다. 피임의 확대, 인공유산 등으로 출산 조절이 가능해지자 여성들은 출산과 양육에서 어느 정도 자유로워질 수 있었으며, 경제 활동에 참여할 기회가 더 많아졌다.[20]

---

17 오천혜·도병일, 『인구 폭발과 인류의 장래: 사람을 사랑하는 길』(한국기독교교회협의회 가정생활위원회·애육위원회, 1972), 138~139쪽.

18 홍문식, 「출산력 억제정책의 영향과 변천에 관한 고찰」, 219쪽.

19 김홍주, 「한국 사회의 근대화 기획과 가족정치」, 63~64쪽.

셋째, 자기 관리의 사적이고 내밀한 영역인 부부의 성생활이 국가가 정책적으로 시행하는 공개된 공적 영역으로 전환됨으로써 은폐된 성과 성관계, 육체와 생식 등에 관한 지식이 국민이면 누구나 기본적으로 알아야 하는 상식이 되었다.[21] 미혼의 여성이 이 문제로 농촌의 여성을 모아놓고 성생활과 피임의 지식을 가르쳐도 문제 삼지 않게 된 것이다.[22]

넷째, 가족계획 사업으로 성 담론이 사적 영역에서 공적인 영역으로 전환되었지만, 출산 조절을 실천하기 위한 수단과 정보에 여성이 접근하는 것은 매우 제한되어 있었다. 가족계획 요원들이 여성들에게 성교육과 피임 조절에 대해 교육을 하기는 했지만 극히 일부였고, 여성들은 출산을 조절하기 위해 개인의 노력으로 정보를 수집했으나 미혼일 경우에는 이러한 정보에 접근하기가 매우 어려웠다. 가족계획 사업은 배은경의 분석대로 "의료화된 전문 지식과 결혼이라는 두 개의 장 속에 밀봉"[23]되었기 때문에 "국가가 유포한 가족계획 담론에서 출산 조절은 개인의 권리가 아닌 국민의 의무"[24]였다. 결국 가족계획 사업에서 권리를 찾지 못한 여성의 몸은 오늘날도 국가의 자산으로 기능하고 있다는 것이다.[25]

이러한 평가를 받는 가족계획 사업에 기독교가 앞장섰으며 기독교 여성들은 현장에서 이 사업에 적극적으로 참여했다. 가족계획 사업 초기에 기독교 여성들은 다산의 관념과 남아 선호 사상, 『성서』의 생명 윤리 등에 입각해 이 사업에 그다지 호응하지 않았다. 그런데 무엇을 계기로 기독교 여성들

---

20 같은 글, 74~75쪽.

21 이진경, 「한국 '가족계획사업'의 생체정치학」, 188쪽.

22 같은 글, 193쪽.

23 배은경, 「가족계획 사업과 여성의 몸」, 289쪽.

24 같은 글, 292쪽.

25 같은 글, 294쪽.

은 이 사업에 적극적으로 참여하게 되었으며, 그 양상은 어떠했는지 살펴보기로 하자.

3. 기독교인들의 지지와 참여 배경

앞에서 설명했듯이 가족계획 사업은 단기간에 한국의 인구 전환을 가져온 성공적인 사업으로 평가받고 있다. 그러나 다른 한편으로는 여성의 몸을 국가의 자산으로 만든 역사적 사건으로 평가되고 있다. 이러한 평가에서 알 수 있듯이 가족계획 사업은 한국 사회에 중요한 영향을 미친 국가 정책이었다는 것은 분명하다.

그런데 피임, 낙태 등 인간의 생명 윤리와 직접적 관계가 있는 가족계획 사업에 기독교인들은 절대적인 지지를 표명하고 참여했다. 당시 가족계획 사업이 국가 정책으로 결정되었을 때, 성서적 해석을 기반으로 생명 윤리에 접근한 천주교에서는 이에 대해 반대 성명을 발표했다.[26] 기독교는 사업 초기에는 반응을 보이지 않다가 1970년대에 들어서면서 "교회는 그리스도의 재림으로 인류의 역사가 완성될 때까지 이 땅에서 인류의 구속을 위해 봉사하는 신앙의 공동체"이므로 "인류가 당면한 모든 위험에 대해 민감하며 다가오는 불행을 예견·경고할 의무를 가졌고 인류의 자유 행복을 실현할 책임이 있는 것이다. 이런 노력의 하나로 가족계획 사업을 펴는 것"[27]이라며 적극적

26 한국 천주교단에서는 "문제의 진정한 해결책은 한민족에 있어서나 전 세계에 있어서나 산아제한에 있는 것이 아니라 오직 시민 상호 간 그리고 민족 상호 간의 형제와 협조에 의한 경제적·사회적 발전에 있다"라고 하면서, 인간을 금수와 동일시하고 유물론적 해결책을 제시하는 일은 부당하다고 하면서 가족계획 사업에 대해 반대 성명을 발표했다("'산아제한 반대한다' 한국 천주교 주교단에서 성명 발표", ≪조선일보≫, 1961년 9월 29일 자).

으로 수용하겠다는 의사를 표시했다. 기독교인들이 1970년대에 들어서서 가족계획 사업을 지지하고 참여한 배경은 다음과 같았다.

첫째는 미국 교회가 주도하고 있던 세계교회협의회(WCC)의 가족계획 관련 보고서가 채택된 것이 큰 영향을 끼쳤다. 미국교회협의회(미국 NCC)에서는 1951년부터 인구 제한 문제를 공식적으로 토의해, 1959년 미국 연합장로교 총회에서 자의적 가족계획과 책임적 부모의 원칙을 통과시켰다. 미국 남장로교에서는 1969년부터 매년 총회마다 가족계획 사업에 적극적으로 참여할 것을 촉구했다.[28] 미국 교회의 영향력 아래에 있던 WCC는 1968년 웁살라 제4차 대회에서 제3분과, 제4분과, 제6분과의 가족계획 관련 보고서를 채택했다. WCC 제3분과에서 가족계획은 인간 생활에 어떤 속박이나 제한을 두자는 것이 아니며 삶 자체를 풍요롭게 하는 것이므로 교회는 이 일을 촉진하는 데 적극적으로 의사를 표시해야 한다는 보고서를 채택했으며, 제4분과에서는 부모의 양심에 위배되지 않는 범위에서 가족계획 장려를 위한 프로그램을 개발해야 하며 이를 위한 국제 협력의 필요성을 강조하는 보고서를 제출했다. 제6분과에서는 하나님은 인간에게 자연을 다스릴 책임과 자녀 양육의 책임을 부과했으며, 이를 위해 결혼, 이혼, 일부다처, 독신, 산아제한, 낙태 등 각종 문제와 관련된 연구가 기독교인들의 과제라고 보고했다.[29]

WCC가 이러한 결정을 내린 것은 1961년 뉴델리 총회 때 많은 제3세계 교회가 정식 회원으로 가입을 한 것과 관련이 있다.[30] 뉴델리에서 총회를 개최한 것은 제3세계에 대한 소련의 영향력을 막기 위한 것이었다. 당시 미국

---

27 "「가족계획」도 하나님 뜻이다. 교회, 사업 앞장 결정의 안팎", ≪조선일보≫, 1971년 12월 9일 자.

28 오천혜·도병일, 『인구 폭발과 인류의 장래』, 227쪽.

29 같은 책, 226~227쪽.

30 손명걸, "WCC의 고민과 전망", ≪기독교사상≫, 8권 1호(대한기독교서회, 1964), 70쪽.

을 중심으로 한 기독교계에서는 공산주의 세력의 확장에 위협을 느끼고 있었다. 이러한 위협은 공산주의 국가와의 공존을 주장했던 WCC도 마찬가지로 느끼고 있었다. 이와 같은 분위기는 1954년에 내한한 미국 선교사인 오천혜[조지 워스(George C. Worth)]의 다음과 같은 주장에서도 잘 드러난다.

> 오늘날 민주주의와 공산주의의 대립으로 보고 있는 동서 냉전은 이러한 경제공황기에 대한 하나의 필연적인 결과로 보아도 좋을 것이다. 기독교는 인구문제를 다각도로 취급하지 않으면 안 된다. 인류 사회의 부패 문제와 국제적 전쟁 해소도 중요하려니와 가난의 구제를 매개로 하여 점점 침투해오는 공산주의 세력을 방어한다는 것은 현대 기독교인에게 가장 중요한 문제이다. 인간은 누구나 굶으려 하지 않으며 또한 굶주린 자는 살기 위해 생명을 걸고 싸우려는 것이 당연한 이치이다. 그러므로 굶주린 국민은 생존을 위한 그들의 투쟁에 있어서 자유를 저버리고 물질적인 복지사회를 꾸며주겠다는 유물사관이나 유물변증법에 귀를 기울이게 된다는 것이다. 전쟁이나 국제적 혼란은 세계 전 국가의 책임이 될 수 있으며 기독교의 사회적 책임이라 할 수 있겠지만 이 지구 상에 하나님의 주권을 무시하는 유물주의 세력이 점점 확대된다는 것은 기독교와 자유우방에 대한 무서운 위기이며 이것을 해결하는 것은 『성서』가 교훈하는 바 기독교의 직접적인 사명이라 하겠다.[31]

공산주의 세력을 방어하기 위해서라도 기독교는 제3세계 국가의 물질적 부를 창조하기 위해 인구 조절 계획에 적극적으로 나서야 한다는 논리였다. 1958년 미국 NCC 회장 에드윈 달버그(Edwin T. Darhlberg)는 미국 안전 보장 회의에 참석해 군사원조와 경제 부흥 원조를 분리하고 미국의 대외 원조 중

31 오천혜·도병일, 『인구 폭발과 인류의 장래』, 50~51쪽.

경제 부흥 원조에 더 치중할 것을 주장했다.[32] 이 논리는 미국 교회, WCC가 일관되게 주장하는 것이었다. WCC의 가족계획 지지에 대한 결정은 NCCK에 영향을 미쳤던 것이다. 한국 기독교인들은 1948년 WCC 창립총회 때부터 참석해 재정적으로 많은 지원을 받았다.[33] 1954년 WCC 총회는 공산국가의 교회 대표들이 참석한 가운데 '평화 공존' 문제를 논의했는데, 한국 기독교에서는 이 노선에 결단코 반대한다는 입장을 표명했다.[34] 당시에 이승만은 이 총회에 참석하는 KNCC 총무 유호준을 불러 "이북 문제와 공산권 문제가 저들에게 유리한 의제로 나오거든 강력히 반대하고 거부해라"라고 사전에 요구했기 때문이다.[35] 그 후 국내에서는 WCC가 중공의 유엔 가입을 주장한다고 해서 용공 단체라는 비난이 팽배해졌다. 그래서 1959년에 이 문제를 둘러싸고 한경직을 중심으로 하는 예수교장로회 통합과 박형룡을 중심으로 하는 합동으로 분열되었다. 이러한 과정에서 KNCC에서 배제되었던 기독교장로회가 회원으로 가입하게 되었다. 통합파는 합동파와 다시 연합하고자 WCC에 대표를 파견하는 것을 약 10년 동안 임시 보류했다. 그런데 한국기독교장로회(전신 대한기독교장로회)는 1960년 WCC에 회원으로 가입하고 대표를 파견했다.[36]

한국기독교장로회의 대표로 1968년에 WCC 스웨덴 웁살라 총회에 참석하고 돌아온 강원용은, 한국인들이 WCC에 많이 참석하면 할수록 그만큼 한

---

32 편집부, "세계기독교뉴스", ≪기독교사상≫, 2권 6호(대한기독교서회, 1958), 96쪽.

33 강원용·강문규·김용복, "한국교회와 WCC", ≪기독교사상≫, 27권 1호(대한기독교서회, 1983), 44쪽.

34 같은 글, 53쪽.

35 유호준목사팔순기념문집출판위원회 엮음, 『역사와 교회: 내가 섬긴 교회·내가 살던 역사』(대한기독교서회, 1993), 268쪽.

36 한국기독교장로회역사편찬위원회 엮음, 『한국기독교 100년사』(한국기독교장로회출판사, 1992), 970쪽.

국인의 의견이 WCC에 많이 반영될 수 있다고 주장했다. 이러한 그의 태도는 WCC의 공산주의 국가에 대한 태도에 대해 한국 기독교계가 여전히 의견의 차이를 나타내고 있었다는 것을 보여준다.[37] 이렇듯 반공적 태도를 확실히 보여줌으로써 WCC와의 관계에서 NCCK는 어느 정도 자유로워졌다.

1970년에 내한한 WCC 총무 유진 블레이크(Eugene C. Blake)가 NCCK 총무 김관석과 함께 박정희를 방문해 그동안 '용공' 시비에 시달리던 WCC에 대한 오해를 풀 기회를 가졌다.[38] WCC와 NCCK의 관계 회복으로 NCCK는 한국 정부와 WCC의 지원을 받아 가족계획 사업을 지지하면서 적극적으로 참여하게 된 것이다.

둘째로는 월남한 서북 출신 기독교인들을 중심으로 한 한국 기독교인들의 반공의 재정의를 들 수 있다. 한국 기독교는 한국전쟁을 통해 교회를 넘어 전 사회적으로 반공의 상징으로 부각되었기 때문에 한국전쟁 중에 한국군의 대공 심리전과 사상전에서 중심적인 역할을 했다. 그리고 한국 기독교인들에게 한국전쟁은 반공을 종교적 차원으로까지 승화하게 만들었다. 그러나 1950년대 중후반 이후 국내외 현실은 이들의 전투적 반공주의를 승공 담론으로 변화시켰다. 제6장에서 구체적으로 살펴보았듯이 1950년대 중후반 소련은 제3세계로의 팽창에서, 북한은 전후 재건에서 성공을 거두고 있었다. 이에 반해 국내 현실은 암담했다. 민심은 정부로부터 멀어지고 있었고 한국 정부와 미국 정부의 관계는 계속 소원해지고 있었다. 교회의 현실도 마찬가지였다. 이러한 국내외 현실에 위기를 느낀 한국 기독교인들은 공산주의와 싸우기 위해 교파를 초월해야 한다고 주장하면서 에큐메니칼 운동의 필요성

37 박형규 외, "웁살라대회와 한국교회", ≪기독교사상≫, 12권 9호(대한기독교서회, 1968), 88~89쪽.

38 강원용·강문규·김용복, 「한국교회와 WCC」, 46~47쪽.

을 역설했다. 이들과 싸울 때는 무조건 적대적인 싸움이 아니라 적극적인 민주주의 선전과 실천을 통해 싸워야 한다고 강조했다. 이들은 한국 사회 내부에서 정치적 부패 대신 민주주의적 가치를 실천하고 사회적 빈곤을 제거하는 것만이 공산주의와의 체제 경쟁에서 이길 수 있는 진정한 반공이라고 판단했다. 이러한 반공의 재정의는 박정희 정권과 결합할 수 있는 중요한 사상적 명분이 되었다. 박정희 정권은 가족계획을 통해 경제 발전을 이룩하면 공산당보다 잘살 수 있다고 주장했다.

1960년대 후반 높은 경제성장으로 분배 문제가 사회적인 쟁점으로 떠오르자 한국 기독교인들은 북쪽의 공산주의 세력과 일본의 경제 정책이 남한의 생활고를 미끼로 삼아 한국에 침투할 수 있기 때문에, 생활고의 시급한 해결이 우선되어야 한다고 주장했다. 그리고 한국을 살기 좋은 금수강산으로 만들어 하나님의 온전한 진리와 자유를 원수에게 빼앗기지 않도록, 큰 위기를 당하기 전에 그 원인을 밝혀 해결해야 한다는 것이었다.[39] 이러한 승공 담론에 의거해 한국 기독교인들의 최대 목표는 남한 사회가 경제적인 부를 달성하는 것이며, 이를 최단 기간에 성공시킬 수 있는 여러 가지 요소 중 하나가 가족계획 사업에 있다고 판단한 것이다. 한국의 기독교인들은 남한을 공산주의 세력으로부터 지켜야 한다는 강박 관념 때문에 정부의 가족계획 사업에 적극적으로 동참할 수 있었다. 그들은 경제적인 부를 달성하는 것이 기독교인의 사명이라고 주장했다.

---

39 오천혜·도병일, 『인구 폭발과 인류의 장래』, 58쪽.

4. 가족계획 사업에 대한 성서적 해석

한국 기독교인들은 가족계획 사업에 적극적으로 참여해야 할 근거를 『성서』에서 찾았다. 이와 같은 『성서』 해석은 미국 성서학자들에게서 비롯된 것이었다. 프린스턴 신학교 성서 신학자 존 파이퍼(John Piper)는 『성서』에서 성욕은 생산에 의해 정당화되는 것이 아니며, 한 남자와 한 여자의 육신의 결합이고 자녀는 추가된 축복이라고 주장했다. 미국 감리교의 감독인 하첸 그라프 베르너(Hazen Graff Werner)는 남녀 관계를 깊게 결합시키는 것이 성생활이며 난자를 수정하는 것은 부차적인 목적이라고 했다. 에밀 브루너도 부부간의 성생활은 반드시 자녀 출산만이 아니라 애정 플랜으로서도 의미가 있는 것이라고 주장했다. 신복음주의자 빌리 그레이엄도 자연법이 하나님의 뜻과 일치하지 않는다면서 책임 있는 부부, 책임 있는 자녀를 통해 하나님의 창조, 결혼, 가정의 뜻이 성취된다고 했다.[40]

이러한 관점은 기존의 『성서』를 재해석했다. 이러한 『성서』 해석을 한국 기독교에 전파한 선교사는 오천혜였다. 그는 1954년 내한한 뒤 1962년 『기독교와 인구 문제』라는 소책자를 발간해 한국 교회에서의 가족계획에 대한 성서적 정당성에 대해 피력했다. 그의 성서적 해석은 미국 성서학자들을 따른 것이며, 한국 기독교인들은 이러한 해석에 기반을 두고 가족계획 사업을 바라보았다.

1) 출산관

하나님이 자기 형상 곧 하나님의 형상대로 사람을 창조하시되 남자와 여자를

40 같은 책, 223~224쪽.

창조하시고 하나님이 그들에게 복을 주시며 그들에게 이르시되 생육하고 번성하여 땅에 충만하라(「창세기」 1:27~28).

일제강점기에 산아제한론이 주장되었을 때 기독교인들은 이 구절을 인용하면서 "생육하고 번성하여 땅에 충만하라"라는 것은 하나님의 요구이며, 명령이라고 주장했다. 생육 번성이라는 것은 지음 받은 자의 의무 이행이라는 것이었다. 산아제한론을 주장하는 사람은 인간인 이상에 피조물이기 되기 때문에 하나님께 반역하는 범죄라고 여겼다.[41]

그러나 이러한 해석은 1960년대에 가족계획 사업이 시작되면서 전혀 다르게 이해되었다. "생육하고 번성하라"라는 의미는 양적인 것이 아닌 질적인 것이라고 주장했다. 그 이유로 하나님은 홍수로 하나님을 알지 못하는 사람들을 제거했으며, 하나님에 대적하는 사람이나 민족은 망했고, 하나님의 뜻에 의존하는 사람과 민족의 자손만이 충만할 수 있다는 것을 들었다. 그러므로 『성서』의 '번성'이라는 것은 숫자가 아니라 믿음의 자손으로 보는 것이 타당하다고 해석했다.[42]

이러한 오천혜의 해석을 토대로 김찬국은 "생육하고 번성하라"라는 『성서』의 내용은 구약시대 이스라엘 민족의 지리적·문화적·사회적 환경과 관련이 깊은 것으로 이해했다. 지리적·자연적 혜택을 받지 못한 히브리 민족은 다른 부족과의 생존권을 위한 싸움, 기아, 식량 부족 등에서 죽지 않고 많이 살아남는 일이 하나님의 축복이라고 생각했다는 것이다. 그래서 이 유목민들은 생육하고 번성하는 것이 생존의 지상 명령이었으며, 자손의 번성을 축복으로 여겼다고 한다. 그러나 이는 히브리적 특수 상황이며 오늘날과는

41 송두용, "생육번성과 산아제한", ≪성서조선≫, 31호(성서조선사, 1931), 170~171쪽.

42 오천혜, 『기독교와 인구문제』(조문사, 1962), 28~32쪽.

다르다는 것이다. 하나님의 형상이라는 것은 다산만 한다고 이루어지는 것은 아니며, 출산을 통해 어떻게 책임을 지고 이를 지속하는지가 더 중요하다는 해석이다. 출산 조절을 하는 것이 『성서』에 맞는 해석이며, 기독교인들은 이러한 의미에서 국가의 가족계획 사업에 적극적으로 동참해야 한다고 주장했다.[43]

2) 『성서』의 결혼관과 자녀관

> 너희도 각각 자기의 아내 사랑하기를 자기 같이 하고 아내도 그 남편을 경외하라(「에베소서」 5:33).
>
> 하나님이 가라사대 우리의 형상을 따라 우리의 모양대로 우리가 사람을 만들고 그로 모든 것을 다스리게 하시고 남자와 여자를 창조하셨다(「창세기」 1:26).

오천혜를 비롯한 한국의 신학자들은 『성서』에 기록되어 있는 결혼의 참 의미는 남녀가 한 몸이 되어 하나님으로부터 맡겨진 거룩한 사명을 완수하기 위한 것이며, 이는 하나님이 정한 최초의 거룩한 제도라고 해석했다. 구약시대의 자손 번성에 대한 내용은 이스라엘의 시대적 상황에 따른 축복이었으며, 결혼의 진정한 목적은 하나님의 영광을 위한 부부 일체라고 주장했다. 구약시대부터 신약시대에 이르기까지 남녀가 한 몸으로 지음 받아 하나님의 뜻을 이루는 부부관이 일관되게 나타나 있다고 했다.

그리고 『신약성서』에는 『구약성서』의 "생육하고 번성하라"라는 내용을

---

43 김찬국, "가족계획에 대한 성서적 고찰", ≪기독교사상≫, 16권 1호(대한기독교서회, 1972), 111~112쪽.

강조한 곳이 한 군데도 없다면서 이를 가족계획 사업과 연관 지어 생각해보아야 한다고 주장했다. 『신약성서』에는 결혼의 기쁨에 대해서는 많은 기록이 있지만 아이를 낳고 번성하라는 내용은 언급되어 있지 않기 때문에, 예수의 결혼관은 한 몸이 되는 부부의 순결한 사랑과 성관계, 부부가 아닌 다른 남녀와의 간음을 엄금하는 것이라고 했다.[44]

예수와 마찬가지로 사도 바울도 "너희도 각각 자기의 아내 사랑하기를 자기 같이 하고 아내도 그 남편을 경외하라"(「에베소서」 5:33)라는 내용에서 부부의 사랑을 첫째 명령으로 삼고 있다고 했다. 바울의 주장도 가정에서 가장 중요한 것은 부부의 사랑이며, 그 사랑을 기초로 자녀 교육의 책임을 완수하는 것이라고 했다. 기독교인들은 예수와 사도 바울은 『신약성서』에서 결혼을 통해 한 몸이 된 부부에 대해 다정한 성관계와 책임 있는 성행위를 강조했다고 주장했다. 그리고 『신약성서』에 "생육하고 번성하라"라는 내용이 빠져 있기 때문에 가족계획의 신약성서적 긍정의 이유를 이 구절에서 찾아낼 수 있다고 했다.[45]

예수와 사도 바울의 자녀관은 소자녀관 혹은 무자녀관이라고 해석했다. 예수는 천국관과 심판관을 통해 볼 때 다자녀관을 기피하고 있다는 것이다. 이에 대해 형벌의 날, 심판의 날에 "아이 밴 자들과 젖먹이는 자들에게서 진노가 있겠음이로다", "형제가 형제를, 아비가 자식을 죽는 데 내어주며 자식들이 부모를 대적하리라", "수태 못하는 이와 해산하지 못한 것이 복이 있다 하리라" 등의 『성서』 내용을 증거로 들었다.[46]

바울 또한 무자녀관을 강조했다고 주장하며, 임박한 환난으로 인해 사람

---

44 같은 글, 114쪽.

45 같은 글, 115쪽.

46 같은 글, 117쪽.

이 그냥 지내는 것이 좋고(「고린도전서」 7:26), "결혼하지 않고 지내는 것이 더 욱 복이 있다"(「고린도전서」 7:40)라는 구절을 근거로 들었다. 바울은 결혼해 자녀가 있는 것보다는 자녀 없이 자유인으로서 하나님께 봉사하는 것이 더 좋다고 강조했다는 것이다.[47] 예수와 사도 바울이 결혼과 가정생활에서 소자녀를 두는 것이 환난을 피하는 데 도움이 되며, 천국 건설에 전심전력을 다할 수 있어 좋다는 점을 간접적으로 암시해주었다고 기독교인들은 주장했다.

3) 피임 문제

> 유다가 오난에게 이르되 네 형수에게로 들어가서 남편의 아우의 본분을 행하여 네 형을 위하여 씨가 있게 하라. 오난이 그 씨가 자기 것이 되지 않을 줄 알므로 형수에게 들어갔을 때에 형에게 아들을 얻게 아니하려고 땅에 설정하매 그 일이 여호와 목전에 악하므로 여호와께서 그도 죽이시니(「창세기」 38:8~10).

오천혜는 『성서』에 피임과 관련된 내용이 있는데, 바로 「창세기」 38장 1절에서 11절에 나오는 오난 이야기라고 했다. 야곱의 넷째 아들 유다는 아브라함 → 이삭 → 야곱으로 이어지는 메시아 계보의 순수성을 무시하고, 이방인인 가나안 사람 수아의 딸을 아내로 맞아들였다. 그 후 이 두 사람은 첫째 아들 엘과 둘째 아들 오난을 두었다. 엘은 다말을 아내로 맞았으나 품행이 나빠 하나님에게 죽임을 당했다. 동생 오난을 다말과 관계하게 해서 후계를 두기로 했으나, 오난이 질외 사정으로 이를 피했기 때문에 실패했다. 결국 오난도 하나님의 진노로 죽임을 당했다는 내용이다.

이에 근거해 성교 중절로 임신을 피하는 것을 오나니즘(onanism)이라고

---

47 같은 글, 117쪽.

한다. 『구약성서』 「신명기」에 "형제가 동거하는데 그중 하나가 죽고 아들이 없거든 그 죽은 자의 아내는 나가서 타인에게 시집가지 말 것이요, 그 남편의 형제가 그에게로 돌아가서 그를 취해 아내를 삼아 그의 남편의 형제 된 의무를 그에게 다 행할 것이요, 그 여인의 낳은 첫아들로 그 죽은 형제의 후사를 잇게 하여 그 이름을 이스라엘 중에서 끊어지지 않게 할 것이니라"(「신명기」 25:5~6)라고 기록되어 있는데, 이것은 고대 씨족·혈연 사회에서 혈연의 유대로 후손을 잇는 풍습에서 나온 것이라고 해석했다. 따라서 오난이 피임을 해서 하나님에게 죽임을 당한 것이 아니라 종교적 율법을 어겼기 때문이라고 주장했다.[48]

천주교에서는 오난의 피임 방법을 창조자의 뜻을 거역한 것으로 해석하고 아내에 대한 사랑이 부족해 오난이 정죄를 받은 것으로 설명하지만, 만약 오난이 자기 아내와의 관계에서 이런 방법을 사용했다면 문제 삼지 않았을 것이라고 신학자들은 주장했다. 오난이 피임을 했다는 것은 자녀를 원하지 않을 때 피임을 할 수 있었다는 것을 암시한다는 것이다. 그러므로 부부의 성행위가 두 사람의 성적 만족에 그치고, 자녀를 원하지 않을 때는 피임 방법을 사용해도 무방하다고 해석했다.[49]

4) 인공유산 문제

> 여호와 하나님이 흙으로 사람을 지으시고 생기를 그 코에 불어넣으시니 사람이 생령이 된지라(「창세기」 2:7).

---

48 오천혜·도병일, 『인구 폭발과 인류의 장래』, 206~208쪽.

49 김찬국, 「가족계획에 대한 성서적 고찰」, 113~114쪽.

인공유산에 대해 1970년 미국 남장로교 제110차 총회에서는 다음과 같이 선언했다.

① 신체적·정신적 결함의 의학적 징후가 있을 때나 강간이나 근친상간이나 또는 전체 환경 조건에서 원치 않는 임신일 때, 적합한 의학적 방법에 의한 임의적인 인공 중절은 살인으로 간주되지 않는다. 그러나 어떤 조건하에서든지 인공 임신 중절의 결정은 신중하게 의학적·정신의학적·목회상담학적인 숙고 후에 할 것이며, 이의 시행은 반드시 경험 있는 의사가 수행해야 한다.
② 유산에 관계된 법규들은 형사법으로부터 의료법으로 바뀌어야 한다. 그래서 자격 있는 의사가 수행하도록 해야 한다.
③ 교회는 임신 문제에 당면한 사람들의 요구에 민감해야 하며, 목회의 관심을 기울여야 한다. 이러한 사람들은 그들의 도덕적 신념과 생의 의미에 대한 이해, 그리고 그들의 부모로서의 능력을 가지고 책임 있게 행동하도록 하기 위해, 그들에게 열려진 여러 가지 선택에 의해 확실하고 전문적인 상담을 해야 한다.[50]

미국 기독교에서는 인공유산을 조건부적으로 허용했으나, NCCK에서는 이를 살인 행위로 규정해 처음에는 반대했다.[51] 그러다가 1974년에 이를 수용했다. 1974년 6월 NCCK 애육위원회에서는 다음과 같은 「인공임신중절에 대한 견해」를 발표했다.[52]

---

50 오천혜·도병일, 『인구 폭발과 인류의 장래』, 173~174쪽.

51 오천혜·도병일, "인공유산의 요람: 인공유산을 어떻게 보는가", ≪새가정≫, 207호(새가정사, 1972), 91쪽.

52 한국기독교교회협의회 애육위원회, 「NCC 애육위원회의 인공임신중절에 대한 견해」(1974. 6), 3쪽.

3) 인공유산은 원칙적으로 인구 조절의 한 방법이 될 수는 없으나,

① 임신으로 인하여 모체에 치명적 위험이 있을 때

② 결정적인 유전병으로 그 태아에게 더 큰 불행이 예견될 때

③ 비상한 상태(예: 전쟁, 강간 등)하에서 강제된 임신 혹은 미성년의 무지에 의한 무분별한 임신 등으로 그 결과 더 큰 불행으로 확대될 것이 예견된 경우에 그 당사자 간에 충분한 합의에 의해 책임 있는 의사의 시술로써 이를 시행해야 할 것으로 본다.

그러나 위와 같은 경우에도 임신된 시기로부터 12주 이내에만 허용해야 할 것이다.

NCCK의 이러한 결정은 오천혜와 도병일의 신학적 해석에 근거했다. 그들은 「출애굽기」 21장 22절부터 23절에 나오는 "사람이 서로 싸우다가 아이 밴 여성을 다쳐 낙태케 하였으나 다른 해가 없으면 그 남편의 청구대로 반드시 벌금을 내되 재판장의 판결을 좇아 낼 것이니라"와 「창세기」 2장 7절의 "여호와 하나님이 흙으로 사람을 지으시고 생기를 그 코에 불어넣으시니 사람이 생령이 된지라"를 인용하면서 출생 이전의 유산은 허용된다는 견해가 있다고 주장했다. 우연한 사고로 낙태한 경우에 이를 생명이 아닌 벌금으로 보상하라고 했기 때문에 낙태와 출생한 사람의 생명과는 차이가 있다는 것이다. 그리고 창조할 때 호흡을 불어넣은 후 살아 있는 영이 되었다고 했으므로 태아가 출생해 스스로 호흡을 할 때 비로소 한 생명으로 취급될 수 있으므로 인공유산은 죄가 아니라고 강조했다.[53] 그들은 세포를 생명체로 생각하고 이것을 죽이거나 피임하면 자연법에 어긋나는 죄로 생각하고 있는데,

53 오천혜 · 도병일, 「인공유산의 요람」, 95쪽.

한 차례 성교에 수억 마리나 배출되는 정자를 생명체로 볼 수 없으며 난자와 결합될 때 하나의 발육체를 가진 생명체가 된다고 했다.

가족계획 사업에 대한 이러한 성서적 해석은 그동안 피임, 인공유산 등으로 생명에 대한 죄의식을 가지고 있던 기독교 여성에게 일정 정도 자유로움을 가져다주었다. 1960년 서울의 기혼 여성을 상대로 인공유산에 대해 조사한 바에 의하면 인공 중절의 결과가 나빴다는 여성이 64%, 앞으로 임신하면 결과가 나쁘더라도 인공 중절을 할 생각이라는 여성이 60%를 차지했다고 한다. 그리고 또 한 조사에 의하면 기독교인의 약 30%가 인공유산을 한 경험이 있으며, 그중 60% 이상이 양심의 가책을 느끼고 있다고 했다.[54] 1970년에 인공유산한 962명의 기혼녀 중 66%가 죄책감을 느낀다고 조사되었으며, 종교가 있는 기혼녀는 종교가 없는 기혼녀보다 죄책감을 더 느끼고 있는데, 무종교 기혼녀는 64%가 죄책감을 느낀 반면 기독교인은 74%가 죄책감을 느낀 것으로 나타났다. 종교가 있을 경우 약 80% 이상이 인공유산을 반대하고 있으며, '인공유산은 살인과 마찬가지다'라는 데 약 46%가 찬동하고 있는 것으로 나타났다. 그런데도 기독교 여성들 사이에 인공유산은 상당히 성행되는 것으로 조사되었으며, 서울 성동구가 그중 32%를 차지했다. 기독교 여성들은 인공유산을 하면서도 이것이 살인 행위라는 죄의식에 시달리고 있었던 것이다. 오천혜는 인공유산을 하는 여성들은 정신적 고통, 죄책감, 갈등 등에 시달리고 있어, 이것이 오히려 정신 건강에 해롭다고 주장했다.[55]

기독교 여성들은 "생육하고 번성하라"라는 『성서』 구절에서 생육과 번식은 인위적인 것이 아니고, 하나님의 결정이라는 교육을 받았다. 그리고 인위적으로 산아 조절을 하거나 가족계획에 찬성하는 것은 기독교인으로서 할

54 같은 글, 91쪽.

55 같은 글, 91쪽.

수 없는 일이라고 생각했다. 그러나 당시의 경제적 어려움 때문에 기독교 여성들은 죄의식을 느끼면서도 피임하거나 인공유산을 선택했던 것이다. 그런데 가족계획 사업은 『성서』에서도 권장하는 것이므로 적극적으로 지지해야 한다고 한국 기독교에서 선언하자, 생명에 대한 죄의식에 사로잡혀 있던 기독교 여성들은 어느 정도 자유로움을 느끼게 되었다고 할 수 있다. 그리고 이러한 선언을 환영했기 때문에 어떤 신학적인 논쟁도 존재하지 않았다. 오히려 자신들을 죄의식에서 자유롭게 해주었기 때문에 가족계획 사업에 부담을 느끼지 않고 적극적으로 참여할 수 있었다.

5. 기독교 여성들의 가족계획 사업 참여

기독교에서는 1962년 정부의 가족계획 사업 발표 이후 『성서』와 모순되지 않는지를 두고 논란을 벌이는 한편, 일부에서는 YMCA연맹, 기독교세계봉사회 한국위원회(KCWS)와 내한한 선교사들을 중심으로 이 사업을 실천하고 있었다.

KCWS는 한국전쟁 기간에 전쟁 이재민들에게 미국 본부와 각국 봉사 기관의 협조를 얻어 생활필수품인 식량, 분유, 의복, 담요 등을 지원하고, 휴전 후에는 고아원, 양로원, 신체장애인 재활 센터 등에 공급할 구호양곡을 조달했다. 이 단체는 1960년대로 들어서면서 가족계획 사업의 중요성을 중앙과 지방 4개 도시에서 교역자 가족 세미나를 통해 홍보했다. YMCA연맹에서도 자체적인 사업에 이 가족계획 사업을 포함했으며, 기독교 병원인 인천병원, 원주병원, 부산 일신병원, 광주 제중병원, 세브란스병원 등에서도 가족계획 사업을 시행했다.[56] 주로 상담과 홍보 등에 주력했다.

기독교 여성지인 ≪새가정≫은 기사를 통해 가족계획 사업에 대한 계몽과 참여를 독려했다. 예를 들어 '가족계획이란 무엇인가'[57], '가족계획은 해야 할 것인가'[58]라는 주제로 설문 조사하고, '기독교 가정에서 가족계획 하는 방법'[59], 6회에 걸친 '가족계획과 중용의 원칙'[60], '수태조절'[61] 등을 기사로 내보냈다. 특히 루프 피임법을 '안전하고 경제적인' 방법으로 소개했다. 1960년대에는 주로 가족계획이 왜 필요한지 등에 대한 홍보 차원에 머물고 있었으나, 1970년대에는 NCCK의 가족계획 사업에 대한 적극적인 지지 표명으로 모든 기독교 기관과 교회가 중심이 되어 가족계획 사업을 전개했다.

기독교 여성들은 단체, 기독교 언론 기관 등을 활용하면서 '사업'을 전개했다. 먼저 중심이 된 단체는 NCCK 가정생활위원회와 YWCA연합회, 각 교단의 여성 단체 등이었다. 가정생활위원회는 1955년에 애니 하워드(Annie C. Howard; 허길래) 선교사에 의해 대한기독교서회 회의실에서 첫 모임을 가짐으로써 설립되었다.[62] 1957년에 회칙을 제정하고, 1964년에 개정했다. 가정생활위원회의 재정은 미국 NCC 실행위원회의 인준을 받은 뒤 효력이 발생한다고 회칙에 규정해놓은 것처럼 미국 교회에 전적으로 의존하고 있었다.[63]

가정생활위원회에는 감리교 여선교회 전국연합회, 예수교장로회 여전도회 전국연합회, 기독교장로회 여신도회 전국연합회, 한국기독교 여자절제회, 기독교대한복음회 여전도회, 기독교한국루터회 여신도회, 대한성공회 어머

---

56 오천혜·도병일, 『인구 폭발과 인류의 장래』, 126쪽.

57 윤종선, "가족계획이란 무엇인가", ≪새가정≫, 91호(새가정사, 1962), 22~23쪽.

58 편집실, "가족계획은 해야 할 것인가", ≪새가정≫, 91호(새가정사, 1962), 24~27쪽.

59 강주심, "기독교 가정에서의 가족계획은 이렇게". ≪새가정≫, 101호(새가정사, 1963), 32~37쪽.

60 박춘서, "가족계획은 중용의 원칙. 1~6", ≪새가정≫, 112~117호(새가정사, 1964).

61 편집실, "가족계획", ≪새가정≫, 118호(새가정사, 1964), 62~63쪽.

62 김수진, 『가정의 40년 길을 따라서』(한국기독교가정생활사, 1996), 43쪽.

63 같은 책, 51쪽.

니회 등에서 참여했다. 한국 기독교 여성 단체가 거의 망라된 조직이 가정생활위원회였다.[64]

1971년 가정생활위원회는 산하에 애육위원회를 설치하고 가족계획 사업을 전개했다. 애육위원회는 정부의 지원을 받아 사업을 운영했다. 정부에서 NCCK에 사업을 전개해줄 것을 부탁했고, 이 제안을 NCCK가 받아들여 가정생활위원회 산하에 애육위원회를 설치하기로 결정한 것이다. 이 위원회는 한국가족계획협회의 후원을 받아 1971년 2월 23일부터 사업을 전개했다.[65] 가장 먼저 한 일은 같은 해 4월 22일부터 24일까지 수원 사회교육 훈련원에서 약 50명의 교회 여신도 지도자와 남성 목사를 대상으로 "인구 성장과 교회의 책임"이라는 주제 아래 세미나를 개최했다.[66]

강연 내용은 가족계획과 신학적 고찰, 가정에서의 양육 문제, 경제성장과 인구 정책, 가족계획 운동 개관, 수태 조절 방법 등이었다. 그리고 참석자들 중심으로 1분과, 2분과, 3분과로 나누어 1분과에서는 가족계획에 대한 교회의 책임의 한계라는 주제를 놓고, 교역자들의 무관심과 비협력 시정 방법, 인공 임신 중절에 대한 죄의식에서 자유로워지는 방법, 교회 상담실 설치, 교회 진료소 설치 등에 대해 논의했다. 2분과에서는 부모의 책임과 성교육, 3분과에서는 여성의 사회적 지위 향상 등의 주제를 놓고 토론을 벌였다. 이 첫 세미나를 통해 애육위원회의 방향성을 결정한 것이다. 애육위원회는 교육 프로그램과 실제 서비스를 병행해야 한다는 사업의 기본 방향을 정하고 가족계획 및 인구 문제에 관한 책자 발간, 각 기독교 단체를 통해 피임약 보급 사업 등을 하기로 결정했다.[67]

---

64 같은 책, 55~56쪽.

65 같은 책, 127~128쪽.

66 오인, "가족계획 세미나를 마치고", ≪새가정≫, 193호(새가정사, 1971), 127쪽.

67 같은 글, 128~129쪽.

소속 위원들은 각종 강연회를 실시하고, 기독교계 신문과 기독교 방송국을 통해 가족계획의 필요성을 설명했다. 또한 『미국인구 정책과 교회』, 『인구폭발과 인류의 장래』, 『기독교와 인구문제』, 『오늘에 사는 이상적 가정』, 『좁아지는 지구』 등의 책자를 발간해 도시 영세민 등이 많이 살고 있는 지역의 교회에 집중적으로 배포했다.[68]

1973년 8월, 애육위원회는 인천도시산업선교회, 경주도시산업선교회, 가톨릭노동청년회(Jeunesse Ouvriere Chretienne: JOC), 안양근로자센터, YWCA연합회, YMCA연맹, 한국가톨릭농민회, 기독교연합봉사회 농촌개발원, 활빈교회 등에 자체 제작한 『행복한 가정설계』, 『인구』 등을 견본으로 보내 필요하면 청구할 것을 권하고, 먹는 피임약도 상비하고 있다는 공문을 보내는 방식으로 사업을 전개했다.[69] 자원봉사자를 선발해 훈련을 거치게 한 다음 지역마다 20여 명의 상담자를 파견했다. 남성에게는 지정된 병원에 가서 정관수술을 받도록 했고, 여성에게는 먹는 피임약을 나누어 주고 콘돔을 사용한 피임을 권장했다.[70] 1973년 '모자보건법'이 통과된 후 애육위원회에서는 인공 임신 중절에 대해 지지한다고 밝혔다. 이러한 적극적인 활동으로 가족계획 사업은 성공적으로 끝을 맺었다. YWCA연합회도 적극적으로 이 사업에 참여했다. 연합회에서는 홍보·교육 프로그램을 자체적으로 제작해 가족계획 사업에 동참했다. 가족계획 사업이 성공하려면 남아 선호 사상을 불식하는 일이 가장 중요하다고 생각해 여성의 법적 지위를 향상하기 위해 노력했다. 이를 위해 '가족법' 개정안을 의회에 상정하고자 많은 노력을 기울였다. 1973년 YWCA연합회에서는 전국의 대표들이 '기독교 정신 강화, 근로 여성

---

68 김수진, 『가정의 40년 길을 따라서』, 129쪽.

69 K.N.C.C., 「가족계획 홍보자료」(가정생활위원회 애육위원회, 1973).

70 김수진, 『가정의 40년 길을 따라서』, 129쪽.

의 복지 향상, 소비자 보호 활성 강화, 한국 관광 사업에 따르는 문제와 그 대책 연구, 농촌에 가축 보내기' 등의 프로그램과 함께 '여성의 법적 지위 향상 및 인구 문제를 위한 사업'을 3년간의 중점 활동으로 결정하고 가족계획 사업을 전개했다.

1960년대에 YWCA연합회 총무를 맡았던 박영숙은 1974년 5월 서울 지방 가정생활위원회 주최로 열린 제19회 가정 주간 주제 토론회에 참석해 "인구 계획은 왜 필요한가"라는 주제로 강연하면서 "인구 증가 해소를 위해서는 우선 우리나라 부계 사회 제도와 장자 상속 제도가 폐지되어 남녀평등이 구현되어야"[71] 한다고 주장했다. YWCA연합회에서는 가족계획 사업이 성공하기 위해서는 남아 선호 사상부터 불식되어야 하며, 이를 위해 여성의 법적 지위 향상을 위한 '가족법' 개정을 우선순위에 두었다.

둘째, 기독교 언론을 통한 가족계획 사업의 홍보와 계몽운동을 전개했다. NCCK에서는 ≪크리스챤신문≫과 ≪한국기독공보≫, ≪기독교사상≫, ≪새가정≫ 등을 통해 성서적 해석에 근거한 가족계획 사업의 중요성과 방법 등을 지속적으로 보도했다. 1960년대에는 정부가 추진하는 가족계획 사업에 지지를 보냈지만, 소극적이었다. 그러나 1970년대에 들어서면서 더욱더 적극적으로 가족계획 사업의 중요성을 선전했다. ≪새가정≫ 1972년 3월호 특집으로 "인구 폭발과 그 위기"라는 주제 아래 오천혜, 양재모, 박형규, 박내영 등이 글을 기고했다. 같은 해 4월호에는 이종진의 "인구폭발과 기독교가정의 사명"이, 같은 해 8월호에는 오천혜의 "인구증가와 한국교회의 사명", 권숙표의 "인구증가와 환경문제", 정희섭의 "인구증가와 식량문제", 양재모의 "인구증가와 보건문제", 같은 해 10월호에는 오천혜·도병일의 "인공유산의 요람: 인공유산을 어떻게 보는가", 전재동의 "기독교가정과 가족계획", 방현

71 편집부, "소식", ≪새가정≫, 226호(새가정사, 1974), 164쪽.

덕의 "인간해방과 가족계획", 같은 해 12월 오천혜와 도병일의 "인공유산의 요람: 인공유산과 정신건강" 등을 보도했다.

1973년에는 1월호부터 12월호까지 각 호에 이종진의 "기독교와 가족계획", 조향록의 "교회와 가족계획운동", 오천혜·도병일의 "모자보건법에 있어 인공유산의 허용한계", 양재모의 "건강한 어머니에 훌륭한 아기", 장경식의 "우리나라의 가족계획사업", 정경균의 "가족계획사업의 문제점과 전망", 박내영의 "가족계획과 법률·경제문제", 유덕천의 "가족계획과 사회개발", 정을병의 "둘 낳기 운동", 박형종의 "남성피임", 송상환의 "여성피임" 등 가족계획에 대한 기사를 실었다.

이와 같이 ≪새가정≫은 가족계획에 기독교가 앞장서야 할 이유, 방법 등에 대한 내용을 지속적으로 홍보하고 계몽했으나, 필진 구성은 대부분 남성이었다. 가족계획 사업은 기독교 윤리 문제, 의료 문제 등과 관련이 되어 있어 의사, 목사 등을 필진으로 활용했는데, 이러한 직업은 대부분 남성들이 차지하고 있었기 때문에 여성들이 논의에 참여할 수 없었다. 여성 중심의 ≪새가정≫ 운영진은 이러한 남성 필진을 이용해 가족계획 사업을 기독교 여성들에게 홍보하고 계몽한 것이다. 이와 함께 ≪새가정≫에서는 가족계획이 성공하기 위해 먼저 여성의 지위와 관련된 법 개정이 시급하다고 주장했다.

6. 맺음말

1971년에 실시된 가족계획에 대한 기독교 여성들의 태도 조사에 의하면 일반 여성들과 마찬가지로 남아 선호 사상이 지배적이었다. 일반 여성들과 달리 기독교 여성들은 "딸보다 아들을 더 귀하게 여기는 것이 성서적이다"라는 문항에 65%가 반대, 22%가 찬성한 것으로 나타났지만, '아무래도 남자가 여자보다 우위에 있다'라는 문항에는 찬성 59%, 반대 20%로 나타났다. 그리고 "딸만 낳으면 아무래도 섭섭한 일이다"라는 문항에도 66%가 수긍했으며, 19%가 아니라고 대답했다.[72] 이러한 사실에서 가족계획 사업이 10년간 진행되고 있었지만, 일반 여성들과 마찬가지로 기독교 여성들도 남아 선호 사상을 가지고 있음을 확인할 수 있다.

게다가 한국 기독교에서는 10년 동안 이 문제에 대해 소극적으로 대처했으므로 기독교 여성들은 신문, 잡지, 라디오 등을 통해 가족계획 사업과 관련된 정보를 접해야 했다. 정보 수집 경로를 묻는 질문에 교회는 2.8%로 가장 낮은 비율로 나타났다. 그리고 2절에서 살펴본 바와 같이 기독교 여성 중 일부는 경제적 어려움 등 개인적인 사정에 의해 피임이나 인공유산 등을 하고 있었다. 그들은 죄를 짓는다는 생각에서 자유롭지 못했다. 그런데 1971년 NCCK에서 가족계획 사업을 적극적으로 지지하며 이 사업에 참여해야 한다고 선언하자, 기독교 여성들은 그동안 피임이나 인공유산 등에서 비롯된 죄의식에서 벗어날 수 있었다.

한국 기독교가 가족계획 사업에 적극적으로 참여하기로 한 것은 WCC 및 미국 주류 기독교의 영향과 반공주의 등에 의한 것이었다. WCC는 미국 주류 기독교가 주도를 하고 있었기 때문에 미국의 영향이 매우 컸다. 미국은 자유 우방의 청지기를 자처하면서 공산주의권 국가들의 세력 확대에 매우 민감하게 반응했다. 미국 기독교인들은 자신들이 빈곤국과 공산주의권 교회를 외면하면 공산주의 세력이 그곳을 장악할 것이라고 판단했다. 맹목적인 반대보다는 공산주의 세력의 확대를 막는 것이 더 시급하다는 결론을 내렸다. 미국 주류 기독교 및 WCC는 공산주의권 교회와 제3세계의 가난한 국가

72 오천혜·도병일, "가족계획에 관한 한국 크리스천의 태도: 그 몇가지 가치관에 대한 태도 조사연구", ≪기독교사상≫, 15권 5호(대한기독교서회, 1971), 185~186쪽.

들에 대한 지원을 아끼지 않았다. 1950년대 중반이 되면 한국 기독교인들도 국내외 현실로 말미암아 한국전쟁으로 형성된 전투적 반공주의에서 체제 경쟁의 승공 담론으로 반공을 재정의하게 된다. 이러한 승공 담론은 박정희 정권의 경제성장에 중요한 명분이 되었으며, 가족계획도 그 일환으로 전개되었다.

1960년대 중반 이후 한국 기독교는 그동안 소원하던 WCC와 더 긴밀한 관계를 맺으면서 WCC의 가족계획 주장에 부응했다. 급속한 산업화로 한국 사회에 많은 문제가 발생하자, 이러한 결과가 북한의 침투로 나타날 수 있다고 우려했다. 그래서 사회 문제 해결에 기독교가 앞장서야 한다고 생각했다. NCCK는 1970년대에 들어서면서 가족계획 사업을 적극적으로 지지한다고 선언했고, 그동안 임신(인공유산), 출산 조절 등으로 죄의식에 시달리던 기독교 여성들은 이 선언을 통해 죄의식에서 자유로워졌다. NCCK가 가족계획은 『성서』에 근거한 것이므로 정당하다고 밝혔기 때문이다. 이로써 기독교 여성들은 종교적 죄의식에서 탈피해 가족계획 사업에 참여할 수 있었다.

결론

오늘날 한국 사회의 보수 반공주의를 대표하는 가장 핵심적인 집단은 한국 기독교회이며, 그 역사적 계보의 중심에는 월남한 서북 출신 기독교인들이 있다. 한국 사회를 이해하기 위해서는 이 집단에 대한 연구가 필요한데, 지금까지 학계에서는 크게 관심을 보이지 않았다. 이 책에서는 세계 질서가 탈식민과 냉전의 새로운 체제로 진행되던 역사적 과정에서 월남한 서북 출신의 기독교인들이 어떻게 세계의 중심을 흔들고 활용하면서 한국 사회에서 권력 핵심을 장악하고, 오늘날까지 정치적·사회적으로 큰 영향력을 미칠 수 있게 되었는지에 대해 살펴보았다.

제1부에서는 월남한 서북 출신 기독교인들의 역사적 정체성과 한국전쟁이 이들에게 어떠한 의미와 기회가 되었는지에 대해 다루었다. 월남한 서북 출신 기독교인들의 역사적 정체성은 서북 지역의 역사적 특수성과 깊은 관련이 있었다. 서북 지역은 조선 시대에 변방이라는 특수성 때문에 신흥 상공인층이 다른 지역보다 일찍 출현했고, 신분제 사회에 대한 거부감도 강한 곳이었다. 19세기 말 이후 이 지역 주민들은 지역신이자 한민족의 신화적 시조

인 단군과 서양의 종교인 기독교를 통해 역사의 중심을 군주에서 민족으로 대체하고 자신들을 한민족의 주체로 격상함과 동시에 문명개화사상을 선점했다. 이를 토대로 한민족의 발상지이자 서양 근대 문명의 전초기지 출신이라는 역사적 정체성에서 비롯된 선민의식을 지니면서 19세기 말 이후 한반도의 주요한 정치 세력으로 성장했다. 이를 선도한 지역은 서북 지역 중에서도 평안도였다. 서북 지역 기독교인들은 자신들의 생존권과 재산권을 위협하는 신분제 사회를 거부하고, 자신들이 보호받을 수 있는 새로운 근대 국민국가를 건설하기 위해 정치·사회 활동에 나섰다. 그런데 그들과 대립했던 대한제국의 황제가 권력을 상실하고 일제가 그 자리를 차지하자 서북 지역 기독교인들은 일제와의 경쟁에 돌입하게 되었다. 서북 지역 기독교인들은 수많은 한국인을 자기편으로 끌어들이기 위해 노력했다. 1919년 삼일운동으로 자신감을 얻은 그들은 각계각층과 연합해 대한민국임시정부를 수립했다. 그리고 모든 한국인은 이제 민족의 일원이 되었음을 선포했다. 그들은 일제의 정책보다 우월한 도덕적 인격주의와 민족을 내세우면서 수많은 한국인을 포섭해나갔다. 그 덕분에 1945년 광복 이후 서북 지역 기독교인들은 자유민주주의 체제에 기초한 국가 건설을 위한 자치적 시민운동을 주도할 수 있었다. 그러나 소군정과 김일성의 연합 정권의 탄압으로, 그들은 월남을 감행해야만 했다. 서북 지역의 기독교 지도자 대부분이 공산당에 체포·구속되고 죽임을 당했기 때문에, 월남한 서북 지역 기독교인들은 피난민 교회를 거점으로 삼아 월남한 목사를 중심으로 강한 연대를 구축했다. 반공 연합 전선의 형성이었다.

1950년에 발생한 한국전쟁은 그들에게 신의 축복이자 기회였다. 월남한 서북 지역 기독교인들은 한국전쟁을 통해 남한의 정치·사회·종교에서 가장 강력한 세력으로 부상했다. 그 배경에는 구호물자와 선교 자금이 있었다. 기독교 외원 단체 중 가장 대표적 조직인 세계교회협의회(WCC)의 지원과 협력 관계에 있던 기독교세계봉사회(CWS)의 구호물자는 점검을 할 수 없을 정도로 그 양이 방대했다. CWS는 이러한 구호물자를 모집하기 위해 대대적인 홍보를 펼쳐 공산주의자들이 얼마나 패륜적인지를 전 세계에 알렸고, 이러한 과정에서 미국을 중심으로 한 세계 각지의 기독교인들을 반공 전선으로 결집시켰다. 미국을 중심으로 한 세계 반공 전선의 구축은 다시 더 방대한 구호물자의 모집으로 이어졌다.

미국 선교사들은 이렇게 모집된 구호물자와 선교 자금을 통해 한국 기독교회에서 자신들의 영향력을 확대해나갔다. 월남한 서북 출신 기독교인들은 선교사와의 관계를 통해 구호물자와 선교 자금을 독점함으로써 남한에서 강력한 정치적·사회적 세력으로 성장했다.

이승만은 월남한 서북 출신 기독교인들이 교계뿐만 아니라 정치적·사회적으로 점차 부상하자 정치적인 협력 대신에 견제를 하기 시작했다. 그 갈등은 WCC의 휴전회담 촉구에서 비롯되었다. 미국 교회가 주도하던 WCC는 한국전쟁이 발발하자 유엔의 전쟁 참전을 촉구하는 성명서를 발표해 미국인들을 비롯한 세계 기독교인들의 지지를 끌어내는 데 중요한 역할을 했다. 그러나 중공군의 참전으로 전쟁이 장기화되자 WCC는 휴전회담을 촉구했다.

이승만은 WCC의 입장 변화에 당황스러워했다. 그에게는 여전히 전쟁이 필요했기 때문이다. 이승만은 한국 기독교라는 창구를 통해 WCC를 중심으로 한 세계 교회로부터 전쟁 구호물자를 지원받고 세계와 정보를 교환하면서 자신을 지지하게 만들었다. 그런데 WCC가 휴전회담을 촉구하자 이승만은 WCC를 공격해 미국 정부를 압박하고 WCC와의 관계를 독점하고 있던 한국기독교연합회(KNCC)를 통제하려 했다. KNCC는 월남한 서북 출신 기독교인이 주도하고 있었다. 이승만은 이에 대한 직접적인 공격은 KNCC 중심부 밖에 있던 고려신학파(고신파)에 맡겼다. 이승만과 고신파는 WCC를 용공으로 공격함으로써 KNCC를 압박했다. 미국과 한국 사이에서 동요하던 KNCC

는 이승만을 선택했다. 그들이 이승만 노선을 선택한 것은 19세기 말부터 서로 친밀하게 지내던 미국 선교사들이 적극적으로 휴전회담을 반대했으며, 구호물자와 선교 자금을 독점하고 있었기 때문이다. KNCC는 WCC와의 관계에 대해서도 고심을 했지만, 선교사가 매개자로서 역할을 하고 있었기 때문에 휴전회담 반대 운동에 적극적으로 나설 수 있었다. KNCC는 이러한 결정으로 휴전을 반대하는 한국 교회의 지지를 받으면서 반공의 선명성을 대표하는 단체로 신뢰를 받을 수 있었고, 동시에 선교사를 통해 WCC와도 지속적으로 관계를 유지할 수 있었다. 반면 WCC를 공격함으로써 미국 정부를 압박하려 했던 이승만은 미국과의 관계가 점차 소원해지면서 국제적으로 고립되어갔다.

제2부에서는 한국전쟁 이후 한국 기독교회의 핵심 세력이 된, 월남한 서북 출신 기독교인들이 변화된 국내외의 정세 속에서 어떻게 생존 전략을 수정하면서 자신들의 세력을 더욱 확장해나갔는지에 대해 다루었다. 먼저 전쟁고아 사업과 한경직의 관계를 통해 그들이 미국 교회, 한국 교회, 그리고 박정희 정권과 어떻게 연결되어갔는지를 살펴보았다. 한국전쟁 이후 미국인들의 한국에 대한 관심이 점차 줄어들자 미국의 복음주의자들은 전쟁고아 사업을 기반으로 미국 정부와 한국 정부에 영향력을 미치는 세력이 되었다. 미국 복음주의자들은 월드비전, 기독교아동복리회(CCF), 홀트 입양 프로그램 등의 전쟁고아 사업을 통해 미국과 동맹 관계에 있는 국가를 가족적인 관계로 만듦으로써 반소·반공을 위한 봉쇄 혹은 통합 정책에 기여했다. 한국에서 그들의 사업을 성공시키는 데 중요한 역할을 한 집단은 월남한 서북 출신의 기독교인들이었다. 그들을 대표하던 한경직은 월드비전, CCF, 홀트 입양 프로그램의 이사장, 이사 등을 역임하면서 이 사업의 정책을 주도했다.

이승만 정권은 전쟁 이후에도 한경직과 월남한 서북 출신 기독교인들을 항상 경계했으며, 그들의 활동을 제한했다. 그러나 한경직과 서북 출신 기독교인들은 미국 복음주의와의 밀접한 관계를 통해 전쟁고아 사업을 독점함으로써 남한에서 정치적·사회적 기반을 확고히 했다.

한경직은 이를 바탕으로 박정희가 군사 정변을 일으켰을 때 박정희에 대한 미국 정부와 미국인들의 지지를 얻어내는 데 성공했다. 그는 박정희가 군사 정변을 일으키자 이를 반대하던 미국 정부와 미국인을 설득하기 위해 많은 노력을 기울였다. 한경직은 한국전쟁으로 친분을 맺었던 미국 정관계·종교계 인사들을 통해 박정희 지지를 호소했다. 그리고 미국인들이 박정희 정권을 지지할 수 있도록 전쟁고아로 구성된 선명회합창단의 미국 순회공연을 여러 차례 기획했다. 이 공연은 대성공을 거두었고 미국인들이 한국 정부를 지지하도록 하는 데 크게 기여했다. 그 결과 월남한 서북 출신 기독교인을 대표하는 한경직과 박정희는 더욱 밀착된 관계를 맺을 수 있었다.

박정희의 군사 정변을 한경직이 적극적으로 지지하고 나선 것은 군사 정변의 주역에 많은 서북청년회 출신이 참여하고 있었기 때문이었다. 서북청년회 출신들은 이승만 정권에서 배제되었으나 박정희의 군사 정변으로 화려하게 부활했던 것이다.

서북청년회는 월남한 기독교인들과 유기적 관계를 맺고 있었다. 이 청년들의 역사적 정체성은 안창호, 이승훈, 조만식 등으로 이어지는 민족주의의 계보에 있었다. 서북청년회는 이승만에게 기대를 걸고 정권 수립에 중요한 역할을 했다. 그들은 세력 확대를 위해 가장 먼저 지부 결성에 착수했으며, 대북 활동, 좌익 소탕 활동 등에 주력했다. 서북청년회는 이승만이 초대 대통령으로 당선되는 데 중요한 역할을 했지만, 정부 수립 후 몇 개월이 지나자 해산되고 말았다. 서북청년회 출신들은 한국전쟁이 발발하자 이를 재기의 기회로 생각해 서북청년회를 다시 결성하려 했으나 이승만의 반대로 무산되고 말았다.

그러던 서북청년회가 박정희의 군사 정변으로 부활하게 되었다. 서북청년회의 좌익 소탕 활동의 일환으로 조선경비사관학교에 입학한 5기와 8기가 군사 정변의 주역이 되었고, 조선경비사관학교 7기는 베트남전쟁에 참전해 박정희 정권에서 중요한 역할을 했다. 특히 8기 대부분은 육군 정보국에 근무하고 있었으므로 정변 이후에 그들은 중앙정보부의 창립 멤버가 된다. 미군정의 교육정책으로 '국대안(국립 서울대학교 설립안) 반대운동'이 전개되었을 때 서북청년회의 많은 회원이 이를 막기 위해 일반 학교로 들어갔는데, 그들 중 상당수가 박정희 정권의 브레인이 되었다. 한편 서북청년회 대표였던 선우기성은 청우회를 조직해 반공청년기념비 설립 등의 사업을 벌임으로써 회원들을 결집했고, 회원들의 영향력은 커졌다.

월남한 서북 출신 기독교인과 서북청년회, 그리고 박정희가 사상적으로 강하게 결합할 수 있었던 배경에는 민족주의에 기반을 둔 승공주의가 있었다. 광복 이후 월남한 서북 출신의 기독교인들을 중심으로 시작된 전투적 반공주의는 한국전쟁을 겪으면서 다른 대부분의 기독교인에게도 전파되어 있었다.

그런데 1950년대 중후반 이후 한국 기독교인들은 반공에 대해 다시 정의하기 시작했다. 그것은 국외의 변화와 국내 현실에 따른 것이었다. 1950년대 중후반 소련은 제3세계로 팽창하고 있었으며, 북한은 전후 재건에서 성공을 거두고 있었다. 이에 반해 국내 현실은 암담했다. 민심은 정부로부터 멀어지고 있었고 한국 정부와 미국 정부의 관계는 계속 소원해지고 있었다. 이승만은 미국 여론을 움직일 수 있는 천주교와 월남한 서북 출신 기독교인들에게도 적대적이었다. 심지어 일부 기독교인과 합세해 월남한 서북 출신 기독교인들이 WCC와 관계를 맺고 있다는 이유를 들어 용공주의자로 공격했다. 교회의 현실도 마찬가지였다. 공산주의자와 사상전을 위한 십자군이 되어야 할 교회는 신종파의 난립과 분열 등으로 그 역할을 수행하지 못하고 있었다. 이로써 많은 교인이 교회를 떠나고 일반인들은 교회를 혐오하는 현상까지 생겼다.

이러한 현실에서 월남한 서북 출신 기독교인들을 비롯한 한국 기독교인들은 위기를 느낄 수밖에 없었다. 그래서 그들은 전투적 반공주의를 맹목적이고 단순히 정적을 제거하기 위한 수단에 불과한 것이라며 비판하고 반공을 다시 정의하기 시작했다. 진정한 반공이란 민주주의적 국가 수립을 위한 정치 발전과 사회적 빈곤에서 탈피하는 경제 발전을 통해 공산주의와의 체제 경쟁에서 이길 수 있는 것이라고 다시 정의했다. 이와 같이 반공을 재정의함과 동시에 이에 대한 구체적인 방안을 마련하고 실천에 옮겼다. 공산주의와의 사상전에서 이기기 위해 공산주의에 대한 구체적인 연구와 기독교에 대한 깊은 연구를 하고 이를 전파하기 위해 ≪기독교사상≫을 발간했으며, 교회의 신종파 난립과 분열을 극복하고 기독교인들을 단결시키기 위해 에큐메니칼 운동을 펼쳤고, 사회적 약자들이 공산주의에 경도되지 않도록 이들과의 연대를 위해 산업 전도 운동을 전개하기 시작했다.

1950년대 중후반 이후 반공을 다시 정의한 한국 기독교인들은 민주주의 국가 수립을 주장했던 4·19를 지지했다. 그러나 1년이 지난 후 민주주의 질서를 붕괴시킨 5·16을 다시 지지했다. 한국 기독교인들이 이와 같이 모순적인 태도를 보인 것은 4·19 이후 한국 사회가 그들이 원하는 방향으로 흘러가지 않았기 때문이었다. 북한이 경제 부흥으로 세계의 주목을 받고 있는 상황에서 사회 일각의 남북협상론, 중립화 통일론의 주장은 한국 기독교인들에게 중대한 위기로 느껴졌다. 민주주의 체제의 확립과 경제적 성장이 이루어지지 않았는데 사회 일각에서는 중립화 통일론이 주장되고 북한의 경제 부흥 소식은 빠르게 전해졌다. 급기야 1960년 12월에 50여 명의 고교생·대학생이 집단적으로 월북하기에 이르렀다. 이와 같은 일련의 상황은 한국 기독교인들에게 무서운 일로 다가왔다. 경제 발전이 이루어지지 않는다면 공산주의 체제를 많은 사람이 선택할 것이라는 공포를 느꼈다. 그래서 서북 출신 기독교인들을 비롯한 한국 기독교인들은 5·16을 적극적으로 지지했다. 한국 기독교인들이 주장했던 승공 담론은 5·16 이후 국가적 차원에서 재구성되었다. 승공 담론은 군사정권에 의해 국시로 승격되었다. 군사정권에 의해 제시된 승공론은 북한 체제보다 경제 발전이 더 앞서야 한다는 것으로 초점이 모아졌다.

박정희와 서북 출신 군 장성들 중심으로 추진된 5·16, 그리고 이를 강력하게 지지한 서북 출신 기독교인들을 비롯한 한국 기독교인들은 북한 체제보다 앞서야 한다는 승공론을 주장하면서 경제 발전에 총력을 기울였다. 월남한 서북 출신 기독교인들을 비롯한 한국 기독교인들과 박정희의 강력한 결합, 그리고 빈곤에서 벗어나기 위해 승공론을 지지했던 수많은 한국인은 1960년대 이후 한국 사회를 경제적으로 성장시킨 강력한 원천이 되었다. 이와 같은 연대의 구체적인 사례 중의 하나로 들 수 있는 것이 가족계획 사업이었다. 한국 기독교인들은 박정희 정권이 경제성장을 위한 정책의 일환으로 가족계획 사업을 내세우자 이를 적극적으로 지지하면서 선도적으로 동참했다.

월남한 서북 출신 기독교인들, 그리고 그와 관련된 서북 출신들은 한국전쟁을 기회로 한국 사회에서 정치적·사회적으로 영향력 있는 집단으로 성장한 후 박정희 정권과 결합함으로써 한국 사회 권력 집단의 핵심 세력이 되었던 것이다.

그러므로 1960년대 이후 한국 경제성장의 큰 동력은 한국전쟁 이후 가장 근대화된 집단인 군대에서 5·16의 핵심 세력이 된 박정희와 서북 출신 군 장성들, 서북 출신 기독교인들이 주도한 한국 교회, 북한 체제보다 경제적으로 앞서야 한다는 일념으로 제기된 승공 담론, 그리고 빈곤에서 탈피하기 위해 기꺼이 승공론을 지지한 한국인들이었다고 할 수 있다.

이승만은 월남한 서북 출신 기독교인들을 정치적으로 배제하고 한국전쟁 이후 절대적 빈곤에 시달리는 대중의 열망을 채워주지 못했기 때문에 미국의 막대한 구호물자에도 불구하고 정치적으로 실패할 수밖에 없었다. 그러나 박정희는 그들과 연대하고 결합함으로써 경제성장에 성공했다. 19세기 말 이후부터 시민사회를 지향했던 월남한 서북 출신 기독교인들은 박정희와 결합하면서 한국의 근대화를 위한 실질적인 초석을 마련했다. 이는 탈식민과 냉전의 시대가 교차하고 진행되는 과정에서 끊임없이 주체적으로 대응한 결과였다. 결국 박정희 정권을 추동하고 동력이 된 집단은 월남한 서북 출신 기독교인들, 그리고 그들과 연계된 서북 출신들이었다고 할 수 있다. 월남한 서북 출신 기독교인들을 비롯한 한국 기독교인들은 1970년대 이후 반공과 민주주의국가 수립, 즉 승공을 위해 민주주의 운동에 다시 앞장서게 된다.[1]

---

1 유신 시대 노동운동과 민주화 운동에 큰 역할을 담당했던 한국 기독교의 도시산업선교회 활동은 세계 교회와 미국 교회의 지원으로 '반공과 민주주의국가 수립'을 목표로, 즉 공산주의 국가를 대표하는 북한과의 체제 경쟁에서 이기기 위해 시작되었다. 대한예수교장로회 총회 전도부 산업선교위원회에서 1981년에 『교회와 도시산업선교』를 출간했는데, 이 책의 추천사를 한경직이 썼다[대한예수교장로회 총회 전도부 산업선교위원회 엮음, 『교회와 도시산업선교』(대한예수교장로회총회교육부, 1981), 1~2, 39쪽].

1974년 6월 17일 NCCK 인권위원회에서는 승공과 자유민주주의의 관계에 대해 다음과 같이 밝혔다. "기독교인은 신앙을 고백할 때 이미 유물론과 그 사관을 극복한 사람들이다. 시위나 구호보다 근본적으로 신앙과 사관에 있어서 반공적이며 오늘의 현실에서 반공은 기독교 생존의 문제요, 승공만이 활로임을 확신한다. 우리는 모든 국민이 기독교 신앙으로 무장될 때 근본적으로 유물사관에 근거한 공산주의자와의 대결에서 승리할 수 있다고 믿는다. 우리는 진정으로 이 땅에 하나님의 뜻과 통치가 이루어지는 자유민주주의가 실현되고 사람이 존중되며 살기 좋은 나라 동방의 빛이 되기를 기대한다"[「NCC 인권위원회 결의문(1974.6.17)」, 민주화운동기념사업회 소장 자료(등록번호 00086030)].

1976년 3·1 「민주구국선언」에서도 승공의 길은 자유민주주의 체제의 확립에 있음을 다음과 같이 밝혔다. "우리에게는 지켜야 할 마지막 선이 있다. 그것은 통일된 이 나라, 이 겨레를 위한 최선의 제도와 정책이 '국민에게서' 나와야 한다는 민주주의의 대헌장이다. 다가오고 있는 그날을 바라보면서 우리는 민주 역량을 키우고 있는가? 위축시키고 있는가? 승공의 길, 민족 통일의 첩경은 민주 역량을 기르는 일이다. 이것이야말로 우리 오천 만 월남한 서북 출신 기독교인들은 다른 한국 기독교인들과 함께 미국의 동아시아 안보 정책으로 전개된 경제개발 정책과 민주주의 가치 선전을 적극적으로 활용하면서 세계 교회와 미국 주류 교회의 지원과 연대를 얻어 1960년대 이후 한국 사회의 경제성장과 민주주의 발전의 성장 동력이 되었다. 그들은 박정희 시대에 경제 발전과 정치 발전을 주도하고 선점함으로써 오늘에 이르기까지 한국 사회에 지대한 영향력을 미치게 되었다.

온 겨레가 새 역사 창조에 발 벗고 나서는 일이다. 이것이야말로 3·1운동과 4·19 때 쳐들었던 아세아의 횃불을 다시 쳐드는 일이다. 이것이야말로 민주주의와 공산주의 틈바구니에서 당한 고생을 살려 민주주의의 진면목을 세계만방에 드날리는 일이다. 이것이야말로 통일된 민족으로, 정의가 실현되고 인권이 보장되는 평화스런 나라 국민으로 국제사회에서 어깨를 펴고 떳떳이 살게 하는 일이다"[「민주구국선언(1976.3.1)」, 민주화운동기념사업회 소장 자료(등록번호 0007819)].

참고문헌

신문

≪감리회보≫. 1952.2.1. "NCC 강화운동의 촉진".

≪경향신문≫. 1952.3.22. "고아들에 선물".

≪경향신문≫. 1952.4.13. "거리의 불량아".

≪경향신문≫. 1952.5.27. "전쟁 이면(裏面)의 사회상".

≪경향신문≫. 1952.6.2. "슈-사인 소년들 감화원에 수용".

≪경향신문≫. 1952.6.6. "부랑아 능동에 수용".

≪경향신문≫. 1952.6.7. "고아 능동에 수용".

≪경향신문≫. 1952.7.5. "부랑아 수용 보호 기간(期間)을 설치".

≪경향신문≫. 1953.1.10. "고아 파는 위선자".

≪경향신문≫. 1953.4.24. "CAC 메이휠드 사령관을".

≪경향신문≫. 1953.5.7. "어린이날의 그늘 밑".

≪경향신문≫. 1953.5.14. "소동이르킨윤락고아원 원장아들정욕난행".

≪경향신문≫. 1954.3.8. "부랑아 전부 수용".

≪경향신문≫. 1958.12.16. "벌써 싼타크로스".

≪경향신문≫. 1958.12.22. "고아들에 오붓한 성탄 잔치".

≪경향신문≫. 1960.8.6. “참의원으로 통하는 길”.
≪경향신문≫. 1960.12.17. “집단월북사건 정계에 일대 충격”.
≪경향신문≫. 1961.1.21. “전국학생에게 보내는 공개서한”.
≪경향신문≫. 1961.1.21. “중립화론은 이래서 반대한다”.
≪경향신문≫. 1961.5.21. “혁명내각에 요망한다”.
≪경향신문≫. 1961.11.15. “역사적 박 · 케네디 회담 개막”.
≪경향신문≫. 1962.2.4. “노래하는 고아 사절”.
≪경향신문≫. 1962.2.6. “노래사절꼬마합창단”.
≪경향신문≫. 1963.12.17. “자제와 책임이 따르는 민주적 정치 질서 확립”.
≪경향신문≫. 1976.1.13. “고당 조만식선생 기념사업회 발기”.
≪경향신문≫. 1981.9.12. “우리 동네”.
≪국민보≫. 1950.12.13. “평화소리가 세계진동”.
≪국민보≫. 1954.1.8. “미국이 한국목사 피살에 1만원을 보수한다고”.
≪국민일보≫. 2008.5.8. “역경의 열매, 조병해 (10)”.
≪국민일보≫. 2014.6.27. “6 · 25전쟁 숨은 영웅 동키부대원 70%가 기독교인이었다”.
≪국민일보≫. 2014.6.28. “무명 유격대 ‘동키’ 대부분 기독교인이었다”.
≪기독공보≫. 1952.2.18. “크리스챤은 강력한 반공주의자, 미지주간 한국담(美誌主幹韓國談)”.
≪기독공보≫. 1952.7.14. “대통령선거에 대하야”.
≪기독공보≫. 1953.5.18. “공화당 짝슨 의원 중대발언”.
≪기독공보≫. 1953.6.22. “성도의 집도(懃禱)는 국난을 타개! UN의 방법에 맹종은 불가”.
≪기독공보≫. 1953.6.22. “신도대회후문”.
≪기독공보≫. 1953.6.22. “양단 휴전반대 · 북진통일을 절규, 구국기독신도대회 개최”.
≪기독공보≫. 1953.6.29. “신도대회 후문에 대하여”.
≪기독공보≫. 1953.6.29. “통일기원신도대회 전국 각처에서 연속거행”.
≪기독공보≫. 1953.7.6. “CCIA 휴전문제에 관심, 놀디박사 급거 내한”.
≪기독공보≫. 1953.7.13. “미국민간에 휴전반대여론비등, 판문점 양보는 뮤니히 재판, ‘아이크’여 ‘챔벌린’이 되지 말라”.
≪기독공보≫. 1958.6.2. “아세아산업전도대회에 대표들 향비(向比)”.
≪기독공보≫. 1959.3.2. “교포 북송을 교회도 반대한다”.

≪기독공보≫. 1959.11.16. "에큐메니칼 해부".
≪기독공보≫. 1959.11.23. "무분별한 환영, 매킨타이어 환영준비명단".
≪기독공보≫. 1959.11.23. "반공 조공(造共)".
≪기독공보≫. 1959.12.21. "기독교 반공 단체에 대하여".
≪기독공보≫. 1960.1.18. "ICCC 매킨타이어와 야합 노정".
≪기독공보≫. 1960.3.21. "총회 '산전위(産傳委)' 창설 3주년".
≪기독공보≫. 1960.5.2. "반공단체는 무엇을 했나".
≪기독공보≫. 1961.5.22. "교회인사 긴급 회동".
≪기독공보≫. 1961.5.22. "반공에 기대".
≪독립신문≫. 1897.1.26. "논설".
≪독립신문≫. 1897.6.1. "논설".
≪독립신문≫. 1897.12.23."논설".
≪동아일보≫. 1921.7.22. "제2회 학우회 순회강연".
≪동아일보≫. 1924.9.11. "산아제한 가부(可否)토론회".
≪동아일보≫. 1924.9.14. "산아제한토론 연사도결뎡".
≪동아일보≫. 1931.12.6. "횡설수설".
≪동아일보≫. 1952.3.6. "행복산의 천사들".
≪동아일보≫. 1952.3.20. "일만「딸라」분의의류기증".
≪동아일보≫. 1952.12.8. "고아 혼혈아의 앞길도 열어주오".
≪동아일보≫. 1953.2.7. "사재 던저 고아를 양육".
≪동아일보≫. 1953.6.28. "휴지통".
≪동아일보≫. 1953.9.10. "일절의 청년단 폐지".
≪동아일보≫. 1954.9.5. "휴지통".
≪동아일보≫. 1954.11.28. "전재고아(戰災孤兒)는 어디로 가나".
≪동아일보≫. 1955.5.2. "부랑아의 실태".
≪동아일보≫. 1956.2.28. "혼혈아 고아원 개소".
≪동아일보≫. 1956.5.18. "이대통령 당선확정".
≪동아일보≫. 1960.12.17. "목포 근해서 집단 월북 사건".
≪동아일보≫. 1961.5.21. "간접침략의 분쇄".
≪동아일보≫. 1962.5.15. "서울에 자유센터".

≪동아일보≫. 1964.4.25. "스케치".
≪동아일보≫. 1964.7.14. "두 달 만에 퇴(褪), 변색, 손괴까지".
≪동아일보≫. 1972.5.27. "기록 영화에 김연숙 양 소개".
≪동아일보≫. 1974.3.25. "박대통령이 금일봉".
≪동아일보≫. 1989.6.19. "공직자: 변화의 시대 방황의 현주소".
≪매일경제≫. 1968.4.27. "충무공 동상 제막".
≪조선일보≫. 1953.6.16. "서울 기독교도 통일기원대회".
≪조선일보≫. 1961.9.29. "'산아제한 반대한다' 한국 천주교 주교단에서 성명 발표".
≪조선일보≫. 1971.12.9. "「가족계획」도 하나님 뜻이다. 교회, 사업 앞장 결정의 안팎".
≪크리스챤신문≫. 1960.12.10. "공산주의와 대결하는 신앙".
≪크리스챤신문≫. 1961.1.14. "중립 통일되면 크리스챤은 어떻게 살아야 하는가?".
≪한겨레≫. 2011.6.21. "백선엽 지리산 토벌 작전 때 양민 집단 동사".
≪한겨레≫. 2013.7.5. "시진핑이 김정은에게 보내는 '가상 편지'".
오제도. 1976.6.24. "그때 그 일들". ≪동아일보≫.
이경남. 1986.12.10. "청년운동반세기 6". ≪경향신문≫.
_____. 1986.12.24. "청년운동반세기 8". ≪경향신문≫.
_____. 1987.1.28. "청년운동반세기 12". ≪경향신문≫.
한경직. 1972.7.22. "내가 겪은 21세기". ≪경향신문≫.
황금천. 1952.6.23. 「설교: 구국자 느헤미야의 눈물, 느헤미야 1:1~11」. ≪기독공보≫.

Christian Beacon. 1951.2.22. "Russian Constitution presents principle now endorsed by Executive Committee of World Council of Churches."
Christian Beacon. 1951.6.28. "25 Korean National Assembly Leaders Question Korean Churches' WCC Affiliation with Pro-communist Action and Leadership."
Jackson, C. W. 1951.8.25. "You may be interested in." *The Louisville Defender*.
Martin, Friar. 1897.5.20. "Notes on a Trip into Northern Korea." *The Independent*.
The New York Times. 1950.7.7. "Church Group Heads Laud U.N. on Korea."
The New York Times. 1950.7.14. "World Peace Plea is Circulated here."
The New York Times. 1950.7.16. "Congress Member Issues Attack on 'Stockholm Peace Petition'."

The New York Times. 1950.7.16. "Stockholm Peace declared 'phony'."
The New York Times. 1950.7.30. "Churchmen Back U.N. Korean Stand."
The New York Times. 1950.8.3. "Faiths denounce red 'Peace Appeal'."
The New York Times. 1950.8.13. "Story of the Stockholm Petition."
The New York Times. 1950.8.19. "Churches Pray for Success."
The New York Times. 1950.8.22. "South Korea Sees Red Genocide Aim."
The New York Times. 1950.8.22. "Young Marine Adopt South Korean Orphan, Who Refuses Rice After Tasting G.I. Food."
The New York Times. 1950.12.3. "Clergy Group Protest Against Atom Bomb Use."
The New York Times. 1950.12.6. "Church Group Backs Use of Atomic Bomb."
The New York Times. 1953.7.17. "Church Calls on Rhee."

저서 · 논문 · 기고문

"국가의 개념 [속]". 1908. ≪서북학회월보≫, 1호. 서북학회.
"산아조절의 의의와 현세, 동광대학 제7강 사회문제편". 1931. ≪동광≫, 25호. 동광사.
강문규. 1992. 「한국 NCC와 에큐메니칼 운동」. 『한국교회와 에큐메니칼 운동』. 대한기독교서회.
강원용. 1961. "남북통일과 우리의 과제". ≪기독교사상≫, 5권 2호. 대한기독교서회.
______. 2003. 『역사의 언덕에서: 젊은이에게 들려주는 나의 현대사 체험. 2, 전쟁의 땅 혁명의 땅』. 한길사.
강원용 · 강문규 · 김용복. 1983. "한국교회와 WCC". ≪기독교사상≫, 27권 1호. 대한기독교서회.
강인철. 1996. 『한국기독교회와 국가 · 시민사회: 1945~1960』. 한국기독교역사연구소.
______. 2005. 「한국 개신교 반공주의의 형성과 재생산」. 역사문제연구소. ≪역사비평≫, 70호.
______. 2006. 『한국 천주교의 역사사회학: 1930-1940년대의 한국 천주교회』. 한신대학교 출판부.
______. 2007. 『한국의 개신교와 반공주의』. 중심.

______. 2013.『저항과 투항: 군사정권들과 종교』. 한신대학교 출판부.

강주심. 1963. “기독교 가정에서의 가족계획은 이렇게”. ≪새가정≫, 101호. 새가정사.

강진화. 1949.『대한민국 인사록』. 내외홍보사.

고은. 1995.「땅 속의 장준하 선생이시여」. 장준하선생20주기추모문집간행위원회 엮음. 『광복 50년과 장준하』. 장준하선생 20주기 추모사업회.

국방군사연구소. 1998.『건군 50년사』. 국방군사연구소.

국사편찬위원회 엮음. 1997.『한국사. 36』. 국사편찬위원회.

권헌익·정병호. 2013.『극장국가 북한: 카리스마 권력은 어떻게 세습되는가』. 창비.

기독교대백과사전편찬위원회 편저. 1981.『기독교대백과사전. 2』. 기독교문사.

김건우. 2003.『사상계와 1950년대 문학』. 소명출판.

김광우 지음. 크리스챤라이프사편집부 엮음. 1984.『김광우목사 회고록: 나의 목회 반세기』. 바울서신사.

김귀옥. 2004.『이산가족, ‘반공전사’도 ‘빨갱이’도 아닌……』. 역사비평사.

김남식 외. 1989.『해방전후사의 인식. 5, 북한편』. 한길사.

김동명. 2002.「일본제국주의와 식민지 조선의 근대적 참정제도」. 한국국제정치학회. ≪국제정치논총≫, 42집 3호.

김병희 편저. 1982.『한경직 목사』. 규장문화사.

김삼규. 1960. “‘천리마’ 운동과 폭정”. ≪세계≫, 20호. 국제문화연구소.

김상태. 1998.「평안도 기독교 세력과 친미엘리트의 형성」. 역사문제연구소. ≪역사비평≫, 45호.

______. 2002.「근현대 평안도출신 사회지도층 연구」. 서울대학교 대학원 박사학위논문.

______. 2005.「평안도지역의 근대적 변화와 국사교과서 서술내용 개선방안」. 역사문화학회. ≪지방사와 지방문화≫, 8권 2호.

김성보. 2000.『남북한 경제구조의 기원과 전개』. 역사비평사.

______. 2004.「지방사례를 통해 본 해방 후 북한사회의 갈등과 변동: 평안북도 선천군」. 연세대학교 국학연구원. ≪동방학지≫, 125집.

______. 2011.『북한의 역사. 1, 건국과 인민민주주의의 경험 1945~1960』. 역사비평사.

김성보·기광서·이신철. 2004.『사진과 그림으로 보는 북한 현대사(개정 증보판)』. 웅진지식하우스.

김성식. 1969.『한국현대사. 5』. 신구문화사.

김성호. 2000. 「은닉된 분단의 희생자: 북파공작원 리포트」. 대한민국국회.

김수진. 1996. 『가정의 40년 길을 따라서』. 한국기독교가정생활사.

김승태. 2004. 「6·25 전란기 유엔군측의 포로정책과 기독교계의 포로선교」. 한국기독교역사연구소. ≪한국기독교와 역사≫, 21호.

김승태·박혜진 엮음. 1994. 『내한선교사총람』. 한국기독교역사연구소.

김양선. 1956. 『한국기독교해방십년사』. 대한예수교장로회 총회종교교육부.

김영달. 1959. "소(蘇)의 평화공세와 아세아, 1956년-1957년: 아세아전후사". ≪신태양≫, 78호. 신태양사.

김영호. 2006. 『한국전쟁의 기원과 전개과정』. 성신여자대학교출판부.

김용복. 1984. 「민족 분단과 기독교의 대응」. 한국기독교사회문제연구원 엮음. 『분단현실과 통일운동』. 민중사.

김은섭. 2012. 「예수와 단군, 그 구조와 융합」. 한국기독교회사학회. ≪교회사학≫, 11권 1호.

김응호. 1984. 『한국장로교 100년』. 목양사.

김인서. 1973. 「제삼십육회총회(≪신앙생활≫, 1951.7.8)」. 정인영 엮음. 『김인서 저작전집. 1』. 신망애사.

김일성. 1954. 「쏘련 중화인민공화국 및 인민민주주의 제국가들을 방문한 조선민주주의인민공화국 정부 대표단의 사업경과 보고」. 『조선중앙년감 1954~1955 (상)』. 조선중앙통신사.

______. 1982. 「북부조선당 공작의 착오와 결점에 대하야: 조공북조선분국(朝共北朝鮮分局) 중앙 제3차 확대집행위원회에서 보고」. 국사편찬위원회 엮음. 『북한관계사료집』. 국사편찬위원회.

김재준 지음. 장공자서전출판위원회 엮음. 1983. 『범용기: 장공 김재준 자서전』. 풀빛.

김종환. 1957. "기독교세계봉사회의 연혁과 활동". ≪사회복지≫, 10집. 한국사회복지협회.

김준영. 1992. 「에큐메니칼 운동과 한국 감리교회」. 『한국교회와 에큐메니칼운동』. 대한기독교서회.

김찬국. 1972. "가족계획에 대한 성서적 고찰". ≪기독교사상≫, 16권 1호. 대한기독교서회.

김창준. 2011. 「1945년 2월 25일 기미운동 후 오늘까지의 경위」. 숭실대학교 한국기독교박물관 엮음. 『기독교 민족사회주의자 김창준 유고』. 숭실대학교 한국기독교

박물관.
김춘배. 1958. "출판계획의 몇가지". ≪기독교사상≫, 2권 3호. 대한기독교서회.
김평선. 2010. 「서북청년회의 폭력행위 연구: 제주 4·3을 중심으로」. 제주대학교 대학원 석사학위논문.
김하태. 1958. "문화적 급전기에 처한 한국교회". ≪기독교사상≫, 2권 8호. 대한기독교서회.
김학재. 2010. 「한국전쟁과 '인도주의적 구원'의 신화」. 『전장과 사람들: 주한유엔민간원조사령부(UNCACK) 자료로 본 한국전쟁의 일상』. 선인.
______. 2010. 「주한유엔민간원조사령부(UNCACK) 자료 해제」. 『전장과 사람들: 주한유엔민간원조사령부(UNCACK) 자료로 본 한국전쟁의 일상』. 선인.
김형아. 2005. 『박정희의 양날의 선택: 유신과 중화학공업』. 신명주 옮김. 일조각.
김형욱·박사월. 1988. 『김형욱 회고록. 제1부, 5.16비사』. 교육도서.
김홍주. 2002. 「한국 사회의 근대화 기획과 가족정치: 가족계획사업을 중심으로」. 한국인구학회. ≪한국인구학≫, 25권 1호.
김활란. 1931. 『정말(丁抹)인의 경제부흥론』. 조선기독교청년연합회.
______. 1965. 『그 빛 속의 작은 생명: 우월 김활란 자서전』. 이화여자대학교출판부.
김흥수. 1999. 『한국전쟁과 기복신앙 확산 연구』. 한국기독교역사연구소.
______. 2001. 「한국전쟁 시기 평양 상황 보고서」. 한국기독교역사연구소. ≪한국기독교와 역사≫, 15호.
______. 2003. 「세계교회협의회(WCC)의 한국전쟁 성명과 공산권 교회들」. 한국근현대사학회. ≪한국근현대사연구≫, 24집.
______. 2005. 「한국전쟁 시기 기독교 외원단체의 구호활동」. 한국기독교역사연구소. ≪한국기독교와 역사≫, 23호.
______. 2006. "해방 후 한국전쟁과 이승만 치하의 한국교회". ≪기독교사상≫, 50권 2호. 대한기독교서회.
김희곤. 1986. 「신한청년당의 결성과 활동」. 한국독립운동사연구회. ≪한국민족운동사연구≫, 1집.
꼬요스, 셀레스뗑(Célestin Coyos). 1983. 『(나의 북한포로기) 죽음의 행진에서 아버지의 집으로: 프랑스 한림원상 수상작품』. 조안나·이혜자 옮김. 분도출판사.
노치준. 1986. 「해방 후 한국 장로교회 분열의 사회사적 연구: 세속화와의 관련을 중심으로」. 『해방 후 한국의 사회변동』. 문학과 지성사.
______. 1992. 「한국전쟁이 한국종교에 미친 영향: 한국의 개신교회를 중심으로」. 『한국전쟁과 사회변동』. 풀빛.
대한예수교장로회 총회. 1986. 『총회회의록. 11』(영인본). 한국기독교사 자료원.
대한예수교장로회 총회 전도부 산업선교위원회 엮음. 1981. 『교회와 도시산업선교』. 대한예수교장로회총회교육부.
도면회. 2004. 「자주적 근대와 식민지적 근대」. 임지현·이성시 엮음. 『국사의 신화를 넘어서』. 휴머니스트.
도진순·노영기. 2004. 「군부엘리트의 등장과 지배양식의 변화」. 『1960년대 한국의 근대화와 지식인』. 선인.
독립운동사 편찬위원회 엮음. 1971. 『독립운동사 2. 3·1운동사(상)』. 독립유공자 사업기금 운용위원회.
로즈, 해리(Harry A. Rhodes). 2009. 『미국 북장로교 한국 선교회사. I, 1884~1934』. 최재건 옮김. 연세대학교 출판부.
류대영. 2004. 「2천 년대 한국 개신교 보수주의자들의 친미·반공주의 이해」. 비판사회학회. ≪경제와 사회≫, 62호.
마틴, 윌리엄(William Martin). 1993. 『빌리 그레이엄』. 전가화 옮김. 고려원.
문인현. 1976. 「삼일운동과 개신교 지도자 연구」. 고려대학교 역사연구소. ≪사총≫, 20권.
민경배 대표 집필. 월드비전 한국 엮음. 2001. 『월드비전 한국 50년 운동사: 1950~2000』. 홍익재.
박경수. 1995. 『재야의 빛 장준하』. 해돋이.
박동원. 1960. "'천리마운동'하의 북한경제". ≪사상계≫, 89호. 사상계사.
박명림. 1988. 「제주도 4.3 민중항쟁에 관한 연구」. 고려대학교 대학원 석사학위논문.
______. 2002. 『한국 1950: 전쟁과 평화』. 나남출판.
______. 2011. 『역사와 지식과 사회: 한국전쟁 이해와 한국사회』. 나남.
박명수. 2001. 「해방 이후 한국성결교회의 사회인식」. 한국기독교역사연구소. ≪한국기독교와 역사≫, 15호.
박병엽 구술. 유영구·정창현 엮음. 2010. 『조선민주주의인민공화국의 탄생: 전 노동당 고위간부가 겪은 건국 비화』. 선인.
박보경. 2010. 「1950년 한국전쟁 당시 한국교회의 역할」. 장로회신학대학교 세계선교연구원. ≪선교와 신학≫, 26집.

박용만 기초. 1959. 「대한인국민회 중앙총회 결성선포문」(1912년 11월 20일). 『재미한인오십년사』. 재미한인회.

박정신. 1997. 「기독교와 한국 역사: 그 만남, 물림 그리고 엇물림의 사회사」. 『기독교와 한국역사』. 연세대학교출판부.

_____. 1997. 『근대 한국과 기독교: 그 만남, 물림 그리고 엇물림의 사회사』. 민영사.

_____. 2002. 「6·25전쟁과 한국기독교: 기독교 공동체의 동향과 변화를 중심으로」. 유영익·이채진 엮음. 『한국과 6·25전쟁』. 연세대학교출판부.

박찬승. 1992. 『한국근대 정치사상사 연구』. 역사비평사.

_____. 2010. 『마을로 간 한국전쟁』. 돌베개.

박춘서. 1964. "가족계획은 중용의 원칙. 1~6". ≪새가정≫, 112~117호. 새가정사.

박형규 외. 1968. "웁살라대회와 한국교회". ≪기독교사상≫, 12권 9호. 대한기독교서회.

반병률. 1994. 「이동휘와 한말 민족운동」. 한국사연구회. ≪한국사연구≫, 87호.

배덕만. 2010. 『한국개신교근본주의』. 대장간.

배은경. 2005. 「가족계획 사업과 여성의 몸: 1960~70년대 출산조절 보급 과정을 통해 본 여성과 '근대'」. 한국사회사학회. ≪사회와 역사≫, 67호.

백낙준. 1973. 『한국개신교사: 1832~1910』. 연세대학교출판부.

백선엽. 1989. 『군과 나』. 대륙연구소.

베넬, 쨘씨(John C. Bennett). 1949. 『기독교와 공산주의』. 김재준 옮김. 조선기독교서회.

베버, 막스(Max Weber). 1988. 『프로테스탄티즘의 윤리와 자본주의 정신』. 박성수 옮김. 문예출판사.

벤엘데렌, 말린(Marlin VanElderen) 지음. 세계교회협의회 엮음. 1993. 『세계교회협의회 40년사』. 이형기 옮김. 한국장로교출판사.

산옹(山翁). 1931. "청년에게 호소함, 인격완성, 단결훈련에 대하야". ≪동광≫, 18호. 동광사.

새문안교회70년사 편찬위원회. 1958. 『새문안교회70년사』. 새문안교회.

서동만. 2005. 『북조선사회주의 체제성립사: 1945~1961』. 선인.

서정민. 1988. "한국기독교의 반공 입장에 대한 역사적 이해". ≪기독교사상≫, 32권 7호. 대한기독교서회.

_____. 1994. 「평안도지역 기독교사의 개관」. 한국기독교역사연구소. ≪한국기독교와

역사≫, 3호.
선우기성. 1987.『어느 운동자의 일생』. 배영사.
선우기성·김판석. 1969.『청년운동의 어제와 내일』. 횃불사.
소현숙. 2000.「일제시기 출산통제담론 연구」. 한국역사연구회. ≪역사와 현실≫, 38호.
손규태. 1988.「분단상황에서의 기독교의 역할: 반공이데올로기의 탄생과 정착을 중심으로」. 한국신학연구소. ≪신학사상≫, 61집.
손명걸. 1964. "WCC의 고민과 전망". ≪기독교사상≫, 8권 1호. 대한기독교서회.
손수범. 2009.「이선근의『한민족의 국난극복사』와 국사교과서」. 웅진사학회. ≪역사와 역사교육≫, 19호.
손양원. 1962.「한국에 미친 화벌의 원인(1950.9.13)」. 안용준 엮음.『산돌 손양원 목사 설교집』. 경천애인사.
손진. 2014.『서북청년회가 겪은 건국과 6·25』. 건국이념보급회 출판부.
송두용. 1931. "생육번성과 산아제한". ≪성서조선≫, 31호. 성서조선사.
송상석. 1951.「문제의 기독교와 용공정책과 대한예수교장로회 총회 내면상 폭로 (1)」.
송정률. 1957. "한 그리스도인이 본 현대의 불안". ≪기독교사상≫, 1권 3호. 대한기독교서회.
_____. 1958. "한국의 장래와 기독교". ≪기독교사상≫, 2권 4호. 대한기독교서회.
_____. 1959. "한국에 있어서의 선교사업과 그 정책을 말한다". ≪기독교사상≫, 3권 7호. 대한기독교서회.
슈미드, 앙드레(Andre Schmid). 2007.『제국 그 사이의 한국: 1895~1919』. 정여울 옮김. 휴머니스트.
스칼라피노, 로버트(Robert Scalapino)·이정식. 2015.『한국공산주의운동사』. 한홍구 옮김. 돌베개.
스툭, 윌리엄(William Stueck). 2001.『한국전쟁의 국제사』. 김형인 외 옮김. 푸른역사.
신익희. 1956. "1956년도 국내외 정세를 논한다". ≪신세계≫, 1권 1호. 창평사.
아이젠하워, 드와이트(Dwight Eisenhower). 1971.『아이젠하워 회고록』. 오정환 옮김. 한림출판사.
안교성. 2011.「에큐메니칼 교회로서의 대한예수교장로회(통합)의 정체성과 증언」. 장로회신학대학교 기독교사상과 문화연구원. ≪장신논단≫, 40집.
안병욱 외. 2004.『안창호 평전』. 청포도.

암스트롱, 찰스(Charles K. Armstrong). 2006.『북조선 탄생』. 김연철·이정우 옮김. 서해문집.
양낙홍. 2007.「1951년 한국 장로교 분열의 진상」. 한국교회사학회. ≪한국교회사학회지≫, 20집.
연세대학교 대학원 북한현대사연구회. 1989.『북한현대사. 1, 연구와 자료』. 공동체.
영락교회. 1998.『영락교회 50년사』. 영락교회.
오산중·고등학교 엮음. 1987.『오산팔십년사』. 오산중·고등학교.
오수창. 2002.『조선후기 평안도 사회발전 연구』. 일조각.
_____. 2002.「조선후기 경상도·평안도 지역차별의 비교」. 역사문제연구소. ≪역사비평≫, 59호.
_____. 2007.「≪청구야담≫에 나타난 조선 후기 평양 인식과 그 성격」. 한국사연구회. ≪한국사연구≫, 137호.
오인. 1971. "가족계획 세미나를 마치고". ≪새가정≫, 193호. 새가정사.
오제연. 2014.「1960~1971년 대학 학생운동 연구」. 서울대학교 대학원 박사학위논문.
오천혜. 1962.『기독교와 인구문제』. 조문사.
오천혜·도병일. 1971. "가족계획에 관한 한국 크리스천의 태도: 그 몇가지 가치관에 대한 태도 조사연구". ≪기독교사상≫, 15권 5호. 대한기독교서회.
_____. 1972.『인구 폭발과 인류의 장래: 사람을 사랑하는 길』. 한국기독교교회협의회 가정생활위원회·애육위원회.
_____. 1972. "인공유산의 요람: 인공유산을 어떻게 보는가". ≪새가정≫, 207호. 새가정사.
유광종. 2011.『(6.25 전쟁의 파워 리더) 백선엽을 말한다: 삶과 죽음 속의 리더십』. 책밭.
유봉영. 1963. "제3공화국과 승공". ≪공군≫, 81호. 공군본부 정훈감실.
유영렬. 2007.『애국계몽운동. I, 정치사회운동』. 독립기념관 한국독립운동사연구소.
유호준목사팔순기념문집출판위원회 엮음. 1993.『역사와 교회: 내가 섬긴 교회·내가 살던 역사』. 대한기독교서회.
윤경로. 1986.「105인 사건과 기독교 수난」.『한국기독교와 민족운동』. 보성출판사.
_____. 1990.『105인사건과 신민회 연구』. 일지사.
윤선자. 2010.「광복 후 애국선열 선양정책 재조명」. 한국사학회. ≪사학연구≫, 100호.
윤정란. 2005.「한국전쟁기 기독교인 학살의 원인과 성격」.『전쟁과 기억: 마을 공동체의 생애사』. 한울.

______. 2012. 「1950년대 『기독교사상』의 창간과 그 방향」. 호남사학회. ≪역사학연구≫, 48호.

윤종선. 1962. "가족계획이란 무엇인가". ≪새가정≫, 91호. 새가정사.

윤치영. 1991. 『윤치영의 20세기』. 삼성출판사.

윤해동. 2005. 「국체와 국민의 거리: 탈식민시기의 식민주의」. 역사문제연구소. ≪역사문제연구≫, 15호.

윤해동·황병주 엮음. 2010. 『식민지 공공성: 실체와 은유의 거리』. 책과함께.

이광린. 1983. 「개화기 관서지방과 개신교」. 숭전대학교부설한국기독교문화연구소 엮음. 『한국의 근대화와 기독교』. 숭전대학교출판부.

이나미. 2001. 『한국 자유주의의 기원』. 책세상.

이만열. 1997. 「3·1운동과 기독교」. 한국기독교역사연구소. ≪한국기독교와 역사≫, 7호.

이북신도대표회 문집간행위원회. 1984. 『이북신도대표회 문집』. 이북신도대표회 편집위원회.

이삼돌. 2008. 『해외 입양과 한국 민족주의: 한국 대중문화에 나타난 해외입양과 입양한국인의 모습』. 뿌리의집 옮김. 소나무.

이상규. 2006. 「1950년대 한국장로교회 분열과 연합에 대한 검토」. 한국장로교신학회. ≪장로교회와 신학≫, 3호.

이선근. 1956. 『한국독립운동사』. 상문원.

이송희. 2011. 『대한제국기의 애국계몽운동과 사상』. 국학자료원.

이스트만, 로이드 E(Lloyd E. Eastman). 1986. 『장개석은 왜 패하였는가: 현대중국의 전쟁과 혁명, 1937-1949』. 민두기 옮김. 지식산업사.

이윤상. 2009. 『3·1운동의 배경과 독립선언』. 독립기념관 한국독립운동사연구소.

이종만. 2010. 「한국전쟁기간 미국 북장로회 한국선교부의 활동: 옥호열(Harold Voelkel) 선교사의 활동을 중심으로」. 이화사학연구소. ≪이화사학연구≫, 40집.

이진경. 2003. 「한국 '가족계획사업'의 생체정치학」. 문화과학사. ≪문화과학≫, 33호.

이창건. 2005. 『KLO의 한국전 비사』. 지성사.

이하나. 2012. 「1950~60년대 반공주의 담론과 감성 정치」. 한국사회사학회. ≪사회와 역사≫, 95호.

이혜정. 2011. 『한경직의 기독교적 건국론』. 대한기독교서회.

일기자. 1922. "사회일지(4월)". ≪개벽≫, 3권 23호. 개벽사.
임대식. 1998.「1950년대 미국의 교육원조와 친미 엘리트의 형성」. 역사문제연구소 엮음.『1950년대 남북한의 선택과 굴절』. 역사비평사.
______. 1999.「제주 4·3항쟁과 우익청년단」. 역사문제연구소 외 엮음.『제주 4·3 연구』. 역사비평사.
장규식. 1999.「제1차 세계대전 이후 기독교 사회선교의 새로운 모색: *The Christian Mission in Relation to Rural Problems* 해제」.『자료총서 24집: The Christian Mission in Relation to Rural Problems』. 한국기독교역사연구소.
______. 2000.『일제하 한국기독교민족주의 연구』. 혜안.
장도영. 2001.『망향』. 숲속의꿈.
장병욱. 1984.『6·25공산남침과 교회』. 한국교육공사.
장병일. 1968.『살아있는 갈대』. 향린사.
장원봉. 1988.「용암포 조선민주당 수난사건」.『호박꽃 나라사랑: 대한여자애국단 총무 차경신과 그의 가족 이야기』. 기독교문사.
장유승. 2010.「조선후기 서북 지역 문인연구」. 서울대학교 대학원 박사학위논문.
장창국. 1984.『육사졸업생』. 중앙일보사.
전갑생. 2008.「한국전쟁 전후 대한청년단의 지방조직과 활동」. 한국제노사이드연구회. ≪제노사이드 연구≫, 4호.
전재호. 1997.「박정희 체제의 민족주의 연구: 담론과 정책을 중심으로」. 서강대학교 대학원 박사학위논문.
전택부. 1979.『한국에큐메니칼운동사』. 한국기독교교회협의회.
______. 1987.『한국교회발전사』. 대한기독교출판사.
정성한. 2003.『한국기독교통일운동사』. 그리심.
정용욱. 2004.「5·16 쿠데타 이후 지식인의 분화와 재편」.『1960년대 한국의 근대화와 지식인』. 선인.
______. 2008.「해방 직후 주한미군 미군방첩대의 조직 체계와 활동」. 서울대학교 국사학과. ≪한국사론≫, 53.
정종식. 2007.「서북청년회의 결성과 활동」. 건국대학교 대학원 석사학위논문.
정종현. 2008.「한국 근대소설과 '평양'이라는 로컬리티」. 국제한국문학문화학회. ≪사이(SAI)≫, 4권.

제민일보4·3취재반. 1994.『4·3은 말한다. 1』. 전예원.

______. 1997.『4·3은 말한다. 4』. 전예원.

______. 1998.『4·3은 말한다. 5』. 전예원.

제주4·3사건진상조사보고서작성기획단. 2003.『제주4·3사건 진상조사 보고서』. 제주4·3 사건진상규명및희생자명예회복위원회.

조동진. 1994.『나는 사형수의 아들이었다: 지리산으로 간 목사』. 별.

조선출 엮음. 1973.『복음의 대향연』. 대한기독교서회.

조성훈. 2003.『한국전쟁의 유격전사』. 국방부 군사편찬연구소.

조형·박명선. 1977.「북한출신 월남인의 정착과정을 통해서 본 남북한 사회구조의 변화」.『분단시대와 한국사회』. 까치.

조형래. 2006.「학회(學會), 유토피아의 미니어처」. 동국대학교 한국문학연구소. ≪한국문학연구≫, 31집.

주요한. 1979.『도산 안창호 전서』. 샘터사.

주재용. 1986.「김재준의 생애」.『김재준의 생애와 사상』. 풍만출판사.

주진오. 1995.「1898년 독립협회 운동의 주도세력과 지지기반」. 한국역사연구회. ≪역사와 현실≫, 15호.

진실·화해를위한과거사정리위원회 엮음. 2010.『(2010년 상반기) 조사보고서: 2010.1.1~2010.6.30, 진실화해위원회 제9차 보고서. 8권』. 진실·화해를위한과거사정리위원회.

채명신. 1994.『(채명신회고록) 사선을 넘고 넘어』. 매일경제신문사.

초량교회 100년사 편찬위원회 편저. 1994.『초량교회 100년사: 1892~1992』. 초량교회.

최문순. 1954.『생명의 곡(曲)』. 경향잡지사.

최영호. 1999.「이승만정부의 태평양동맹구상과 아시아민족반공연맹결성」. 한국국제정치학회. ≪국제정치논총≫, 39집 2호.

최용건.「가(假)애국자, 민족반역자 조만식의 정체를 보라」.『팟쇼 반민주분자의 정체』. 러시아 사회주의정당사문서보관소. 폰드 No. 495, 오삐시 No. 135, 델로 No. 211.

최원규. 1996.「외국민간원조단체의 활동과 한국사회사업 발전에 미친 영향」. 서울대학교 대학원 박사학위논문.

최종수. 2000.『한국을 위해 몸 바친 나애시덕 선교사』. 한국기독교연구소.

최태육. 2014.「남북분단과 6·25전쟁 시기(1945~1953) 민간인 집단희생과 한국 기독교의 관계 연구」. 목원대학교 대학원 박사학위논문.

추계황신덕선생기념사업회 엮음. 1984.『무너지지 않는 집을: 황신덕선생 유고집』. 추계황신덕선생기념사업회.

카바40년사 편찬위원회. 1995.『외원사회사업기관활동사: 외국민간원조기관 한국연합회 40년사』. 홍익재.

탁지일. 2013.「북미 교회의 한국전쟁 이해: 미국 장로교회와 캐나다연합교회를 중심으로」. 한국기독교역사연구소. ≪한국기독교와 역사≫, 39호.

편집부. 1954. "성모마리아 성년에 대한 교황 비오 12세 성하의 회칙 3". ≪경향잡지≫, 1030호. 한국천주교중앙협의회.

______. 1958. "교황 비오 12세성하의 훈유", ≪경향잡지≫, 1079호. 한국천주교중앙협의회.

편집부. 1958. "세계기독교뉴스". ≪기독교사상≫, 2권 6호. 대한기독교서회.

______. 1960. "한국은 경찰국가인가". ≪기독교사상≫, 4권 5호. 대한기독교서회.

편집부. 1971. "육군 군종 20년". ≪새가정≫, 190호. 새가정사.

______. 1974. "소식". ≪새가정≫, 226호. 새가정사.

편집실. 1962. "가족계획은 해야 할 것인가". ≪새가정≫, 91호. 새가정사.

______. 1964. "가족계획". ≪새가정≫, 118호. 새가정사.

프라이델, F.(Frank Freidel)·브린클리, A.(Alan Brinkley). 1985.『미국현대사: 1900~1981』. 박무성 옮김. 대학문화사.

학민사편집실 엮음. 1984.『(4월혁명자료집) 4.19의 민중사』. 학민사.

한경직. 1971.「기독교와 공산주의(1947)」.『한경직목사 설교전집. 1』. 대한예수교장로회총회교육부.

______. 1971.「삼천리 가나안 복지(1956.8)」.『한경직목사 설교전집. 2』. 대한예수교장로회총회교육부.

______. 1971.「죽도록 충성하라: 영락교회 창립 십일주년 기념 예배(1956.12)」.『한경직목사 설교전집. 2』. 대한예수교장로회총회교육부.

______. 1971.「성서적 애국심(1957.3)」.『한경직목사 설교전집. 2』. 대한예수교장로회총회교육부.

한국기독교교회협의회 70년 역사편찬위원회 엮음. 1994.『하나되는 교회, 그리고 세계:

한국기독교교회협의회 70년 연표』. 대한기독교서회.
한국기독교교회협의회 애육위원회. 1974. 「NCC 애육위원회의 인공임신중절에 대한 견해」.
한국기독교교회협의회 엮음. 1972. 『기독교연감: 1972』. 한국기독교교회협의회.
한국기독교사연구회. 1989. 『한국 기독교의 역사. 1』. 기독교문사.
______. 1990. 『한국 기독교의 역사. 2』. 기독교문사.
한국기독교역사연구소 북한교회사집필위원회. 1996. 『북한교회사』. 한국기독교역사연구소.
한국기독교장로회역사편찬위원회 엮음. 1992. 『한국기독교 100년사』. 한국기독교장로회출판사.
한국민족문화대백과사전편찬부 엮음. 1995. 『한국민족문화대백과사전. 17』. 한국정신문화연구원.
______. 1995. 『한국민족문화대백과사전. 18』. 한국정신문화연구원.
한국반탁·반공학생운동기념사업회. 1986. 『한국학생건국운동사』. 사단법인 한국 반탁·반공학생운동기념사업회 출판국.
한국어린이재단 엮음. 1986. 『CCF 38년사: 사랑은 국경을 넘어 1948~1986』. 한국어린이재단.
한규무. 1997. 『일제하 한국기독교 농촌운동: 1925~1937』. 한국기독교역사연구소.
한명환. 2011. 「한국전쟁기 대구 경북지역 신문 연재 수기의 반공 이데올로기 형성과정에 나타난 탈식민적 양상」. 부산대학교 한국민족문화연구소. ≪로컬리티 인문학≫, 6호.
한용원. 1993. 『한국의 군부정치』. 대왕사.
한우성. 2008. 『아름다운 영웅 김영옥』. 나무와숲.
한창우 편저. 1967. 『한알의 밀이 죽지 않고는: 장면박사회고록』. 가톨릭출판사.
한홍구. 2002. 「한국의 시민사회, 역사는 있는가」. 참여사회연구소. ≪시민과 세계≫, 1호.
함석헌. 1962. 「생각하는 백성이라야 산다: 6·25싸움이 주는 역사적 교훈」. 『우리는 이렇게 살아왔다』. 광화문출판사.
허명섭. 2004. 『해방 이후 한국교회의 재형성: 1945~1960』. 서울신학대학교출판부.
______. 2004. 「한국전쟁과 한국교회 구조의 변화」. 한국기독교학회. ≪한국기독교신학논총≫, 35집.

허호준. 2010. 「냉전체제 형성기의 국가건설과 민간인 학살: 제주4·3사건과 그리스내전의 비교를 중심으로」. 제주대학교 대학원 박사학위논문.
현영학. 1961. "5·16혁명과 한국교회의 과제". ≪기독교사상≫, 5권 7호. 대한기독교서회.
호림유격전우회. 2000. 『호림부대전사: 영등포학원』. 삼원토탈기획.
홀트, 버다(Bertha Holt). 1972. 『동방의 자손들』. 이선명 옮김. 대원출판사.
______. 1989. 『원방에서 내 자녀들을 오게 하라』. 유제선 옮김. 홀트아동복지회.
홍문식. 1998. 「출산력 억제정책의 영향과 변천에 관한 고찰」. 한국인구학회. ≪한국인구학≫, 21권 2호.
홍현설. 1959. "산업전도에 대하여". ≪기독교사상≫, 3권 1호. 대한기독교서회.
후지이 다케시(藤井たけし). 2011. 「4·19/5·16 시기의 반공체제 개편과 그 논리: 반공법의 등장과 그 담지자들」. 역사문제연구소. ≪역사문제연구≫, 25호.
和田春樹. 2012. 『北朝鮮現代史』. 岩波書店(『와다 하루끼의 북한 현대사』. 남기정 옮김. 창비. 2014).
Nolde, Frederick. 2003. "C.C.I.A Action on the Current International Crisis(1950. 12.5)." 김홍수 엮음. 『WCC 도서관 소장 한국교회사 자료집: 한국전쟁 편』. 한국기독교역사연구소.

Appenzeller, Henry Dodge. 1991. "Three Koreas I Have Known." *Transactions of the Royal Asiatic Society Korea Branch*, 66. The Korea Branch of the Royal Asiatic Society.
Armstrong, Charles K. 2003. "The Cultural Cold War in Korea, 1945~1950." *The Journal of Asian Studies*, Vol. 62, No. 1.
______. 2005. "Fraternal Socialism: The International Reconstruction of Northe Korea, 1953~1962." *Cold War History*, Vol. 5, No. 2.
Brunner, Edmund de S. 1928. "Rural Korea: a preliminary survey of economic, social, and religious conditions." *The Christian Mission in Relation to Rural Problems*, Vol. 6.
Chi, James Sang. 2008. "Teaching Korea: Modernization, Model Minorities, and American Internationalism in the Cold War Era." Ph.D. diss. University of California.

Cumings, Bruce. 2002. *The Origins of the Korean War II: The Roaring of the Cataract 1947~1950*, I. Seoul: Yusabipyungsa.

Fey, Harold E. 1966. *Cooperation in Compassion: The Story of Church World Service*. New York: Friendship Service.

Goulden, Joseph C. 1983. *Korean: The Untold Story of The War*. New York: McGraw-Hill.

Haga, Kai Yin Allison. 2007. "An overlooked dimension of the Korean War: The Role of Christianity and American Missionaries in the Rise of Korean Nationalism, Anti-Colonialism, and Eventual Civil War, 1884~1953." Ph.D. diss. The College of William and Mary.

Hamilton, John Robert. 1980. "An Historical Study of Bob Pierce and World Vision's Development of the Evangelical Social Action Film." Ph.D. diss. University of Southern California.

Inboden, William. 2008. *Religion and American Foreign Policy, 1945~1960*. New York: Cambridge University Press.

Kim, Seong-Bo. 2013. "Reflections on the Postwar." *The End of the Korean War, 1953~2013: Beyond the Korean War Second International Conference*. Chicago: University of Chicago. 미출간 원고.

Klein, Christina. 2003. *Cold War Orientalism: Asia in the Middlebrow Imagination 1945~1961*. California: University of California Press.

Kwon, Heonik. 2010. *The Other Cold War*. New York: Columbia University Press(『또 하나의 냉전: 인류학으로 본 냉전의 역사』. 유한중 옮김. 민음사. 2013).

Lundskow, George. 2008. *The Sociology of Religion: A Substantive and Transdisciplinary Approach*. New York: SAGE Publications Inc.

Matthews, J. B. 1954. "America is Losing the War against Communism." *The American Mercury*, Jan.

Oh, Arissa. 2005. "A New Kind of Missionary Work: Christians, Christian Americanists, and the Adoption of Korean GI Babies, 1955~1961." *Women's Studies Quarterly*, 33: 3 & 4.

Park, Chung-sin. 2003. *Protestantism and Politics in Korea*. Seattle: University of

Washington Press.

Preston, Andrew. 2012. *Sword of the Spirit, Shield of Faith.* New York: Anchor Books. A Division of Random House Inc.

Ranson, Charles W. 2003. "Korean Relief(1950.10.20)." 김홍수 엮음. 『WCC 도서관 소장 한국교회사 자료집: 한국전쟁 편』. 한국기독교역사연구소.

Rhodes, Harry A. and Archibald Campbell. 1964. *History of the Korea Mission, Presbyterian Church in the U.S.A.: 1935~1959*, Vol. II. New York: the United Presbyterian Church in the U.S.A.

Sauer, Charles A. 1973. *Methodists in Korea: 1930~1960.* Seoul: The Christian Literature Society.

Shorrock Jr., Hallem C. 1961. *Report of Korea Church World Service Programs during 1960 and Plans for 1961.* KCWS.

Stoll, Mark. 1998. "Crusaders against Communism, Witnesses for Peace: Religion in the American West and the Cold War." *The Cold War American West.* Albuquerque: University of New Mexico Press.

The Staff and Committee of KCWS. "Korea Church World Service: a half-yearly report(1955.5.13)." 김홍수 엮음. 2003. 『WCC 도서관 소장 한국교회사 자료집: 한국전쟁 편』. 한국기독교역사연구소.

Vaught, Amold B. 1953. "Relief and Reconstruction in Korea." Church World Service.

Vinz, Warren L. 1972. "The Politics of Protestant Fundamentalism in the 1950s and 1960s." *Journal of Church and State*, 14.

Winslow, Rachel. 2012. "Immigration Law and Improvised Policy in the Making of International Adoption, 1948~1961." *The Journal of Policy History*, 24:2.

Yongpyo, Hong. 2014. "North Korea in the 1950s: The Post Korean War Policies and Their Implications," *The Korean Journal of International Relation.* Vol. 44. No. 5(December).

웹페이지

McIntire, Carl. Bishop Oxnam: Prophet of Marx, The undated pamphlet. http://www.carlmcintire.org/booklets-Oxnam.php (검색일: 2013.2.3).

______. Why Christians Should Fight Communism, The undated pamphlet. http://www.carlmcintire.org/booklets-fightcommunism.php (검색일: 2013.2.3).

권헌익. 2011.1.6. "피는 이념보다 진한가?: 한국전쟁의 도덕적 역사". 해외 석학 초청 강연 [한양대학교 ERICA(안산)캠퍼스 국제문화대학 520호]. http://vaa.anthropology.or.kr/dong/content.aspx?idx=569 (검색일: 2013.10.13).

기타 자료

K.N.C.C. 1973. 「가족계획 홍보자료」. 가정생활위원회 애육위원회.

「NCC 인권위원회 결의문(1974.6.17)」. 민주화운동기념사업회 소장 자료(등록번호: 00086030).

「고아국외입양(1956년)」. 1956. 국가기록원 소장 자료. 관리번호: CA0004545.

「고아국외입양(1957년)」. 1956. 국가기록원 소장 자료. 관리번호: CA0004545.

「국민반공계몽단 등록의 건」. 1960. 국가기록원 소장 자료. 관리번호: BA0136498.

「국회회의록」. 1951.9.10. 제2대 국회 제11회 제63차 국회 본회의.

「나순조이외 판결문」. 1934.3.10. 대구복심법원.

「민주구국선언(1976.3.1)」. 민주화운동기념사업회 소장 자료(등록번호: 0007819).

「조선여성동우회 주최 강연회 보고」. 1924.10.2. 『검찰행정사무에 관한 기록 2』[경종경고비(京鍾警高秘)](제12300호의 2). 경성종로경찰서장.

최태육(강동예수교회 목사) 개인 소장 자료.

찾아보기

ㄴ

ㄷ

ㅇ

ㅈ

인명

신문, 잡지

기타

지은이 **윤정란**

숭실대학교 사학과를 졸업하고, 동 대학원에서 「일제시대 한국기독교 여성운동연구」로 박사 학위를 취득했다. 한국 근현대사에서의 여성, 종교(기독교), 항일운동, 한국전쟁 등에 관련된 연구를 오랫동안 수행해왔다. 현재 서강대학교 종교연구소 연구원, 영국 케임브리지 대학교 한국전쟁연구국제사업단(Beyond the Korean War) 연구원이다.

주요 저서로 『한국 기독교 여성운동의 역사』(2003), 『19세기말 서양선교사와 한국사회』(공저, 2004), 『전쟁과 기억』(공저, 2005), 『종교계의 민족운동』(공저, 2008), 『서북을 호령한 여성 독립운동가 조신성』(2009), 『혁명과 여성』(공저, 2010), 『왕비로 보는 조선왕조』(2015) 등이 있으며, 다수의 논문이 있다.

한울아카데미 1842

한국전쟁과 기독교

지은이 | 윤정란
펴낸이 | 김종수
펴낸곳 | 한울엠플러스(주)

초판 1쇄 발행 | 2015년 11월 10일
초판 5쇄 발행 | 2021년 6월 30일

주소 | 10881 경기도 파주시 광인사길 153 한울시소빌딩 3층
전화 | 031-955-0655
팩스 | 031-955-0656
홈페이지 | www.hanulmplus.kr
등록번호 | 제406-2015-000143호

Printed in Korea.
ISBN 978-89-460-8065-2 93910 (반양장)

* 책값은 겉표지에 표시되어 있습니다.